高等职业教育教材

铁路车站自动控制系统维护

翟红兵　主　编
吴广荣　王燕梅　李本泉　郝延春　副主编
单振宇　邢献志　主　审

中国铁道出版社

2012年·北　京

内容简介

本书全面系统地阐述了铁路车站自动控制系统的基本知识和设备维护方法。全书分为5个项目，包括联锁设备的操作使用、道岔控制设备维护与故障处理、信号机点灯电路故障处理、6502电气集中设备维护，以及计算机联锁设备维护。本书理论联系实际，注重对学生职业能力的培养，结构新颖、重点突出。

本书即可供铁道通信信号、城市轨道交通控制及相关专业教学使用，也可作为相关专业技术人员的学习参考书。

图书在版编目(CIP)数据

铁路车站自动控制系统维护/翟红兵主编. —北京：中国铁道出版社，2012.8

高等职业教育教材

ISBN 978-7-113-15137-9

Ⅰ.①铁… Ⅱ.①翟… Ⅲ.①铁路车站－自动控制系统－维修－高等职业教育－教材 Ⅳ.①U291

中国版本图书馆CIP数据核字(2012)第178051号

书　　名：**铁路车站自动控制系统维护**
作　　者：翟红兵　主编

责任编辑：金　锋　**电话**：010-51873125　**电子邮箱**：jinfeng88428@163.com　**教材网址**：www.tdjiaocai.com
编辑助理：吕继函
封面设计：崔　欣
责任校对：张玉华
责任印制：李　佳

出版发行：中国铁道出版社（100054，北京市西城区右安门西街8号）
网　　址：http://www.tdpress.com
印　　刷：三河兴达印务有限公司
版　　次：2012年8月第1版　2012年8月第1次印刷
开　　本：787mm×1 092mm　1/16　印张：16.25　字数：407千
印　　数：1～3 000册
书　　号：ISBN 978-7-113-15137-9
定　　价：32.00元

前言

PREFACE

铁路车站自动控制系统是保证车站作业安全、提高铁路运输效率的核心设备，随着中国铁路现代化发展步伐的加快，铁路信号技术装备不断更新，自动化、信息化技术的广泛应用，使得铁路车站自动控制技术得到迅速发展，计算机联锁技术正在大力推广。铁道通信信号专业的高职院校学生和铁路现场的工程技术人员须熟练掌握铁路车站自动控制系统的基本知识和设备维护技能。

为了将最新的铁路车站自动控制技术引入教学中，保证核心专业课程教学适应高职院校基于工作过程课程开发的教学改革需要，探索项目导向、任务驱动的教学模式，根据最新制订的铁路车站自动控制系统维护课程标准，按照教材编写的最新体系和结构要求，编写了这部教材，供铁道信号及相关专业教学使用，也可作为铁路现场本专业技术人员的学习参考书。

教材编写的过程中，编者多次深入铁路现场搜集资料、请教专家，以保证教材的内容紧跟铁路现场的技术发展。为了加强学生对联锁设备基本知识和基本技能的掌握，本教材分别将联锁设备的操作使用、道岔控制设备维护与故障处理、信号点灯电路故障处理单独作为一个学习项目来介绍。鉴于6502电气集中设备逐步减少，双机热备的计算机联锁设备限制发展的实际情况，教材对6502电气集中电路作简要介绍，双机热备冗余方式的计算机联锁系统只介绍了JD-ⅠA型一种设备。但对目前3种大力推广使用的二乘二取二计算机联锁系统及最新LDJL-Ⅱ型全电子计算机联锁设备进行了较为详细地介绍。

本教材由辽宁铁道职业技术学院翟红兵任主编，辽宁铁道职业技术学院吴广荣、黑龙江交通职业技术学院王燕梅、包头铁道职业技术学院李本泉及吉林铁道职业技术学院郝延春任副主编，锦州电务段单振宇和中铁九局邢献志主审。项目1、项目3、项目4及项目5由翟红兵编写，项目2由吴广荣编写，项目3由辽宁铁道职业技术学院张华编写，王艳梅、李本泉、郝延春负责结构设计和部分章节的修改，全书插图由吴广荣和张华完成绘制，辽宁铁道职业技术学院朱凤文、张立群、张胜平、王海燕等也参加了教材的编写和审核工作。

沈阳铁路局电务处及所属电务段和中铁九局电务公司的许多同志为教材编写提供了大量资料，提出了许多修改意见，在此一并致谢。

由于时间仓促，能力水平有限，书中疏漏错误之处在所难免，恳请广大读者批评指正。

编　者

2012 年 6 月

目录 CONTENTS

项目1　联锁设备的操作使用

项目描述

联锁设备的操作使用是车站联锁设备维护的基础，通过本项目的学习和训练，熟练掌握车站联锁设备的各种操作使用方法，以达到车站信号设备维修信号工及车站应急值守员的岗位要求。

拟实现的教学目标

1. 能力目标

(1)熟练掌握6502电气集中联锁控制台各种按钮的用途及其操作使用方法。

(2)熟练掌握计算机联锁系统操纵设备的性能及各种操作使用方法。

(3)熟练识别室内控制台、按钮盘、组合架等信号设备的名称与位置。

2. 知识目标

(1)掌握车站联锁设备的组成及各部分设备的作用与连接关系。

(2)掌握车站各种作业及各项操作的基本要求。

(3)掌握各种定型组合类型及选用原则。

3. 素质目标

(1)能够按照铁路现场的制度要求和标准化作业程序进行各种操作。

(2)树立"安全第一"的责任意识，培养遵章守纪的工作作风。

相关案例

1992年8月16日焦柳线××车站，控制台下行进站信号机按钮螺钉销脱落，造成下行进站信号不能开放，但信号工未及时登记停用该设备，在处理故障中又造成端子短路，致使列车站外停车。在人工引导接车的过程中，信号工又与车站值班员共同配合试验，错误按下进路始端、终端按钮，使×号道岔转动，尖轨离开基本轨，造成货物列车脱轨4辆的行车事故。

无数的案例说明，车站联锁设备是保证车站作业安全的核心。正常的行车作业、调车作业需要在控制台上进行正确的操作，进行联锁关系检查校核、信号设备的动作试验也需要正确操作使用联锁设备。只有熟练掌握车站联锁设备的组成和性能，严格按照相关的技术作业要求正确操作使用联锁设备，才能保证车站作业安全和设备处于良好的运用状态。

典型工作任务1　车站联锁设备的组成

1.1.1　教学目标

1. 能力目标

(1)熟练识别室内各部分信号设备的名称与位置。

(2)熟练掌握信号平面布置图中各种图形符号的含义。

2. 知识目标

(1)掌握车站联锁设备的组成、作用及各部分设备的连接关系。

(2)掌握各种定型组合类型及选用原则。

3. 素质目标

运用所学的知识深入了解联锁设备的功能，充分认识车站自动控制系统在铁路运输生产中的地位和作用。

1.1.2　工作任务

1. 根据车站信号平面图，掌握电气集中联锁车站和计算机联锁车站室内、室外信号设备的组成和各种信号设备的基本性能，在日常维护和处理故障时，迅速准确找到相关设备和器材的位置。

2. 根据所在单位的维修工作计划，按照《铁路信号维护规则　技术标准》的要求，做好设备的日常检修和测试工作。

1.1.3　相关配套知识

1. 电气集中设备简介

在铁路信号基础课程中学习了联锁的相关概念，要实现上述联锁关系的核对和检查，必须有一套安全可靠的自动控制系统，即车站联锁控制系统，也称车站联锁设备，简称联锁设备。联锁设备的任务就是安全可靠地控制车站联锁区域内的信号、道岔和进路，并实现它们之间的联锁关系。

按照联锁控制的方式不同，联锁设备分为非集中联锁和集中联锁。所谓非集中联锁就是在室内和室外对车站的信号、道岔、进路分散控制；所谓集中联锁就是对车站的信号、道岔、进路在室内进行集中控制和监督。用电气方法实现控制监督的设备则称为电气集中联锁设备。按照实现联锁控制的核心设备，联锁设备又分为机械联锁、电锁器联锁(臂板电锁器联锁和色灯电锁器联锁)、继电联锁和计算机联锁。机械联锁和电锁器联锁均属于非集中联锁设备，随着铁路信号技术设备的发展，非集中联锁设备已基本被淘汰。目前，铁路现场广泛应用的联锁设备主要有两种，一种是应用多年的以继电器为核心的继电集中联锁设备；另一种是以计算机为核心的计算机联锁设备。这两种设备实际上都属于电气集中联锁设备，但人们习惯上把继电集中联锁称之为电气集中，我国铁路车站的继电集中联锁设备的电路型号大多为6502，即6502电气集中联锁设备。

6502电气集中电路自1965年设计以来，几经改进和完善，以操作简便、办理迅速、表示完善、安全可靠等一系列优点，几十年来得到广泛的应用。在计算机联锁设备应用之前，全国绝大多数车站都使用继电联锁设备，但随着计算机联锁技术的发展，继电联锁设备将逐渐被计算机联锁设备取代。近期内我国铁路车站的联锁控制是两种设备并存，并已开始由继电联锁时代大举进入计算机联锁时代，尽管全国大多数车站仍继续保留 6502 电气集中联锁设备，但未来车站联锁设备的发展方向是计算机联锁。

我国的计算机联锁设备是以 6502 电气集中联锁设备为基础研发出来的，其操作方法、室外控制对象、联锁条件的要求、控制方式均与 6502 电气集中大同小异。受经济和技术条件的制约，近期内计算机联锁完全取代继电联锁尚有困难，6502 电气集中还不能马上淘汰，在相当长的时间内仍将保留，运输生产一线的铁路信号工作人员在车站信号领域还应掌握必要的 6502 电气集中有关知识。

2. 电气集中车站的设备组成与功能

6502 电气集中系统设备组成，如图 1.1 所示。

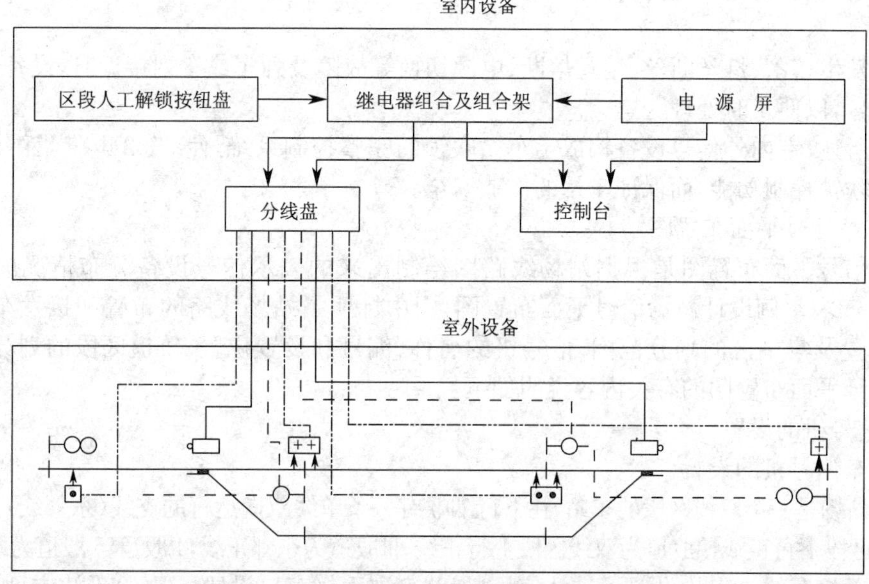

图 1.1　6502 电气集中系统设备组成

从图 1.1 可见，电气集中车站的信号设备分室外和室内两部分，室外设备电气集中联锁车站和计算机联锁车站相同，主要有色灯信号机、电动转辙机、轨道电路和电缆线路。室外的色灯信号机的用途是给出各种信号显示，目前广泛应用的设备仍是透镜式色灯信号机。电动转辙机的用途是转换和锁闭道岔，监督道岔位置，应用较多的转辙机型号为内锁闭方式的 ZD_6 直流电动转辙机，在提速区段，正线道岔大多使用钩式外锁闭方式，由 S700K 型三相交流电动转辙机或 ZYJ-7 型电液转辙机牵引。轨道电路用来监督线路是否完整、区段是否空闲，在非电气化区段一般采用工频交流连续式 480 型轨道电路，在电气化区段采用 25 Hz 相敏轨道电路。室内与室外信号设备之间采用各种信号电缆作为控制线路。

对于 6502 电气集中信号楼内的设备主要有控制台、区段人工解锁按钮盘、继电器组合及组合架、电源屏和分线盘。控制台用于控制和监督道岔、进路和信号机。设有控制台的信号楼或行车室就是车站的控制中心。区段人工解锁按钮盘是辅助设备，主要在更换继电器或停电后，用它使设备恢复正常状态。另外，若道岔区段因故障不能解锁时，用它办理区段故障人工解锁；若设备发生故障时，用它实现对信号的强制关闭。继电器组合及组合架是实现联锁控制的核心设备，它安放着控制和监督用的各种继电器。电源屏能不间断地供给电气集中用的各种交直流电源。分线盘是室内外电缆连接的地方。通过这些设备完成联锁控制功能和显示及报警功能。

联锁控制功能包括：

①进路控制：操纵人员通过按压相关的进路按钮可以自动选排出符合操纵意图的进路，并实现对进路的自动锁闭，列车或车列经过进路时，随着列车或车列的占用出清能够实现逐段自动解锁。

②道岔控制：排列进路的过程中与该进路相关的道岔在顺序启动后可以同时自动转换，前一条进路选出即可排列下一条进路。进路建立的过程中道岔一直锁闭，直到进路解锁。此外对任一集中控制的道岔均可进行单独操纵、单独锁闭、单独解锁。

③信号控制：排列进路时随着进路的自动锁闭，防护该进路的信号应自动的开放，而且受列车或车列运行的控制，信号应自动关闭。信号一旦关闭后，不经人为操纵不应自动重复开放。

显示及报警功能包括：

①通过控制台可以提供各种操作的提示，列车或车列运行位置的显示，信号设备动作及状态的表示。

②当发生挤岔、灯丝断丝、熔丝熔断、电源切换等故障及列车或车列接近时，设备会自动提供报警信号，以便及时处理。

综上所述，室内外信号设备构成了车站联锁的完整控制系统，使 6502 电气集中设备具有较完善的联锁控制功能，而保证车站的作业安全。

3. 车站信号平面布置图

车站信号平面布置图是根据站场线路图绘制出来的表示信号设备分布情况的图纸，如图 1.2是 6502 举例设计站场信号平面布置图，图中标明了站场线路的布置和接发车方向、信号楼的位置及集中区的划分范围、信号机的名称、编号和设置位置、轨道区段的划分情况等。下面就信号平面布置图的有关内容说明如下：

(1)信号机的设置

①列车信号机的设置

举例站场是一个双线区段的车站，在下行咽喉有一条单线双向运行的支线(东郊线)。站内Ⅰ股道为双线区段下行正线，Ⅱ股道为双线区段上行正线，Ⅲ股道为东郊正线，4 股道、5 股道为站线。

在每一接车线入口均设置了进站信号机，北京方面接车口设置了“X”，天津方面接车口设置了“S”，东郊接车口设置了“X_D”。由于东郊方面没有直进直出的正线通过进路，“X_D”信号机的绿灯空位。在双线区段区间信号设备改为四显示自动闭塞制式以后，在区间施工或设备发生故障列车反方向运行时，为了给进站列车提供正常的进站信号显示，保证对接车进路能够进行正常的锁闭和解锁，在每一双线区段的发车口处设置了反方向进站信号机，北京方面发车口设置了“X_F”，天津方面发车口设置了“S_F”。为了区别于接车口的进站信号机，反方向进站信号机均设于接车方向线路的右侧。

凡是具有发车作业的股道均设置了出站兼调车信号机。下行咽喉设置了“$S_Ⅰ$”、“$S_Ⅱ$”、“$S_Ⅲ$”、“S_4”、“S_5”，上行咽喉设置了“$X_Ⅰ$、$X_Ⅱ$、$X_Ⅲ$、X_4、X_5”。为了满足四显示自动闭塞区间对出站信号机显示的要求，出站信号机下方增设了发车进路表示器的小白灯。向自动闭塞区间正常发车时，出站信号机显示一个黄灯表示前方只有一个闭塞分区空闲；显示一个绿灯和一个黄灯表示前方只有两个闭塞分区空闲；显示一个绿灯表示前方至少有三个闭塞分区空闲。在出站信号机点亮绿灯的同时点亮出站信号机正下方发车进路表示器的小白灯表示允许反方向发车，即指示列车出发进入反方向运行的区间。由于下行咽喉发车有北京方面和东郊方面两个去向，因此上行出站信号机下方设 3 个小白灯。绿灯与正下方的小白灯同时点亮即指示向北京方面发车走反方向区间；绿灯与右下方的小白灯同时点亮即指示向东郊方面发车。

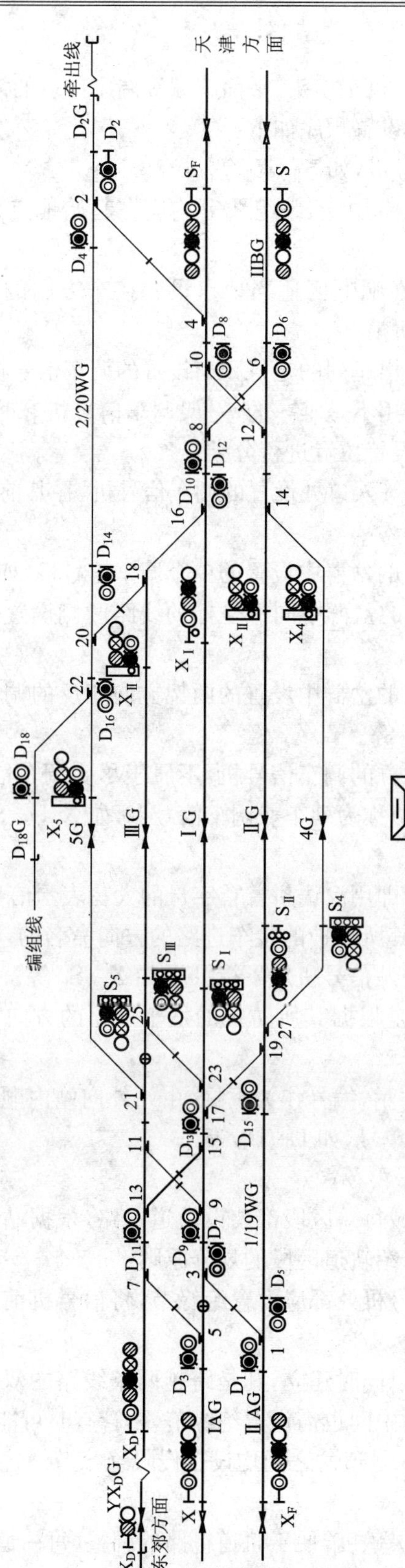

图1.2　6502举例设计站场信号平面布置图

②调车信号机的设置

为了满足站内转线、车辆摘挂、机车换头、平面解编等调车作业的需要，应在股道两端或咽喉区适当地点设置调车信号机，其设置顺序如下：

a. 出站信号机均兼作调车信号机，如 $S_{Ⅱ}$、$X_{Ⅲ}$ 等。

b. 凡与集中区相连的牵出线、专用线、编组线等均应在起始地点设置调车信号机以防护集中区，如 D_2、D_{18} 等。

c. 为了满足转线作业的需要在咽喉区适当地点设置接车方向的调车信号机，如 D_9、D_{13} 等。在较大的车站这类调车信号机最多。

d. 为了增加平行作业，减少牵出车列的走行距离设置的调车信号机，如 D_5、D_7 等。

实际上，有些调车信号机的作用不是唯一的，一架调车信号机有时起折返作用，有时起阻拦作用。下面将调车信号机按其设置位置进行分类：

a. 尽头调车信号机：在牵出线等入口处设置的调车信号机，在其前方没有道岔及本咽喉其他信号机，如 D_2 等。

b. 单置调车信号机：在咽喉区的岔群中设置的单个调车信号机，如 D_{11}、D_{13} 等。

c. 并置调车信号机：在咽喉区的岔群中同一坐标的线路两侧设置的两架方向相反的调车信号机，如 D_7、D_9 等。

d. 差置调车信号机：在咽喉区的岔群中设置的两架方向相反的调车信号机中间有一个可以停放车辆的无岔区段，如 D_5、D_{15} 等。

必须注意，设于进站信号机内方的调车信号机，不属于尽头调车信号机，它与进站信号机合在一起与出站兼调车信号机相似称为列车兼调车信号点，如 X/D_3、S/D_6 等。

③信号机的名称与编号

每一架信号机都有一个名称，即用汉语拼音首字母的大写表示信号机名称。

a. 进站信号机的名称是根据其所防护的接车进路的方向命名的，下行进站信号机为“X”；上行进站信号机为“S”。反方向进站信号机加下标“F”，如 X_F、S_F 等。

b. 出站兼调车信号机的名称是根据其所防护的发车进路的方向且以其所在的股道号为下标而命名的，如 $X_{Ⅰ}$、$S_{Ⅱ}$、S_5 等。

c. 调车信号机的名称用“D”表示，编号作为下标，由站外向站内顺序编号。上行咽喉区为双号，如 D_2、D_{16} 等；下行咽喉区为单号，如 D_1、D_{13} 等。

(2)轨道区段的划分

电气集中车站集中控制的区域每一区段都装设轨道电路，根据站内作业需要应将轨道电路划分为若干个轨道区段，下面介绍轨道区段的划分原则：

①对应每一架列车或调车信号机处都应设置绝缘节，将信号机前后划分成两个不同的区段，以实现控制信号自动关闭。

②为了保证两条平行进路可以同时建立，凡是跨越两条线路的双动(或多动)的渡线道岔中间加绝缘节，在两组平行的道岔中间也需设置绝缘节，尽管有时可能是侵限的绝缘节，如：21号道岔与25号道岔、5号道岔与3号道岔之间均设了侵限绝缘节。这样可以提高车站的作业效率。

③为了提高轨道电路的分路灵敏度，便于轨道电路的调整，每一道岔区段的道岔数一般不超过3组，复式交分道岔不超过2组。

④建立一条进路，列车或车列经过道岔后，为了使已锁闭的道岔及早解锁，道岔区段尽量缩短。

⑤根据进路锁闭与解锁的需要，一些尽头的调车信号机前方的无岔区段需要设置一小段轨道电路作为调车进路的接近区段。如“D_2G”、“$D_{18}G$”等。

下面介绍一下轨道区段的命名方式：

①道岔区段以道岔号码缀上“DG”来命名。只有一组道岔的区段为“×DG”，如“1DG”、“5DG”等。一个轨道区段有多组道岔时，以最小道岔号至最大道岔号连缀来命名，如“17-23DG”、“19-27DG”等。

②无岔区段的命名方式有多种情况：差置信号机之间的无岔区段为相邻道岔形成的分数后加“WG”，如“1/19WG ”、“2/20WG”等。进站信号机内方的无岔区段是以其对准的股道号后面加“AG”（下行咽喉）或“BG”（上行咽喉）来命名的，如“ⅠAG”、“ⅡBG”等。调车信号机前方无岔区段的名称是用信号机的名称后面加“G”来表示，如“ D_2G”、“$D_{18}G$”等。

4.6502电气集中定型组合

(1)定型组合的类型

大站电气集中需要大量的继电器，为了简化和加快工程设计过程，便于工厂预先生产，缩短工期，使设备尽快地能投入运用，6502电气集中采取了模块化设计方法，即以信号机、道岔、轨道区段等信号设备为设计单元设计出几种定型的电路环节，故形成了组合内部接线固定不变的定型组合。

每个组合包括的继电器数量应相差不多（最多不超过10个），以便安装在组合架上比较匀称，并有效地利用组合架的空间。根据信号机、道岔和轨道区段的电路需要，6502电气集中共设计了12种定型组合，包括信号组合、道岔组合和区段组合的3种基本组合类型，其中信号组合有6种：LXZ（列车信号主组合）、1LXF（第一种列车信号辅助组合）、2LXF（第二种列车信号辅助组合）、YX（引导信号组合）、DX（调车信号组合）、DXF（调车信号辅助组合），道岔组合有3种：DD（单动道岔组合）、SDZ（双动道岔主组合）、SDF（双动道岔辅助组合），以及Q（区段组合）。车站规模越大，信号机、道岔、轨道区段的数量越多，可选择对应的组合，经过拼贴后即形成网状控制电路，因此称前面10种组合为参加拼贴的组合，另外两种为不参加拼贴的组合是：F（方向组合）和DY（电源组合）。

(2)定型组合的选用和演变

①信号组合的选用和演变

在双线单向运行区段，每架进站信号机应选用YX和LXZ两个组合；在单线双向运行区段，每架进站信号机应选用1LXF、YX和LXZ三个组合。当进站信号机内方有无岔区段，并设有与进站同方向的调车信号机时，由于进站信号机与调车信号机之间没有道岔，按进站兼调车情况处理，所以可不设调车信号组合，另外增设几个零散的继电器，放在零散组合内。

对于出站兼调车及发车进路信号机，当仅有一个发车方向时，每架出站兼调车信号机，应选用LXZ和1LXF两个组合；若有两个发车方向时，则对每架出站兼调车信号机，应选用LXZ和2LXF两个组合。

列车信号机由于运行去向及方向不同，电路图的具体画法也不同，A表示一个运行去向 ，B表示两个运行去向，1表示左向运行（由右至左），2表示右向运行（由左至右）。定型组合经过演变后即形成了不同的组合类型图，拼贴网络图时应根据信号机的类型选择不同的组合类型图。

对于调车信号机，除了列车兼调车信号点(进站内方带调车或出站兼调车信号)之外，其他每一架调车信号机应各选用一个 DX 组合。对应每架单置调车信号机，除选用一个 DX 组合外，还应选用半个调车信号辅助组合 DXF，即指它仅占用组合一半的位置。所以，一个 DXF 组合，可供两架单置调车信号机使用。

调车信号组合的演变类型分为：尽头(J)、并置(B)、单置(D)、差置(A)4 种，每一种又有左向运行(1)、右向运行(2)两类，因此，DX 组合有 8 种类型图，DXF 组合有 2 种类型图。

②道岔组合的选用和演变

每组单动道岔选用一个 DD 组合，每组双动道岔应选用一个 SDZ 组合和半个 SDF 组合。

根据道岔尖轨在基本轨上、下和左、右的相对位置不同，DD 组合演变为 1/DD、2/DD、3/DD、4/DD 4 种类型，基本规律是上单下双，左小右大。

双动道岔组合类型图中，"Ⅰ"表示八字第一笔(撇形)道岔，"Ⅱ"表示八字第二笔(捺形)道岔，"1"对应左边的道岔，"2"对应右边的道岔，因此，SDZ 组合和 SDF 组合分别有 4 种组合类型图。

但应注意，一组双动道岔虽有两个 SDZ 类型图和两个 SDF 类型图与之对应，但 SDZ 的两个方框表示一个 SDZ 组合内的电路由两张图纸组成。同理，SDF 两张图纸是半个组合的电路(另半个给其他双动道岔用)。实际上每一方框是该设备控制电路的框图。另外，双动道岔组合类型图拼贴时，SDZ 放在岔尖一侧，而 SDF 是放在岔后一侧，不能颠倒。因为 SDZ 电路与 SDF 电路是固定连接的，颠倒位置则无法构成电路。

③区段组合的选用和演变

每一个道岔区段和列车进路上差置信号机之间的无岔区段，都要选用一个 Q 组合。对于其他的无岔区段，则不需要选用 Q 组合。

区段组合的类型图只有两种：1/Q 为无岔区段用，2/Q 为道岔区段用。

除上述组合外，每个咽喉区还设一个方向组合 F 和一个电源组合 DY。因为 F 和 DY 与信号平面布置图无关，所以又称不拼贴组合，也无需演变。

(3)定型组合的连接

根据信号平面布置图中信号设备的分布情况，将每一信号设备所用的组合框图连接起来，即形成了整个站场的组合连接图。根据这张图选出对应形式的图纸，将 6502 的网状电路图拼贴出来，形成控制电路。

在 6502 电气集中电路中，凡是与道岔位置有关的控制电路均采用站场形网状电路结构，即站场形网络，这样即可使电路设计简单，也使电路结构简化、形象直观。根据电路的功能要求，一共设计了 15 条网络线，各网络线的用途、结构和电路原理将在后面介绍。实际上，组合连接图就是网状电路的框图。

定型组合内部接线固定不变，一个信号设备的两组合之间，或两设备之间的组合有许多相互连接的接线。组合与组合之间的排列必须按照固定的顺序，不应左右颠倒，否则网状电路将无法接通。

对于道岔区段应将 Q 组合放在本区段各道岔的岔前位置，以保证经道岔的任一位置建立进路时都能检查到 Q 组合的条件。当一个道岔区段有多组道岔时，应将 Q 组合放在本区段各道岔公共的岔前位置。对于交叉渡线道岔所在的区段，由于同一区段的两道岔岔前指向相背的位置，因此在安排 Q 组合位置时，将同一区段两道岔组合框图交叉换位，然后把 Q 组合放在两道岔组合之间。如举例站场，9/11、13/15 道岔构成交叉渡线，11-13DG 和 9-15DG 为两个道岔区段，对于 11-13DG 将 11 和 13 的组合框图位置互换(道岔 9 与 15 也如此)，Q 组合放在

11、13道岔组合之间的关键位置，交叉渡线处选用的组合如图1.3所示。这样经任一道岔的每一位置排列进路都能检查到Q组合。

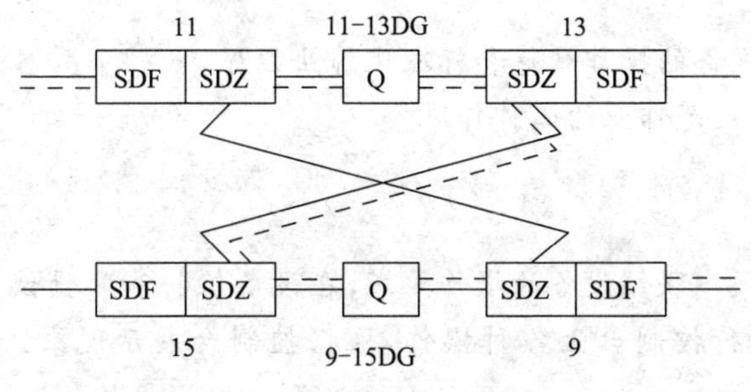

图1.3　交叉渡线处选用的组合

1.1.4　知识拓展

1. 随着列车运行速度的提高，在客运专线或既有线路提速区段，正线均采用60 kg/m重型钢轨，正线道岔均采用提速道岔，如举例站场中9、15、4、6、8、10、12号道岔为固定辙叉的提速道岔；1、3、5、17、19、23、27、14、16号为可动心轨的提速道岔，采用可动心轨的提速道岔消除了道岔的有害空间，保证列车经过道岔辙叉时运行平稳。提速道岔在多个牵引点，采用钩式外锁闭装置由S700K型三相交流电动转辙机或ZYJ-7型电液转辙机牵引。

2. 在电气化牵引区段，为防止牵引电流对信号轨道电路的干扰，站内轨道电路采用25 Hz相敏轨道电路或与区间自动闭塞制式一致的移频轨道电路。

3. 有多个发车去向的车站，出站兼调车信号机下方发车进路表示器的小白灯，根据需要最多可设置4个，满足5个发车去向的要求。在双线双向四显示自动闭塞区段，有支线发车的车站，出站兼调车信号机下方发车进路表示器的小白灯，现场实际设置数量不同，有的车站设有2个小白灯，正方向发车时小白灯不点亮，只是反方向发车和支线方向发车分别点亮不同的小白灯；有的车站设有3个小白灯，正方向发车、反方向发车、支线方向发车分别点亮不同的小白灯。

4. 6502电气集中的定型组合只是原始设计时的定型，采用提速道岔及新型轨道电路等设备后，组合的类型有了新的增加，如提速道岔组合（TSD）、提速道岔辅助组合TDF。

1.1.5　相关规范、规程与标准

1.《铁路技术管理规程》第44条、第45条、第70条。

2.《铁路信号维护规则　技术标准》第4.1.6条。

典型工作任务2　6502电气集中设备操作使用

1.2.1 教学目标

1. 能力目标

(1)熟练掌握6502电气集中联锁车站控制台和按钮盘各种按钮的用途及各种表示灯的显示意义。

(2)熟练掌握站内各项作业的办理及信号设备各种操作使用方法。

2. 知识目标

掌握车站各种作业及信号设备各项操作的适用条件和基本要求。

3. 素质目标

(1)掌握电气集中设备的操作规范和标准化作业程序。

(2)培养遵章守纪、规范作业的工作作风。

1.2.2 工作任务

1. 按照6502电气集中联锁设备的操作要求，在设备维护和联锁试验时，办理相关的登记手续后，熟练正确地进行控制台上各种操作，根据控制台表示现象正确地分析设备的工作状态。

2. 在设备开通使用后，根据《车站行车工作细则》，掌握车站的各种作业要求，能够准确地判断车务人员的操作错误，并能给予正确的操作指导。

3. 根据《铁路技术管理规程》和《铁路信号维护规则　技术标准》的相关要求，在车务人员破封登记使用后，对各种加封操作按钮及时加封，并做好登记。

1.2.3 相关配套知识

控制台和区段人工解锁按钮盘，均设在信号楼车站值班员室内，供值班员操纵和监督用。我国生产的大站电气集中控制台，都是用各种标准单元块拼凑而成的，简称为单元控制台。举例站场控制台盘面局部示意图(下行咽喉部分)，如图1.4所示。

1. 控制台按钮和表示灯的布置

在控制台盘面上装有站场线路的模拟图形、按钮和表示灯。车站值班员利用按钮集中操纵全站的道岔和信号，并通过表示灯和光带监督设备状态和线路占用情况。下面分别介绍各种按钮及表示灯：

(1)进路按钮和表示灯

①在控制台的站场模型上，对应每一架列车信号机设一个带“绿帽”的列车按钮LA；对应每一架调车信号机设一个带“白帽”的调车按钮DA。LA和DA均称为进路按钮。

②无论作始端按钮或终端按钮，列车与调车均分开使用。出站兼调车信号机分别设置列车按钮和调车按钮。进路终端即使没有对应的信号机时也都分别专设进路终端按钮，如：在进站信号机X_D的内方，没有设无岔区段和同方向的调车信号机，但此处可以作为调车进路终端，所以需设一个调车进路终端按钮X_DDZA。下行发车处没有调车信号机，单独设了调车终端按钮XDZA。

③为了排列变通进路，有时在对应咽喉区适当位置需设置变通按钮，如：在11号道岔和21号道岔之间设有一个变通按钮BA。

④有正线通过列车的车站，为了简化排列通过进路的操作，在能够办理正线通过进路的进站信号机的列车按钮外方设置了通过按钮，如：在下行进站信号机的相应位置，设有下行通过进路按钮XTA。在上行进站信号机的相应位置，设有上行通过进路按钮STA。

所有进路按钮均为二位自复式带灯按钮。

⑤对应每一咽喉各设一个进路排列表示灯，显示排列进路的状态。

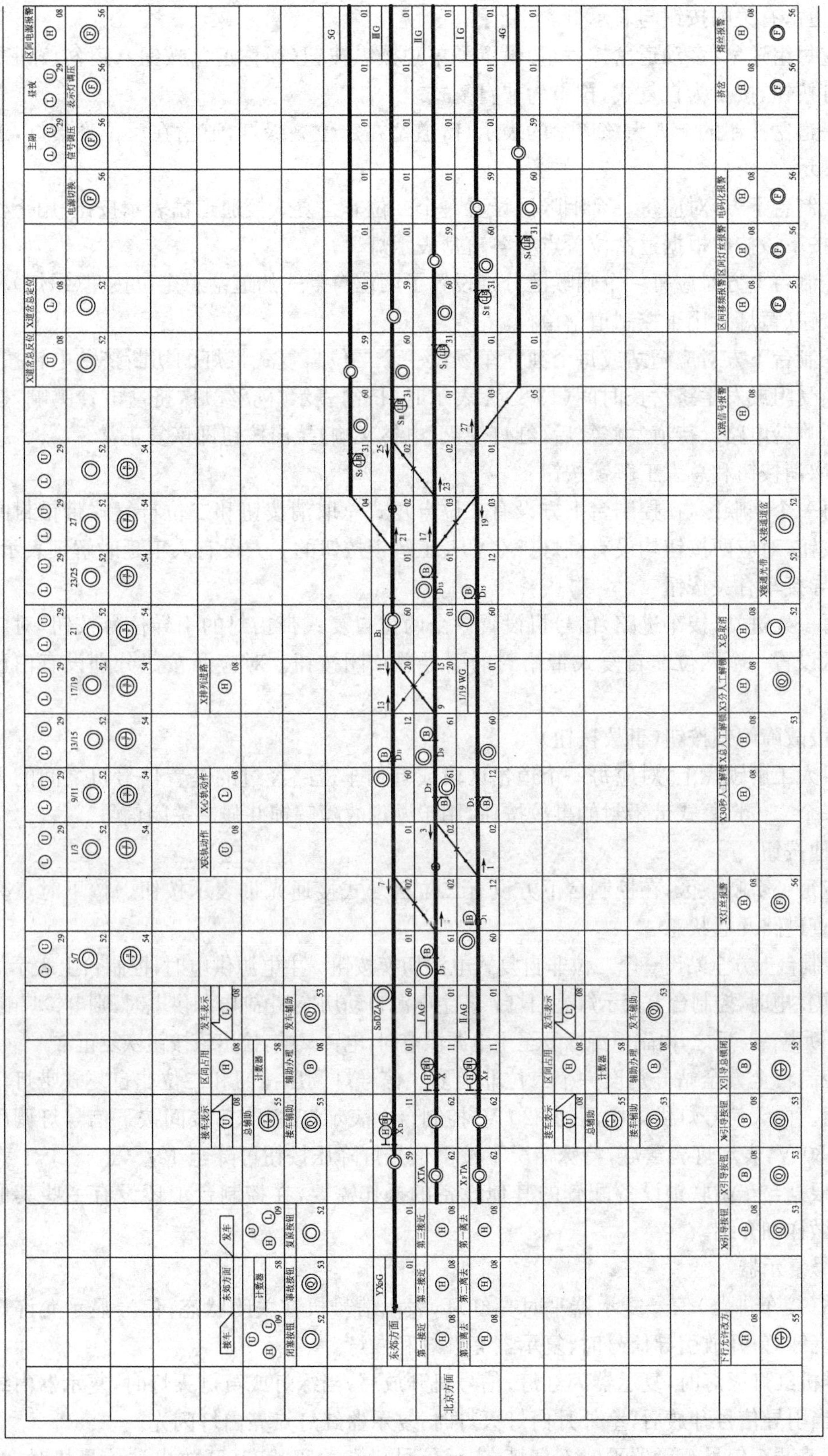

图1.4　举例站场控制台盘面局部示意图（下行咽喉部分）

(2)与道岔有关的按钮与表示灯

①对应每组道岔(多动道岔按一组)设置了单独操纵按钮(简称道岔按钮),道岔按钮采用三位式带灯按钮,按下为自复式,拉出为非自复式。

②每一道岔按钮的上方为该道岔的表示灯,道岔在定位亮绿灯,道岔在反位亮黄灯,道岔四开时无表示。

③在控制台下方,对应每一个咽喉区设置一个二位非自复式接通道岔表示按钮,用于检查道岔位置,按下该按钮根据道岔位置点亮各道岔表示灯。

④在控制台上方对应每一个咽喉区分别设置了两位自复式的道岔总定位按钮(绿灯)和道岔总反位按钮(黄灯),用于控制道岔单操。

⑤在控制台下方对应全站或每个独立车场设一个二位自复式带灯的切断挤岔电铃按钮。当道岔转换受阻或发生挤岔长时间(13 s)无表示时,挤岔表示灯亮红灯,挤岔电铃鸣响,按下按钮可切断响铃电路。待道岔修复后,红灯熄灭,电铃又响,拉出按钮即恢复正常。

(3)总取消按钮和总人工解锁按钮

对应每一个咽喉区,在控制台下方设有二位自复式总取消按钮和二位自复式带铅封的总人工解锁按钮,对应两按钮均设有红灯。在总人工解锁按钮的上方设有人工延时解锁表示灯。

(4)引导接车有关按钮

对应每一架进站(接车进路)信号机设置一个两位自复式带铅封的引导信号按钮,对应每一个咽喉区设置一个两位非自复式带铅封的引导总锁闭按钮。对应两按钮分别设有白色表示灯。

(5)区段故障解锁按钮(事故按钮)

在区段人工解锁盘上,对应每一个道岔区段或有列车进路经过的差置信号机之间的无岔区段均设一个二位自复式带铅封的事故按钮,用于办理故障解锁并强制关闭信号。

(6)其他按钮

①对应每一个咽喉区,在控制台下方设有二位自复式接通光带表示按钮。按下时点亮白光带,可检查进路开通状态。

②在控制台上方全站设一个二位非自复式电源切换按钮。主电源供电时,控制台上表示灯亮绿灯;副电源供电时,控制台上表示灯亮白灯。若主电源自动切换,由副电源供电时,则电铃鸣响,按下该按钮切断电铃。反之,由副电源恢复至主电源供电时,电铃又响,拉出该按钮恢复正常。

③在控制台上方全站分别设一个二位非自复式信号灯调压按钮和二位非自复式带灯信号灯降压按钮。白天信号灯供电电压为 220 V,控制台上表示灯亮绿灯,夜间按下信号灯调压按钮可调至 180 V,表示灯亮黄灯,特殊情况下按下信号灯降压按钮可降至 127 V。

此外,根据与车站联锁设备配套的其他设备的操作需要,在控制台上还设有一些其他按钮,在此不做详细介绍。

(7)信号复示器

①进站(接车进路)信号复示器平时亮红灯,表示信号机在关闭状态;信号显示允许灯光时,复示器亮绿灯;开放引导信号时,复示器亮红灯和白灯。

当信号机红灯灭灯时,复示器闪红灯;信号机开放后,当绿灯或黄灯灭灯时,复示器由绿灯变为红灯;当引导信号开放后,室外月白灯灭灯时,复示器红灯点亮白灯闪光。

②出站兼调车信号复示器平时不亮灯,表示信号机在关闭状态;开放出站信号机时,复示

器亮绿灯；开放调车信号时，复示器亮白灯。

当信号机红灯灭灯时，复示器闪白灯；当信号机开放后绿灯或白灯灭灯时，复示器随之灭灯。

③调车信号复示器平时不亮灯，表示信号机关闭状态；开放调车信号机时，表示亮白灯。

当信号机灭灯时，复示器闪白灯；当信号机开放后白灯灭灯时，复示器白灯熄灭。

(8)轨道光带表示灯

①平时光带不亮灯，表示进路没有锁闭，轨道区段空闲。在进路锁闭后，对应该进路范围内白光带点亮。

②无论是否建立进路，只要轨道区段有车占用，该区段红光带都点亮。当列车或车列出清轨道区段后，红光带熄灭；列车或车列进入股道进路解锁后，该股道上亮两节红光带。

(9)接近或离去表示灯

在提速的自动闭塞区段，上下行各设3个接近(一接近、二接近、三接近)和3个离去(一离去、二离去、三离去)表示灯。当列车进入接近区段时，接近表示灯亮灯，并瞬间响铃；当列车进入离去区段时，离去表示灯亮灯；当列车出清接近或离去区段后，表示灯熄灭。在非提速的自动闭塞区段，接近和离去表示灯分别设两个。

2. 控制台操作

(1)排列进路

①排列基本进路

a. 排列基本进路的方法是顺序按下始端、终端进路按钮。

b. 为了减少按钮数量，进路始端按钮一般均可兼作同性质反方向进路的终端按钮。由于单置调车信号机不能阻拦反方向的调车车列，因此，对应单置调车信号点的DA，只能兼作同方向调车进路的终端按钮。选路时，顺序地按压两个按钮，先按的起始端按钮作用；后按的起终端按钮作用。同一个按钮，既可作始端按钮，又可作终端按钮，因而，同一咽喉区不准许同时选两条进路，即一个进路按钮不能同时有两种用途。

例如，排列 X_D—ⅢG 的下行接车进路，应先按 X_DLA，后按 $S_{Ⅲ}$LA。选出ⅢG向东郊方向的上行发车进路时，应先按 $S_{Ⅲ}$LA，后按 X_DLA。在这里，X_DLA 和 $S_{Ⅲ}$LA 互为始终端按钮。又如，排列 X-ⅢG 的下行接车基本进路时，应先按 XLA，后按 $S_{Ⅲ}$LA；反过来，排列由ⅡG向北京方面的上行发车进路时，则要求先按 $S_{Ⅱ}$LA，后按 X_FLA。虽然北京方面的区间是双线区段，但改为四显示自动闭塞制式增设了 X_F 以后，发车口也可以办理反方向接车，$S_{Ⅱ}$LA、X_FLA 也互为始终端。

又如，排列 D_3—D_9 的调车进路，应顺序按下 D_3A 和 D_7A。这里虽然阻拦信号是 D_9，但因为 D_7A 与 D_3A 能互为始终端按钮，所以这条进路的终端按钮是 D_7A，而不是 D_9A。排列 D_3—D_{11} 的调车进路，应顺序按下 D_3A 和 D_{11}A。

c. 对于需要开放两架或两架以上调车信号机的长调车进路，既可按单元调车进路分段排列，也可以顺序按下长调车进路的始终端按钮一次排列。例如 D_3—ⅠG 的调车进路是由 D_3—D_9、D_9—D_{13}、D_{13}—ⅠG 三条基本调车进路组成，排列进路时只需按下 D_3A 和 $S_Ⅰ$DA 即可。

d. 办理正线通过作业时，可分别排列正线接车和正线发车进路，也可以先按下通过按钮，再按下发车进路的终端按钮，一次排成通过进路。例如，排列下行ⅠG正线通过进路，顺序按下 XTA、S_FLA 即可。

e. 按下始端按钮至进路选出前，进路排列表示灯一直亮红灯，进路选出后灭灯。在进路排列表示灯未灭前，同一咽喉区不能再排列其他进路，不然将造成两条进路相互干扰。

f. 按下进路按钮后，该按钮表示灯闪光，当进路选出后终端按钮表示灯灭灯，始端按钮改亮稳定灯光，进路锁闭后，进路范围内白光带点亮，信号机开放后始端按钮表示灯灭灯，信号复示器点亮绿灯(列车)或白灯(调车)。

g. 列车或车列正常经过进路时，进路会自动地分段顺序正常解锁，即出清一段，解锁一段。

在调车转线作业过程中，如果调车进路未全部使用，原牵出进路未能正常解锁的区段在车列折返退出原进路后，应按中途返回方式自动解锁。

②排列变通进路

a. 在两点之间有两条或两条以上路径时，选择其中一条距离最短，经过道岔最少，影响平行作业最小的路径作为基本进路，并经常使用该进路，则其他路径为变通进路。有两条以上路径时，应按上述原则确定进路优先的顺序。

例如：在举例站场中，下行ⅢG 接车有 3 条路径可走：一条经由道岔(5/7)、13/15、23/25；第二条经由道岔 5/7、(9/11)、23/25；第三条经由道岔 5/7、9/11、(23/25)(虽然还有一条经由(5/7)、(13/15)、(23/25)的路径，但由于 7 号道岔和 13 号道岔距离太近，不允许经该路径走车，该路径不能作为一种变通进路的方式)。由于渡线 5/7、9/11、23/25 是平行铺设的，所以又称它们为平行变通进路。有时也称平行变通进路中的基本进路为优先进路，称变通进路为非优先进路。为了保证建立该进路时不影响东郊方面接车至 5G 或由 5G 向东郊的发车进路，设计时确定以(23/25)的进路为基本进路，即方式 1。其次，以(5/7)为方式 2，因为这样在办理下行ⅢG 接车时可以保证不影响ⅠG 的调车作业。而以(9/11)的下行ⅢG 接车进路为方式 3。同样道理，下行 5G 接车以(5/7)为基本进路，而以(9/11)为变通进路。

有的进路始、终端之间虽然不是一条路径，但各路径不是平行的，可以很容易地分辨出直行的是基本进路，而八字迂回的是变通进路。例如：由ⅡG 向北京方面发车，以 17/19、1/3 定位的进路为基本进路，而以(17/19)、(1/3)的进路为变通进路。

b. 排列变通进路时，按顺序先按下始端按钮，再按下一个或多个变通按钮，最后按下终端按钮。

专设的变通按钮，排列列车或调车变通进路均可使用。列车进路中能起区分作用的各调车按钮均可兼作变通按钮使用。对于调车进路，只有单置调车按钮可兼作反方向进路的变通按钮使用，其他情况可分段排列。

例如，排列 X—5G 经由道岔 5/7 定位和 9/11 反位的列车变通进路，要求第一个按 XLA，第二个按 D_7A(或 D_9A)，第三个按 S_5LA。根据 XLA 和 D_7A 选出 X—D_7 基本进路段；再根据 D_9A 和 S_5LA 选出 D_9—5G 基本进路段。这两段连接起来，即是所要选的 X—5G 的列车变通进路了。这里并置调车信号点 DA 作变通按钮使用时，按压其中一个，如 D_7A，相当于按压了两个按钮(D_7A 和 D_9A)。

又如，排列 X—ⅢG 经由道岔 5/7 反位和 13/15 定位的列车变通进路，应顺序按压 XLA、D_{11}A(或 BA)、$S_{Ⅲ}$LA 3 个进路按钮。选 X—ⅢG 经由道岔 5/7 定位和 9/11 反位的列车变通进路，应顺序按压 XLA、D_7A(或 D_9A)、BA、$S_{Ⅲ}$LA 4 个进路按钮。

再如，排列 $S_{Ⅱ}$向 D_1 经由道岔 1/3 反位和 17/19 反位的调车变通进路，可顺序按下 $S_{Ⅱ}$DA、

D_{13}A、D_1A；但选 D_1—ⅡG 经由道岔 1/3 反位和 17/19 反位的调车变通进路时，顺序按下 D_1A、D_{13}A、$S_{Ⅱ}$DA 进路却不能选出。因为选第一条进路时 D_{13}A 可兼作反方向调车进路的变通按钮使用，而选第二条进路时，D_{13}A 不能兼作同方向调车进路的变通按钮使用，因为此时不能区分是让它作终端按钮还是让它作变通按钮，所以，这个变通进路应分段选，即顺序按压 D_{13}A、$S_{Ⅱ}$DA，选出 D_{13}—ⅡG 的一段进路；再顺序按压 D_1A、D_{13}A，选出 D_1—D_{13} 的一段进路。也可以先选 D_9—ⅡG，再选 D_1—D_9，两条调车进路连接起来便是 D_1—ⅡG 经由道岔 1/3 反位和 17/19 反位的变通进路了。

排列变通进路的显示和有关要求与排列基本进路相同。

(2)道岔单独控制

①单独操纵道岔至定位(或反位)时，要同时按下该道岔按钮和总定位(或总反位)按钮。

②需要单独锁闭道岔时，拉出道岔按钮，按钮上表示灯亮红灯。再排列进路时，该道岔不能转动。恢复道岔按钮，解除单独锁闭。

(3)重复开放信号

信号开放的过程中，因故关闭，当故障恢复后，若进路仍在锁闭状态，可按下进路始端按钮使信号重新开放。

(4)取消进路和人工解锁

①在进路未选出前，按钮表示灯闪光，进路排列表示灯亮灯期间，可按下总取消按钮取消记录。

②在进路始端按钮表示灯亮稳定灯光后，要取消进路应同时按下总取消按钮和进路始端按钮。

③在进路处于预先锁闭状态时，办理取消解锁，应同时按下总取消按钮和进路始端按钮，使信号关闭，进路立即解锁。

④当进路处于接近锁闭状态时，办理人工解锁，必须联系登记破铅封按下总人工解锁按钮，同时按下进路始端按钮，进路经延时后解锁。接车进路及有正线通过作业的发车进路，延时3 min，其他发车进路和调车进路延时 30 s。在延时期间，对应的延时解锁表示灯红灯点亮。

这里应注意，在一个咽喉区，同时只能对一条进路进行人工延时解锁，即本咽喉有一条进路正在延时解锁期间，不允许办理第二条进路的人工解锁。

(5)区段故障解锁与强制关闭信号

当发生停电恢复或漏解锁等故障使区段不能按进路方式解锁时，在确认本区段空闲的条件下，一个人破铅封按下控制台上的总人工解锁按钮，另一个人同时按下区段人工解锁盘上要解锁区段的事故按钮，该区段立即解锁。

当设备发生故障，以正常手续不能关闭信号时，可以一个人破铅封按下控制台上的总人工解锁按钮，另一个人同时按下进路中任一区段的事故按钮，使该区段不能解锁，也可使信号强制关闭。

(6)引导接车

①按进路锁闭方式引导接车

当发生进站(接车进路)信号机故障或轨道电路故障，不能开放正常的接车信号，但进路中道岔位置正确，表示完好，需将列车接入车站时，应采用按进路锁闭方式办理引导接车。

a. 办理按进路锁闭方式引导接车时，值班员应先按排列进路的方式将进路排通，或用单独操纵的方式将道岔转换到规定位置（如轨道电路故障时，还应对故障区段的道岔实行单独锁闭，以防故障恢复后该区段的道岔解锁）。人为确认进路空闲，然后按下引导信号按钮，锁闭进路，开放引导信号。控制台上有白光带表示（故障的区段为红光带）。

b. 当列车的第一轮对越过进站（接车进路）信号机后，引导信号自动关闭。列车进入股道后，进路仍不解锁，值班员应确认列车完全到达后，同时按下总人工解锁按钮和进路始端按钮，使引导接车进路一次解锁。

c. 引导信号开放后又需关闭时，值班员可同时按下总人工解锁按钮和进路始端按钮，使引导信号关闭，引导接车进路一次解锁，白光带熄灭。

②引导总锁闭接车

当道岔实际位置正确，但因故失去表示或向非到发线接车时，应采取引导总锁闭方法办理引导接车。

a. 在开放引导信号前，值班员须首先确认道岔位置正确、进路空闲、敌对进路未建立。对于失去表示的道岔，应先确认尖轨密贴且用钩锁器加锁，然后按下引导总锁闭按钮，将全咽喉道岔锁闭。此时引导总锁闭表示灯亮白灯，但无白光带表示，再按下引导信号按钮，开放引导信号。

b. 列车的第一轮对越过进站（接车进路）信号机后，引导信号自动关闭，值班员应确认列车完全到达后，将引导总锁闭按钮拉出，引导总锁闭表示灯熄灭，全咽喉区道岔立即解锁。

c. 引导信号开放后又需关闭时，值班员应拉出引导总锁闭按钮，使引导信号关闭，全咽喉道岔解锁。

无论采用哪一种引导接车方式，当发生进路内方第一区段轨道电路故障时，值班员必须一直按下引导信号按钮，直至列车进站才能松手，否则引导信号不能保持开放状态。

3. 注意事项

①排列进路时，无论进路始端按钮还是终端按钮都应列调分开（尽管有时错误按下终端按钮进路也能排成）。

②在进路排列表示灯未灭前，同一个咽喉区不能再排列其他进路。

③禁止经过正在锁闭的道岔排列储存进路。一条渡线的两组道岔，一组解锁，另一组仍在锁闭时，禁止经过解锁道岔排列改变渡线道岔位置的进路。不准由两个方向同时向同一个无岔区段调车。

④排列进路时，有一个按钮表示灯闪光，进路也不能锁闭，信号也不能开放。重复开放列车信号及进路已接近锁闭的调车信号时，不松开始端按钮，信号不能开放。

⑤在进路排列过程中，有道岔转换受阻时，应先将进路取消再将道岔操纵回原位。清扫或维修道岔时，应得到车站值班员同意，登记后方可进行，值班员应将有关道岔单独操纵按钮拉出。

⑥当控制台上信号复示器闪光或开放信号机后无表示时，如确认地面信号机显示良好，可继续使用，但应通知信号工区修理。装设灯丝转换报警的车站，当信号灯主灯丝断丝，副灯丝点亮时，控制台上断丝表示灯亮红灯，同时响铃，按下切断灯丝电铃按钮，电铃停响。修复后，表示灯红灯熄灭，电铃又响，拉出按钮即恢复正常。车站值班人员发现各种报警信息或设备异

常现象应立即通知信号工区检修处理。

⑦使用总人工解锁按钮和人工解锁盘办理故障解锁时，必须认真核对故障解锁按钮的名称与解锁的区段是否一致，确认解锁区段无车占用。

⑧道岔区段故障出现红光带时，该区段内道岔不能解锁，此时，若需办理非正常行车作业需改变道岔位置，经严格登记签认后，可使用手摇把转动道岔。

⑨按进路锁闭方式引导接车时，如采用排列进路的方式转换道岔，进路开通后，应将该进路取消再按下引导按钮。否则，道岔将受双重锁闭。

⑩因电务设备故障，须破铅封使用引导信号按钮、引导总锁闭按钮、总人工解锁按钮、区段故障解锁按钮和电动道岔手摇把时，应办理联系登记手续并及时通知信号工区加铅封。

1.2.4　知识拓展

在站形较复杂或有特殊线路的车站，有一些操作较特殊，下面介绍几种典型的操作：

1. 排列延续进路

①在进站信号机外方制动距离内有超过6‰的下坡道时，下坡方向的接车进路应向对方咽喉延续，延续进路可通向安全线、牵出线、专用线或车站的进出口。

②在排列带有延续进路的接车进路时，应顺序按下接车进路的始端、终端及所要延续进路的终端按钮。

③当延续进路通向发车口时，如需继续发车，只需按下延续进路的始端列车按钮，出站信号机即可开放。

④自列车头部进入股道开始经3 min后延续进路可自动解锁，如值班员确认列车已停在股道，此时也可破铅封按下特设的坡道解锁按钮，延续进路可立即解锁。取消进路或人工解锁时，必须先办理接车进路的解锁手续，接车进路解锁后，才能取消延续进路，否则延续进路不得解锁。兼延续进路的发车进路，在列车尚未停稳前，禁止用人工解锁的办法，强制使发车进路解锁。

2. 非进路调车作业

①设有编组线和牵出线平面调车作业较多的车站，有时在集中区划出一段非进路调车区域（如举例站场D_2—D_{18}之间）。利用牵出线进行编组线间转线调车作业时，可不用排列调车进路，而采用非进路调车。

②办理非进路调车时，应先按下二位非自复式带灯的非进路调车按钮，按钮表示灯闪白灯。进路上道岔自动转换到开通牵出线的位置并锁闭，同时进路上的调车信号机全部开放，此时非进路调车按钮表示灯亮稳定白灯。在非进路调车作业期间，调车信号机始终开放。

③非进路调车作业结束，值班员在确认该进路空闲后，恢复非进路调车按钮，按钮表示灯闪白灯，调车信号机立即关闭，但非进路调车的进路需延时30 s后才能解锁，非进路调车按钮表示灯熄灭。

3. 到发线中间出岔有关作业

①向有中间出岔的到发线接车或由到发线向外发车时，中间出岔应自动转换到定位且锁闭后，进站或出站信号机才能开放。

②防护中间出岔的调车信号机与接车进路按敌对关系处理。

③向到发线接车时，列车顺序占用并出清中间出岔的轨道区段，中间出岔可正常解锁。列

车进入到发线未压入中间出岔区段，在咽喉区道岔解锁再延时 3 min 以后，中间出岔自动解锁。办理取消进路及人工解锁时，咽喉区道岔解锁以后中间出岔自动解锁。

④由到发线发车时，列车压入发车进路全部出清到发线，中间出岔自动解锁。列车出发到发线留有车辆或办理取消进路及人工解锁，中间出岔区段空闲时，发车进路第一区段解锁后，中间出岔自动解锁。

4. 改变列车运行方向

(1)有关按钮与表示灯的设置

在双线双向自动闭塞区段的中间站，每站共有 4 个接发车口。为了监督两站间各口是否有车占用，指示本站是接车站还是发车站，控制台盘面上每一个接发车口增设一个监督区间表示灯、一个接车方向表示灯、一个发车方向表示灯。

此外，每个接发车口还增设了总辅助按钮 ZFA、接车辅助办理按钮 JFA、发车辅助办理按钮 FFA 和辅助办理表示灯，同时设有计数器监督 ZFA 使用的次数。全站设一个办理改变方向按钮(BGFA)。ZFA、JFA、FFA 均带铅封，其中 ZFA、BGFA 为非自复式，其他为自复式。

监督区间表示灯(JQD)平时灭灯，当本站或邻站办理了发车进路或列车占用区间时亮红灯，区间轨道电路故障时也亮灯。接车方向表示灯(JD)在本口为接车方向时亮黄灯。发车方向表示灯(FD)在本口为发车方向时亮绿灯。辅助办理表示灯(FZD)平时灭灯，辅助办理改变方向时亮白灯。

正常行车时，各表示灯的显示是：

排列接车进路后，JD 亮黄灯，FD 灭灯，对方站已办理了发车进路或列车占用区间，JQD 亮红灯。列车整列到达 9 s 后，JQD 灭灯，JD、FD 显示不变。排列发车进路后，JD 灭灯，FD 亮绿灯，JQD 亮红灯。列车出发占用区间，表示灯不变。

(2)改变列车运行方向

①正常办理

值班员接到调度命令，与对方站电话确认区间空闲，双方站 JQD 灭灯后，先按下 BGFA，再顺序按下反方向发车进路的始终端按钮，则原接车口 JD 灭，FD 亮绿灯，JQD 亮红灯，将原接车口变成了发车口。

反方向出站信号开放后，列车进入区间运行，表示灯不变。

②辅助办理

辅助办理有两种情况：第一种为区间轨道电路故障，区间无车时 JQD 仍亮红灯，第二种为办理改变方向过程中电路故障，FD 灭灯，JD 点黄灯。在以上两种情况下办理改变运动方向时均采用辅助办理。

首先，值班员接到调度命令，与对方站电话确认区间空闲，双方均未办理发车进路，JQD 亮红灯，纯属设备故障。双方站按规定手续登记破铅封，共同办理。想要改为发车站一方先后按下 ZFA 和 FFA，辅助办理表示灯 FZD 闪白灯。继续按压该按钮，并电话通知对方站按下相应的总辅助按钮 ZFA 和接车辅助按钮 JFA。对方站值班员按下按钮后，辅助办理表示灯 FZD 亮稳定白灯，JD 亮黄灯，同时本站 FZD 也变成稳定白灯。本站 FZD 变稳定白灯后，FD 变绿灯，即可松开按钮。经 9s 后，两站 JQD 均灭灯。本站即可排列反向发车进路。列车发出进入区间后，拉出 ZFA，辅助办理计数器记录一次。

若运行方向改变过来后，9 s 后 JQD 仍不熄灭，则说明区间轨道电路故障未排除。此时该站第一趟列车出发时，出站信号将不会开放。只能排一条股道至发车口的长调车进路，然后取消，凭路票发车。

(3)注意事项

①两次改变运行方向的间隔，不得小于13 s。

②不论哪个发车口由反方向接车改为正方向发车时，待列车整列到达车站后，必须等待一段时间，直到JQD灭灯后方可排列正向发车进路。

③辅助办理时，一定要由准备改为发车站一方先按压ZFA和FFA，改为接车站的一方稍后按下ZFA和JFA。若时机相反，不能实现辅助办理。

1.2.5　相关规范、规程与标准

《铁路技术管理规程》第57条、第81条。

典型工作任务3　计算机联锁设备的操作使用

1.3.1　教学目标

1. 能力目标

(1)熟练掌握计算机联锁操作、显示设备的功能，各种按钮的用途及各种表示灯的显示意义。

(2)熟练掌握计算机联锁车站各项作业的办理及计算联锁设备操作使用方法。

2. 知识目标

(1)掌握计算机联锁系统的基本组成及基本功能。

(2)掌握计算机联锁设备的操作特点及各项操作的适用条件和基本要求。

3. 素质目标

(1)掌握计算机联锁设备的操作规范和标准化作业程序。

(2)培养智能化设备应用能力和精益求精的工作作风。

1.3.2　工作任务

1. 按照《计算机联锁技术条件》要求，在设备日常维护和联锁试验时，办理相关的联系登记手续后，熟练正确地运用操作器具进行各种操作，根据车站显示器的显示和提示正确地分析设备的工作状态。

2. 根据《车站行车工作细则》，掌握车站的各种作业要求。在系统出现异常现象时，根据电务维修机的操作记录，能够准确地判断车务人员的错误操作，并能给予正确的操作指导。

3. 根据《铁路技术管理规程》和《铁路信号维护规则　技术标准》的相关要求，及时检查各种加封操作按钮记录，并做好联系登记。

1.3.3　相关配套知识

计算机联锁系统控制的车站，室外设备与6502电气集中联锁的设备相同，室内设备主要由电源屏、联锁机、防雷接口柜、接口继电器组合架、分线盘、行车操纵台(包括鼠标、显示器)、电务维修台(包括鼠标、键盘、显示器、打印机)等设备组成，计算机联锁设备的功能在后面的项目中介绍，这里只介绍行车操纵与显示设备的使用。

计算机联锁设备类型不一,随着计算机科学的发展,各系统也在不断升级换代,操作方法不完全相同,但基本原则一样。操作工具不断更新,目前应用较多的是鼠标操作。下面以JD系列计算机联锁系统显示屏与鼠标操作为例,介绍计算机联锁设备的显示内容和操作使用方法。

1.显示内容

(1)站场图形的屏幕显示

①站场图形及显示

a.屏幕上有与信号平面布置图的站形基本一致的站场图形,用短白线标明普通绝缘节,用圆圈中的红色竖线标明超限绝缘节。

b.经由道岔的线路,以实线连接为当前的开通方向。线路的开通方向也显示了道岔的位置。

c.线路的显示颜色:轨道区段空闲且在解锁状态时显示青色;轨道区段空闲且在锁闭状态时显示白色;轨道区段有车占用或发生故障时显示红色。

②信号复示器的设置及显示

a.对应站场图中的每一架列车或调车信号机的位置均设有信号复示器。

b.无论是列车信号复示器还是调车信号复示器,其显示的图形颜色都与室外信号机的显示完全一致。

c.列车信号的第一灯泡主副灯丝均断丝时,复示器闪红光;第二灯泡在点灯时主副灯丝均断丝,显示器上有“2灯泡断丝”的文字提示。调车信号灯泡主副灯丝均断丝时,复示器闪蓝光。

③道岔状态显示

在站场图对应道岔处和单设的道岔按钮处均有道岔状态显示。

a.站场图上的道岔显示

(a)道岔的开口表示当前线路断开的一侧。

(b)道岔暂时(如正在转换)失去表示时,线路断开。

(c)道岔挤岔时,对应道岔的岔心处闪红光,并有语音报警。

(d)道岔单独加封时,对应道岔的岔心处出现蓝色圆点。

(e)道岔单独锁闭时,对应道岔的岔心处出现红色圆点。

b.道岔按钮处的显示

(a)道岔在定位时,按钮呈绿色。

(b)道岔在反位时,按钮呈黄色。

(c)道岔在转换时,按钮呈灰色。

(d)道岔挤岔时,按钮呈红色。

(e)道岔单独加封时,道岔按钮名呈蓝色。

(f)道岔单独锁闭时,道岔按钮名呈红色。

(2)菜单选取的屏幕显示

屏幕下方第一行为菜单框或称菜单按钮,多为非自复式。鼠标点击某一菜单框时,框中出现“√”符号,表示曾被点击过,同时屏幕上显示相应的信息。再次点击该框时,“√”及相应的信息随之消失,按钮复原。

①汉字提示——显示或隐藏在站场图中的汉字名,如牵出线、专用线等。

②按钮名称——显示或隐藏在站场图中各按钮的名称。

③信号名称——显示或隐藏在站场图中各信号复示器的名称。

④道岔名称——显示或隐藏在站场图中各道岔的名称。

⑤区段名称——显示或隐藏在站场图中各轨道区段的名称。

⑥语音暂停——停止正在连续播放的重复语音信息。但不影响新发生或非重复性的语音信息播放。

⑦时钟设定——修改当前的系统日时钟。

⑧单屏——将当前的多屏显示切换为单屏显示。

⑨多屏——将当前的单屏显示切换为多屏显示。

⑩铅封记录——采用鼠标操作时,对于操作应加封的按钮采用输入“口令”代替“铅封”。按下某一个应加铅封的按钮时,屏幕上自动弹出口令输入窗口,在该框输入口令(相当于破了铅封)后,操作才能生效。“铅封记录”用来查看破铅封次数,点击该菜单框,屏幕上弹出破铅封记录窗口。从该窗口可查看对各“加铅封” 按钮已操作的次数。

(3)信息自动提示框的屏幕显示

屏幕最下一行是信息自动提示框。

①操作或联锁出现异常的提示框

a. 操作错误——按钮操作不符合规定或按钮配对有误。

b. 操作无效——按钮操作符合规定,但因条件不满足而无法执行。

c. 进路选不出——在进路排列过程中,因条件不满足而选不出。

d. 进路不能锁闭——进路选排完毕,因进路锁闭条件不满足而无法锁闭进路。

e. 信号不能开放——开放信号的条件不满足。

f. 信号不能保持——信号开放后,因保持条件不满足而不能保持开放。

g. 1 灯丝断丝——信号机的第一灯丝断丝(1 灯丝继电器失磁)

h. 2 灯丝断丝——信号机的第二灯丝断丝(第 2 灯泡电路断路)

i. 命令不能执行——在进路或道岔锁闭期间,无法实现的操作命令。

j. 不能自动解锁——因某种故障使进路不能自动解锁。

②故障报警框——当发生灯泡断丝、熔丝断丝、道岔挤岔、发码故障等情况时,框内提供汉字报警信息且该框的底色红、蓝交替闪光。

③延时报警框——反映人工解锁等延时时间的变化情况。框内显示信号名、区段名和倒计时信息。

④联机信息框——反映上位机、联锁机、电务维修机及上位机与联锁机之间通信网状态的信息。

a. 上位机:对应两台上位机设有两个显示方块,左方块代表 A 机,右方块代表 B 机。方块绿色表示该机处于主控状态;方块黄色表示该机处于热备状态;方块红色表示该机处于脱机或停机状态。当方块的上半部分为红色时,表示与该机连接的第 1 通信网失效;当方块的下半部分为红色时,表示与该机连接的第 2 通信网失效。

b. 联锁机:显示内容及方式与上位机相同。

c. 电务维修机:设有一个显示框,绿色表示该机正常运行;红色表示该机处于停止状态。

⑤系统日时钟框——显示系统内部表达当地标准时间的时钟。它不同于驱动计算机工作的时钟，该时钟与标准时间误差不能超过 1 min。系统日时钟的底色不断变化时，表明上位机正在运行。

⑥电源屏供电框——反映电源屏当前的供电状态。

a. 主电源：表示当前是主电源供电。

b. 副电源：表示当前是副电源供电。

2. 操作使用

(1)按钮的配置

①进路按钮

a. 列车信号按钮、调车信号按钮、进路终端按钮、变通按钮、通过按钮的设置及用途与 6502 电气集中相同。

b. 引导信号按钮——每一个进站(接车进路)信号复示器的前方设置一个白色的引导信号按钮，用于引导接车。

②道岔有关按钮

为了与道岔按钮配合实现对道岔的单独加封(以下简称单封)、解封和单独锁闭(以下简称单锁)、单独解锁(以下简称单解)，每一个咽喉区设置了如下按钮：

a. 道岔单封按钮——同意电务对道岔进行维修的按钮。

b. 道岔解封按钮——解除道岔单封的按钮。

c. 道岔单锁按钮——在特殊情况下，将道岔单独锁闭的按钮。

d. 道岔单解按钮——解除道岔单独锁闭的按钮。

③轨道区段故障解锁按钮(带铅封)——当计算机联锁系统上电，交流停电恢复或列车经过进路后，因轨道电路故障而使部分或全部轨道区段未正常解锁时，为了办理故障解锁设置该按钮。

④清除按钮——为了清除不带铅封的按钮操作信息，“进路控制异常信息框”中的显示等，全站设有一个清除按钮。

⑤其他按钮

进路总取消按钮、进路总人工解锁按钮(带铅封)、引导总锁闭按钮(带铅封)及道岔按钮、道岔总定位按钮、道岔总反位按钮与 6502 电气集中相似。

此外，根据车站的实际情况，有的车站还需增设如坡道解锁、非进路调车等按钮。

(2)操作说明

①对于不带“铅封”的按钮，通过鼠标单击该按钮，该按钮的操作立即生效。

②对于带“铅封”的按钮，当单击该按钮后，屏幕上立即弹出“口令保护操作，请输入口令”窗口，要求操作者输入口令(相当于破铅封)并确认。口令的输入过程如下：

a. 输入口令码：单击口令窗内的数字键，每单击一个数字键，窗口中显示一个“ * ”号。如果输入错误，可以单击删除键“←”，删除错误数字，重新输入。

b. 操作者认为口令码无误后，单击“确认”键。

c. 单击“确认”键后，系统(上位机)自动检查口令的正确性。若口令正确，系统会自动对破铅封次数进行记录并使操作生效；若检查出口令不正确，在异常信息提示框中显示“口令检查不正确，请重新输入”的提示信息，要求操作者重新输入口令。口令不正确的按钮操作不计入破铅封次数。

d. 操作者按压“确认”键之前，想取消该次按钮操作时，可直接单击口令窗内的“取消”键。

③当顺序操作多个按钮但不符合配对规则时，屏幕上会弹出“操作错误”提示窗口，要求操作者单击窗口内的“确认”键消除不正确的操作信息。

(3)操作方法

①进路的排列与取消

计算机联锁系统的下列操作与6502完全相同，包括：

a. 排列进路(排列列车进路、调车进路，包括基本进路、变通进路，以及通过进路、长调车进路)。

b. 重复开放信号。

c. 取消进路。

②道岔单独控制

a. 道岔单独操作

操作方法：总定位(总反位)按钮＋道岔按钮。

显示：按压总定(反)位按钮后，该按钮内闪绿(黄)色。道岔转换到指定位置后，总定(反)位按钮恢复暗灰色，道岔按钮呈绿(黄)色。

b. 道岔单封

操作方法：单封按钮＋道岔按钮。

显示：按压单封按钮后，该按钮闪蓝色；按压道岔按钮后，线路中相应道岔处出现蓝色圆点，道岔按钮名呈蓝色，单封按钮恢复原色。

c. 道岔解除封锁

操作方法：解封按钮＋道岔按钮。

显示：按压解封按钮后，该按钮闪绿色；按压道岔按钮后，线路中相应道岔处蓝色圆点消失，道岔按钮名及解封按钮恢复原色。

d. 道岔单锁

操作方法：单锁按钮＋道岔按钮。

显示：按压单锁按钮后，该按钮闪红色；按压道岔按钮后，线路中相应道岔处出现红色圆点，道岔按钮名呈红色，单锁按钮恢复原色。

e. 道岔单解

操作方法：单解按钮＋道岔按钮。

显示：按压单解按钮后，该按钮闪绿色；按压道岔按钮后，线路中相应道岔处红色圆点消失，道岔按钮名及单解按钮恢复原色。

③进路人工解锁及区段故障解锁

a. 进路人工解锁

按下“总人解”按钮，而后输入口令，再按下进路始端按钮。在延时解锁的时间内，屏幕上有延时时间提示。

b. 轨道区段故障解锁(也可简称区故解)

操作方法：区故解按钮＋输入口令＋待解锁的区段按钮。

条件：被解锁的区段不在列车或车列运行的前方，且该区段轨道电路无故障。

显示：在按下“区故解”按钮并输入口令后，该按钮呈红色，同时所有需要故障解锁的区段处区段名称呈红色,区段名称即为区段按钮。单击区段按钮,相应区段解锁,白光带消失。

对于区段故障解锁需要说明的是:

(a)在有多个区段需要连续办理故障解锁的情况下,除了第一个区段应按上述操作外,其他区段的解锁只需单击“区故解”按钮和“区段名”按钮,而不需输入口令码,以便提高效率。

(b)在解锁多个区段期间,如果误按了其他(非故障)区段按钮,则“区故解”操作信息失效,必须重新按下“区故解”按钮并输入口令,再进行区段解锁。

(c)在进路处于接近锁闭状态或列车驶入进路的情况下,进路因轨道电路故障而不能进行人工解锁时,需按区段故障解锁的方式解锁。在此情况下,必须先使进路内方某一轨道区段按故障解锁方式延时 3 min 或 30 s 后解锁,以后各区段的解锁不需要延时。在延时期间办理其他区段的解锁无效。

(d)为了保证安全,系统初次上电后,全站所有区段均处于锁闭状态,需按“区故解”按钮的方式使各区段解锁。

④引导接车与引导解锁

引导接车进路的办理有 3 种方式,一是接车进路锁闭后转为引导方式;二是接车进路未锁闭时,按进路锁闭方式引导接车;三是全咽喉道岔引导总锁闭接车。

a. 接车进路锁闭后转为引导方式

(a)开放引导信号:接车进路锁闭后,进站信号因故未能开放,可按下引导信号按钮,而后输入口令使引导信号开放。

(b)解锁进路:办理解锁必须在列车未驶入进路或列车完全进入股道后。列车在进路内运行时禁止办理引导解锁。由于该进路受双重锁闭,解锁进路时必须先解除引导锁闭,再解除进路锁闭。

解除引导锁闭的方法:总人解按钮+输入口令+进路始端列车按钮。

解除进路锁闭的方法:

ⓐ列车未驶入进路时,总取消按钮+进路始端按钮。

ⓑ若列车未驶入进路但进路内有的区段轨道电路发生故障或列车驶入进路完全进入股道后,必须按区段故障解锁方式使各区段解锁。

ⓒ 列车驶入进路的接近区段,按区段故障解锁方式解锁各区段,第一个解锁的区段延时 3 min,其他区段不再延时。

b. 按进路锁闭方式引导接车

接车进路因轨道电路故障等情况不能建立时,只要进路中道岔表示正确即可按此方式引导接车。

(a)办理引导接车:引导信号按钮+输入口令+接车股道入口处列车信号(接车进路终端)按钮。

按上述操作后,无故障区段中的道岔按引导进路的要求自动转换到规定的位置,并实现引导进路锁闭,显示白光带,引导信号开放。

(b)解除引导锁闭的方法:同第一种方式。

c. 全咽喉道岔引导总锁闭接车

引导总锁闭的条件和要求与 6502 电气集中相同。

(a)开放引导信号:引导总锁闭按钮+输入口令+引导信号按钮+输入口令。

(b)解除引导总锁闭:列车进入股道,按下引导总锁闭按钮即可。

无论采用哪一种方式,若进站内方第一个轨道电路区段发生故障时,信号开放后,应重复点击引导信号按钮，此时应注意延时时间提示，间隔时间不能超过 14 s，直至列车驶入进站信号机内方为止。

⑤其他操作

a. 按钮的加封与解封

(a)按钮加封

操作方法：按钮封锁按钮＋列车信号按钮。

显示：按下按钮加封按钮后，该按钮呈红色闪烁；按压列车信号按钮后，相应信号复示器名称呈紫色闪烁(此时与该信号复示器有关的信号按钮均受锁)。

(b)按钮解封

操作方法：按钮解封按钮＋列车信号按钮。

显示：相应列车信号复示器名称停止闪烁。

b. 信息清除

(a)“错误操作”信息清除

当操作顺序或按钮配对不符合规定时，屏幕上出现“操作错误”的汉字提示，同时有提示窗口。单击窗口的“确认”键，将错误操作信息清除，否则，后续任何操作均无效。

(b)非“错误操作”信息的清除

当按压某一不带铅封的按钮后，认为操作不当时，应及时按压“清除”按钮，使其无效；当按压带铅封的按钮后，认为不当时，应及时按压口令窗内的“取消”键予以清除。

(c)提示信息的清除

有些特殊信息，如站场图中的设备名称，办理进路异常信息提示框中的汉字提示等，认为无保留必要时，可按压“清除”按钮予以清除。

c. 系统时钟的设定或调整

(a)设定或调整日时钟时间时，必须输入口令。因此，在单击“时钟设定”框时，屏幕上首先出现“口令保护窗口”(简称口令窗)。

(b)输入口令码并单击“确认”键后，口令窗自动地转换成“新时间值输入窗口”(简称时间窗)。窗口内出现待调整的时间“时：分：秒”，并在时间值的右下方出现一条黑色短线，即位标。

(c)调整时间值时，需按时→分→秒顺序进行。单击位标移动键“←”，将位标向左移到需要修正的时间值下方。按照标准的时间值，分别单击数字键，得到新的时间值。确认无误后，及时单击“确认”键，则时间窗口消失，新的系统时间设定完成。

1.3.4　知识拓展

1. 在站形较复杂或有特殊线路的车站，根据需要还增加了其他一些特殊操作，如：延续进路、非进路调车、中间出岔等，这些的操作方法与 6502 电气集中相似，在此不作详细介绍。

2. 现场应用的其他类型的计算机联锁设备，操作方法与上述介绍的内容大同小异，具体操作时，应阅读设备操作说明书。

1.3.5　相关规范、规程与标准

1.《铁路技术管理规程》第 57 条。

2.《铁路信号维护规则　技术标准》第 5.3.1～5.3.13 条，第 5.11.1～5.11.13 条。

项目小结

本项目主要介绍的是车站联锁设备的组成与操作使用，简要概括如下：

1. 6502大站电气集中由室内外两部分设备组成，室内设备包括控制台、区段人工解锁按钮盘、继电器组合及组合架、电源屏和分线盘；室外设备包括色灯信号机、电动转辙机、轨道电路和电缆线路。这些设备组成了一个完整的自动控制系统，实现对车站信号设备的自动控制和监督。

6502电气集中有12种定型组合，根据信号平面布置图中的信号设备可以选用相应的组合及其演变后相应形式的图纸。各信号设备的组合框图组合起来就形成组合连接图。在设计组合连接图时，必须将Q组合放在本区段的关键部位，保证经本区段任一道岔的不同位置建立进路都能检查到Q组合。

2. 计算机联锁车站室外控制对象与6502电气集中相同，室内用计算机设备取代了大部分继电器实现联锁控制，但执行部件仍采用继电器。采用鼠标和液晶显示器作为操纵和显示设备，完成对车站信号设备的操纵和监督。

3. 信号平面布置图标明了车站信号设备的分布情况，包括信号机的布置、轨道区段的划分等。了解一个车站的信号平面布置图和车站作业情况是掌握车站信号设备控制性能及原理的前提。

4. 6502大站电气集中通过按压控制台各种用途的按钮可以完成对车站信号设备的操作。计算机联锁车站的大部分操作均以6502电气集中为基础，各种需要动作信号设备的操作，必须采用双按钮操作方式。

排列基本进路时，可顺序按压进路的始终端按钮；排列变通进路时，在按下始端按钮后，应按下变通进路中起区分作用的变通按钮，最后按下终端按钮。

通过按压控制台上带有各种文字标牌的按钮，可以完成排列进路之外的其他操作；通过控制台的各种表示灯及轨道区段光带可以监督系统的运行情况、信号设备的状态及列车或车列所在的位置。

5. 计算机联锁设备的操作有文字提示。根据作业需要，通过单击鼠标可完成各种操作。对于应破铅封按下的按钮，可采用输入密码的方式代替铅封。

复习思考题

1. 6502电气集中车站由哪些设备组成？各有什么功能？

2. 举例站场各进站、出站信号机的显示意义是什么？调车信号机按其设置位置各属于哪一种信号机(尽头、单置、并置、差置)？

3. 排列进路、取消进路、人工解锁进路、道岔单独操作的基本方法是什么？

4. 选变通进路应如何操作？哪些按钮可以作变通按钮使用？

5. 列车反方向运行时，接车站、发车站各应如何办理？

6. 各种信号机、道岔、轨道区段应选用哪些定型组合？

7. 引导接车在什么情况下使用？有哪几种方式办理？6502电气集中和计算机联锁车站分别如何办理？

8. 计算机联锁车站与6502电气集中车站比较，增加了哪些操作？有哪些操作不同？如何办理？

项目 2　道岔控制设备维护与故障处理

项目描述

道岔的转换和锁闭设备，是直接关系行车安全的关键设备。道岔由转辙机来牵引，而转辙机又由道岔控制设备直接控制，所以，道岔控制设备是车站联锁设备中的重要设备之一。通过本项目的学习和训练应熟练掌握各种道岔控制设备的组成、原理和常见故障处理方法，以达到车站信号设备维修信号岗位的要求。

拟实现的教学目标

1. 能力目标

(1)熟练掌握直流道岔控制电路故障分析方法。

(2)熟练掌握交流道岔控制电路故障处理方法。

2. 知识目标

(1)熟练掌握四线制道岔控制电路的组成及工作原理。

(2)熟练掌握六线制道岔控制电路的组成及工作原理。

(3)熟练掌握提速道岔控制电路的组成及工作原理。

(4)熟练掌握道岔表示灯及故障报警电路原理。

3. 素质目标

(1)能够按照《铁路信号维护规则(技术标准)》的要求和标准化作业程序进行道岔控制电路的维护和故障处理。

(2)树立"安全第一"的责任意识，培养遵章守纪的工作作风。

相关案例

1997 年 4 月 29 日京广线×××车站，信号工未经联系要点，打开道岔变压器箱，断开某道岔控制电路中的 X_1 线，并用二极管封连 X_1 和 X_3 线端子，整理该道岔变压器箱内端子配线。在此期间，车站办理了经该道岔反位接车进路后，将 818 次旅客列车接入 4 股道，而后又办理了经该道岔定位的 324 次旅客列车Ⅱ股道通过进路。因 X_1 断线该道岔未能转到定位，但经 X_1 和 X_3 间封连的二极管构成定位表示，进站信号机显示绿灯。由于室内道岔表示与室外道岔位置不一致，使本应从Ⅱ股道通过的 324 次列车进入 4 股道，与停在 4 股道的 818 次列车发生追尾冲撞，造成多人伤亡且中断上行正线行车多时的行车特别重大事故。

铁路车站因道岔位置错误，造成了多起车毁人亡的行车事故。因此，道岔控制设备是与行车安全密切相关最重要的联锁设备，只有熟练掌握道岔控制电路的动作原理和维护方法，迅速准确处理道岔控制电路各种故障，严格按照相关技术要求进行维护作业，才能保证车站范围内的作业安全。

典型工作任务1　直流道岔控制电路分析及故障处理

2.1.1　教学目标

1. 能力目标

(1)掌握直流道岔控制电路的故障分析方法。

(2)掌握直流道岔控制电路的故障处理方法。

2. 知识目标

(1)掌握四线制道岔控制电路的组成及工作原理。

(2)掌握六线制道岔控制电路的组成及工作原理。

3. 素质目标

灵活运用所学的道岔控制设备知识，严格按照铁路规章制度进行作业。

2.1.2　工作任务

1. 根据《铁路技术管理规程》和《铁路信号维护规则　技术标准》的要求，熟练掌握各种直流道岔控制设备的基本组成及工作原理，按照车站的维修工作计划，做好道岔控制设备的日常检查和测试工作。

2. 在车站联锁试验时，对照联锁表，仔细认真地核对每一组道岔的室内表示和室外道岔位置是否一致，发现问题必须彻底查明原因、正确处理，而后再反复试验，保证道岔表示准确无误。

3. 当道岔控制设备发生故障时，根据直流道岔控制电路的原理和直流电动转辙机的性能，按照相关技术要求，迅速及时地处理直流道岔控制电路各种故障，保证道岔控制设备的运用安全。

2.1.3　相关配套知识

1. 四线制单动道岔控制电路

四线制道岔控制电路由道岔启动电路和道岔表示电路两部分组成，所动作的转辙机为ZD6型电动转辙机，其中启动电路是动作电动转辙机，转换道岔的电路，而表示电路是反映道岔位置的电路。

(1)道岔启动电路

①道岔启动电路的技术要求

为了确保行车安全，道岔启动电路必须满足以下技术要求：

a. 进路在锁闭状态时，进路上的道岔应不能再转换，对道岔的此种锁闭称为进路锁闭。在控制台或显示器上用进路上点亮白光带来表示已经对进路范围内的道岔实行了进路锁闭。

b. 道岔区段有车占用或道岔区段轨道电路发生故障时，该区段内道岔不应转换，对道岔的此种锁闭称为区段锁闭。在控制台或显示器上用进路上点亮红光带来表示。

c. 道岔一经启动，就应转换到底，不受车辆进入影响，否则，在车辆进入道岔区段时，若道岔停转，可能造成脱轨或挤岔事故。

d. 道岔启动电路接通后，由于电路故障(如自动开闭器接点、电动机碳刷接触不良等)，使道岔未转动，这时应能自动切断启动电路，以免由于邻线列车震动等原因使故障消除后，造成道岔自行转换。

e. 道岔转换途中受阻(如尖轨与基本轨的轨缝夹有道砟等)，使道岔不能转换到底时，应保证经值班员操纵能使道岔转回原位。

f. 道岔转换完毕应能自动断开启动电路。

②道岔启动电路动作原理

a. 道岔启动电路组成

道岔启动电路主要由 1DQJ、2DQJ、电缆(X_1～X_4)、断路器、ZD6 型电动转辙机等组成(四线制单动道岔控制电路如图 2.1 所示)。

b. 道岔控制电路整体动作过程

操纵道岔有单独操纵和进路操纵两种方式，无论是哪种方式，电路的整体动作过程如下：(以 1、3 闭合，向反位操纵为例)

(a)当办理操纵手续后，首先是 1DQJ 吸起。随着 1DQJ 的吸起，DBJ 随之落下，DBD 绿灯熄灭。

(b) 1DQJ 吸起后，2DQJ 随之转极。2DQJ 由定位位置转极至反位位置，接通电机电路，即构成了 1DQJ 的自闭电路。

(c)电机动作电路接通后，ZD6 型电动转辙机中的电动机开始旋转。随着电机的旋转，道岔完成解锁、转换、锁闭过程(在解锁过程中，自动开闭器第 3 排接点断开。在道岔转换过程中，自动开闭器是 1、4 闭合的，道岔到达规定位置密贴并锁闭之后，自动开闭器的第 1 排接点迅速断开，接通自动开闭器的第 2 排接点，即切断电机电路，接通反位表示电路)。

(d)电机电路切断后，1DQJ 缓放落下，FBJ 随之吸起，点亮 FBD 黄灯。

c. 道岔启动电路的动作原理

道岔启动电路采用分级控制方式，首先由第一道岔启动继电器 1DQJ 检查联锁条件，然后由第二道岔启动继电器 2DQJ 控制电动机的旋转方向，确定道岔是向定位转换还是向反位转换，最后由直流电动机转换道岔。

对于电气集中设备，当采用进路式操纵方式办理进路时，使选岔网络中的 DCJ 或 FCJ 自动吸起，接通道岔启动电路，转换道岔至规定位置；当采用单独操纵方式时，按压道岔按钮 CA，同时按压本咽喉道岔总定位按钮 ZDA 或本咽喉道岔总反位按钮 ZFA，接通道岔启动电路，转换道岔至规定位置。

图 2.1 为道岔在定位状态时的电路。当按进路式操纵使道岔由定位向反位转换时，道岔启动电路的 1DQJ 励磁电路为：

$KZ-CA_{61-63}-SJ_{81-82}-1DQJ_{3-4\text{线圈}}-2DQJ_{141-142}-CAJ_{11-13}-FCJ_{61-62}-KF$。

1DQJ 励磁后，其前接点接通 2DQJ 的转极电路，2DQJ 的转极电路是：

$KZ-1DQJ_{41-42}-2DQJ_{2-1\text{线圈}}-CAJ_{11-13}-FCJ_{61-62}-KF$。

由于 1DQJ 的励磁吸起和 2DQJ 的转极，接通 1DQJ 的 1－2 线圈自闭电路，其电路为：

$DZ_{220}-RD_3-1DQJ_{1-2\text{线圈}}-1DQJ_{12-11}-2DQJ_{111-113}$－组合侧面端子 05－16－分线盘端子－电缆 X_2－电缆盒 2 端子－CJQ_2－自动开闭器 11-12－电机定子线圈 2—电机转子线圈 3－4－遮断接点 05－06－CJQ_5－电缆盒 5 端子－电缆 X_4－分线盘端子－组合侧面端子 05－18－$1DQJ_{21-22}-2DQJ_{121-123}-RD_2-DF_{220}$。

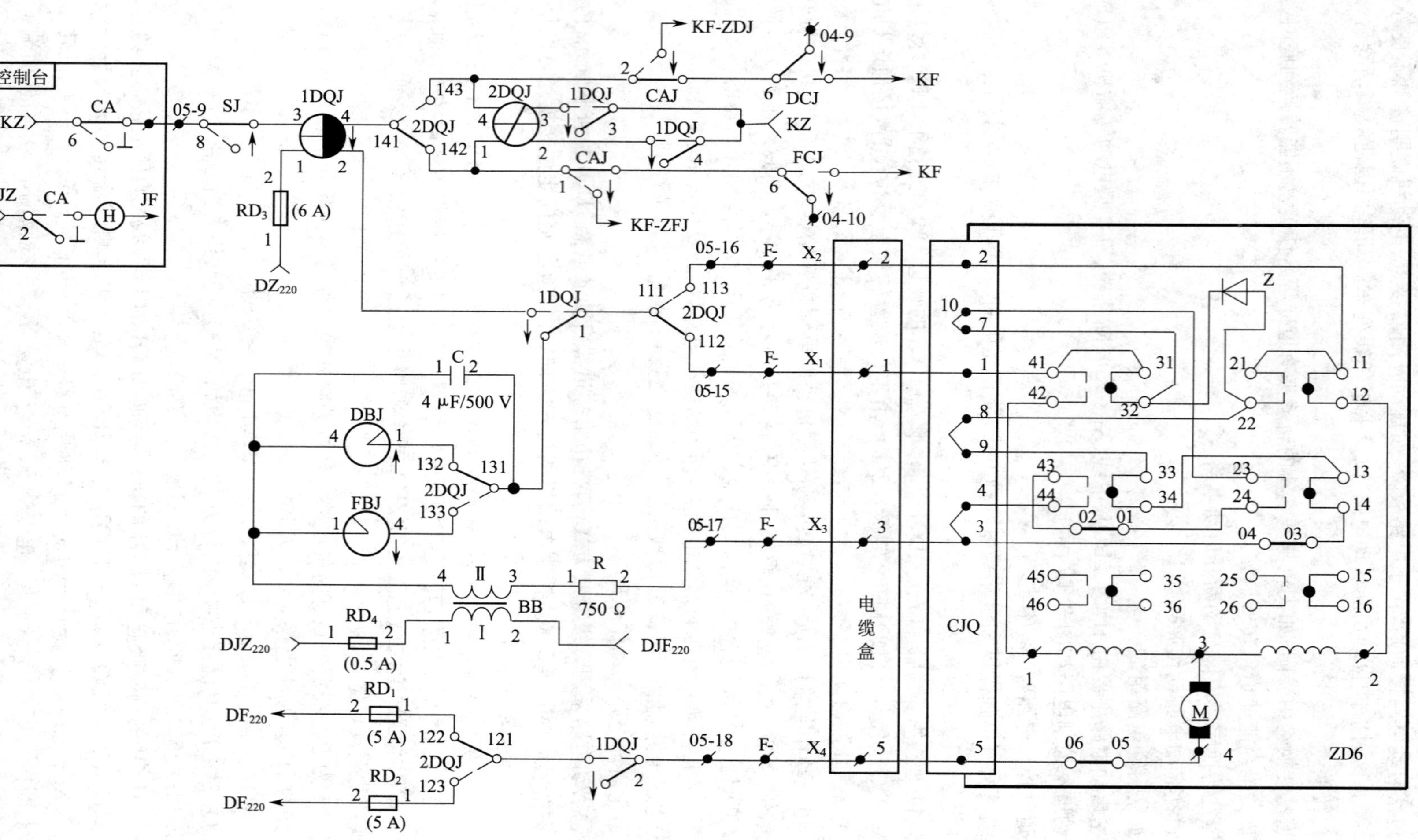

图2.1 四线制单动道岔控制电路

由于 1DQJ 的 1-2 线圈和电动机线圈串接在自闭电路中，所以 1DQJ 的自闭电路即是电动机动作电路。

当道岔转至反位后，自动开闭器 11-12 接点断开，使电动机停转。同时断开 1DQJ 的 1-2 线圈自闭电路，使 1DQJ 缓放落下，接通道岔表示电路。若要再将道岔转回定位，办理进路时 DCJ 吸起，重新接通道岔启动电路。

单独操纵道岔时，假如使道岔由定位向反位转换，按下道岔按钮 CA 和道岔总反位按钮 ZFA，道岔按钮继电器 CAJ 和道岔总反位继电器 ZFJ 励磁吸起，条件电源 KF-ZFJ 有电，这时接通 1DQJ 的 3-4 线圈的励磁电路，其电路是：

$KZ-CA_{61-63}-SJ_{81-82}-1DQJ_{3-4\text{线圈}}-2DQJ_{141-142}-CAJ_{11-12}-KF\text{-}ZFJ$。

1DQJ 励磁吸起后使 2DQJ 转极，接通 1DQJ 的 1-2 线圈自闭电路，使电机转动。单独操纵道岔时，启动电路动作与进路式操纵动作基本相同，只不过负电源是条件电源 KF-ZDJ 或 KF-ZFJ，并由 CAJ 将其接入 1DQJ 和 2DQJ 的电路中。

在 1DQJ 的 3-4 线圈励磁电路中接有以下联锁条件：

(a)单独锁闭道岔按钮 CA_{61-63}。在维修电动转辙机或轨道电路区段故障时，拉出该按钮，断开道岔启动电路，对道岔实行单独锁闭。

(b)锁闭继电器 SJ 第 8 组前接点用来检查道岔区段是否空闲、进路是否在解锁状态。道岔区段有车或办理了经由该道岔的进路时，SJ 落下，用 SJ 前接点切断 1DQJ 的励磁电路，1DQJ 就不能吸起，道岔就不会转换。

(c)道岔按钮继电器 CAJ 前接点和条件 KF-ZDJ 或 KF-ZFJ，反映对道岔单独操纵的操作手续。只有按压道岔按钮，道岔按钮继电器 CAJ 励磁吸起，同时按压道岔总定位按钮 ZDA 或道岔总反位按钮 ZFA，使 ZDJ 或 ZFJ 励磁吸起，条件电源 KF-ZDJ 或 K-ZFJ 才会有电，接通单独操纵时的道岔启动电路。

(d)道岔定位操纵继电器 DCJ 和道岔反位操纵继电器 FCJ 第 6 组前接点，实现对道岔的进路式操纵。当办理进路时，选岔网络中的 FCJ 或 DCJ 励磁吸起，自动接通进路式操纵的道岔启动电路。

(e)第二道岔启动继电器 2DQJ 第 4 组接点是 1DQJ 的 3-4 线圈励磁电路的电路区分条件，用以区分道岔是由定位向反位转换，还是由反位向定位转换，其极性接点分别接通 1DQJ 的 3-4 线圈向反位转换或定位转换的励磁电路。

③道岔启动电路分析

根据电动转辙机的特性，四线制道岔控制电路的启动电路从控制用继电器类型、电路结构等方面采取措施，以满足道岔对启动电路的技术要求。

a. 6502 电气集中车站，转辙机用电动机采用直流串激电机，电动机激磁线圈(定子线圈)分开使用，在结构上采用线圈双线并绕的措施。四线制道岔控制电路室内外 4 根走线，X_1 线和 X_2 线为道岔启动电路和道岔表示电路共用线，X_3 线为表示电路专用线，X_4 线为启动电路专用线。为了方便维修、减少故障，电动转辙机采用配线定型化、连接插销化。

b. 采用特殊结构的继电器。第一道岔启动继电器 1DQJ 选 JWJXC-H $\frac{125}{0.44}$ 型，其 3-4 线圈电阻值较大，属电压型继电器，用于检查联锁条件。通过 SJ 第 8 组前接点，证明道岔既未受区段锁闭又未受进路锁闭，实现技术要求 a、b 两项。其 1-2 线圈电阻值很小，属电流型继电器，它与电动机串联，监督电动机的动作。只有道岔启动使电动机转动，有较大电流流经 1DQJ 的 1-2 线圈才能保持自闭吸起，若启动后电路某处接触不良使电流减小，1DQJ 会落下断开电动机电路，实现技术要求 d。另外，在 1DQJ 从励磁电路转换为自闭电路过程中，2DQJ 接点转换 1DQJ 线圈瞬间断电，为保证 1DQJ 可靠自闭而使 1DQJ 用缓放型。

第二道岔启动继电器 2DQJ 选用 JYJXC-$\frac{135}{220}$型有极继电器，属极性保持型，其两线圈分开使用，有利于构成接受道岔转换的两种控制命令。3-4 线圈通正向电流，接受向定位转换的命令；1-2 线圈通反向电流，接受向反位转换的命令。电路中电流较大，2DQJ 接在电动机电路中的两组接点采用带有灭弧装置的加强接点。接通或断开电路时，防止产生电弧和火花。

c. 在 1DQJ 的 3-4 线圈励磁电路和 2DQJ 转极电路中，道岔按钮继电器 CAJ 后接点在 DCJ 或 FCJ 接点的前面，这样当进路式操纵遇到道岔不能转换到底时，可及时采取单独操纵方式使道岔转回原位。这种结构表明对道岔的单独操纵优先于进路式操纵。但操纵时应注意，首先按压 ZQA，使 KZ-ZQJ-H 无电，将进路上道岔操纵继电器复原，然后再单独操纵道岔，使道岔转回原位，实现技术要求 e。

d. 1DQJ 1-2 线圈与电动机线圈串联构成电动机电路，使道岔启动后不受进路锁闭和区段锁闭，并使电机转动时脱离 SJ 和 CA 的控制条件，以保证道岔启动后能转换到底，实现技术要求 c。

e. 在 DF_{220} 电源处分别设有定位熔丝 RD_1 和反位熔丝 RD_2，一旦道岔转换中途受阻，电动机摩擦空转烧断一处熔丝，仍能保证电动机转回原位。

f. 以自动开闭器接点作为电动机电路控制条件。当道岔转换完毕（如由定位向反位转换）道岔尖轨与基本轨密贴后，自动开闭器 11-12 接点断开，自动切断电动机电路，使电动机停转，同时使 1DQJ 的 1-2 线圈断电，1DQJ 落下接通道岔表示电路，实现技术要求 f。

自动开闭器的两组动接点动作时机受表示杆密贴检查缺口的控制。当道岔由定位向反位转换，电机启动时自动开闭器第 2 组动接点就接通反转电路（自动开闭器 41-42 闭合），准备好随时单独操纵道岔，使道岔返回原位的条件；道岔转换到底后，自动开闭器第 1 组动接点使自动开闭器 11-12 接点断开，切断电动机电路。

g. 在电动机电路中接入遮断器接点（安全接点），有利于维修人员的安全。当维修人员打开电动转辙机机盖时，遮断器接点 05-06 切断电动机电路，防止维修、清扫电动转辙机时使电动机转动。

对于计算机联锁系统，道岔控制电路与 6502 电气集中用的道岔控制电路基本一致，无论是采用什么操纵方式操纵道岔，一般为 DCJ 或 FCJ 吸起，接通道岔启动电路，转换道岔至规定位置。在 1DQJ 励磁电路中，除了用到 DCJ 或 FCJ 的接点条件外，还串接 SJ（或 YCJ）的前接点及 DGJ 的前接点。SJ 的前接点和 6502 电气集中用的道岔控制电路中的 SJ 前接点的作用不一样，只是在操纵道岔时，SJ（或 YCJ）才吸起，表明联锁条件构成，允许操纵道岔，DGJ 的前接点用来检查该道岔区段在调整状态无车占用。

（2）道岔表示电路

道岔启动电路工作完毕，道岔控制电路应自动接通道岔表示电路，将室外站场上道岔的实际位置反映到信号楼内，以便于值班人员对信号设备进行控制和监督。由电动转辙机的自动开闭器接点接通道岔表示电路，即用定位表示接点接通道岔定位表示继电器 DBJ 电路；用反

位表示接点接通道岔反位表示继电器 FBJ 电路。

①技术要求

DBJ 和 FBJ 是后续电路的重要联锁条件，因此道岔表示电路必须是故障—安全电路，应满足以下技术要求：

a. 用道岔表示继电器的吸起状态和道岔的正确位置相对应，不准用一个继电器的吸起和落下表示道岔的两种位置，即只能用道岔 DBJ 的吸起表示道岔在定位，用道岔 FBJ 的吸起表示道岔在反位。

b. 当室外联系电路发生混线或混入其他电源时，必须保证 DBJ 和 FBJ 不应错误吸起。

c. 在道岔转换过程中，若发生挤岔、停电、断线等故障时，DBJ 和 FBJ 必须落下。

②道岔表示电路工作原理

如图 2.1 所示道岔表示电路，主要由 DBJ、FBJ、750 Ω 电阻、电容器 C、断路器、表示变压器 BB、电缆、ZD6 型电动转辙机、二极管 Z 等组成。道岔定位表示继电器 DBJ 和道岔反位表示继电器 FBJ 均采用 JPXC-1000 型偏极继电器。道岔表示电路所用电源由变压器 BB 供给，该变压器是变压比为 2∶1 的 $BD_{Ⅰ}$-7 型道岔表示变压器，其初级输入电压为交流 220 V，次级输出电压为 110 V。耐压为 500 V 电容为 4μF 的电容器 C 与 DBJ 和 FBJ 线圈并联。

当道岔转换到定位或反位后，自动开闭器动作接点断开 1DQJ 的 1-2 线圈自闭电路(电机电路)，使 1DQJ 失磁，用 1DQJ 第 1 组后接点接通道岔表示电路。当道岔在定位时，DBJ 的励磁电路是：

$BB_{Ⅱ3}$－R_{1-2}－X_3－移位接触器 04-03－自动开闭器 14-13－自动开闭器 34-33－二极管 1-2－自动开闭器 32-31－自动开闭器 41－X_1－$2DQJ_{112-111}$－$1DQJ_{11-13}$－$2DQJ_{131-132}$－$DBJ_{1-4线圈}$－$BB_{Ⅱ4}$。

从上述单动道岔的表示电路中可以看出，通过电动转辙机自动开闭器的定位表示接点接通电路，经二极管 Z 将交流电进行半波整流，整流后的正向电流方向与 DBJ 的励磁方向一致，使 DBJ 励磁吸起。在交流电负半周，由于电容器 C 的放电作用，能使 DBJ 保持稳定可靠吸起。

当道岔转换到反位后，自动开闭器反位表示接点接通，二极管反接在表示电路中，改变了半波整流后电流的方向，使 FBJ 励磁吸起。

③道岔表示电路分析

在道岔表示电路中，DBJ 吸起是由自动开闭器定位表示接点接通的；FBJ 吸起是由自动开闭器反位表示接点接通的。使 DBJ 和 FBJ 的励磁吸起和道岔的位置相对应，从而实现了技术要求 a。为了确切反映道岔位置，DBJ 励磁电路中，不仅检查了自动开闭器第一排定位表示接点 13-14 的接通，而且又检查了第三排定位表示接点 31-32、33-34 的接通，确认接点接触良好及 1、3 排接点动作一致后 DBJ 励磁吸起。同样，FBJ 的励磁吸起也检查了自动开闭器 2、4 排接点动作一致。

当电动转辙机室外混线时，设在室外的二极管 Z 被短路而失去作用，DBJ 或 FBJ 线圈只有交流通过，所以它不会励磁。对每组道岔还设置了表示变压器 BB，一方面降低电源电压；另一方面对电路起到变压器隔离作用。当室外联线混入其他电源时，因不能构成闭合回路，DBJ 或 FBJ 不会错误吸起，这就实现了技术要求 b。

道岔在转换过程中，由于 1DQJ 第 1 组前接点断开表示电路，会使 DBJ 或 FBJ 失磁落下。由于在表示电路中串接有移位接触器接点，当发生挤岔故障时，一方面，因表示杆的移动使检查柱上升，自动开闭器的表示接点(2 排或 3 排)会自动断开；另一方面，因动作杆移动，使顶杆上升，移位接触器接点被顶开，使 DBJ 或 FBJ 均落下。当电容器 C 被击穿时，DBJ 和 FBJ 线圈被短路而不会吸起；当电容器引接线断线时，失去滤波作用，DBJ 或 FBJ 将会颤动而不能可靠吸起；当自动开闭器接点发生断裂或松脱时，也会将表示电路断开，及时发现故障，上述防护措施实现了技术要求 c。

在道岔表示电路中接入 2DQJ 第 3 组极性接点，其作用是区分 DBJ 和 FBJ，保证同时只能有一个吸起，校核表示继电器的状态与道岔位置一致。电路中 R 为限流电阻，阻值为 750 Ω。

由此可见，道岔表示电路不仅能反映道岔的正确位置，而且当发生故障时，还能及时反映出来。

前面以四线制单动道岔为例介绍了道岔启动电路和道岔表示电路的动作原理，分析了对技术要求的实现，由于表示电路是在启动电路工作完毕后才开始工作的，并由 1DQJ 第 1 组接点作为电路区分条件，两部分电路合起来构成了道岔控制的室内电路，并且共用 X_1 和 X_2 两条外线。四线制道岔控制电路的 4 条外线与电动转辙机采用插接器 CJQ 联结起来，为更换电动转辙机提供了方便。

2. 四线制双动道岔控制电路

双动道岔的两个道岔位置必须是一致的，当其中一个道岔在定位时，另一个道岔也应在定位，其中一个道岔转换至反位时，另一个道岔也必须转换至反位。当道岔启动电路控制电动转辙机转换两个道岔时，两个道岔必须是按规定的顺序动作。我们把先动作的道岔称为第一动道岔，后动作的道岔称为第二动道岔，同时规定双动道岔中距离信号楼近的为第一动道岔，距离信号楼远的则为第二动道岔。这样可以节省室外电缆，避免迂回走线。

由于双动道岔的两个道岔位置总是一致的，动作也应一致，因此，双动道岔可共用一套道岔控制电路，图 2.2 是四线制双动道岔控制电路。

双动道岔控制电路与单动道岔控制电路原理基本相同。由于双动道岔控制电路的控制对象是两个道岔，其启动电路和表示电路与单动道岔不同之处在以下几个方面：

①在道岔启动电路的室内部分，1DQJ 的 3-4 线圈励磁电路上串接有 1SJ 和 2SJ 两个锁闭继电器的第 8 组前接点(对于计算机联锁系统用的道岔控制电路，此处串联两个轨道区段的 DGJ 的前接点)，这是因为双动道岔设有两个 SJ，左边道岔为 1SJ，右边道岔为 2SJ，而且 1SJ 和 2SJ 分属于不同的道岔区段，当任意一个道岔处于区段锁闭或进路锁闭状态时，1SJ 或 2SJ 落下，1DQJ 的 3-4 线圈励磁电路被切断，该双动道岔不得转换。

②在进路式操纵的电路条件中，将单动道岔的 DCJ 接点换成双动道岔的 1DCJ 和 2DCJ 的第 6 组前接点并联条件，将单动道岔的 FCJ 接点用双动道岔的 2FCJ 第 6 组接点代替，这是因为选双动道岔定位时，双动左边道岔设置的 1DCJ 和右边道岔设置的 2DCJ 分别在平行进路的上、下两条平行网络中，它们不一定同时被选出，所以应将两个 DCJ 接点并联起来。而选双动道岔反位时，双动道岔的 1FCJ 和 2FCJ 动作一致，而且 2FCJ 总是最后一个吸起，所以只需用 2FCJ 接点即可。

③在启动电路室外部分，由于两个道岔顺序动作，第一动道岔转换完毕后，才能接通第二动道岔电机电路。例如双动道岔由定位向反位转换时，第一动道岔转到反位后，第一动道岔的自动开闭器第一排动作接点 11-12 断开，切断第一动电机电路，同时接通 21-22 接点，经第一动道岔与第二动道岔之间的连线，将 DZ_{220} 电源经第二动道岔的自动开闭器第 1 排动作接点 11-12 送至第二动道岔的电机定子线圈 2 端子上。电源 DF_{220} 经 X_4 及第一动与第二动道岔之

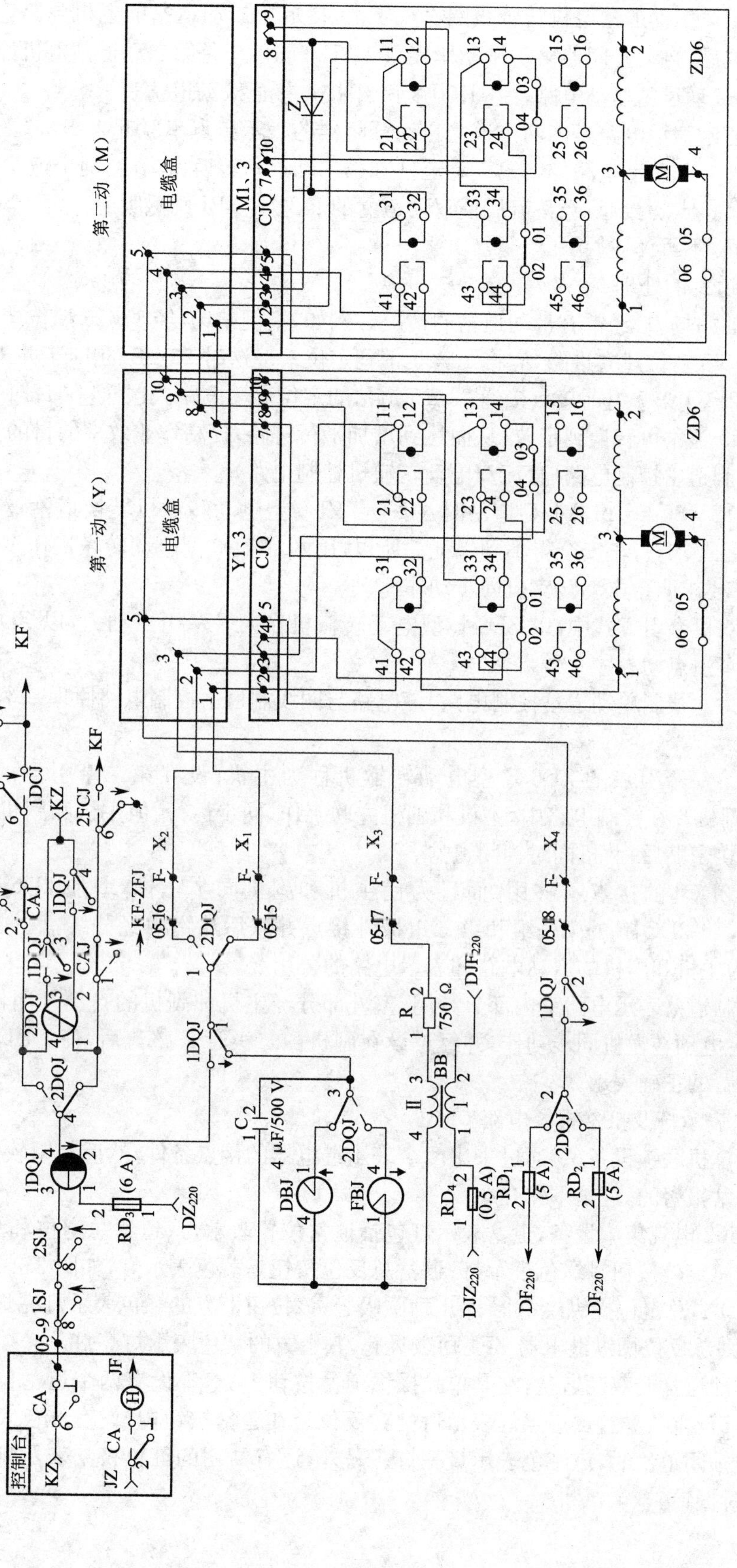

图2.2　四线制双动道岔控制电路

间的连线送至第二动道岔电机转子线圈4端子上，构成第二动道岔的电机电路。当第二动道岔转换至反位后，自动开闭器第1排动作接点11-12断开，于是第二动道岔电机停转，1DQJ失磁落下，断开双动道岔启动电路，由1DQJ第1组接点接通双动道岔表示电路。

④双动道岔表示电路是由两个道岔自动开闭器的表示接点串联起来组成，二极管Z设于第二动道岔处。当启动电路控制第一动道岔和第二动道岔转换完毕后，两个道岔位置一致，自动开闭器表示接点均接通，经整流后使双动道岔的DBJ或FBJ励磁吸起。由于其电路原理与单动道岔相同，不再详述。

3. 带动道岔的处理

在实际的站场中，经常有带动道岔的情况。例如，举例站场，经17/19反位建立进路时，为不影响经23/25定位建立进路，应将23/25带到定位。但这时23/25的DCJ并未吸起，因此，用17/19的2FCJ第7组前接点接通23/25道岔的定位启动电路。这样，在17/19向反位转换的同时，23/25道岔可转换到定位，从而达到增加平行进路，提高作业效率的目的。

4. 六线制道岔控制电路(直流双电动转辙机控制电路)

当采用12#60 kg/m AT型道岔时，用一台ZD6型电动转辙机转换道岔，转换力和密贴力已不能满足要求，行车安全得不到保证。所以，用两台ZD6型电动转辙机作牵引动力，实行两点牵引，并要求两台电动转辙机同步动作。

在道岔双机牵引方式中，以ZD6-E型电动转辙机作第一牵引点动力，以ZD6-J型电动转辙机作第二牵引点动力。

图2.3为六线制单动道岔控制电路，该电路与四线制道岔控制电路原理基本相同，但具有以下特点：

①设在第一牵引点的ZD6-E型电动转辙机称为主机；设在第二牵引点的电动转辙机ZD6-J称为副机。在控制电路中，主机和副机并联工作，同步运行，但主机和副机动程不同，当尖轨与基本轨密贴后，两机同时锁闭道岔。

②由于2DQJ的接点不够用，而且为使主机和副机同步工作，增加2DQJF，其型号与2DQJ相同。将2DQJF的第一组和第二组极性接点并联后从室内经分线盘引向室外的电动转辙机，作为主机和副机的启动电路和表示电路的公用线。

③六线制道岔表示电路室内部分共用，室外部分经主机和副机的自动开闭器表示接点串联，检查两台电动转辙机同步动作，并经过设在副机内二极管Z整流后，使DBJ或FBJ吸起，给出道岔位置的正确表示。

5. 道岔表示灯及挤岔报警电路

对于计算机联锁设备，是通过采集两个表示继电器的接点条件，然后利用软件来实现道岔表示灯及挤岔报警的，这里不作介绍。

对于6502电气集中设备，道岔表示灯包括道岔位置表示灯、道岔总定位和总反位按钮表示灯。道岔总定位按钮是绿色表示灯；道岔总反位按钮是黄色表示灯，如图2.4所示。按压总定位按钮ZDA，总定位操纵继电器ZDJ励磁吸起，该按钮上方的绿色表示灯亮灯；按压总反位按钮ZFA，则总反位操纵继电器ZFJ励磁吸起，其上方的黄色表示灯亮灯。

每组单动道岔或双动道岔，在其单独操纵道岔按钮上方，都设有两个道岔位置表示灯，绿灯点灯表示道岔在定位；黄灯点灯表示道岔在反位。在道岔按钮内，设有红色表示灯，拉出道岔按钮单独锁闭道岔时，该红色表示灯亮灯。另外，还有共用的红色挤岔表示灯，发生挤岔时点红灯，同时振铃。

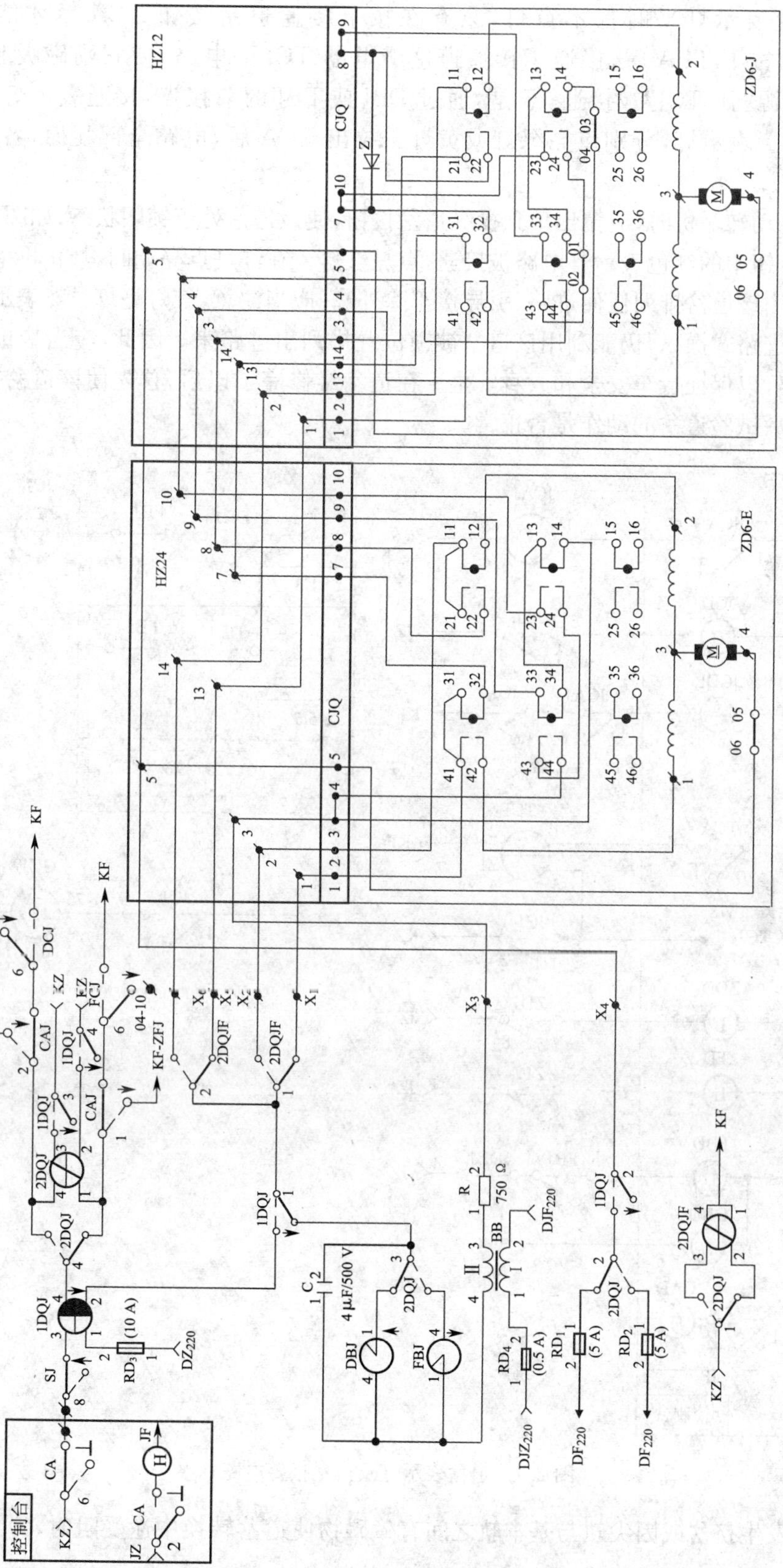

图2.3　六线制单动道岔控制电路

道岔位置表示灯平时都不点灯，只有在按下接通道岔按钮 TCA 后才能点灯，如图 2.4所示。按下 TCA 后，接通了接通道岔继电器 TCJ 的电路，使它励磁吸起，TCJ 吸起后，条件电源“JF-TCJ”被接通，于是，通过 DBJ 或 FBJ 的前接点，接通表示灯电路。这时，各道岔位置表示灯，分别点亮绿灯或黄灯。拉出 TCA 后，电路全部复原，各道岔位置表示灯都熄灭。

在维修电动转辙机时，应拉出单独操纵道岔按钮，使该道岔处于锁闭状态，如图 2.4 所示，这时该道岔按钮中的红色表示灯电路被接通，点亮红灯。在红灯点亮期间，禁止再单独操纵该道岔；禁止利用该道岔排列任何进路(引导接车除外)。应当注意，红灯亮灯虽然表示该道岔被锁，但这时用进路式操纵，仍能利用该道岔被锁位置排列出进路来。因此，应当禁止再利用该道岔排列进路，以保证行车安全和人身安全。在道岔维修完了以后，首先使该道岔按钮复原，红灯熄灭，然后试验道岔的动作是否正常。

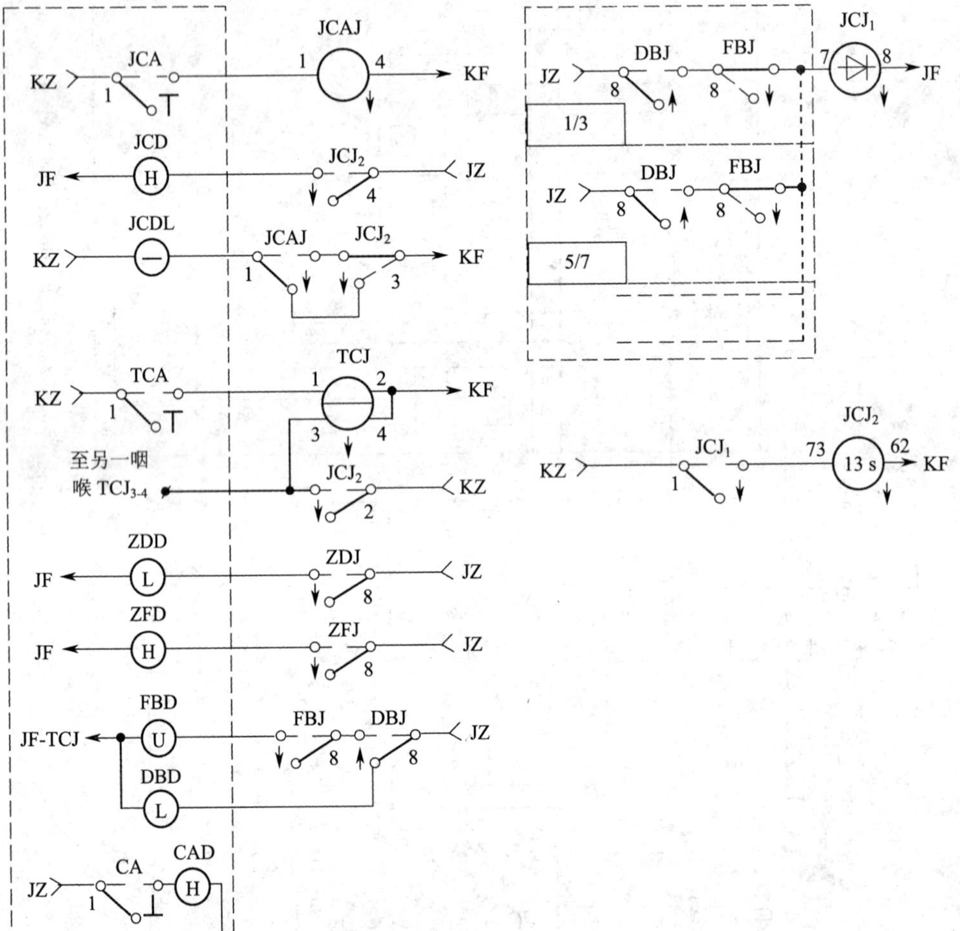

图 2.4　道岔表示灯及挤岔报警电路

当道岔发生挤岔或因尖轨与基本轨之间有障碍物使道岔转换中途受阻时，为了使车站值

班员和信号维修人员能及时发现，全站设置一套挤岔报警电路，如图 2.4 所示。将全站各组道岔的 DBJ 和 FBJ 的第 8 组后接点串联后，并联起来接入挤岔继电器 JCJ_1 电路中。平时每组道岔的 DBJ 和 FBJ 总有一个处于吸起状态，JCJ_1 电路不通，当某一道岔失去表示时，该道岔的 DBJ 和 FBJ 都落下，接通 JCJ_1 电路，使其励磁吸起。

道岔在正常转换过程中，DBJ 和 FBJ 约有 3 s 的时间也是处在同时落下状态。为了区别道岔是在正常转换还是发生挤岔，又增设一个挤岔继电器 JCJ_2，它采用 JSBXC-850 型半导体时间继电器。挤岔时，JCJ_1 吸起接通 JCJ_2 电路，13 s 后 JCJ_2 励磁吸起。JCJ_2 吸起后，用其第 4 组前接点接通挤岔表示红灯，又用 JCJ_2 第 3 组前接点接通挤岔电铃，使其鸣响，以引起值班员注意。与此同时，还通过 JCJ_2 前接点，接通 TCJ 的励磁电路，以便自动接通道岔位置表示灯电路，用以确认被挤的道岔是哪一个。当值班员按下切断挤岔电铃按钮 JCA，使切断挤岔电铃按钮继电器 JCAJ 励磁，用其第 1 组后接点切断电铃电路，使电铃停响，待被挤道岔修复后，由于 DBJ 或 FBJ 有一个吸起，使挤岔继电器 JCJ_1 和 JCJ_2 都复原，所以又接通电铃电路，挤岔电铃再次鸣响，通知值班员道岔已修复。当拉出 JCA 后，电铃停止鸣响，至此，挤岔报警电路复原。

当道岔尖轨与基本轨间有障碍物(例如夹有道砟)使道岔转换途中受阻而不能转换到底时，由于电动机空转，1DQJ 第 1 组后接点不能接通表示电路，DBJ 和 FBJ 都落下，超过 13 s 后，挤岔电铃也会报警鸣响。这种情况下，由于控制台电流表指针摆动，值班员确认后，可单独操纵道岔，使之转回原位，以免长时间空转烧坏电动机。

6. 四线道岔控制电路故障分析

四线制道岔控制电路在全路乃至地方铁路应用相当广泛，由于该电路使用频繁，故障时有发生，下面针对该电路的特点及极易发生的故障加以分析。

(1)判断故障的基本方法

对于四线制道岔控制电路，要快速处理故障，首先必须知道正常情况下的表示电压。道岔的正常表示电压为：在分线盘上或电缆盒处对应的端子上进行测试，交流为 70 V 左右，直流为 60 V 左右。若二极管接反，则交直流电压正常，道岔无定反位表示。

①在分线盘上进行测试，可以确定道岔的故障范围：

a. 若测得约 2 V 交流电压，无直流电压，则可能是二极管击穿。

b. 若测得交流接近 0 V，无直流电压，则可能是室外发生了短路故障。

c. 若测得交流 110 V 左右，无直流电压，则说明室外发生了断线故障。

d. 若测得的交流和直流均为 0 V，则说明室内断线。

e. 若测得直流 150 V 左右，交流 160 V 左右的电压，则说明表示继电器或有关联线断。

f. 若测得交流 10 V 左右，直流 8 V 左右的电压，说明电容器断线。

g. 若测得交流 55 V 左右，直流 45 V 左右电压，则说明电容器短路。

②若启动电路发生故障，不能操纵道岔，在分线盘可直接区分室内外故障，步骤如下：

a. 将表置于 $R\times1$ 挡。

b. 将故障道岔实行单独锁闭。

c. 定位向反位转换时不启动，在分线盘上测 X_2、X_4；反位向定位转换时不启动，在分线盘上测 X_1、X_4。

(a)若电阻为 20 Ω 左右〔此值为电缆回线电阻、电动机的定子和转子电阻之和，电机单定子线圈阻值为(2.85±0.14)×2 Ω，两个碳刷之间的总电阻为(4.9±0.245) Ω〕，则说明室外正常，室内有故障。

(b)若电阻为无穷大，说明室外断线。

(2)区分道岔控制电路室内外故障范围

处理故障时，一般本着先表示后启动的原则进行。

①表示电路故障

控制台现象：道岔位置表示灯熄灭，控制台挤岔表示灯点亮，挤岔电铃鸣响。

分析：在道岔失去表示时，在分线盘测量(定位测量 X_1，X_3；反位测量 X_3，X_2)，若有交流 110 V，则为室外开路故障；若无交流 110 V，则为室外短路或室内故障。

②启动电路故障

当操纵道岔由定位向反位转换时，测量 X_2，X_4；当道岔由反位向定位转换时，测量 X_1，X_4。若表针有较大摆动幅度，则说明道岔室外启动电路故障，否则为室内控制电路故障或室外短路故障。

③确定道岔控制电路的故障范围(假定道岔在定位，向反位单独操纵)：

a. 若道岔表示灯绿灯不灭，则说明 1DQJ 未吸起。

b. 若道岔定位表示绿灯熄灭，但松开按钮后恢复定位表示，则说明 1DQJ↑，2DQJ 未转极。

c. 若定位表示灯绿灯熄灭，松开按钮后不恢复定位表示，但控制台电流表不动作，说明 1DQJ↑，2DQJ 转极，启动电路断开。

d. 若定位表示灯熄灭，松开按钮后不恢复定位表示，但控制台电流表的读数为 3 A 左右，下降为 1 A 左右，而后又上升为 2.8 A 左右，说明道岔启动电路正常，但道岔卡阻。

(3)道岔表示电路故障分析

①断路故障分析(以道岔在定位，电源已经送出室外为例)

在电缆盒 1、3 端子进行测量：

a. 若有交流 110 V，说明电缆盒至电动转辙机内部断线。

查找方法如下：

(a)在室内操纵道岔，并将道岔放在无表示的位置上。

(b)将万用表置于交流 250 V 挡位，一表笔放在 X_3 上，另一表笔从 X_1 开始，沿表示电路逐点测量，电压从有到无的临界点即为故障点。

注意：测试点在 X_1 至二极管之间，测得的是 110 V，测量点越过二极管后，电压有所降低。

b. 若无交流 110 V，应断开 CJQ。

(a)若出现 110 V，说明电动转辙机内部短路。

(b)若不出现 110 V，说明室内或电缆故障(短路或断路)。

②短路故障分析(假定电缆盒至转辙机内部有短路)

在电缆盒 1、3 端子上测量，并将万用表置于交流 250 V 挡位固定不动。

a. 断开 CJQ。

(a)若出现 110 V，说明转辙机内部短路。

(b)不出现 110 V，说明电缆或电缆盒至 CJQ 的导线或 CJQ 的 1、3 端子之间短路，用甩线

分别判断之。

b. 插好 CJQ，断开自动开闭器 41。

(a)若出现 110 V，说明 X_1 至 41 间与 X_3 无短路。

(b)若不出现 110 V，说明 X_1 至 41 间与 X_3 存在短路。

c. 断开 31-32 接点。

(a)若出现 110 V，说明 X_1 至 31 与 X_3 之间无短路。

(b)若不出现 110 V，说明 X_1 至 31 之间与 X_3 存在短路。

d. 断开移位接触器 03-04。

(a)若出现 110 V，说明 X_3 至 04 间与 X_1 之间无短路。

(b)若不出现 110 V，说明 X_3 至 04 间与 X_1 存在短路。

e. 断开 33-34 接点。

(a)若出现 110 V，说明 13 至 34 间与 X_1 无短路。

(b)若不出现 110 V，说明 13 至 34 间与 X_1 存在短路。

经上述判断后，若现象为 a 中(a)与 e 中(a)的情况，则说明定反位表示电路的共用部分出现了短路，应用下列方法判断：

a. 断开 CJQ。

b. 将表置于 $R\times1$ k 或 $R\times10$ k。

分别测量 CJQ 插头的 7 与 8、CJQ 插座的 8 与 10、7 与 9、7 与 8、9 与 10，判断是否接通，接通的两点即为短路点。

(4)启动电路断路故障分析(设道岔处于定位，1、3 闭合)

将万用表置于直流 250 V 挡位上，在室内操纵道岔，在 1DQJ↑，2DQJ 转极的瞬间，在电缆盒 2、5 端子上测量。若有电压，说明电缆盒以后的电路有故障；若无电压，说明室内启动电压未送出(短路后，熔断器熔断除外)。当发现室外有断线故障时，可采用下列方法进行查找。

①反位电压法

确定为室外故障时，采用借电源的方法逐一查找断线的位置。1DQJ 吸起，2DQJ 转极后，若电机不转或中途停转，因原表示电路已断，新的表示电路尚未形成，可借用表示电源用交流 250 V 档，一表笔固定插在 CJQ 的端子 3 上(X_3)，另一表笔从 CJQ 的 1 或 2 沿启动电路逐一测电压，直至测到端子 5，可找到断线位置，此种方法称为反位电压法。

所谓反位电压法是指当启动电路发生故障时，人为地将室内的 2DQJ 的位置置于与室外道岔实际相反的位置上，借用表示电源查找启动电路故障的一种方法。

电缆盒至转辙机内部启动电路断线查找方法如下：

a. 将道岔操纵到并保留在反位位置。

b. 将万用表置于交流 250 V 挡位上，一表笔固定在 X_3，另一表笔沿启动电路逐点测量。

c. 电压从有到无的临界点即为故障点。

②电阻法

确定为室外故障时，可将遮断器打开，将表置于 $R\times1$ 档位，顺着电机启动电路进行断线点的查找，查找时，最好是把住一侧进行。注意，不要混入其他电源，否则将损坏仪表。

2.1.4 知识拓展

1. 道岔室外控制电路混线故障分析(以1、3闭合为例)

(1)X_1 与 X_2 混线

现象:由定位向反位时,道岔启动后烧断反位 DF_{220} 的熔断器 RD_2,道岔停在四开位置,无表示。

分析:X_1 与 X_2 相混,X_1 的 DZ_{220} 经自动开闭器41-42接到电机1端子,所以 X_2 的 DZ_{220} 经自动开闭器11-12接到电机2端子。

(2)X_1 与 X_3 相混

现象:道岔原在定位,无位置表示,向反位操纵后,道岔能转换完毕,但在反位密贴处来回窜动,无位置表示。

分析:道岔转换完毕,自动开闭器1、3断开,2、4闭合,但1DQJ缓放,启动电路尚未断开,于是 DZ_{220} 电源经11－21-22－二极管－23-24－01-02－43-44－X_3－X_1－41-42－电机1、3、4－05-06－X_4－DF_{220} 接通定位启动电路,道岔向定位转换。2、4排接点断开,1、3排接点接通,又接通了反位启动电路,使道岔转向反位,如此循环,出现道岔来回窜动的现象。

(3)X_2 与 X_3 相混

现象:道岔原在定位,有定位表示;向反位操纵,道岔能转换完毕,无反位表示。

分析:因 X_3 与 X_2 相混,将反位表示电源短路,造成反位无表示,向定位操纵,可转换完毕。因 DZ_{220}、DF_{220} 被二极管阻断,故不会有 X_1 与 X_3 相混时出现的故障现象。

(4)X_1 与 X_4 相混

现象:道岔原在定位,有表示;向反位操纵时,先后熔断定反位的 DF_{220} 熔断器 RD_1、RD_2,道岔不能转换完毕,一直无位置表示。

分析:由定位操纵至反位,1DQJ↑,2DQJ尚未转极时,将 DZ_{220}、DF_{220} 短路,烧定位 DF_{220} 熔断器 RD_1;当2DQJ转极后,DZ_{220} 和反位 DF_{220} 正常供出,道岔启动,但当第四排接点接通时,X_4 的 DF_{220} 经 X_1－41-42,直接接到定子的线圈1上,从而将转子线圈短路,导致反位 DF_{220} 的熔断器 RD_2 熔断,道岔停止转换,定反位均无表示。

若道岔原在反位,向定位操纵时,只要2DQJ转极,直接将 DZ_{220}、DF_{220} 电源短路,熔断定位的 DF_{220} 电源熔断器 RD_1,道岔不能启动,无位置表示。

(5)X_2 与 X_4 相混

现象:道岔原在定位,向反位操纵时,2DQJ转极后,直接烧断反位的 DF_{220} 熔断器,道岔不能启动,无位置表示;道岔原在反位,向定位操纵时,1DQJ↑,直接烧断反位 DF_{220} 熔断器,2DQJ转极后,道岔刚一启动,烧断定位 DF_{220} 熔断器,无位置表示。

(6)X_3 与 X_4 相混

现象:道岔原在定位,操纵至反位时,道岔转换完毕,有反位表示,但反位的 DF_{220} 熔断器 RD_2 熔断。

分析:X_3 与 X_4 相混,当道岔向反位转换完毕后,虽然反位启动电路被切断,但在1DQJ缓放时,X_2 的 DZ_{220} 经11－21-22－二极管—23-24－43-44－X_3—X_4－DF_{220} 构成通路,将 DZ_{220}、DF_{220} 短路,熔断反位熔断器 RD_2。

若道岔原在反位,能正常转换到定位,当再次向反位操纵时,出现上述现象。

以上分析的故障均是在两线完全短路的情况下出现的，当不完全短路时，可能不能熔断熔断器，但控制台电流的读数较大。

2. 普通道岔正常动作电流曲线

道岔动作电流曲线是一条以电流为纵轴、时间为横轴，10 ms 间隔测量的各电流值逐点连接绘制而成的曲线，蕴涵了道岔转换过程中的电气特性和机械特性。

普通单动道岔动作曲线如图 2.5 所示，其中 $T_2 \sim T_1$ 的时间等于 1DQJ 吸起时间＋2DQJ 转极时间，此时间小于或等于 0.3 s；$T_3 \sim T_2$ 的时间小于或等于 0.05 s，为 ZD6 电机上电时间；$T_4 \sim T_1$ 小于或等于 0.6 s，其中 $T_3 \sim T_4$ 段为道岔机械解锁、密贴尖轨开始动作时间；$T_7 \sim T_4$ 的时间等于道岔尖轨移动时间，时间的长短视转换阻力而变，一般取 $T_4 \sim T_7$ 间的平均电流作为道岔动作电流；$T_8 \sim T_7$ 的时间小于或等于 0.25 s，为尖轨密贴至道岔机械锁闭的时间，其电流值对应道岔的密贴力；$T_9 \sim T_8$ 的时间小于或等于 0.05 s，为 ZD6 完成机械锁闭，自动开闭器速动接点断开电机电路的转换时间；$T_{10} \sim T_9$ 的时间等于 1DQJ 缓放时间，大于 0.4 s。

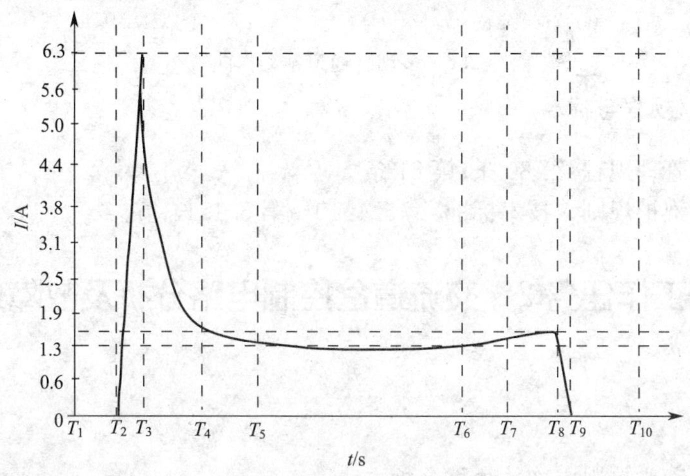

图 2.5　普通单动道岔动作曲线

曲线各段的含义如下：

①电机启动时（$T_2 \sim T_3$ 段）曲线骤升，形成一个尖峰，峰顶值通常为 6～10 A，若峰值过高，说明道岔电机有匝间短路。

②电流至峰点后迅速回落（$T_3 \sim T_4$ 段），弧线应平顺，若有台阶或鼓包则为道岔密贴调整过紧造成解脱困难。

③$T_4 \sim T_5$ 段曲线基本呈水平状，略微向下；$T_6 \sim T_7$ 段为一略微向上的平顺曲线；$T_5 \sim T_6$ 段为一大半径，方向朝下的弧，谷底值与 $T_4 \sim T_5$ 或 $T_6 \sim T_7$ 段的平均值之差，不应大于 0.4 A，若大于则说明工务尖轨有转换障碍（根部阻力、滑床板缺油、尖轨吊板等）。

④$T_4 \sim T_7$ 段平均值为转辙机工作电流。曲线应平滑，若电流幅值上下抖动则有如下可能：滑床板凹凸不平、碳刷与整流子面（换向器）接触不良或有污垢、电机有匝间短路。$T_4 \sim T_7$ 段曲线若有大量的回零点，则为电机转子断线。

⑤$T_7 \sim T_8$ 段为锁闭电流，一般高于 $T_6 \sim T_7$ 段，但不应高出 0.25 A 以上，若有则为道岔密贴调整过紧。当道岔进行四毫米试验时，在 T_8 后有一串逐渐下滑的波动段，波峰与波谷间的电流之差不应大于 0.35 A，若大于则为摩擦联结器不良。

⑥$T_9 \sim T_{10}$段为 1DQJ 缓放时间。

多动普通道岔动作曲线如图 2.6 所示，双动、三动及四动道岔，其动作过程是串联的，第一动转换完毕，其自动开闭器接点自动切断其动作电流，同时接通第二动的动作电流，以此类推，因此其动作电流曲线是单动的组合。

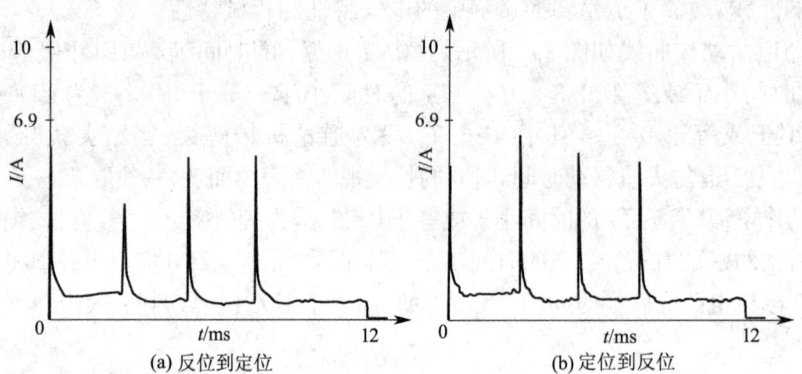

图 2.6　多动普通道岔动作曲线

2.1.5　相关规范、规程与标准

1.《铁路技术管理规程》第 80 条、第 81 条。

2.《铁路信号维护规则　技术标准》第 5.1.10～第 5.1.14 条。

典型工作任务 2　交流道岔控制电路分析及故障处理

2.2.1　教学目标

1. 能力目标

(1)掌握交流道岔控制电路的故障分析方法。

(2)掌握交流道岔控制电路的故障处理方法。

2. 知识目标

(1)掌握 S700K 型电动转辙机道岔五线制交流道岔控制电路组成及工作原理。

(2)掌握 ZYJ7 型电液转辙机道岔五线制交流道岔控制电路组成及工作原理。

3. 素质目标

灵活运用所学的道岔控制设备知识，严格按铁路规章制度进行作业。

2.2.2　工作任务

1. 根据《铁路技术管理规程》和《铁路信号维护规则　技术标准》的要求，熟练掌握各种交流道岔控制设备的基本组成及工作原理，按照信号的维修工作计划，做好交流道岔控制设备的日常检查和测试工作。

2. 在车站联锁试验时，对照联锁表，仔细认真地核对每一组道岔的室内表示和室外道岔位置是否一致，发现问题必须彻底查明原因、正确处理，而后再反复试验，保证道岔表示准确无误。

3. 当道岔控制设备发生故障时，根据交流道岔控制电路的原理和三相交流电动转辙机、电液转辙机的性能，按照相关技术要求，迅速及时地处理交流道岔控制电路各种故障，保证道岔控制设备的运用安全。

2.2.3 相关配套知识

为满足列车提速对行车安全的要求，在车站正线改换为重型道岔（又称提速道岔）后，改用S700K型电动转辙机、ZYJ7型电液转辙机、ZD(J)9型电动转辙机等设备牵引道岔。其道岔控制电路与四线制道岔控制电路有很多不同之处，从电缆芯线上来看，有5条电缆线，可称为五线制道岔控制电路，其中X_1通过1DQJ的前接点接至A相，X_2、X_4通过2DQJ接点区分定、反位，接至B相；X_3、X_5通过2DQJ接点区分定、反位，接至C相。控制电路五线制各条线的作用如下：

①X_1的作用。一是动作电路A相电源的传输线；二是表示电路定位表示、反位表示的共用回线。

②X_2和X_4的作用。一是动作电路B相电源的传输线，X_2用于向反位转换，X_4用于向定位转换；二是表示电路定位表示的回线，X_2用于与二极管的联络线，X_4用于定位表示继电器的励磁回线。

③X_3与X_5的作用。一是动作电路C相电源的传输线，X_3用于向反位转换，X_5用于向定位转换；二是表示电路定位表示的回线，X_3用于与二极管的联络线，X_5用于反位表示继电器的励磁回线。

下面主要介绍由S700K型电动转辙机牵引的道岔控制电路和ZYJ7型电液转辙机牵引的道岔控制电路。

1. S700K型电动转辙机道岔五线制交流道岔控制电路

提速道岔采用S700K型电动转辙机牵引时，道岔有几个牵引点，对应的就有几套道岔控制电路，但每个牵引点的控制电路是完全相同的，每个点的提速道岔控制电路和四线制道岔控制电路虽然有很大区别，但也由启动电路和表示电路组成。

(1)启动电路

①启动电路的组成

S700K型电动转辙机牵引提速道岔电路如图2.7所示，启动电路由第一启动继电器1DQJ、一启动复示继电器1DQJF、二启动继电器2DQJ、停转继电器TJ、切断继电器QDJ、总保护继电器ZBHJ、保护继电器BHJ、断相保护器DBQ、S700K型电动转辙机等组成，其中1DQJ的类型为JWJXC-H$\frac{125}{0.44}$或JWJXC-H$\frac{125}{80}$；1DQJF的类型为JWJXC-H480；2DQJ的类型为JYJXC-$\frac{135}{220}$，TJ为JSBXC1-850型，选用13 s的时间；BHJ的类型为JWXC-1700，以上继电器有几个牵引点就有几台对应的继电器。另外，有几个牵引点就有几套DBQ。对于QDJ和ZBHJ，如果道岔是非可动心轨时，只设置一套，如果道岔是可动心轨的，需要设置两套，其中尖轨设置一套，心轨设置一套，这两台继电器均为JWXC-1700型继电器。

②启动电路的整体动作过程

在单独操纵道岔或进路操纵道岔后，启动电路的整体动作过程如下：

a. 首先是1DQJ吸起。1DQJ吸起，使对应的表示继电器落下。

b. 随着1DQJ的励磁，不但使1DQJF吸起，同时，接通了TJ电路，给TJ通电，但正常情况下，该继电器并不吸起，只有在道岔非正常 1DQJ 吸起时间达 13 s 时，TJ 才能吸起。

c. 随着 1DQJF 的励磁，接通了 2DQJ 的转极电路，使该继电器转极，如图 2.7(a)所示。

d. 2DQJ 转极后，接通了电机电路，使 S700K 电动转辙机中的电机旋转，带动道岔完成解锁、转换、锁闭的过程。

e. 当电机通电时，由于电机电路中有电流流过，DBQ 工作，使 BHJ 吸起，如图 2.7(b)所示。

f. BHJ 吸起，使 1DQJ 自闭，能保证道岔正常完成转换。

g. 所有的牵引点的 BHJ 都吸起后，使 ZBHJ↑。

h. 所有的 BHJ 中，只要有一台吸起，就会切断 QDJ 电路，使 QDJ 缓放，但不落下，待 ZBHJ吸起自闭后，使 QDJ 自闭。也就是说，QDJ 在正常情况下是总不落下的。

操纵道岔时，启动电路动作关系如下[以两个牵引点为例，如图 2.7(a)所示]：

A 机：1DQJ↑—1DQJF↑(同时给 TJ 通电)—2DQJ 转极－接通电机电路—1BHJ↑—1DQJ 自闭。

B 机：A 机 1DQJ↑—B 机 1DQJ↑—1DQJF↑(同时给 TJ 通电)—2DQJ 转极—接通电机电路—2BHJ↑—1DQJ 自闭。

1BHJ↑和 2BHJ↑—ZBHJ↑—QDJ 自闭。

道岔转换到位时，启动电路接通公式如下：

1BHJ↓—1DQJ↓—1DQJF↓。

2BHJ↓—1DQJ↓—1DQJF↓。

在 1BHJ 和 2BHJ 都落下后，接通 QDJ 的励磁电路，切断 ZBHJ 的自闭电路使之落下。

道岔卡阻时，启动电路接通公式如下：

1DQJ↑13 s 后—TJ↑—1DQJF 和 1DQJ↓—BHJ↓—ZBHJ↓—QDJ↓。

③启动电路分析

a. 1DQJ 电路

1DQJ 电路工作原理基本同四线制道岔控制电路，它的 1-2 线圈自闭电路中由 QDJ、BHJ 的前接点和 TJ 的后接点接通。当 QDJ 的前接点、BHJ 的第三组前接点或 TJ 的第三组后接点断开时，切断 1DQJ 自闭电路。1DQJ 如果采用 JWJXC-H $\frac{125}{0.44}$型继电器时，在其自闭电路中串入一个 27 Ω/75 W 的电阻，以防止电流过大；1DQJ 如果采用 JWJXC-H $\frac{125}{80}$型继电器时，其自闭电路中就不串联这个电阻了。

b. 1DQJF 电路

当 1DQJ 吸起后，经由其第三组前接点及 TJ 第 3 组后接点接通 1DQJF 的励磁电路，当 1DQJ 前接点或 TJ 后接点断开时，1DQJF 失磁落下。

c. 2DQJ 电路

当 1DQJF 吸起后，2DQJ 转极，其工作原理同四线制道岔控制电路中 2DQJ 电路。

d. 电机控制电路

当 2DQJ 转极后，接通电机电路，电机开始动作。假如道岔由定位向反位转换，三相电路接通公式如图 2.7(b)所示。

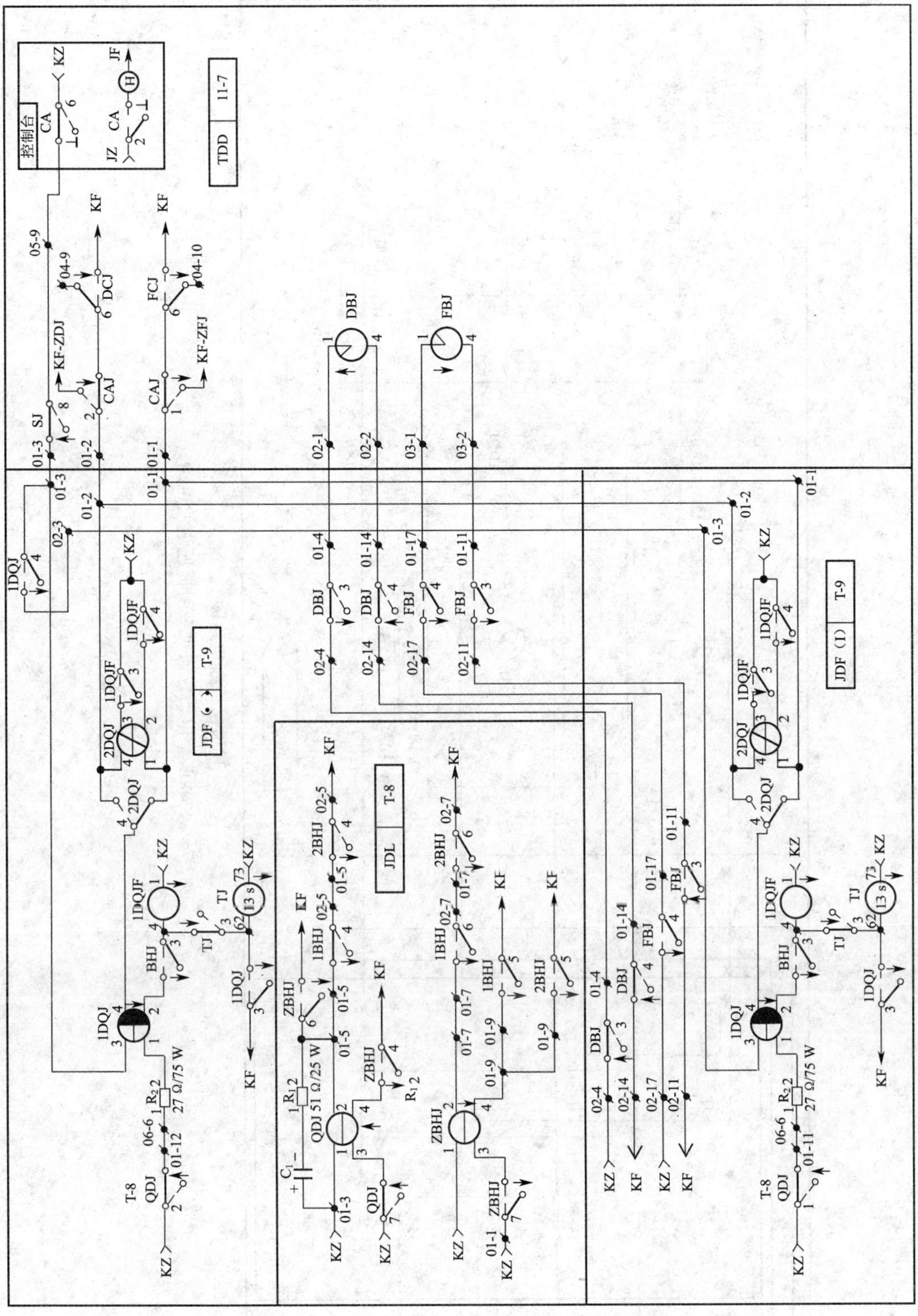

(a)继电器控制电路图

图2.7　S700K型电动转辙机牵引提速道岔电路

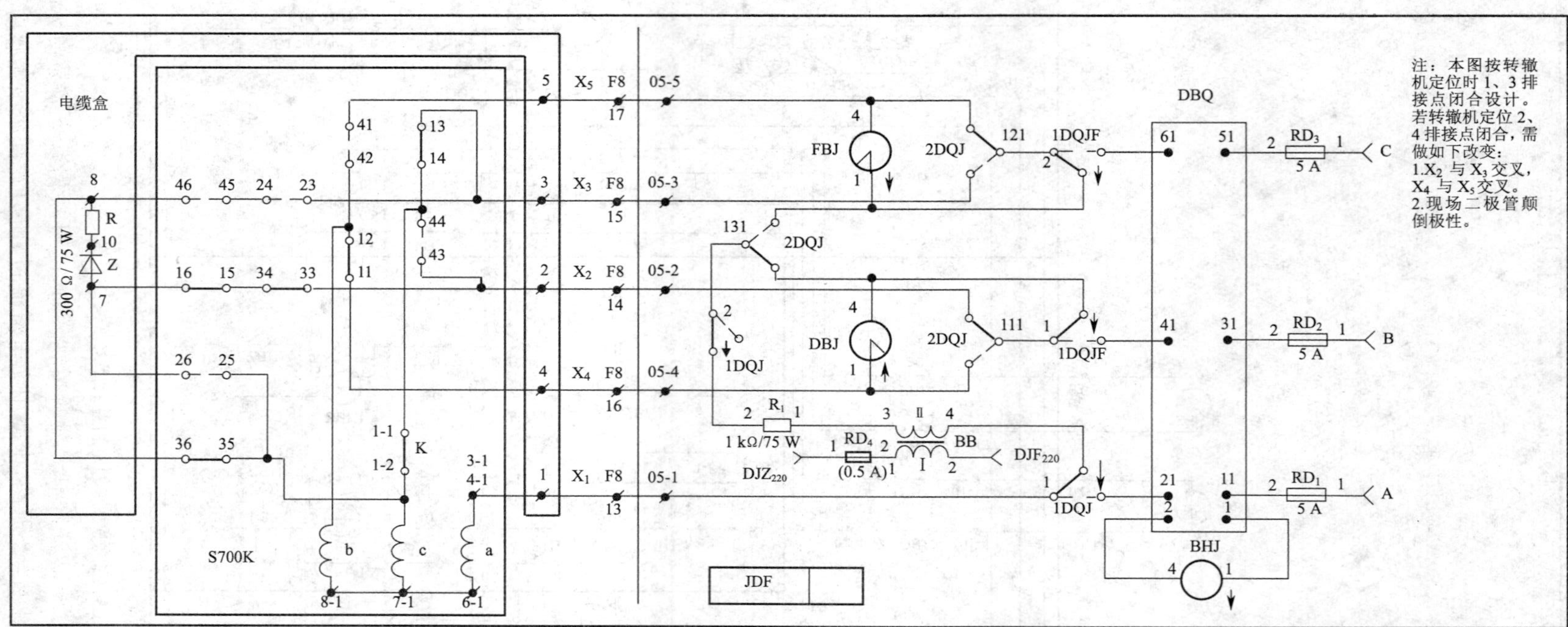

(b)道岔控制电路图

图2.7　S700K型电动转辙机牵引提速道岔电路

A 相—RD_1—DBQ_{11-21}—$1DQJ_{12-11}$—绕组 a—电机星形点 O；

B 相—RD_2—DBQ_{31-41}—$1DQJF_{12-11}$—$2DQJ_{111-113}$—开闭器 11-12—绕组 b—电机星形点 O；

C 相—RD_3—DBQ_{51-61}—$1DQJF_{22-21}$—$2DQJ_{121-123}$—开闭器 13-14—遮断器 K_{1-2}—绕组 c—电机星形点 O；

当道岔转换完毕，速动开关接点 11-12 和 13-14 断开，使电机断电，从而使 BHJ 落下，而后切断 1DQJ 自闭电路，使 1DQJ 和 1DQJF 相继落下。

当道岔由反位向定位转换时，需要改变电机的转向，三相电机只要任意颠倒两相电源的相序就可以使电机逆转，因此，正、反转时 A 相电路不变。当需反转时将 B 相接入绕组 c，C 相接入绕组 b，其电路与上述相似不再重述，由于将 b、c 绕组换相，改变了电机转向。

e. TJ 电路

当 1DQJ 吸起时，由其第三组前接点向 TJ 线圈通电，在道岔正常时，TJ 是总也不吸起的，只有道岔受阻时，TJ 才能吸起，即只有 1DQJ 吸起自闭达 13 s 时，TJ 才能吸起。该继电器吸起后，切断 1DQJF 的励磁电路，使 1DQJF 落下，同时切断了 1DQJ 的自闭电路，使 1DQJ 缓放落下，从而切断电机电路，使道岔停止转换，保护电机和道岔尖轨。

目前，在现场实际应用的设备中，TJ 基本已经取消，为了起到道岔受阻 13 s 停机的目的，在 DBQ 中加了计时控制电路，即从操纵道岔三相电机电路接通，有电流流过时开始计时，在道岔正常转换时，因为没有达到 13 s，所以 BHJ 在道岔转换过程中不会落下。当道岔因受阻等原因不能转换到底，电机转动 13 s 时，计时控制电路会自动切断 BHJ 的电路，使 BHJ 落下，切断 1DQJ 的自闭电路，最终使 1DQJ 落下，1DQJF 落下，从而切断电机电路，使电机停止转动，达到保护电机的目的。

f. 断相保护器 DBQ 电路

断相保护器 DBQ 有两个作用：

(a)当道岔动作电路接通后，出现断相故障时，及时切断控制电路，保护电机。

(b)道岔密贴，转辙机动作杆动作到终点后，切断道岔控制电路。

断相保护器电路主要由三个电压互感器、一个桥式整流电路和一台保护继电器 BHJ 组成，其中电压互感器和整流器焊在电路板上，置于继电器罩里面，外形同安全型继电器。断相保护器 DBQ 电路原理图如图 2.8 所示，端子 11、31、51 为三相电源的输入端，端子 21、41、61 为三相电源的输出端，端子 1、2 为直流输出端，接 BHJ 的 1-4 线圈。

断相保护器 DBQ 的工作原理如下：

(a)由于道岔平时不动作，所以断相保护器 DBQ 的三个电压互感器输入线圈中无电流流过，桥式整流电路也无输出，故 BHJ 平时处于落下状态。

(b)当道岔动作时，如果三相负载工作正常，则三个电压互感器的输入线圈中有电流流过，在互感器的二次侧除基波外还有其他谐波分量。由于三相基波相位差为 1 200，基波分量 $U_{A1}+U_{B1}+U_{C1}=0$，其三次谐波 $U_{A3}+U_{B3}+U_{C3}=3U_{A3}$。由 $3U_{A3}$ 经过桥式整流电路整流输出直流电，使 BHJ 励磁吸起，以使 1DQJ 自闭。

(c)在三相交流电源通电过程中出现断相故障时，电机缺相运行极易损坏电机。由于缺相，缺相的互感器一次侧相当于开路，电路中无电流流过，所以在其次级无感应。而另两相电

源由于三相中缺少了一相，故负载电流的幅值也将变小，相位也发生了变化，与其对应的变压器二次侧的感应电压的幅值及相位也发生了变化，使三个变压器二次侧串联叠加输出电压基本趋于零，故桥式整流电路的直流输出电压也为零，从而使 BHJ 落下，切断 1DQJ 的自闭电路，1DQJ 落下，1DQJF 落下，最终切断电机电路，停止道岔转换，保护电机防止电机受损。

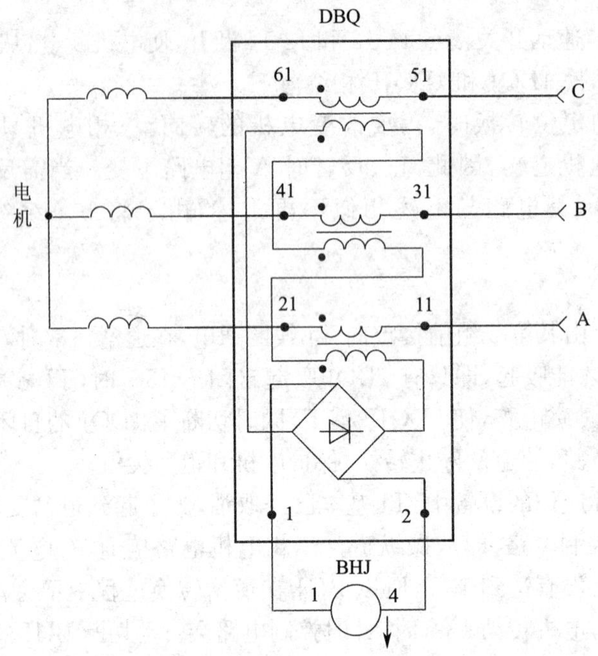

图 2.8　断相保护器 DBQ 电路原理图

g. ZBHJ 电路

ZBHJ 用于监督多机牵引的有关转辙机的全部开始转换和全部转换到底。ZBHJ 平时落下，当第一、二牵引点电机开始旋转时（以两个牵引点为例），1BHJ 和 2BHJ 励磁吸起，使 ZBHJ 励磁并自闭；当第一、二牵引点到达规定位置后，电机电路断电，1BHJ 和 2BHJ 都落下，切断 ZBHJ 的励磁及自闭电路，使 ZBHJ 落下。

h. 切断继电器 QDJ 电路

QDJ 用于多机牵引的所有转辙机全部开始转换和全部转换到底的监督，以及本转辙机的 1DQJ 自闭电路的切断。尖轨处设置一台，心轨处设置一台。以两个牵引点道岔为例，QDJ 平时通过 1BHJ 和 2BHJ 的落下接点保持在吸起状态，当第一、二牵引点电机都开始工作时，通过 ZBHJ 的吸起接点接通 QDJ 的自闭电路，正常情况下，QDJ 一直保持在吸起位置。

为了渡过 ZBHJ 吸起、QDJ 无电的时间，QDJ 增设电容 C 和电阻 R 支路，在 ZBHJ 未吸起前，靠电容 C 放电，使 QDJ 缓放不落下。

QDJ 在道岔动作电路中起切断保护作用。当电机电路发生故障而不能正常旋转时，QDJ 失磁落下，切断 1DQJ 自闭电路，使 1DQJ 落下，1DQJF 落下，从而切断电机电路，使道岔停止转换，保护道岔尖轨，具体情况分析如下：

(a)在道岔未启动前，其中一个牵引点电机电路就已经故障时的情况（以两个牵引点为例）

此时操纵道岔，两台 BHJ 只能吸起一台，使 ZBHJ 不能吸起。因为能吸起一台 BHJ，所以断开了 QDJ 的 1-2 线圈励磁电路，当电容 C 放电完毕时，QDJ 落下（ZBHJ 未吸起，QDJ 的 3-4

线圈自闭电路不能接通），切断了未故障牵引点的1DQJ自闭电路，1DQJ落下，1DQJF落下，使未故障牵引点的电机停止动作，道岔停止转换。

（b）在道岔启动后，其中一个牵引点电机电路断开故障时的情况（以两个牵引点为例）

此时一个牵引点电机电路故障，故障牵引点的BHJ落下，使1DQJ落下，1DQJF落下，切断电机电路，使电机停止转换；未故障牵引点的BHJ并不落下，QDJ和ZBHJ均处于吸起自闭状态，电机继续动作，在该牵引点的1DQJ吸起达13 s时，TJ吸起，切断1DQJF的励磁电路和1DQJ的自闭电路，使二者落下，电机才停止转动。

（2）道岔表示电路

采用三相交流电动转辙机后，道岔表示电路与直流电动转辙机道岔表示电路有很大不同。

①道岔表示电路的组成

有几个牵引点就有几套表示电路，每套表示电路中室内设置一台DBJ（JPXC-1000），一台FBJ（JPXC-1000），一台表示变压器BB（BD1-7），一个1 kΩ/75 W电阻R_1，室外设置一个整流匣（300 Ω/75 W电阻R_2与4个二极管串联）和S700K型电动转辙机有关的速动开关接点。另外，还需要设置一台总的DBJ和一台总的FBJ，在总的表示继电器电路中采用双断方式将各个牵引点对应的表示继电器接点串联起来，如图2.7（a）所示。

②表示电路分析

S700K型电动转辙机牵引提速道岔表示电路如图2.7（b）所示。

a.电源：五线制道岔表示电源采用交流220 V，经0.5 A熔断器后，由BD1-7变压器隔离降压，变为110 V电压供电路使用。

b.电阻R_1的作用：主要是为了防止室外负载短路时，保护电源部分不被损坏。

c.电阻R_2的作用：一是当道岔转换到位时，因1DQJ具有缓放作用，在转辙机接点接通瞬间，室内380 V动作电源由于1DQJ还在缓放，将会送至整流匣（定位向反位为X_1、X_2；反位向定位为X_1、X_3），如果不接R_2，则有可能使二极管击穿；二是若X_4、X_5发生短路，则道岔转换到位后，电机c绕组的电源切不断，而a绕组由X_1送电，b绕组则由X_2或X_3经整流匣得到电源，这时b绕组中流过直流电流电机仍能转动，当13 s后，TJ吸起切断三相电源，但此时电机中三相电流不均衡，它所产生的感应电动势，如无R_2则在1DQJ缓放时间里发生反转，使道岔逆转解锁。

③表示电路原理

表示电路等效电路如图2.9所示，DBJ通过电机绕组与整流匣R-Z构成并联电路，因此，当表示交流电源的负半周来临时，电流I_1流经DBJ的1-4线圈，使DBJ吸起，此时二极管截止；当表示交流电源正半周时，二极管正向导通，R-Z与DBJ均有电流流通，但DBJ通的是反向电流，DBJ将要落下。在整个供电过程中，随着表示电源电压的逐渐降低乃至到达负半周时，电机绕组和DBJ线圈会产生反电势，在电路中形成电流I_2，该电流流经整流匣、DBJ的1-4线圈，保持DBJ处于吸起状态，也就是说，整流匣是表示继电器线圈释放能量的回路。由表示电路等效电路可以看出，当电机的绕组断线时，表示继电器会落下，即监督了电机绕组。但当电机绕组局部短路时，并不影响表示继电器的正常吸起。

FBJ电路同DBJ电路，这里不再赘述。

表示电路的接通公式如下（如图2.7（b）所示，以DBJ电路为例）：

DBJ线圈支路：表示变压器端子4－$1DQJ_{13-11}$－05-1－F端子－X_1－电缆盒1－3-1和4-1－a绕组－6-1－7-1－8-1（星形连接点）－b绕组－12-11－电缆盒4－X_4－F端子－05-4－

$DBJ_{1-4线圈}$－$2DQJ_{132-131}$－$1DQJ_{21-23}$－电阻 R_1－表示变压器端子 3，此时 DBJ 线圈 1 加正电源，4 加负电源。

二极管支路：表示变压器端子 4－$1DQJ_{13-11}$－05-1－F 端子－X_1－电缆盒 1－3-1 和4-1－a 绕组－6-1－7-1－c 绕组－35-36－电缆盒 8－电阻 R－电缆盒 10－二极管 Z－电缆盒 7－16-15－34-33－电缆盒 2－X_2－F_8 端子－05-2－$2DQJ_{112-111}$－$1DQJF_{11-13}$－$2DQJ_{132-131}$－$1DQJ_{21-23}$－电阻 R_1－表示变压器端子 3，此时二极管截止。

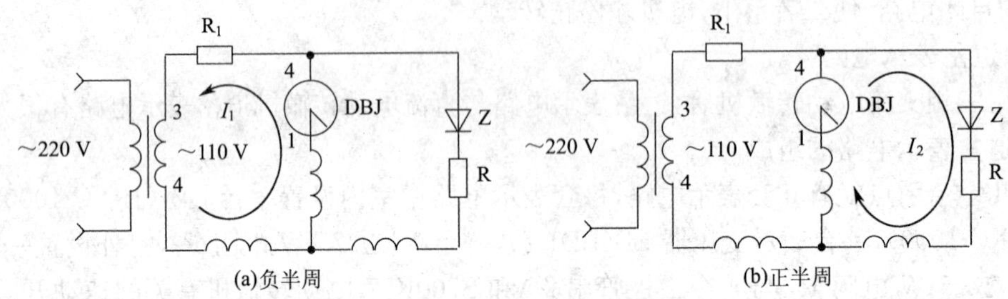

图 2.9　表示电路等效电路

当道岔到达反位时，速动开关为 2-4 闭合，FBJ 吸起，FBJ 电路接通公式这里不再介绍。

在表示电路中，DBJ 线圈支路中只检查了速动开关的 12-11 接点，FBJ 线圈支路中只检查了速动开关的 41-42 接点。虽然 DBJ、FBJ 吸起未全部检查速动开关的接点，但当表示接点断开时，二极管不能与 DBJ 或 FBJ 并联，表示继电器通的是交流电流，所以，不能吸起。当外线电缆发生混线时表示继电器线圈被短路，DBJ、FBJ 不会吸起。

2. ZYJ7 型电液转辙机五线制交流道岔控制电路

提速道岔采用电液转辙机牵引时，18 号以上道岔有几个牵引点，对应的就有几套道岔控制电路；18 号道岔尖轨设置一台电液转辙机，两台转换锁闭器，心轨设置一台电液转辙机，一台转换锁闭器；12 号道岔尖轨设置一台转辙机，一台转换锁闭器，心轨设置一台电液转辙机，一台转换锁闭器。每台转辙机的控制电路和 S700K 型电动转辙机道岔控制电路基本相同，也由启动电路和表示电路组成。

(1)主要技术要求及性能

①在可动心轨道岔中，心轨和尖轨作为两个独立单元使用。

②与现有电气集中电路方便结合。

③电路必须符合“故障－安全”要求。

④反映道岔位置和道岔解锁状态的继电器应经常吸起，并以前接点表示道岔位置和解锁状态。

⑤电路应能防止发生一处故障和一次错误办理同时存在的情况下产生危及行车安全的后果。

⑥继电器集中设置在控制中心。

⑦联锁道岔应能单独操纵，也能在排列进路时被选动。

⑧当进路锁闭、区段锁闭、人工锁闭时，道岔不能启动。

⑨联锁道岔一经启动应能转换到底，因故受阻不能转换到规定位置时，经操纵应转回原位置。

⑩控制处所应有道岔位置表示，用于联锁电路中的条件必须检查道岔位置与操作要求的一致性。

⑪启动道岔时应先切断其位置表示。

⑫三相交流道岔电路启动时，一相故障应切断动作电路，并有故障表示。

⑬多点牵引时，尖轨动作的平稳与同步。

(2)交流道岔控制电路原理

ZYJ7 型电液转辙机五线制交流道岔控制电路与 S700K 型电动转辙机五线制道岔控制电路相比较，除了室外部分电路有不同点外，整体电路的电路原理基本相同。

对于单机牵引的道岔(别的牵引点利用转换锁闭器)，室内控制电路不设置 QDJ 和 ZBHJ 电路；而对于多机牵引的道岔(不设置转换锁闭器)，室内控制电路仍然需要设置 QDJ 和 ZBHJ 电路，而且尖轨和心轨各设置一套。

①单机两点牵引道岔控制电路

下面以 12 号提速道岔为例介绍该控制电路的原理，如图 2.10 所示。室外设置两个牵引点，第一牵引点用 ZYJ7 型电液转辙机牵引；第二牵引点由 SH6 型转换锁闭器牵引，两个牵引点间的动力传输用油管进行连接。由于只有一转辙机，所以室内电路不设置 ZBHJ 和 QDJ 电路。

操纵道岔时，电路动作原理如下(以定位向反位操纵为例)：

a. 首先是 1DQJ↑(1DQJ 的类型采用 JWJXC-H $\frac{125}{0.44}$，自闭电路中串联一个电阻，为了与三相交流道岔控制电路配套，工厂又派生出一种 JWJXC-H $\frac{125}{80}$型继电器，取代原类型继电器，此时，1DQJ 自闭电路中就不用串联电阻了。)。在 1DQJ↑时，给 TJ 通电(正常情况下，该继电器是不吸起的，只有在道岔转换过程中受阻时，该继电器才吸起，设定时间为 30 s)，同时，DBJ↓。

b. 1DQJ↑后使 1DQJF↑。

c. 1DQJF↑后使 2DQJ 转极。

d. 2DQJ 转极后，接通电机电路，电机转动。电机电路的接通公式如下：

A 相电－RD_1－DBQ_{11-21}－$1DQJ_{12-11}$－05-1－F 端子－X_1－电缆盒 1－转辙机 1－a 绕组－星形连接点 O。

B 相电－RD_2－DBQ_{31-41}－$1DQJF_{12-11}$－$2DQJ_{111-113}$－05-4－F 端子－X_4－电缆盒 4－转辙机 4－11-12－b 绕组－星形连接点 O。

C 相电－RD_3－DBQ_{51-61}－$1DQJF_{22-21}$－$2DQJ_{121-123}$－05-3－F 端子－X_3－电缆盒 3－转辙机 3－13-14－遮断器 K－C 绕组－星形连接点 O。

e. 电机转动的同时，BHJ↑，使 1DQJ 自闭。

f. 道岔转换到规定位置锁闭后，转辙机 11-12 和 13-14 断开，切断电机电路，电机停止转动，同时，BHJ↓，切断了 1DQJ 的自闭电路，使 1DQJ↓，1DQJF↓，最后使 FBJ↑。

道岔由反位向定位转换时，控制电路的原理这里不再赘述。

理论上两个牵引点是同步的，但实际设备多数都存在不同步情况，为了解决不同步问题，在室外控制电路中采取了措施，当第一牵引点到达规定位置而第二牵引点还未到达规定位置时，第一牵引点 ZYJ7 型电液转辙机中的电机仍需继续转动，直至第二牵引点到达规定位置时止。如图 2.10 所示，第一牵引点密贴锁闭后，自动开闭器已为 2、4 闭合，第二牵引点此时仍为 1、4 闭合，所以，ZYJ7 型电液转辙机中的电机仍然能够通电，继续转动，其中 A 相电仍然加在 a 绕组上；B 相电经 $ZYJ7_{21-22}$－端子 9－SH6 转换锁闭器 9－$SH6_{11-12}$－端子 6－b 绕组；C 相电经 $ZYJ7_{23-24-45-46}$－端子 8－$SH6_{13-14}$－端子 13－遮断器 K－c 绕组。

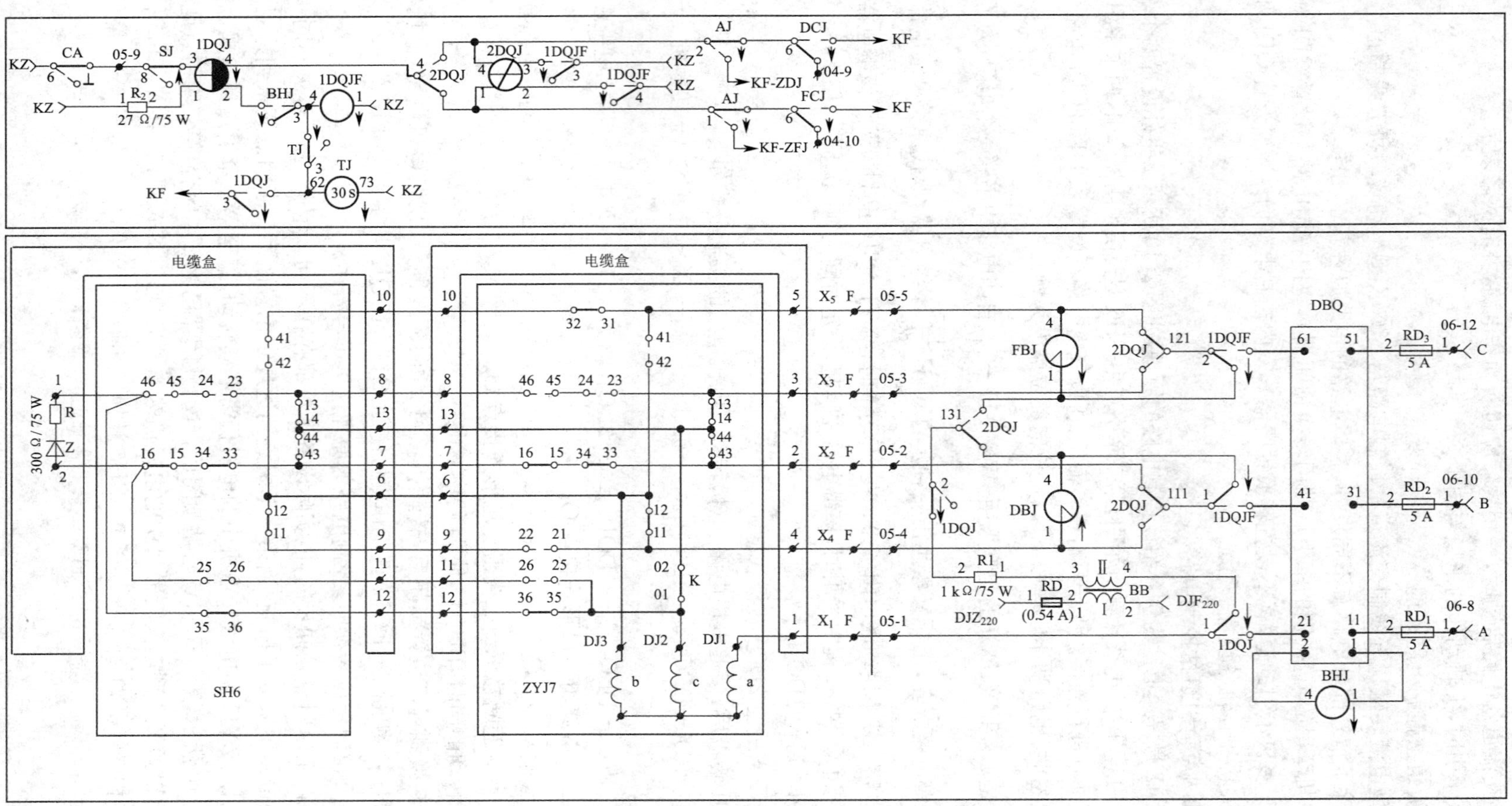

图2.10　ZYJ7型电液转辙机单机双点牵引道岔控制电路图

以上是以单机两点牵引电路为例加以分析，对单机三点牵引电路来说，和此电路原理相同，这里不再赘述。

②多机牵引动作一致性检查电路

在利用电液转辙机时，两点牵引、三点牵引均用一台 ZYJ7 型电液转辙机和一台或两台 SH6 型转换锁闭器，也就是说，两点、三点牵引共用一个动力源。它们之间的同步问题可以通过调整转辙机和转换锁闭器中的液压调节阀来进行。多于三点牵引时（在 30 号和 38 号道岔中，尖轨全是 6 个牵引点，心轨 3 个牵引点），采用多机牵引，即每个牵引点设置一台 ZYJ7 型电液转辙机。此时，牵引同一根尖轨或心轨就有多个动力源。在道岔转换过程中，若有的转辙机动，有的转辙机不动，就会出现别劲，乃至拉损尖轨。为了检查多机系统各电机动作的一致性，设计了 QDJ 和 ZBHJ 电路，尖轨和心轨各设置一套。尖轨部分的切断继电器和总保护继电器命名为 1QDJ 和 1ZBHJ；心轨部分的切断继电器和总保护继电器命名为 2QDJ 和 2ZBHJ，其原理同 S700K 型电动转辙机控制电路。

(3)客运专线车站道岔控制电路

①尖轨用道岔控制电路

客运专线车站道岔可采用 S700K 型电动转辙机，也可采用 ZYJ7 型电液转辙机，其道岔控制电路的原理与前面的提速道岔控制电路基本相同，在道岔启动过程中，从第一牵引点开始向第六牵引点顺序供电，也就是第一牵引点 1DQJ 吸起后通过 1DQJ 继电器前接点给第二牵引点 1DQJ 送电，第二牵引点 1DQJ 吸起后再通过第二牵引点 1DQJ 继电器的前接点给第三牵引点 1DQJ 送电，以此类推，第五牵引点 1DQJ 继电器吸起后通过第五牵引点 1DQJ 前接点给第六牵引点的 1DQJ 继电器送电，使之吸起，形成顺序启动。这种控制方式可以避开转辙机启动电流的峰值，有利于电源系统的选配。

②心轨用控制电路

可动心轨控制电路根据道岔要求设置三个牵引点，其动作原理和控制电路与尖轨相同，三个牵引点也是顺序启动。

③表示继电器电路

按要求，表示继电器每个牵引点各设置一台 DBJ 和 FBJ，再设置一套总表示继电器，当各个牵引点的表示继电器全部吸起后，通过各个牵引点表示继电器前接点串联给主组合中的总的道岔表示继电器 DBJ 和 FBJ。

④道岔同步保护电路

道岔同步保护电路尖轨和心轨各设一套，尖轨用 1QDJ 和 1ZBHJ，心轨用 2QDJ 和 2ZBHJ。当尖轨 6 个牵引点的 6 台 BHJ 都吸起时，1ZBHJ 才能吸起，进而使 1QDJ 自闭。当心轨 3 个牵引点的 3 台 BHJ 都吸起时，2ZBHJ 才能吸起，进而使 2QDJ 自闭。只有所有的 BHJ 均落下时，QDJ 才落下。

3. 交流道岔控制电路故障分析

交流道岔控制电路故障时，要在控制台处仔细分析原因，透过现象看本质，以快速处理故障。有些故障往往是由于室外设备接触不良所致，所以，经过室内的操纵，故障有时即可自然恢复。在处理故障时，无论是启动电路还是表示电路，其基本方法是利用表示电源来查找故障点。

(1)表示电路故障分析

由于每一台转辙机（含转换锁闭器）设置一套表示电路，所以要先确定是总表示电路故障还是哪一台转辙机表示电路故障，然后再进行处理。

①表示电路正常时工作电压

道岔在定位时，X_2 与 X_1、X_4 间的交流电压在 55～60 V，直流电压为 21～24 V；道岔在反位时，X_3 与 X_1、X_5 间的交流电压在 55～60 V，直流电压为 21～24 V。DBJ 和 FBJ 的线圈交流电压在 58 V 左右，直流电压在 21～22 V。

②故障分析（假定某转辙机的表示电路故障）

正常情况下，在分线盘测量 X_2 与 X_1（反位为 X_3 与 X_1）间交流电压在 60 V 左右，直流电压为 21～22 V。如电压相差太多，说明某处有故障。

a. 测分线盘电压，X_2 与 X_1（反位为 X_3 与 X_1）间无电压（为 0 V 或非常小）。

此时可以测 R_1 两端电压，若无电压，则说明是室内表示电源断线故障，当测到较高的交流电压时（约为 110 V），则说明室外有混线故障（由于混线的位置和程度不同，X_1 与 X_2 间可以测到大小不同的低电压，此时，R_1 电阻较正常热）。

b. 测分线盘电压，定位测（X_2 对 X_1、X_3、X_4）反位测（X_3 对 X_1、X_2、X_5）有交流 110 V 电压，则为室外断线故障。检查室外开闭器接点是否闭合、遮断开关接点接触是否良好，电机配线和整流匣有无断线。

c. 测分线盘电压，定位 X_2 对 X_1（反位 X_3 对 X_1）测的交流电压为 20～30 V，没有直流电压，则为室外整流匣中的二极管混线。

d. 测分线盘电压，定位 X_2 对 X_1（反位 X_3 对 X_1）测的交流电压为 65 V 左右，直流电压为 35 V 左右，则为 X_4（反位为 X_5）外线断线。

③处理方法

a. 室内表示电源断线故障处理：首先测表示变压器有无交流电压（110 V），如无电压则为电源故障，可依次检查电源、断路器、变压器及连线；如有电压则为室内断线故障，可依次检查电阻 R_1、$1DQJ_{23-21}$、$2DQJ_{131-132}$、$1DQJF_{13-11}$、$2DQJ_{111-112}$、$1DQJ_{11-12}$及连线。

b. 室外混线故障处理：测分线盘电压，定位测量 X_1 对 X_2、X_3 有 5.8 V 电压，X_1 对 X_4 有 2.9 V 电压；反位测量 X_1 对 X_2、X_3 有 5.8 V 电压，X_1 对 X_5 有 2.9 V 电压，混线故障，去室外查找（电缆、电机、接点、整流匣等）。

（a）室外 X_1 与 X_2 或 X_2 与 X_4 混线故障处理

首先在电动转辙机处断开 X_4，以区分是 X_1 与 X_2 混线还是 X_2 与 X_4 混线。若 X_1 与 X_2 有电压，则为 X_2 与 X_4 混线；若仍无电压，说明 X_1 与 X_2 混线，然后依次断开各电缆盒的 X_2 端子，测 X_1 与 X_2 间电压，以确定混线故障点。

（b）X_1 与 X_4（反位是 X_1 与 X_5）混线故障处理

当 X_1 与 X_4 混线时，不影响表示电路的正常工作，分线盘上的电压无明显变化，但转换道岔时断路器跳起。查找方法是，首先断开转辙机侧的 X_4 配线，测 X_1 与 X_4 间电压，依次断开各电缆盒的 X_4 端子进行查找。

c. 室外断线故障处理

（a）X_1 或 X_2 断线故障处理（反位是 X_1 或 X_3 断线）

在分线盘的 X_1 与 X_2 上有 110 V 交流电压，而到电缆盒处无电压，说明电缆断线。此时，如 X_1 与 X_4 间有小电压，说明 X_2 电缆断线，如无小电压，说明 X_1 电缆断线。

在分线盘的 X_1 与 X_2 上有 110 V 交流电压，到电缆盒处也有 110 V 电压，说明电缆盒至

转辙机间有断线故障，继续用测量 X_1 与 X_2 之间电压的方法查找到的有无电压的临界点就是故障点。

(b)X_4 断线故障处理(反位是 X_5 断线)

在分线盘 X_2 与 X_1 测的交流电压为65 V左右，直流电压为35 V左右，X_1 与 X_4 交流电压为110 V，则为 X_4 外线断线。到电缆盒处测量，如无110 V，说明 X_4 电缆断线，如有110 V，继续用测量 X_1 与 X_4 间电压的方法查找到的有无电压的临界点就是故障点。

(2)启动电路故障分析

①故障分析

当单独操纵到反位不动作时

a. 首先检查1DQJ、1DQJF是否吸起，2DQJ是否转极。如果控制电路部分继电器动作不正常，应按下列动作逻辑关系式进行检查：

AJ↑及ZFJ↑(或FCJ↑)－1DQJ↑－1DQJF↑－2DQJ转极。

b. 当确定室内道岔控制电路动作正常后，应进一步观察BHJ是吸起后再落下，还是根本不吸起。

(a)若BHJ根本不吸起，应检查组合侧面的380 V是否正常，断路器是否良好。若电源正常，但到分线盘测试时电源缺相(X_1、X_3、X_4)，则可能是DBQ到1DQJ及1DQJF的相应接点间断线，也可能是DBQ内部故障。

(b)若在分线盘测试电源正常，则应到室外重点检查转辙机遮断开关及速动开关的接点接触情况。

(c)如BHJ先吸起，然后又落下，说明三相负载部分良好，重点观察BHJ和1DQJ落下的先后顺序，若BHJ先落下，一般来说可能是DBQ不良，可换一台试试；若BHJ在1DQJ落下后再落下，则说明可能是1DQJ自闭电路有问题，包括QDJ是否在吸起状态。

②故障处理方法

a. 判断故障是在室内还是在室外

(a)由定位向反位单独操纵道岔，如能切断表示，说明1DQJ正常吸起，2DQJ正常转极；再向回转换有定位表示后，在道岔的分线盘端子 X_2 与 X_1、X_3、X_4 之间分别测量电压，大约为57 V(交流)，22 V(直流)。如 X_2 与 X_3 之间无电压，说明 X_3 外线断线；若 X_2 与 X_4 之间无电压，说明 X_4 外线断线。

(b)由反位向定位单独操纵道岔时，如能切断表示，说明1DQJ正常吸起，2DQJ正常转极；再向回转换有反位表示后，在道岔的分线盘 X_3 与 X_1、X_2、X_5 之间分别测量电压，大约为57 V(交流)，22 V(直流)。若 X_3 与 X_2 之间无电压，说明 X_2 外线断线；若 X_3 与 X_5 之间无电压，说明 X_5 外线断线。

(c)操纵道岔时在分线盘测 X_1、X_3、X_4 是否有380 V电压。

ⓐX_1 与 X_3 有380 V电压，X_1 与 X_4 无380 V电压(有150 V左右)，就是 X_4 断相(定位有表示)，故障点在 $1DQJF_{12-11}$ 与 $2DQJ_{111-112}$ 这两组接点之间。

ⓑX_1 与 X_4 有380 V电压，X_1 与 X_3 无380 V电压，就是 X_3 断相，故障点在 $1DQJF_{22-21}$ 与 $2DQJ_{121-123}$ 这两组接点之间。

b. 启动电路室内故障处理方法

(a)1DQJ不吸起：故障现象为道岔操纵不动，表示不断。在确认SJ、DCJ(FCJ)吸起后，用万用表测量1DQJ的励磁电路即可。

(b)1DQJF 不吸起:故障现象为道岔操纵不动表示断又恢复。首先确认线圈 1 有正电源,再用红表笔固定在 06-1 上,黑表笔依次测 $1DQJ_{32-31}$、(经 30 sTJ 吸起,说明 $1DQJ_{32-31}$ 良好)TJ_{31-33}、线圈 4 有无负电源。

(c)2DQJ 不转极:故障现象为道岔操纵不动,表示断又恢复。固定 KF,测 KZ—1DQJF—2DQJ 故障点就在有电压与没电压之间(经 30 sTJ 吸起,切断 1DQJF 工作电路,1DQJF 落下 2DQJ 就不能转极)。

(d)1DQJ 不能自闭:故障现象为电流表指针动一下马上回零,道岔不能正常启动,表示断。先观察继电器动作情况,包括 BHJ、QDJ 等,条件满足后查 KZ 电源或用电阻挡查找(因为 1DQJF 已经动作,共用电路部分是好的),用负表笔固定在 06-3,正表笔测 BHJ 第 3 组前接点,正电有后,如果 1DQJ 自闭电路不断,但是 1DQJ 不能自闭,就要检查串联在 1DQJ 的 1-2 线圈电阻值(27 Ω)有无变化。

(e)BHJ 不能动作:故障现象为道岔不能正常启动,表示断,1DQJ 不能自闭。

查找方法介绍如下:

ⓐ首先用万用表测试 BHJ 动作电路中的正反向电阻值。正向 1 350 Ω 左右、反向1 700 Ω 左右。(正向测的是断相保护器和 JWXC-1700 继电器的阻值)。

ⓑ判断 1DQJ 第 1 组前接点、1DQJF 第 1 组前接点、1DQJF 第 2 组前接点是否有 380 V 电压。

ⓒ定位向反位操纵不动,操纵回定位有表示。可用定位表示电压测 X_2 与 X_3,有电压故障在室内,可固定在 X_2 与 2DQJ123 测有电压,说明定位操纵反位室外电路正常。

c. 启动电路室外断线故障处理方法

(a)道岔在定位时:在电缆盒测 X_2 与 X_3(或 X_2 与 X_4)电压,如有电压说明对应的电缆断线;如无电压说明故障点在电缆盒端子与电机相对应的端子之间。

(b)道岔在反位时:在电缆盒测 X_3 与 X_2(或 X_3 与 X_5)电压,如有电压说明对应的电缆断线;如无电压说明故障点在电缆盒端子与电机相对应的端子之间。

2.2.4 知识拓展

交流道岔控制电路集中监测动作曲线

正常曲线在 5.3 s 后应该有由两项电源曲线组成的小台阶,这个小台阶大概在 0.5～0.6 A,如图 2.11 所示。小台阶是在道岔刚刚动作到位后且 1DQJ 缓放过程中,其中两相电流过整流匣而形成的。

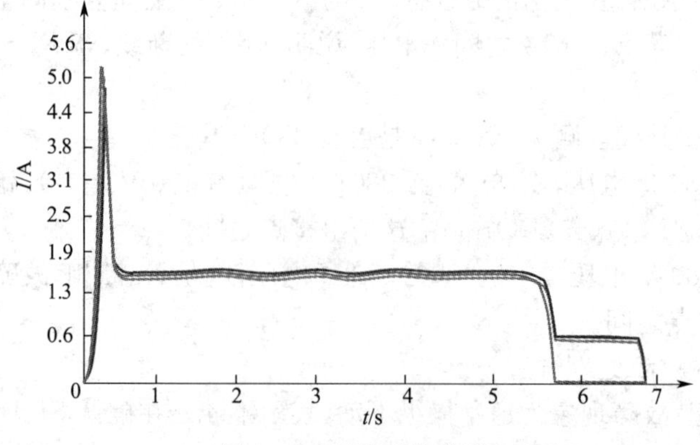

图 2.11 正常动作曲线

2.2.5　相关规范、规程与标准

1.《铁路技术管理规程》第80条、第81条。

2.《铁路信号维护规则　技术标准》第5.1.10～第5.1.14条。

项目小结

本项目的主要内容是介绍道岔控制设备的组成、工作原理及故障分析处理方法，简要概括如下：

1. 直流道岔控制电路主要包括四线制道岔控制电路和六线制道岔控制电路。四线制道岔控制电路有单动道岔控制电路，也有多动道岔控制电路，其电路主要由1DQJ、2DQJ、ZD6-A型或ZD6-D型电动转辙机、DBJ、FBJ、电容C、电阻R等组成；六线制道岔控制电路与四线制道岔控制电路的不同之处在于多了一台2DQJF、去室外有6条电缆、转辙机为ZD6-E和ZD6-J型，两台转辙机是同时动作并牵引AT道岔进行转换的。当操纵道岔时，首先是1DQJ吸起，接着是2DQJ转极(2DQJF转极)，2DQJ转极后，接通了电机动作电路，转辙机里面的电动机开始旋转，从而带动道岔进行转换，使道岔完成解锁、转换和锁闭的过程，当道岔到达规定位置后，给出相应的表示，利用道岔的表示继电器接点参加联锁，检查道岔的位置。当道岔发生挤岔时，应给出报警。

在信号设备维护工作中，对转辙机及道岔控制电路要进行定期的检修和测试。当道岔控制电路发生故障时，首先应该判断故障范围(是电气故障还是机械故障；是室内故障还是室外故障；是短路故障还是断路故障)，以便快速、及时、准确地进行处理(此时可借助微机监测设备进行故障分析和处理)。

2. 交流道岔控制电路为五线制，所带动的转辙机有S700K型电动转辙机，ZYJ7型电液转辙机(配合SH6转换锁闭器)，也有ZD(J)9型电动转辙机。两种电路基本原理相同，组成也基本相同，只是室外电路的控制方式有所不同。当操纵道岔时，1DQJ先吸起，接着1DQJF吸起，2DQJ转极，接通电机电路，道岔开始转换。

在信号设备维护工作中，对转辙机及道岔控制电路要进行定期的检修和测试。当道岔控制电路发生故障时，同直流道岔控制电路一致，首先是判断故障范围，对故障进行全面分析，以便及时处理。

复习思考题

1. 四线制道岔控制电路由什么组成？其电路是如何动作的？

2. 道岔启动电路和表示电路的技术要求有哪些？是如何实现的？

3. 六线制道岔控制电路由什么组成？该电路是用来控制什么道岔的？其电路如何动作？

4. 如何区分四线制道岔控制电路启动电路和表示电路室内外故障范围？

5. 如何查找四线制道岔控制电路室外断线及混线故障？

6. 如何利用微机监测设备对四线制道岔控制电路进行故障分析?

7. S700K 型电动转辙机道岔五线制交流道岔控制电路由什么组成?其电路是如何动作的?

8. 对于 S700K 型电动转辙机道岔,当遮断器打开时操纵道岔电路如何动作?

9. 画出提速道岔表示电路等效电路图,并说明当整流匣开路、短路;电机绕组开路、短路时控制台有何现象?为什么?

10. 对于 S700K 型电动转辙机道岔,当道岔中途受阻时电路如何动作?

11. ZYJ7 型电液转辙机道岔五线制交流道岔控制电路由什么组成?其电路是如何动作的?

12. 对于 ZYJ7 型电液转辙机道岔,当第一牵引点先到位而第二牵引点没到位时,电路如何动作?

13. 如何区分五线制交流道岔控制电路启动电路和表示电路室内外故障范围?

14. 如何查找五线制交流道岔控制电路室外断线及混线故障?

15. 如何利用微机监测设备对五线制交流道岔控制电路进行故障分析?

项目 3　信号机点灯电路故障处理

项目描述

信号点灯电路控制信号灯光显示，而信号显示直接指示列车及车列的运行。用准确可靠的信号显示保证车站作业安全是车站联锁设备的主要任务，通过本项目的学习和训练应熟练掌握各种信号机点灯电路的原理，并能熟练掌握信号点灯电路各种常见故障的分析处理方法，以达到车站信号设备维修信号工的岗位要求。

拟实现的教学目标

1. 能力目标

(1)正确使用万用表测试信号点灯电路的各项参数，并根据测试结果判断信号点灯电路的故障。

(2)熟练掌握信号点灯电路的常见故障的现象，并能准确判断和迅速处理信号点灯电路各种常见故障。

2. 知识目标

(1)熟练掌握色灯信号机的各项参数及信号点灯电路的技术要求。

(2)熟练掌握进站信号机、出站信号机、调车信号机信号点灯电路的工作原理。

(3)熟练掌握双丝转换、主灯丝断丝报警电路的原理。

3. 素质目标

(1)按照作业标准能够检修信号机，并迅速准确地处理信号点灯电路各种常见故障。

(2)进一步树立“安全第一”的责任意识。

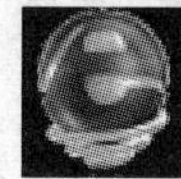

相关案例

1999 年 7 月 9 日京广线×××车站，X_5 信号机显示两个绿灯，指示列车经道岔侧向位置发车，且该信号机显示前方的进路信号机显示一个黄灯。进路信号机显示前方的进站信号机本应显示一个绿灯和一个黄灯，但由于设计错误，而显示一个绿灯。列车按正线通过速度进入站内，而后机车乘务员没有认真瞭望和确认信号，也没有及时采取制动减速措施，致使列车以 111 km/h 的速度侧向通过限速 45 km/h 的道岔，导致列车机后 1～10 位颠覆，11～12 位脱轨，造成多人伤亡，中断京广线下行正线行车多时的旅客列车重大事故。

无论是电气集中联锁还是计算机联锁，都必须按照联锁条件的要求，准确控制信号机点亮对应的灯光。日常情况下，按照技术标准检修测试信号机。在任何情况下，都必须保证信号灯光不出现升级显示。发现信号点灯电路故障后，必须及时判断、准确处理，保证列车安全运行。

典型工作任务1　色灯信号机的检修测试

3.1.1 教学目标

1. 能力目标

(1)掌握色灯信号机检修作业标准,能够按照作业标准检修色灯信号机。

(2)掌握信号点灯电路各项电气参数,正确使用万用表测试信号点灯电路的各项参数,并根据测试结果判断信号点灯电路的故障。

2. 知识目标

(1)掌握信号点灯电路的技术要求。

(2)掌握信号点灯电路的基本原理及双丝转换的电路原理。

3. 素质目标

(1)按照铁路现场检修作业标准能够检修测试各种色灯信号机。

(2)进一步提高"安全第一"的责任意识。

3.1.2　工作任务

1.根据《铁路技术管理规程》和《铁路信号维护规则　技术标准》,掌握信号点灯电路的基本要求和基本原理,按照单位维修计划,做好色灯信号机的日常检修和测试工作。

2.在联锁试验时,对照联锁表,认真核对每一信号机的各种灯光显示,发现错误或不合理的显示,要查明原因,并与设计和施工单位沟通,及时处理,保证信号显示正确无误。

3.1.3　相关配套知识

1. 信号点灯电路的防护要求

信号点灯电路就是由室内的控制条件控制室外的色灯信号机的灯光显示,室内外之间要通过电缆线路联系,所以设计信号点灯电路时,既要考虑断线保护,又要考虑混线防护。

(1)断线保护

当信号点灯电路发生断线故障时,应使信号显示降级。

正在点亮的信号灯光电路发生断线,信号机就要灭灯。当允许灯光(如绿灯或黄灯)灭灯时,要自动改点红灯。对于进站(接车进路)信号机及有通过作业的正线出站(发车进路)信号机,当禁止灯光(如红灯)灭灯时,不允许信号机再开放,以防止信号开放后,若人为或因故关闭,信号机没有任何显示。

(2)混线防护

当信号点灯电路发生混线故障时,不应错误点亮允许灯光,造成信号升级显示。

信号点灯电路混线,将点亮正常不应该点亮的灯光,可能出现乱显示。乱显示应被认为是禁止信号,但若出现红灯与允许灯光同时点亮,万一这时红灯突然灭灯,将会使信号显示升级,造成行车危险。因此,允许灯光因混线错误点灯应加以防护。

由于调车作业速度较低,因此,对于调车信号机,有时降低要求,即对调车信号的月白灯,可不加混线防护措施。

2.信号点灯电路的基本原理

为尽量减小联系线路中的电流,使单芯电缆的控制距离尽可能地远一些,信号机点灯电路采用集中供电制,即由信号楼室内电源屏供给交流 220 V 信号点灯电源(这个电源,通过按压控制台上的调压按钮,可降至 180 V),到室外经降压后,控制 12 V 低压的信号灯泡。为此,在室外信号机柱的近旁,设置有变压器箱,在箱内对每一个灯泡,分别设置有一个信号点灯变压器(BX1-30,初级为 220 V,次级为 13～14 V)。

对于现场广泛采用的是透镜式色灯信号机,为监督信号灯泡灯丝的完整,在每一个信号灯泡上,都串接有灯丝继电器,当信号点灯电路断线或灯光双丝均断而灭灯时,对应的灯丝继电器落下,从而控制信号降级显示。

由于采用了室内集中供电,控制条件在继电器室内,控制对象(在这里指灯泡)在室外,所以,就很方便地把控制条件放在控制对象和电源之间,这样,如果控制条件未接通,发生电缆混线时,信号灯光不会点亮,即用位置法实现了混线防护的要求。

对于列车信号机,当发生电缆混线,为了防止从控制条件一侧混入一个极性的电源,使允许灯光错误点亮,造成信号显示升级,在正负电源的两侧分别加入控制条件,即对信号点灯电路去线和回线采用双断控制,这样提高了混线防护的可靠性。

3. 双丝转换的电路原理

为了提高信号点灯电路的可靠性,信号灯泡采用双灯丝灯泡。正常情况下,点亮下方的主灯丝,当主灯丝断丝时,点亮上方的副灯丝。

图 3.1 是 DDXL-34 型点灯单元信号双丝转换原理电路。在双灯丝灯泡的主灯丝电路中,都串接有一个灯丝转换继电器,例如,红灯的 HDZJ。因红灯平时在点灯,所以,平时主灯丝点亮,HDZJ 在励磁吸起状态,当主灯丝断丝时,因为 HDZJ 失去电流而落下,所以能通过它的后接点,自动地把副灯丝接在电路中,使副灯丝亮灯。由于副灯丝点亮的回路,没有串联 HDZJ 线圈,副灯丝点灯电压应比主丝点灯电压略低。

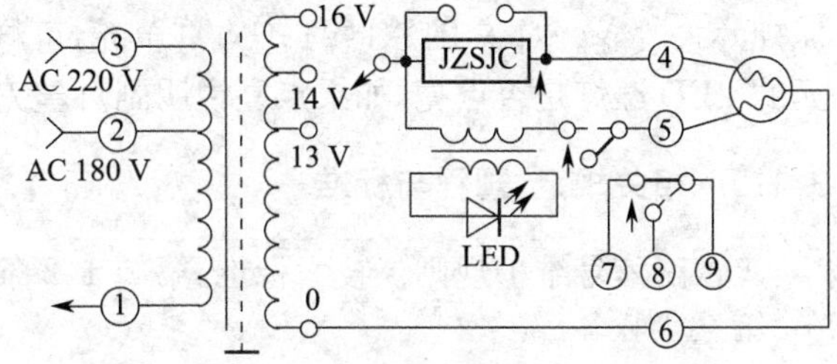

图 3.1　DDXL-34 型点灯单元信号双丝转换原理电路

4. 色灯信号机的检修与测试

(1)色灯信号机集中检修工作内容

①检查、清扫箱盒、机构内部,防尘、防水设施整修。

②检查机柱、机构、梯子机械强度、有无裂纹及损伤,螺栓是否坚固,井口销是否齐全。

③试验灯泡的主副灯丝转换及报警。

④测试引入线全程对地绝缘。

⑤按周期更换器材。

⑥更换灯泡后检查、调整信号显示距离,测量建筑限界。

⑦电气化区段高柱信号机地线测试整修。

⑧基础培土捣固,机柱整正。

⑨进行Ⅰ级测试记录。

⑩箱盒、机构外部涂油。

(2)色灯信号机的Ⅰ级测试

①测试内容

色灯信号机的Ⅰ级测试内容主要包括:点灯变压器的输入电压、输出电压,主灯丝及副灯丝点灯端电压。

②测试标准

a. 信号点灯变压器

变压器一次侧额定电压为 220 V，允许范围为额定电压的－20%～＋15%，即 176～253 V；变压器二次侧电压应根据信号灯泡的端电压和变压器的型号不同，调整使用端子以达到使用标准。

b. 灯泡端电压

色灯信号机灯泡的额定电压为 12 V，信号灯泡的端电压应为额定值的 85%～95%（调车信号为 75%～95%；容许信号为 65%～85%）。

③测试方法

a. 用 MF14 型万用表 220 V 挡，测试点灯变压器一次侧电压输入端子，测出一次侧电压。

b. 用万用表 50 V 挡，测试点灯变压器二次侧引出线端子，测出变压器二次侧电压。

c. 在被测灯泡点亮的情况下测试灯端电压。用万用表 50 V 挡，一只表笔接在灯泡公共端上，另一只表笔接在主灯丝灯座端子上，测出主灯丝端电压，然后公共端上表笔不动，另一只表笔接在副灯丝灯座端子上，将主灯丝接点片用薄竹片垫起（即人工点亮副灯丝），测得的电压为副灯丝端电压。

对不符合标准的点灯变压器二次侧端子进行调整。

3.1.4　知识拓展

目前现场应用的信号点灯设备是将点灯变压器和灯丝转换设备合一的点灯单元，其控制原理并未改变。对于 DDXL-34 型点灯单元，可将 JZSJC 灯丝转换继电器线圈封连，看点灯单元的 LED 红灯是否点亮，如果点亮说明副灯丝完好。

3.1.5　相关规范、规程与标准

《铁路信号维护规则　技术标准》第 2.1.2 条、第 2.2.1～2.2.10 条、第 2.3.1 条、第2.3.4 条、第 2.4.2 条。

典型工作任务 2　信号点灯电路故障处理

3.2.1 教学目标

1. 能力目标

(1)能够根据控制台现象和测试结果判断信号点灯电路的故障。

(2)能够迅速处理信号点灯电路室内外各种常见故障。

2. 知识目标

(1)熟练掌握进站信号机、出站信号机、调车信号机信号点灯电路的工作原理。

(2)熟练掌握信号点灯电路各种故障的分析、判断、处理方法。

3. 素质目标

(1)按照故障处理程序能够迅速准确地处理信号点灯电路各种常见故障。

(2)进一步提高学习者理论联系实际和应急处理问题的能力。

3.2.2　工作任务

1. 根据《铁路技术管理规程》和《铁路信号维护规则　技术标准》，掌握站内各种信号机点灯电路的工作原理，日常检修时，认真检查各种灯光显示，做好信号灯泡检查和双丝转换测试工作。

2. 发现主灯丝断丝报警，要及时更换灯泡；发现信号机点灯故障，要按照相关技术作业要求，迅速准确地处理各种信号点灯电路，保证信号机能正确点亮各种灯光。

3.2.3　相关配套知识

1. 信号点灯电路的原理

(1)进站信号点灯电路

进站信号机机点灯电路如图 3.2 所示。进站信号机有五个灯位，从上到下依次为：U、L、H、2U、YB。根据进站信号的显示可知，五个灯位中的 U、L 和 H 是不会同时亮灯的，2U 和 YB 也不会同时亮灯，只有 L 和 2U、U 和 2U 或 H 和 YB 能同时亮灯。能同时亮灯的两个灯泡，不能用一个灯丝继电器进行监督，因为两个中坏一个，没有办法区分是哪一个坏了。对不能同时亮灯的几个灯泡，不论数量多少，都可用同一个灯丝继电器进行监督，用控制灯光的条件进行区分。

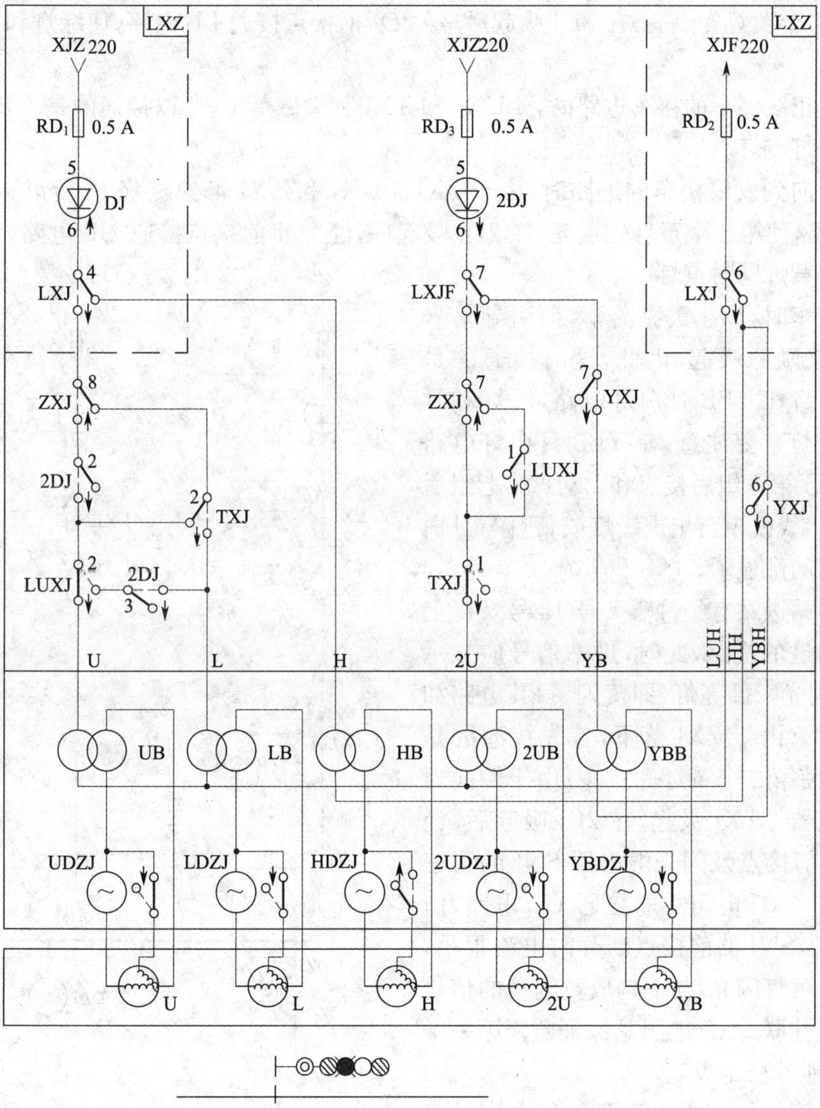

图 3.2　进站信号机点灯电路

根据以上的分析，U、L 和 H 用第一灯丝继电器(JZXC-H18JD)监督，而 2U 和 YB 用另一个第二灯丝继电器 2DJ 监督。

平时进站信号机点红灯，信号点灯变压器 HB 次级电路闭合有输出，因此，在初级线圈电路中串接的 DJ 在励磁吸起条件。假如这时红灯灭灯(主、副灯丝都烧断)，则 DJ 将因 HB 的次级断开没有输出，初级线圈电路中的电流大量减少失磁落下，及时反映出红灯已断丝。

开放进站信号时，在 LXJ 励磁吸起后，一方面用它的第四组和第六组后接点，切断 HB 初级线圈的电路，使红灯灭灯；另一方面通过它的第四组和第六组前接点把点灯电源接向允许灯光电路，使允许灯光点灯。至于点哪些允许灯光，则取决于建立的是通过进路，还是向正线接车进路，还是向站线接车进路。

在建立通过进路时，若 ZXJ 和 TXJ 都励磁吸起，所接通的是 LB 电路，使绿灯点灯。

若 ZXJ 和 LUXJ 励磁吸起，TXJ 失磁落下，同时由于 ZXJ 励磁吸起，首先接通的是 2UB 电路，使第二个黄灯先点亮；在 2DJ 吸起后，经 2DJ 前接点接通 LB 电路，使绿灯和第二个黄灯同时点灯。

在建立正线停车的接车进路时，LUXJ 和 TXJ 都失磁落下，所以接通的是 UB 黄灯电路，使第一个黄灯点灯。

在建立向到发线接车的进路时，由于 ZXJ、LUXJ 和 TXJ 都失磁落下，所以，首先接通的是 2UB 电路，使第二个黄灯先点亮；在 2DJ 吸起后，经 2DJ 前接点接通 UB 电路，使第一个黄灯和第二个黄灯同时点灯。

引导接车时，LXJ 失磁落下，而引导信号继电器 YXJ 励磁吸起，因此，这时接通的是 HB 红灯电路和 YBB 月白灯电路，红灯和月白灯同时点灯。要注意：在 YBB 月白灯电路中，接有 LXJ 第六组后接点和 LXJF 第七组后接点，这样接线就不会出现绿灯或黄灯与月白灯同时点灯的乱显示。

有的车站进站有经过辙叉号 18 号及以上道岔侧向通过的进路，此时，进站信号应显示第一个 U 闪光，2U 亮灯，即黄闪黄，其电路如图 3.3 所示。由于 ZXJ 落下，首先接通的是 2UB 电路，使第二个黄灯先点亮；由于侧向通过信号继电器 CTXJ 吸起，在 2DJ 吸起后，经 2DJ 第二组前接点及闪光继电器 SNJ 的第三组前接点与 2 kΩ 电阻并联接通 UB 电路，由于 SNJ 脉动，SNJ 的前接点断开时电流很小，在使第一个黄灯闪光，从而构成黄闪黄的信号显示。这里并联 2 kΩ 电阻是保证监督第一个黄灯的 DJ 能够稳定吸起。

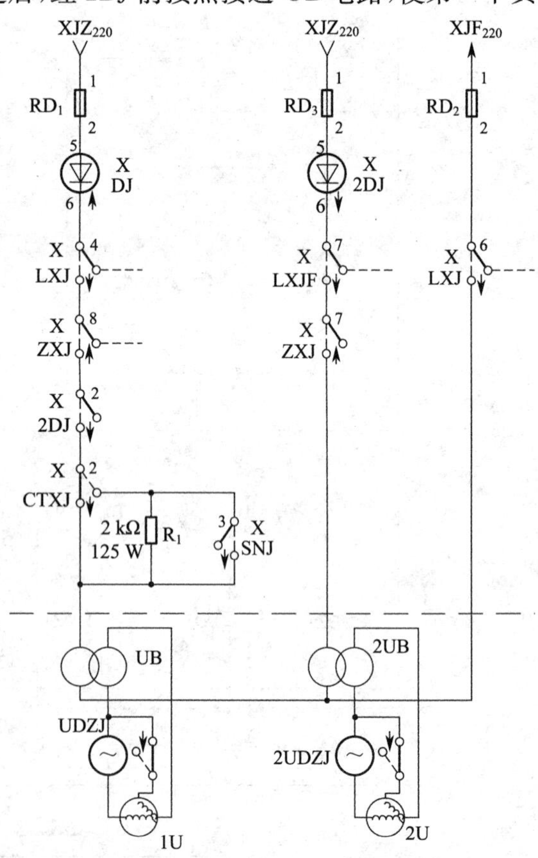

图 3.3　进站信号黄闪黄点灯电路

应当注意，凡是同时点两个允许信号灯时，在点灯电路中，都接有第二灯丝继电器

2DJ 前接点。例如，同时点一个绿灯和一个黄灯时，在 LB 绿灯电路中，串接有 2DJ 第三组前接点；又如，同时点两个黄灯时，在 UB 黄灯电路中，串接有 2DJ 第二组前接点。接入 2DJ 前接点的目的是，当第二个黄灯灭灯时，使绿灯或第一个黄灯也必须跟着灭灯，以便用第一灯丝继电器 DJ 的前接点，断开信号继电器 LXJ 的电路，使信号自动改点红灯，防止造成信号显示升级。

在这里，对于混线保护除采用了位置法外，允许信号灯光的 U、L、2U 及引导信号的 YB，都采用了双断法。因此 U、L 和 2U 共用一条回线(LUH)，YB 单独用一条回线(YBH)，而 H 灯单独用一条回线(HH)。这里所采用的双断法，是针对 H 和 YB、H 和 L、H 和 U 或 H 和 2U 混线的，这样，每一架进站信号机室内外的联系线路为 8 条电缆线。

对于没有 L 灯或没有 L/U 信号显示的进站信号机，其点灯电路可对图 3.2 的电路进行简化，这里不再详述。

(2)出站兼调车信号机点灯电路

因区间的闭塞方式、发车口的数量及联锁方式不同，出站信号机的灯位数量和点灯电路的形式也不相同。图 3.4 是举例站场上行出站兼调车信号机点灯电路，举例站场下行出站兼调车信号机及其他类型的出站信号机的点灯电路原理与之类似。下面结合图 3.4 介绍其点灯电路的原理。

如图 3.4 所示，平时由于 LXJ 和 DXJ 落下，接通 HB 的初级，使 H 点亮，其他灯光灭灯。

举例站场为双线双向四显示自动闭塞区段的中间站，下行咽喉区还有一个东郊支线发车方向，由发车进路表示器区分发车去向。向主要发车口正向发车时，LXJ 和 ZXJ 吸起，由第二离去继电器 2LQJ 和第三离去继电器 3LQJ 的前后接点区分点一个绿灯、一绿一黄或一个黄灯。

ZXJ 励磁吸起，说明是向主要线路正向发车，如果 2LQJ 和 3LQJ 均吸起，说明前方至少有三个闭塞分区空闲，则接通 LB 电路，出站信号机显示一个绿灯。

如果 2LQJ 吸起，3LQJ 落下，说明前方只有两个闭塞分区空闲，先经 LXJF、ZXJ、2LQJ 前接点和 3LQJ 后接点接通 UB 电路，第二个黄灯点亮，使 2DJ 吸起，再经 LXJ、ZXJ 前接点和 3LQJ 后接点与 2DJ 前接点接通 LB 电路，使出站信号机显示一个绿灯和一个黄灯；如果 U 断丝，使 2DJ 落下，则切断 LB 电路，使出站信号改点红灯。

如果 2LQJ 落下，说明前方只有一个闭塞分区空闲(LXJ 吸起已检查了 1LQJ 的前接点)，经 LXJ、ZXJ 前接点和 2LQJ 后接点接通 UB 电路，出站信号机显示一个黄灯。

应该指出的是，向主要线路正向发车时，发车进路表示器的小白灯 B-A 也点亮，但在出站信号点灯电路中，并未检查 B-A 点亮的条件，即使 B-A 灭灯也不影响出站信号的灯光显示。因此有的车站正方向发车时不点亮发车进路表示器的小白灯，即这样的情况下，出站信号机下方只设两个小白灯。

向主要线路反方向发车时，LXJ 吸起，区间反方向继电器 QFJ 吸起，ZXJ 落下。经 LXJF 前接点、ZXJ 后接点和 QFJ 前接点先点亮发车进路表示器的小白灯 B-B，使 3DJ 吸起，再经 LXJ 前接点、ZXJ 后接点和 3DJ 前接点接通 LB 电路，使出站信号机显示一个绿灯。如果 B-B 断丝，使 3DJ 落下，则切断 LB 电路，使出站信号改点红灯。

向支线发车时，LXJ 吸起，ZXJ 和 QFJ 落下，经 LXJ 前接点和 ZXJ、QFJ 后接点先点亮支线对应的发车进路表示器的小白灯 B-C，使 3DJ 吸起，再经 LXJ 前接点、ZXJ 后接点和 3DJ 前接点接通 LB 电路，使出站信号机显示一个绿灯。如果 B-C 断丝，使 3DJ 落下，则切断 LB 电路，使出站信号改点红灯。

开放调车信号时，LXJ 落下，DXJ 吸起，经 LXJ 后接点和 DXJ 前接点接通 BB 电路，使出站兼调车信号机显示一个白灯。

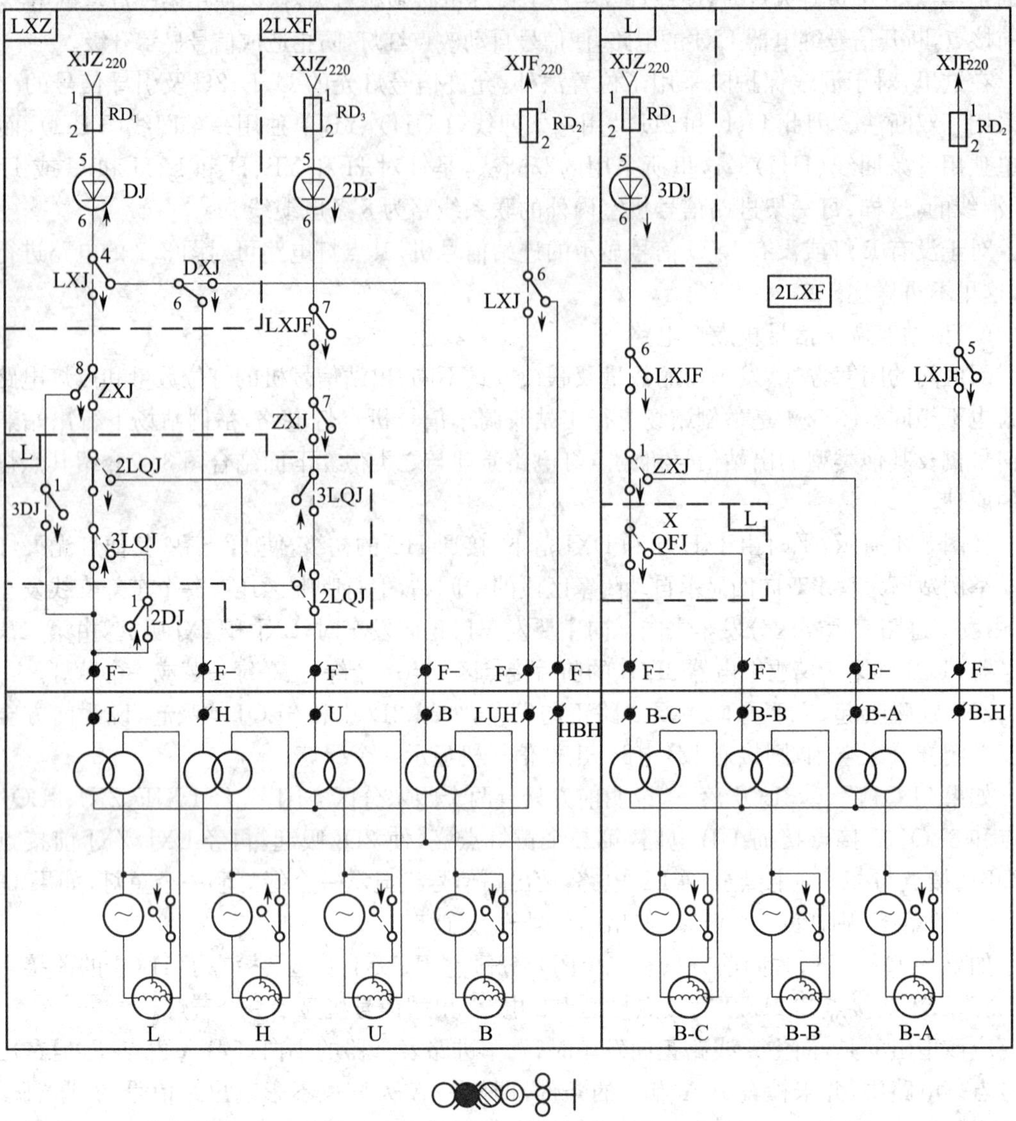

图 3.4　举例站场上行出站兼调车信号机点灯电路

电路对于混线防护，都采用了位置法，在出站兼调车信号机上的 U 和 L 也都采用了双断法，而对调车信号机用的 B，都没有采用双断法。后者，如在前面所叙述的理由那样，对调车降低了要求。因为，对月白灯没有采用双断法，所以，对每一架出站兼调车信号机都减少了一条联系线路。

其他形式点灯电路都可在图 3.4 的基础上进行简化，其原理不再叙述。

(3)调车信号点灯电路

调车信号机点灯电路如图 3.5 所示，电路很简单，DXJ 吸起接通 BB 电路，点亮月白灯；DXJ 落下接通 AB 电路，点亮蓝灯。为节省设备，大多数为矮型信号机构，所以变压器 AB 和 BB 都放在机构里，不需要设置变压器箱。

(4)灯丝断丝报警电路

①主灯丝断丝报警电路

主灯丝断丝报警电路是用来监督列车信号机各灯泡主灯丝的完整性(有的车站调车信号也采用双丝转换,其断丝报警电路中增加调车信号主灯丝报警条件)。一旦某架列车信号机灯泡主灯丝断丝(或主灯丝回路发生断线故障)时,则控制台上的断丝表示灯亮红光,并使电铃报警引起值班员的注意,以便及时通知信号维修人员更换灯泡,确保列车信号机不中断信号显示。

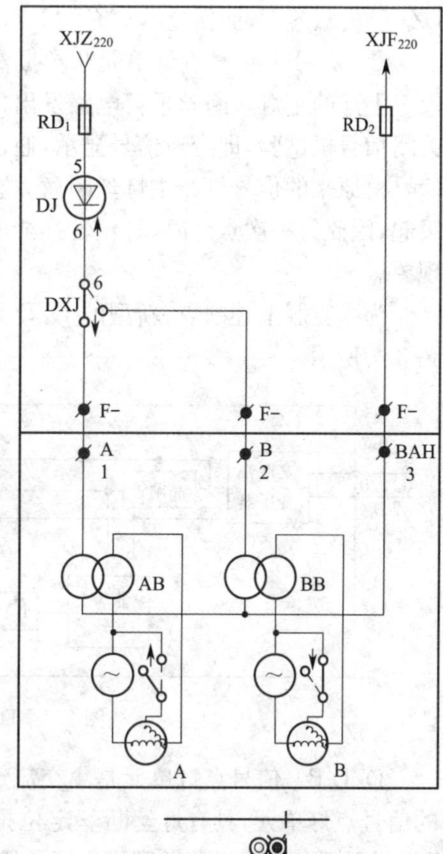

图 3.5　调车信号机点灯电路

主灯丝断丝报警电路对应每个咽喉区设置一套,即每个咽喉区设一个断丝继电器 DSJ、一个断丝表示红灯 DSD、一个断丝报警电铃 DSDL 和一个断丝报警按钮 DSA,图 3.6 是下行咽喉主灯丝断丝报警电路(未考虑调车信号主灯丝报警)。XDSJ 平时处于失磁落下状态,当本咽喉内任一主体列车信号机显示列车信号,而灯泡的主灯丝断丝时,该灯泡的灯丝转换继电器 DZJ 失磁落下,于是经由 DZJ 的第二组后接点接通 XDSJ 的励磁电路。如果信号机显示两个灯光的信号,第二个灯光的主灯丝断丝时,还可经由该灯的 DZJ 第二组后接点和该信号机的 2DJ 第一组前接点接通 XDSJ 的励磁电路。经 3 s 后使 XDSJ 励磁吸起,从而使控制台上的下行咽喉主灯丝断丝表示红灯 XDSD 闪光,并使 XDSDL 电铃报警,用以通知值班员。当确认是灯泡的主灯丝断丝后,值班员则可按压 XDSA,使电铃停响。待信号维修人员将断丝的灯泡更换好后,则 XDSJ 自动失磁落下。这时 XDSDL 电铃又再次鸣响,值班员则可拉出 XDSA 使电铃 XDSDL 停响,到此该断丝报警电路全部复原。

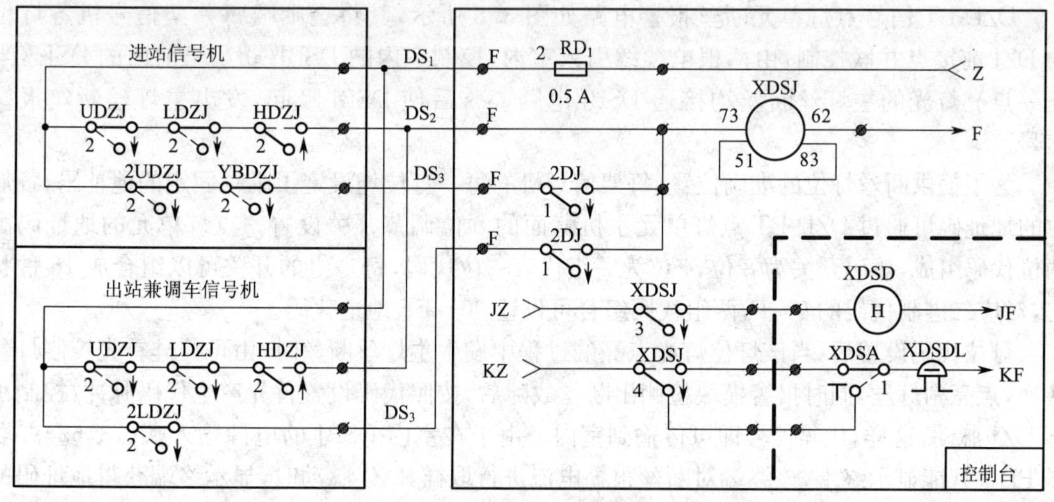

图 3.6　下行咽喉主灯丝断丝报警电路

XDSJ 采用时间继电器(缓吸 3 s)是为了在信号机改变信号显示的过程中,熄灭灯光的 DZJ 已失磁落下,而新显示灯光的 DZJ 还未来得及励磁吸起的时刻防止错误报警。

②DZD-BT 信号点灯单元断丝报警电路

上述的主灯丝断丝报警电路发出报警信号后,不易确定具体的断丝灯位,有时需要开放或关闭信号机试验,即变换信号显示,通过发现原来点亮的灯光变换后报警信号消失,来确定该信号机原来的信号灯光主灯丝断丝,这种方式显然不方便。另外,由于 DZJ 在主灯丝点亮时吸起,因此每一次点灯时,灯丝转换继电器都要工作一次,时间长了容易出现接点老化、拉弧等现象。

为了克服上述缺点,新型的 DZD-BT 信号点灯单元采用了新的报警方式,其原理框图如图 3.7 所示。

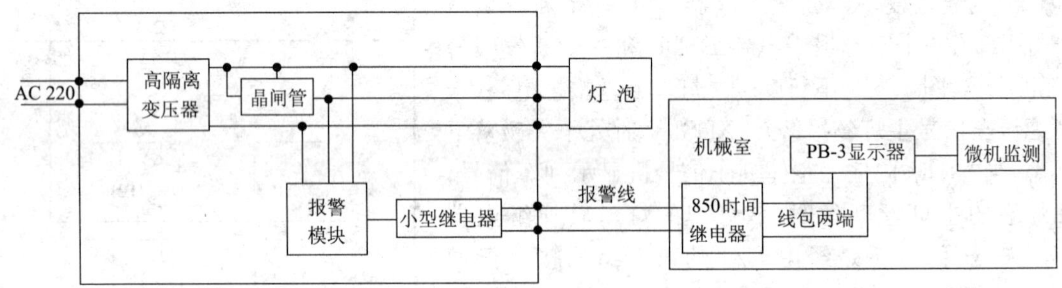

图 3.7　DZD-BT 信号点灯单元原理框图

DZD-BT 信号点灯单元是集交流点灯、灯丝转换、故障定位报警和副灯丝在线检测为一体的信号点灯单元,具有灯丝断丝定位报警功能,在不增加不改动原有点灯及报警电路的前提下,利用原有两根报警电缆线进行传输具有代码的报警信号,在信号楼内进行采样,然后通过显示终端进行显示,最长传输距离可达 25 km。

DZD-BT 信号点灯单元在主灯丝工作时,内部的晶闸管和报警模块平时处于半工作状态,即所有灯光的 DZJ 平时均处于落下状态,只有当灯丝断丝时报警模块才完全工作,使 DZJ 吸起。

DZD-BT 信号点灯单元断丝报警电路如图 3.8 所示,其将全咽喉每一架信号机各灯位的 DZJ 前接点并联控制,由两根电缆线引入室内,控制室内的 DSBJ(相当于前面的 DSJ),当任一点亮灯光的主灯丝断丝均接通 DSBJ 电路,3 s 后使 DSBJ 吸起,发出主灯丝断丝报警信号。

为了提供断丝灯位的准确位置,每架信号机的每一灯位均设定了唯一固定的地址码,各灯位的地址码可通过 DZD-BT 点灯单元主机背面的 8 位调节开关设置。点灯单元的地址码由两位代码组成,拨码开关为 8 位,4 位为一组代表一位代码,每一组的开关可以组合成 16 种状态,对应二进制代码的 0～F,两组代码组合可设置 00～FF 地址代码。

灯位代码设置后,当该灯位灯光点亮的过程中发生主灯丝断丝时,由可控硅首先控制灯丝转换,点亮副灯丝,同时报警模块检测出断丝故障后,按照代码设置首先产生代码脉冲,控制小型 DZJ 脉动,这样,代码信号即可传输到室内。由于在室内 DSBJ 的电源输入端(73、62)并联了 PB-3 智能显示终端,该终端对断丝报警电流进行取样,DZJ 脉动时,显示终端获得地址码的信号,经译码后即可提供断丝灯位的准确位置。经 3 s 后,断丝报警电路中电流变为稳定的直流，使 DSBJ 吸起时，发出断丝报警信号，其表示灯和音响控制与上述相同，同时 PB-3 智能显示终端还将灯位报警信息提供给微机监测系统。

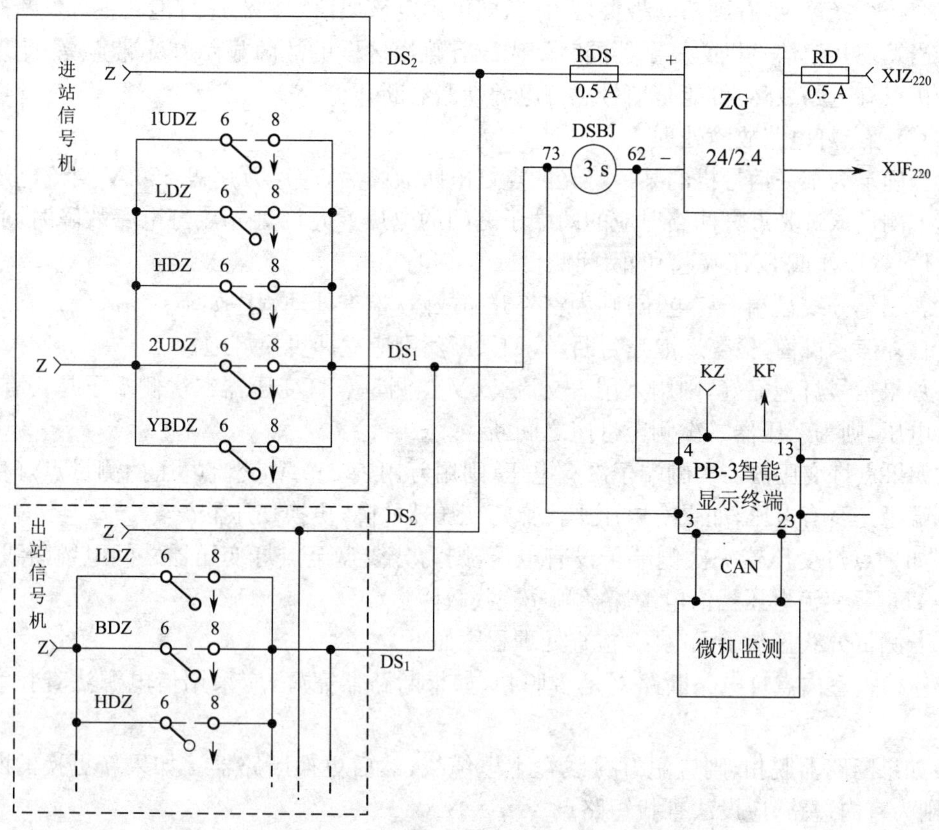

图 3.8　DZD-BT 信号点灯单元断丝报警电路图

DZD-BT 单元不仅在主灯丝断丝时能给出准确的报警信息，而且由于报警模块在主灯丝工作时处于半工作状态，也能对副灯丝预热并在线检测。主灯丝点亮的过程中，如果副灯丝断丝，报警模块也同样工作，提供相同的地址代码和报警信号，只是与同一灯位主灯丝断丝报警不能区分，但这样减少了双灯丝同时断的可能，提高了信号显示的可靠性。只要发现断丝故障，无论是主灯丝还是副灯丝断丝都必须立即更换灯泡。

2. 信号点灯电路故障处理

(1)信号点灯电路故障分析与判断

若某调车信号复示器在没有办理进路时闪光，可进行排路试验判断故障，步骤介绍如下：

①如果调车信号正常开放，复示器显示正常，不再闪光，可能是室外蓝灯灯泡断丝、灯泡与灯座接触不良或蓝灯点灯变压器故障。

②如果调车信号不能正常开放，白灯复示器一直闪光，则可判断为信号点灯电路中断路器脱扣，白蓝灯共用部分断线。

③如果信号复示器平时正常，当排列进路开放调车信号时，复示器闪一下白灯又灭，可判断为白灯点灯电路故障。

④列车信号每一种灯光都有灯丝转换器监督，一个咽喉区共用一套主灯丝断丝报警设备，当发现报警时，要确认是哪架信号机、哪一灯位主灯丝断丝，进行改变信号显示试验，使各列车信号机变换灯光显示，看到断丝报警灯灭灯，即可确定该架信号机对应灯泡的主灯丝断丝。

⑤当发现几架信号机的复示器同时闪光或有轨道区段的故障显示红光带点亮，此现象不是信号机点灯电路故障，可能是信号点灯电源断路器断开。

(2)信号点灯电路故障处理

①当确定为某一信号机的某一灯光的点灯电路故障后，应用万用表 250 V 交流电压挡在分线盘上测量该灯光点灯回路对应的两端子之间的电压。允许灯光点灯电路故障时，应在重复开放信号(LXJ 或 DXJ 吸起)的瞬间测量。

②若测量分线盘端子有电压，则为室外开路故障，检查处理程序如下：

a. 打开信号机构，检查灯泡是否断丝，如果断丝则应立即更换灯泡。

b. 如果信号灯泡完好，则用万用表交流 25 V 挡测量点灯变压器二次侧端子是否有电压，如果有电压，则为变压器二次侧至灯座之间断线。

c. 如果点灯变压器二次侧端子没有电压，则用万用表 250 V 交流电压挡测量点灯变压器一次侧端子是否有电压，如果有电压则为点灯变压器故障，更换变压器。

d. 如果点灯变压器一次侧端子没有电压，则为分线盘至点灯变压器之间电缆断线，应用万用表 250 V 交流电压挡沿电缆路径顺序查找故障点。

③若测量分线盘端子无电压，检查处理程序如下：

a. 应检查室内点灯电路断路器是否脱扣，如果断路器完好，应采用借电源法查找室内断线点。

b. 如果断路器脱扣，则应甩开分线盘上电缆线，然后更换断路器。如果新更换的断路器又断，则为室内短路，应设法查找短路点。

c. 如果新更换的断路器不断，则为室外短路，应首先甩掉点灯变压器，用兆欧表测量点灯变压器一次侧是否短路。如果变压器正常，应设法查找电缆短路地点。

3.2.4 知识拓展

1. 在站形非常复杂的车站，要设置进路信号机，其接车进路信号点灯电路与进站信号机点灯电路类似，发车进路信号点灯电路与出站兼调车信号机点灯电路类似。有的车站有 3 个以上发车去向，用出站信号机下方的发车进路表示器小白灯构成组合显示，其点灯电路是在 3 个发车去向出站信号点灯电路基础上增加条件，其电路不再介绍。

2. 计算机联锁车站的信号点灯电路与电气集中车站的基本相同，只是控制信号点灯的有关继电器是由计算机的控制命令输出并驱动，而主灯丝断丝报警条件由计算机输入接口采集取得，并且计算机输出报警信息。

3. 尽管铁路现场大多采用透镜式色灯信号机，但由电子器件(如 LED)组成的新型光源正在试验，特别是目前正在试验全电子化计算机联锁，信号点灯电路与继电联锁车站完全不同，目前尚无定型的电路。随着铁路信号领域电子技术应用水平的不断提高，信号点灯电路也将不断改进和完善。

3.2.5　相关规范、规程与标准

《铁路技术管理规程》第 337～340 条、第 348 条、第 70 条、第 370 条、第 335 条。

项目小结

本项目的主要内容一是介绍色灯信号机的维护与测试，二是介绍信号点灯电路的原理及常见故障处理，简要概括如下：

1. 在信号设备维护工作中，对信号机要进行定期的检修和测试。检修的主要任务是检查信号机的外观是否有异常，信号的显示距离是否符合要求；测试的主要任务是测试信号点灯变压器及信号灯泡的端电压是否符合标准，信号灯泡是否完好，双丝转换是否良好。

2. 当发现信号机及信号点灯器材失效时，应及时更换或调整，保证信号机可靠点亮对应灯光。信号灯泡采用双丝灯泡，由主灯丝断丝报警电路监督主灯丝，当收到报警信息后，立即确定断丝灯泡，及时更换。

3. 信号点灯电路是用有关继电器条件控制各种灯光显示，为防止信号显示升级，信号点灯电路应采取可靠的断线防护（位置法）和混线防护（双断法），保证允许灯光灭灯时，改点红灯。

4. 当信号点灯电路发生故障时，应根据控制台现象和必要的测试，准确判定故障范围，迅速处理设备故障。

复习思考题

1. 检修信号机时，都应检查哪些内容？

2. 对信号机的Ⅰ级测试，有哪些项目？如何测试？标准是什么？

3. 信号开放的过程中，若允许灯光主灯丝断丝，控制台有何现象？信号是否能继续开放？如何确定断丝的灯泡？应如何处理？

4. 信号点灯电路是如何实现断线和混线防护的？为何采用双断法？

5. 进站信号有几种灯光显示？如何点亮？

6. 3 个发车去向的出站兼调车信号机，各个方向发车出站信号机如何显示？

7. 当两个灯光构成一种信号显示时，为何分别用不同的 DJ 监督？为何先点亮第 2 个灯光后点亮第 1 个灯光？

8. 如何判定信号点灯电路的故障范围？发现信号点灯电路故障应如何处理？

项目 4　6502 电气集中设备维护

项目描述

6502 电气集中设备，以一套逻辑严密、功能完备、直观形象的继电电路实现了对车站联锁设备的可靠控制、安全保障和稳定运行，多年来在我国铁路车站得到广泛应用。尽管随着计算机联锁的普及，将限制发展 6502 电气集中，但近期内这种设备还将会继续保留应用。计算机联锁是以 6502 电气集中为基础发展起来的，两者的联锁要求、控制功能及使用方式大多相同。因此，仍需掌握 6502 电气集中电路的基本原理、技术要求及设备维护技能，以达到维护车站信号设备的岗位要求，同时也为深入学习掌握计算机联锁系统打下基础。

拟实现的教学目标

1. 能力目标

(1)掌握 6502 电气集中电路的基本组成和基本功能。

(2)分析处理 6502 电气集中设备的常见故障。

2. 知识目标

(1)掌握电气集中联锁电路的各项技术要求及电路实现方法。

(2)掌握 6502 电气集中电路的基本结构、基本功能、基本动作。

(3)掌握 6502 电气集中各个电路环节的作用、设置与动作。

(4)掌握 6502 电气集中电路中各种常见故障的分析处理方法。

3. 素质目标

(1)通过学习 6502 电气集中电路进一步加深对联锁条件、联锁关系的理解。

(2)按照故障处理程序能够迅速准确地处理 6502 电气集中常见故障。

(3)进一步提高学习者理论联系实际和应急处理问题的能力。

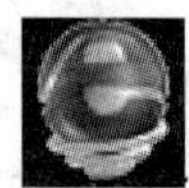

相关案例

1994 年 2 月 14 日宝成线××车站，由于此前信号工处理下行无岔区段轨距杆绝缘不良故障时，未找出故障点，而将无岔区段 WGJF 线圈 1 与相邻道岔区段的 DGJF 线圈 1 封连，导致 3109 次货物列车尾部 3 辆未越过警冲标的情况下，控制台显示下行道岔区段出清，此时车站办理 146 次旅客列车上行Ⅱ股道通过进路，S 和 $S_{Ⅱ}$ 信号机开放，致使 146 次旅客列车在道岔区段运行时，与 3109 次货物列车尾部发生侧面冲突，造成 3109 次守车颠覆并构成中破，运

转车长死亡,146 次本务机车及机后 1 至 6 位车体小破,钢轨报废 86 m,中断正线行车多时的行车重大事故。

典型工作任务1　进路选排电路分析及故障处理

4.1.1　教学目标

1. 能力目标

(1)掌握 6502 电气集中进路选排电路的基本组成和基本功能。

(2)分析处理 6502 电气集中进路选排电路的各种常见故障。

2. 知识目标

(1)掌握电气集中联锁选排进路的各项技术要求及电路实现方法。

(2)掌握 6502 电气集中进路选排电路的基本结构、基本功能、基本动作。

(3)掌握 6502 电气集中记录电路、选岔电路、接续记录等各个电路环节的作用、设置与动作。

(4)掌握 6502 电气集中进路选排电路各种常见故障的分析处理方法。

3. 素质目标

(1)通过学习进路选排电路的原理,加深理解相关电路的技术要求,进一步提高电气集中联锁设备的操作使用技能。

(2)通过进路选排电路的故障处理练习,提高理论联系实际的水平和应急处理问题的能力。

4.1.2　工作任务

1. 根据《铁路技术管理规程》和《铁路信号维护规则　技术标准》,掌握 6502 电气集中进路选排电路的基本结构、基本功能、基本动作,在日常检修时,认真检查进路选排电路的各种联锁关系。

2. 在联锁关系试验时,对照联锁表,逐条进路检查进路选排是否正常,发现问题及时与设计和施工单位沟通,立即更正,保证联锁关系正确无误。

3. 在设备日常运用的过程中,发现设备动作异常时,根据控制台现象要准确判断设备故障点,按照相关技术要求,迅速处理进路选排电路各种故障,保证电路正常动作。

4.1.3　相关配套知识

进路选排电路的主要任务是根据值班员的操纵意图选出进路,并保证按照选路意图将有关道岔转换到规定位置,即排通进路。它主要由记录电路(包括按钮继电器 AJ、方向继电器、辅助开始继电器 FKJ 和终端继电器 ZJ 电路)、选岔电路、道岔控制电路和开始继电器电路 4 部分组成,道岔控制电路已在项目 2 中有所讲授,下面分别介绍其他电路。

1. 方向继电器电路

方向继电器的作用就是记录进路按钮的按压顺序,确定进路的方向和性质。进路的运行方向分接车方向(站外向站内)和发车方向(站内向站外)两种;进路的性质分列车进路和调车进路两类。因此,一个咽喉区,设四个方向继电器来完成上述两项任务,分别是:列车接车方向继电器 LJJ;列车发车方向继电器 LFJ;调车接车方向继电器 DJJ;调车发车方向继电器 DFJ,其电路如图 4.1 所示。

进路的方向和性质完全可以由始端按钮确定，为了能区别进路的方向和性质，将同一咽喉区选路用的始端按钮(凡能作为始端用的按钮)，按进路性质和运行方向分成 4 组，用各组始端 AJ 前接点控制该组对应的方向继电器励磁，即按下始端进路按钮，其 AJ 吸起后使对应的方向继电器吸起。例如排列下行接车进路，始端按下 XLA，XLAJ 吸起后，XLJJ 吸起。

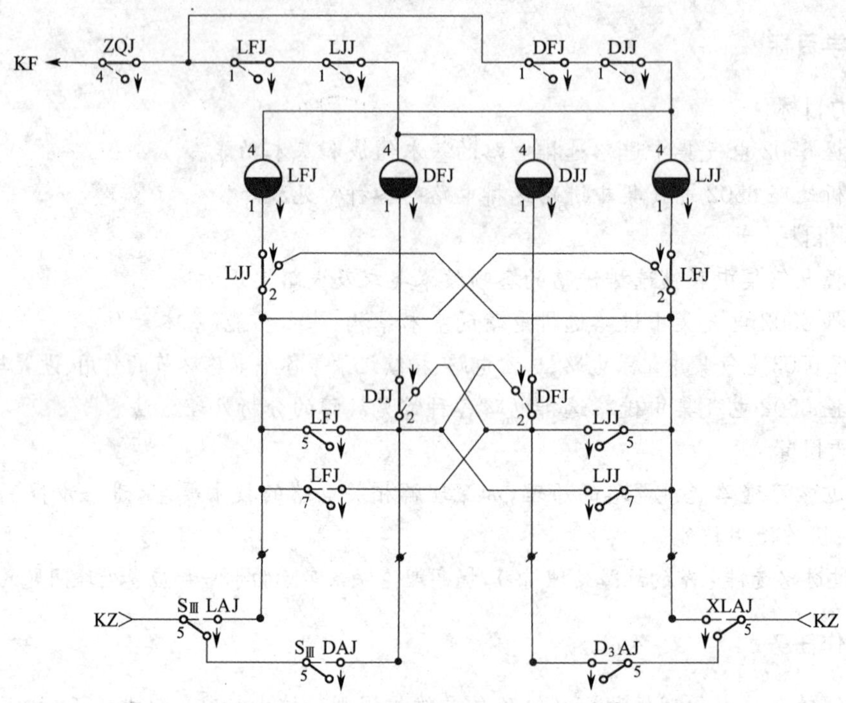

图 4.1　方向继电器电路

四个方向继电器采取互切的方式，一个方向继电器励磁吸起后，其他三个方向继电器不能再励磁吸起。方向继电器在选路的全过程中都要参与工作，因此用终端及作变通的 AJ 前接点使方向继电器构成自闭电路，保证在进路还没有全部选出以前，方向继电器保持在吸起状态。任何一个按钮继电器不落，都会使方向继电器保持在吸起状态，只有进路全部选出后，所有的 AJ 落下，方向继电器才能复原。

在后续的按钮继电器及其他一些继电器的电路中，都需要方向继电器接点作为控制条件。为了节省接点，简化电路，用方向继电器接点接向电源，构成方向电源，供各电路共同使用。6502 电气集中共设计了 10 种方向电源，如图 4.2 所示。

例如，“KZ-共用-H”是通过四个方向继电器后接点串联的正极性电源；“KF-共用-Q”是通过四个方向继电器前接点并联的负极性电源。在每一种方向电源中都串入 ZQJ 后接点。这些电源的作用将在后续电路中体现。

2. 按钮继电器 AJ 电路

排列进路按压进路按钮。由于进路按钮是自复式的，松开进路按钮必须由 AJ 将按压按钮的动作记录下来。对应 LA 及除单置信号点之外的 DA，既可以作始端按钮，也可以兼作同性质反方向进路的终端按钮，因此，可用方向继电器配合区分它应起始端按钮作用，还是起终端按钮作用，所以可设一个按钮继电器。对于单置信号点的 DA，因为在运行方向不变的情况

下，有时作始端按钮使用，有时又作终端按钮使用，用方向继电器配合已无法区分其作始端或终端，因此，至少要设置两个按钮继电器，一个记录作始端使用，一个记录作终端使用(实际上，由于接点不够用设置了 3 个按钮继电器，即 AJ、1AJ、2AJ)。对于一般的调车信号点，以尽头线型调车信号机为例，其按钮继电器电路如图 4.3 所示。

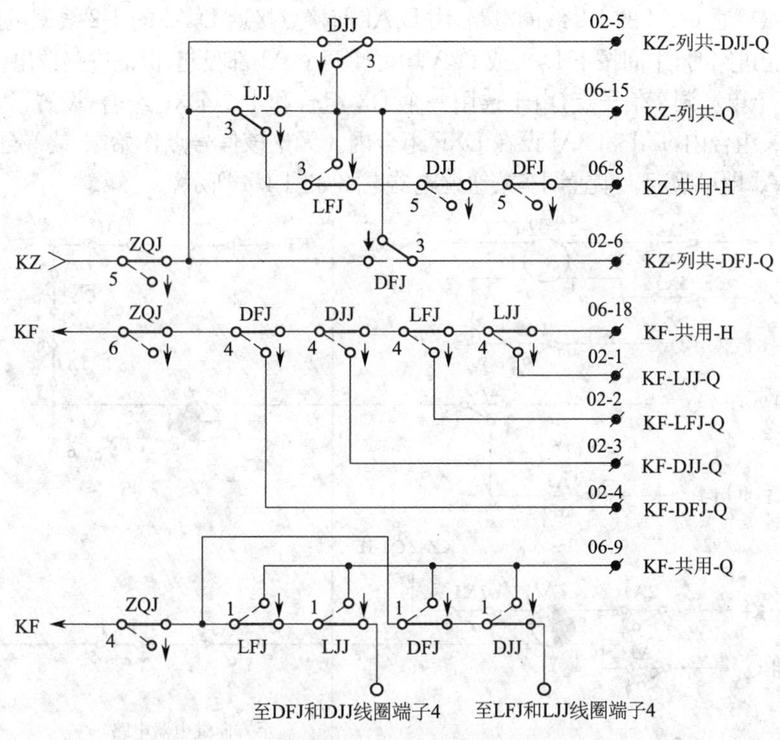

图 4.2　方向电源

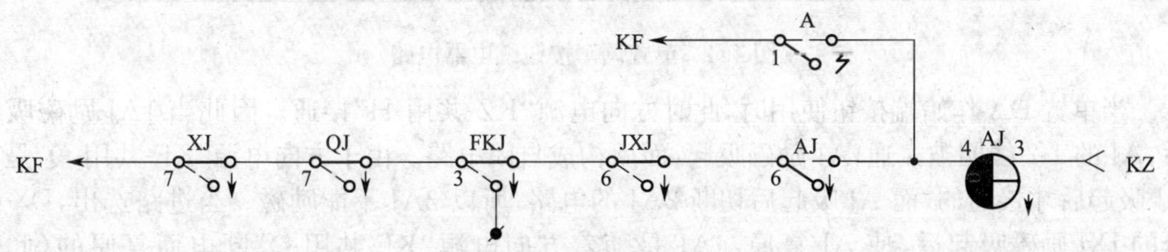

图 4.3　尽头线型调车按钮继电器电路

用 DA 的按下接点作为 AJ 励磁电路的控制条件，按压按钮 DA 后，AJ 便励磁吸起，AJ 前接点闭合后，即接通自闭电路做好记录。选岔电路动作，使该信号点选出，进路选择继电器 JXJ 吸起后其后接点切断 AJ 自闭电路，使 AJ 复原，自动取消记录。信号开放后因故关闭，故障解除后办理重复开放信号时，因 JXJ 已经落下，用 FKJ 吸起切断 AJ 自闭电路。AJ 吸起后，因某种原因进路选不出来，JXJ 不吸起，不能自动取消记录时，用办理取消进路的办法，使 QJ 吸起，人工取消记录。

在信号开放过程中，若误碰 DA，为防止 AJ 自闭不落，用 XJ 后接点断开 AJ 的自闭电路，使 AJ 在信号开放过程中不做记录。不然的话，必须取消，不取消将影响选其他进路，办理取消会使 QJ 吸起，将正在开放中的信号机关闭。

对于列车兼调车信号点设有两个进路按钮(LA 和 DA)，每个按钮设一个按钮继电器

(LAJ 和 DAJ),LAJ 和 DAJ 取消记录条件相同,自闭电路控制条件共用,其原理同上。

对于能够兼作列车进路变通按钮使用的一对并置和差置调车按钮,在选列车变通进路时,要求按压其中任何一个 DA 都要把另外一个 AJ 带起来,以便使两个 AJ 都励磁吸起,参与选路工作,因此用检查方向电源“KZ-列共-Q”,证明已先按下列车进路按钮,控制两 AJ 实现互带。如举例站场,用 D_7AJ 前接点接通 D_9AJ 的 1-2 线圈电路,用 D_9AJ 前接点接通 D_7AJ 的 1-2 线圈电路。当排列下行 5G 接车变通进路时,中间按下 D_7A 或 D_9A 均可使两个 AJ 都吸起,保证进路选出。

对于每一个单置调车信号点,由于选用一个 DX 组合和半个 DXF 组合,设置了 3 个按钮继电器,AJ 设在 DX 组合内,1AJ 和 2AJ 设在 DXF 组合内。无论该信号点作始端、终端还是变通,只要按下 DA,其 1AJ 即可吸起。单置调车按钮继电器电路如图 4.4 所示。

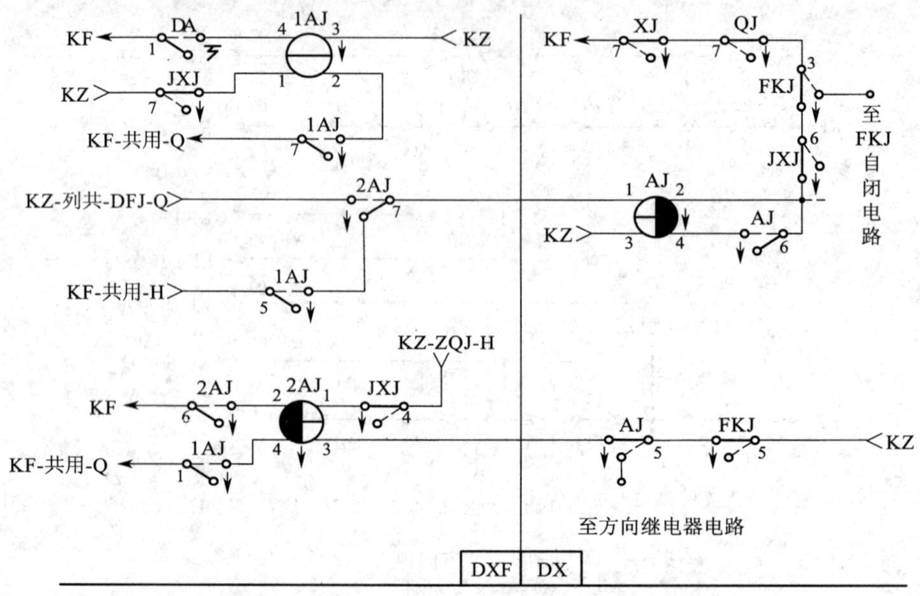

图 4.4　单置调车按钮继电器电路

当单置 DA 作始端按钮使用时,此时方向电源“KZ-共用-H”接通。因此当 1AJ 励磁吸起后,AJ 的 1-2 线圈被接通,AJ 励磁吸起,而后构成自闭电路。由于方向电源“KF-共用-Q”是在 AJ 吸起后才接通的,而 AJ 吸起后切断 2AJ 的电路,所以 2AJ 不能励磁。当进路选出,DX 组合的 JXJ 励磁吸起后,使 AJ 复原,1AJ 是随着方向电源“KF-共用-Q”断电而复原的(此时 DXF 内的 JXJ 不励磁)。

当单置 DA 作终端按钮使用时,由于此前已按下一个 DA,方向继电器已吸起,方向电源“KF-共用-Q”有电,“KZ-共用-H”无电,因此,2AJ 吸起,而 AJ 不能励磁。当进路选出,DXF 组合的 JXJ 励磁吸起后,使 1AJ 和 2AJ 复原,取消记录。

当单置 DA 作为变通按钮使用时,不论先被按下的是列车进路按钮还是反方向调车进路,方向电源“KF-共用-Q”和“KZ-列共-DFJ-Q”都在接通状态,因此,随着 1AJ 的吸起,先是 2AJ 励磁吸起,后是 AJ 由 1-2 线圈励磁吸起。这时 1AJ、2AJ、AJ 都能靠自闭电路保持吸起,直至进路选出,DX 组合的 JXJ 吸起使 AJ 复原,DXF 组合的 JXJ 励磁吸起,使 1AJ 和 2AJ 复原。

3. 选岔电路

为了提高车站的作业效率,6502 电气集中将进路的选和排分开。所谓选出进路,是指按下进路的始、终端按钮以后,先将进路中道岔的位置预先确定,而不必等到道岔转换到规定位

置;所谓排列进路,是指将进路中的道岔转换到进路所要求的位置。选出进路只是继电器电路的动作,时间很短;排列进路需要道岔转换,时间较长。因此在前一条进路选出后,即可选下一条进路,两条进路上的道岔可以同时转换。

为了选出道岔位置,对应选道岔定位,设置了道岔定位操纵继电器DCJ;对应选道岔反位,设置了道岔反位操纵继电器FCJ;对于每一组单动道岔,只设置一个DCJ、一个FCJ即可完成任务;对于双动道岔,由于构成双动的两组道岔不在一个区段,为了保证两条平行进路可以同时建立,对应其中的每一组道岔应设置一个DCJ,即双动道岔设置两个DCJ,对应左边道岔设置的称1DCJ;对应右边道岔设置的称2DCJ。由于经双动道岔其中的一组反位建立进路必然也经另一组道岔的反位,所以,双动道岔可以设置一个FCJ。但由于一个FCJ接点不够用,双动道岔也设置两个FCJ,左边的称1FCJ,右边的称2FCJ。2FCJ相当于1FCJ的复示继电器,1FCJ先动,2FCJ后动。

选岔电路除了控制道岔的DCJ和FCJ外,还需控制进路选择继电器JXJ。设置JXJ一方面是为了进路选出以后,使起记录作用的AJ和方向继电器及时复原,以便选下一条进路;另一方面在选经过中间信号点的长调车进路或列车进路时,由于没有按压咽喉区中间信号点的DA,通过JXJ的动作,能使中间信号点的有关电路参与动作,即带起中间信号点。除单置调车信号点之外,对应每一个信号点设置一个JXJ,而每一个单置信号点,设有一个DX组合和半个DXF组合,在DX和DXF组合分别设有JXJ,即单置信号点设有两个JXJ。

(1)选岔电路的基本原理

选岔电路是典型的站场形网状电路。为了防止进路中各道岔的DCJ或FCJ同时吸起,各道岔同时启动,造成道岔动作电源的电流过大,选岔电路采用并联传递式网络。以1、2线网络为例,如图4.5所示,排列进路当进路的始终端AJ均吸起后,用左端AJ前接点向1线送KZ电源,右端AJ前接点向2线送KF电源,使网络线中最左边继电器先吸起,前一个继电器吸起,其前接点将KZ电源下传,使下一个继电器吸起,这样使网络线中各继电器由左至右顺序吸起,吸起后由其自闭电路保持在吸起状态。

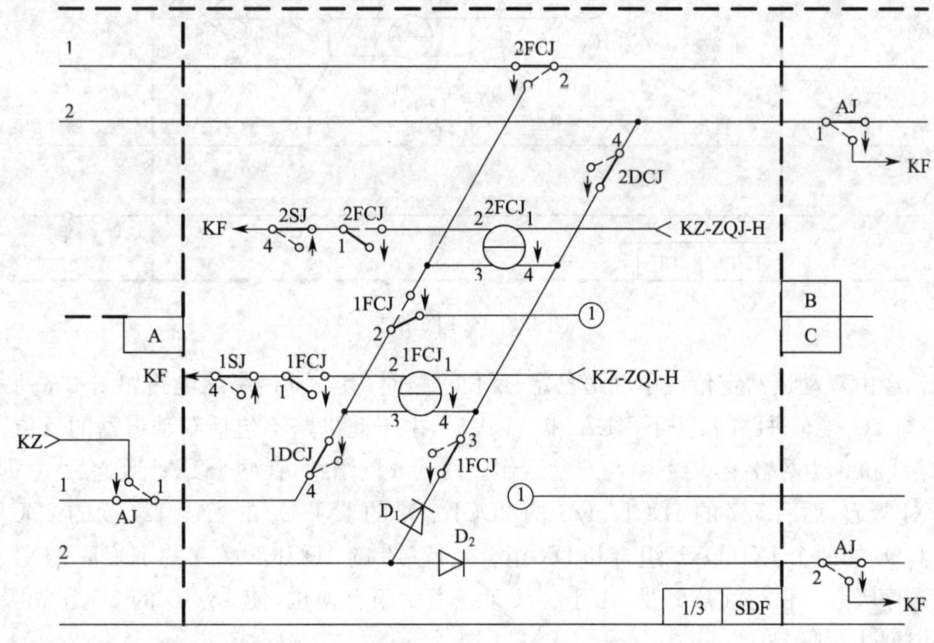

图4.5　1、2网络线

为了避免由于串电，造成电路错误动作，选岔电路设计了 6 条网络线，各网络线的分工如下：1、2 线控制八字第一笔双动道岔 FCJ；3、4 线控制八字第二笔双动道岔 FCJ；5、6 线控制双动道岔 DCJ、单动道岔 DCJ 和 FCJ。另外，在 5、6 线上控制各信号点的 JXJ。

(2)六线制选岔电路的工作原理

当选经由八字第一笔双动道岔反位的进路时，例如，选 D_1—D_9 的进路。当先后按下 D_1A、D_7A 后，由于 1/3 的 1FCJ 能由左边信号点经 D_1AJ 前接点得到 KZ，由右边信号点 D_7AJ 前接点得到 KF，所以，1/3 的 1FCJ 和 2FCJ 可由 1、2 线先后励磁并自闭；如果进路经由多组八字第一笔双动道岔反位，则各道岔的 1FCJ 和 2FCJ 由 1、2 线控制自左至右顺序励磁，且下一组道岔的 1FCJ 吸起后，将切断前面道岔的 2 线 KF 电源，以避免网络线上的继电器过多。

当选经由八字第二笔双动道岔反位的进路时，其 3、4 网络线电路如图 4.6 所示。例如，选 D_{11}—D_{13}的进路，13/15 的 1FCJ 和 2FCJ 可由 3、4 线控制先后吸起，原理与 1、2 线相同。

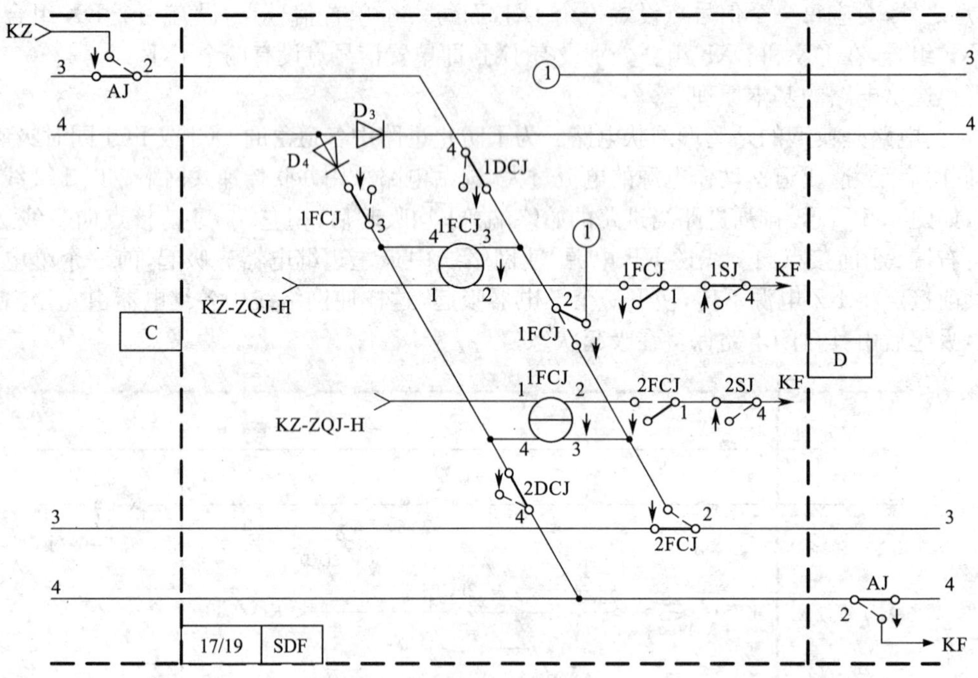

图 4.6　3、4 网络线

当选经由双动道岔定位或单动道岔定、反位进路时，其 5、6 网络线电路如图 4.7 所示。例如，选下行 1G 接车进路时，按下 XLA 和 S_ILA 后，由于此进路不包括双动道岔的反位，所以，1、2 网络线和 3、4 网络线，均不参与选岔工作。而 5、6 网络线，在两个 LAJ 吸起后，立即使 X/D_3 的 JXJ 吸起，而后 5/7 的 1DCJ 、1/3 的 2DCJ 、D_7 的 JXJ、D_9 的 JXJ、13/15 的 2DCJ、9/11 的 1DCJ、D_{13}的两个 JXJ(DXF 组合和 DX 组合)、17/19 的 1DCJ、23/25 的 1DCJ、S_IJXJ 由 5、6 线控制顺序吸起。值得注意的是，由于交叉渡线道岔组合换位，使 13/15 的 2DCJ 先吸起，而 9/11 的 1DCJ 后吸起。

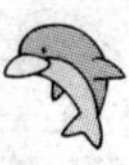

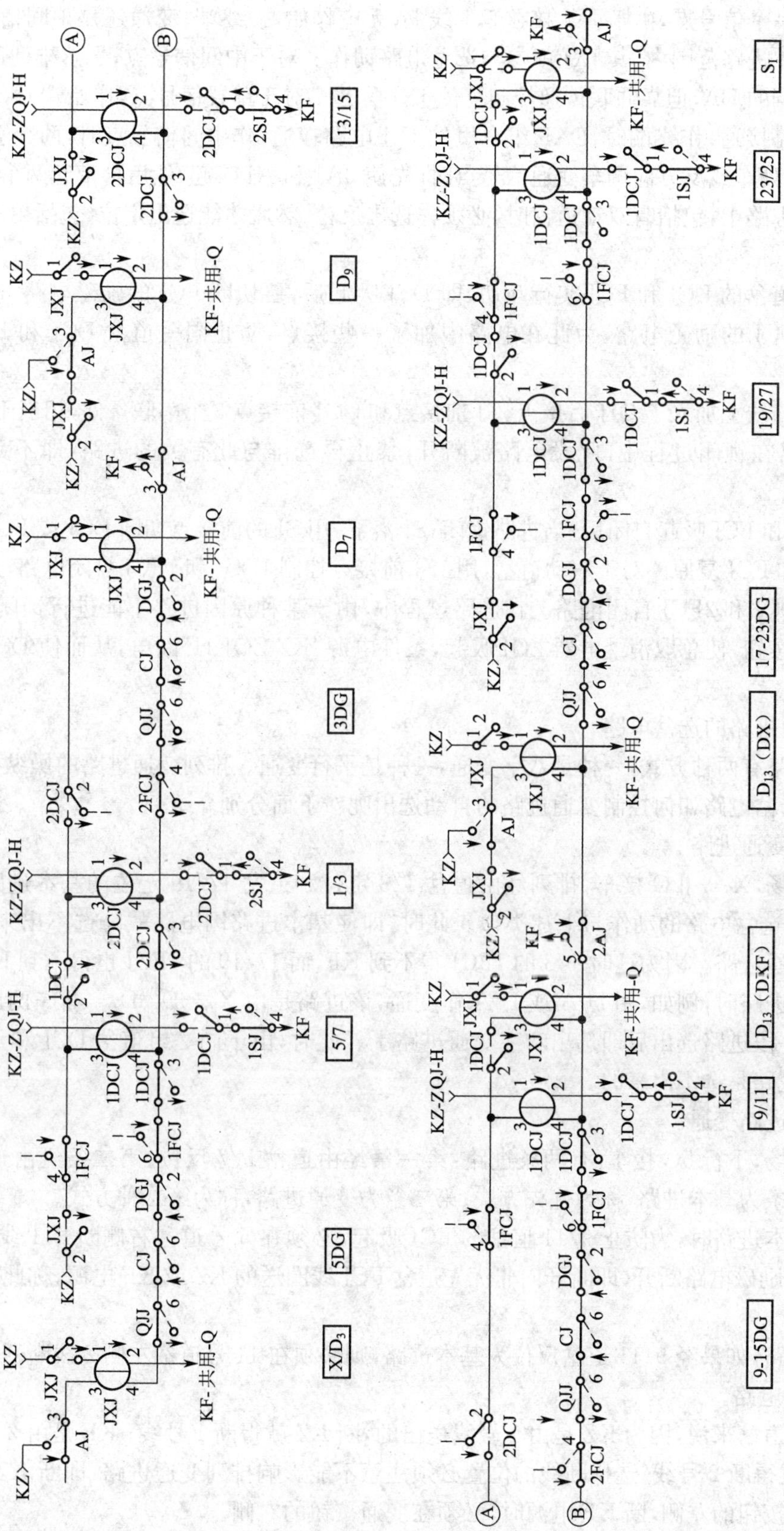
KZ-ZQJ-H
KF-共用-Q
X/D₃
5DG
5/7
1/3
3DG
D₇
D₉
13/15
9-15DG
9/11
D₁₃（DXF）
D₁₃（DX）
17-23DG
19/27
23/25
S₁

图 4.7　5、6网络线

对于每一个信号点，由于JXJ接在5、6线上，无论作始端、终端、变通还是中间信号点，只要该信号点在进路范围内，其JXJ就参与选岔电路动作。对于中间信号点，虽然排列进路时未按下该信号点的DA，但靠并联传递控制可使JXJ吸起。对于单置信号点，作始端时，DX组合里的JXJ电路接通；作终端时，DXF组合里的JXJ电路接通；作中间信号点时，两个JXJ吸起参与工作；作列车或反方向调车变通信号点时，先使2AJ和AJ吸起，然后再带起两个JXJ。

当一条进路中，包括有双动道岔时，必须先选出反位，然后才能选出定位(包括单动道岔反位和信号点)。

同一个道岔的DCJ和FCJ实行互切，即DCJ吸起后，要切断FCJ的励磁电路，FCJ吸起后，要切断DCJ的励磁电路，为此在电路中加了一些接点，防止同一道岔DCJ和FCJ同时吸起。

由于在6线上加入了QJJ后接点、CJ前接点和DGJ前接点3个串联条件，相当于SJ前接点，这样进路在锁闭过程中，此段电路被断开，禁止再选排与此有关的进路，即不允许储存进路。

在DCJ和FCJ吸起自闭后，当进路锁闭，SJ落下，用SJ的前接点切断DCJ或FCJ自闭电路，使DCJ和FCJ复原。对于双动道岔，用1SJ前接点控制1DCJ和1FCJ自闭电路，用2SJ前接点控制2DCJ和2FCJ自闭电路。在选路过程中，由于某种原因进路不能进行锁闭时，可以按压总取消按钮，使总取消继电器ZQJ吸起，条件电源“KZ-ZQJ-H”断电，从而使DCJ或FCJ手动复原。

(3)变通进路的选岔电路

变通进路有两种方式，一种是八字变通，一种是平行变通。排列变通进路的操纵方法前面已经介绍，选岔电路如何控制变通进路的自动选出呢？下面分别介绍一下。

①八字变通进路

举例站场，X_F—ⅡG接车，排列经由道岔1/3定位和道岔17/19定位的基本进路的选岔电路，5、6线选岔电路的动作与上述类似。此时，即使基本进路因电路故障选不出来，也不能自动改选变通进路。因为这时1/3的1FCJ得不到KF，而17/19的1FCJ也得不到KZ。若要选八字变通进路时，例如，用D_7A或D_9A作变通，该进路是由X_F－D_9、D_9－ⅡG两段进路叠加而成，每一段进路选出后即选出八字变通进路了。此时，由于同一组道岔DCJ和FCJ互切作用，基本进路是选不出来的。

②平行进路变通

举例站场，下行5G接车，有两条进路：第一条经由道岔5/7反位；第二条经由道岔9/11反位。第一条为基本进路，称为优先方式；第二条为变通进路，称为第二种方式。

排列基本进路时，为防止9/11道岔的FCJ吸起，必须在5号道岔右侧断开1线，使9/11道岔的FCJ励磁电路断开，即断开向非优先道岔FCJ线圈送的KZ或KF电源，称此方法为断线法。

上述进路，如果经9/11道岔反位为基本进路，则必须在11号道岔左侧2线断开5/7道岔的FCJ励磁电路。

对撇形道岔来说，因为KZ是由1号线送出的，断KZ就得断1号线；KF是由2号线送出的，断KF就得断2号线；选择断线的位置必须注意不能影响排列变通进路，即断KZ电源时，必须在变通按钮的左侧，断KF电源时，必须在变通按钮的右侧。

捺形道岔的平行进路与此道理相同。由于捺形道岔是用3、4线选的，所以断KZ要断3线，断KF要断4线。

根据断线法的原理，可对选岔电路在适当位置进行断线处理，必要时还需加入有关AJ接点条件控制，保证排列基本进路时不会选出变通进路，排列变通进路时，不会选出基本进路。在此不详细介绍。

(4)六线制选岔网络的动作规律

尽管选岔网络上接有许多继电器，但了解了各种情况的选岔电路结构以后，可以总结出选岔网络上的动作规律：

①选任何经由双动道岔反位的进路，选岔网络的动作总是先动作1、2线或3、4线，后动作5、6线。这是因为这样的进路的5、6线是经双动道岔的1FCJ和2FCJ的前接点接通的，如果1、2线或3、4线不动作，5、6线就不能动作。

②每一网络线上的继电器均由左至右顺序动作。这是因为每一对网络线均采用并联传递式网络，由左至右传递KZ电源。

掌握了选岔网络的动作规律以后，即使不看电路图，根据信号平面布置图或控制台盘面图就可以知道选岔电路中继电器的动作顺序。

必须指出，选变通进路时，变通按钮(BA或兼作变通的DA)已将选岔电路分割开，每一段电路的动作符合上述规律，而不能将整条进路看成一段。

4. 辅助开始继电器FKJ电路

进路选出后，记录电路立即复原，但这时道岔还没有转完，进路还没有锁闭，信号也没有开放，即选路的目的还没有最终达到。因此，每一进路始端要用辅助开始继电器FKJ接续记录进路始端。此外，信号开放后，若因故关闭，用FKJ防止自动重复开放信号。

FKJ设在LXZ组合或DX组合内，即每一个列车兼调车信号点和每一个调车信号点均设置一个FKJ。这样，FKJ电路就有列车兼调车的FKJ电路和调车专用的FKJ电路两种形式。

列车兼调车信号点的FKJ电路如图4.8所示。以出站兼调车信号点为例，如果所选的是发车方向的调车进路，则方向电源"KF-SDFJ-Q"有电，FKJ经JXJ两组前接点由3-4线圈励磁吸起。FKJ吸起接续JXJ和方向继电器SDFJ记录进路始端，保证后续电路工作。如果所选的是发车进路，则列车开始继电器LKJ先励磁，而后经由LKJ的接点接通FKJ的3-4线圈电路。

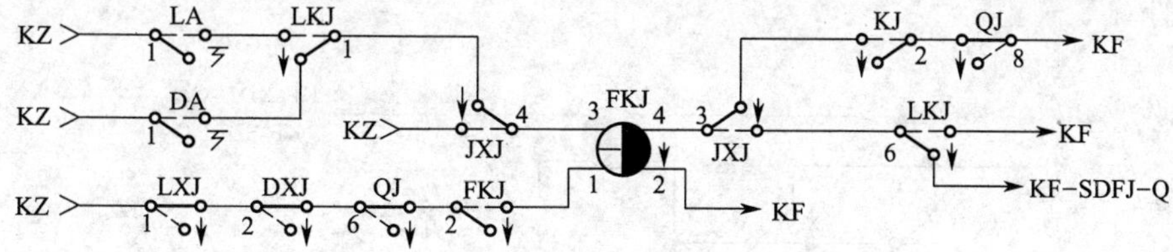

图4.8 列车兼调车信号点的FKJ电路

在方向继电器失磁落下后，FKJ由它的1-2线圈接通自闭电路，以达到在信号开放以前，保持吸起的目的。信号开放后，用DXJ或LXJ后接点，切断FKJ自闭电路，使FKJ自动复原。如果FKJ吸起后，信号因故不能开放，则可按压始端按钮和总取消按钮，使QJ励磁吸起，用后接点切断FKJ自闭电路，以达到手动复原的目的。

信号开放后，若因故关闭，由于 FKJ 早已落下，即使故障恢复，FKJ 也不会自动励磁吸起，因此信号是不能自动重复开放。当需要重复开放信号时，可按下进路始端 DA 或 LA，因为进路在锁闭状态，所以开始继电器 KJ 保持吸起，这时，由 LKJ 接点区分经由 KJ 前接点、JXJ 后接点使 FKJ 由 3-4 线圈励磁吸起，而后自闭，直到信号开放为止。

在办理取消进路或人工解锁进路时，由于 QJ 两组后接点分别切断了 FKJ 的 3-4 线圈和 1-2 线圈电路，FKJ 不会错误吸起。

调车专用的 FKJ 电路比列车兼调车信号点 FKJ 电路简单，原理相似。尽头线、差置、并置调车信号机用 FKJ 电路如图 4.9 所示。

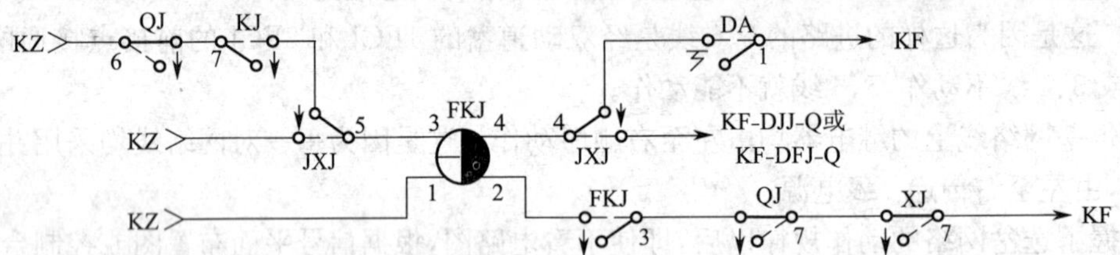

图 4.9　尽头线、差置、并置调车信号机用 FKJ 电路

单置调车信号点有些特殊，一是用的是 1AJ 前接点取代 DA 的按下闭合接点；二是通过 1AJ 前接点接入的是方向电源“KF-共用-H”，而不是普通 KF 电源。这是因为当分段选经由单置调车信号点的长调车进路时，如果先选以该信号点为始端的进路，后选以该信号点为终端的进路时，如不接入上述方向电源，则当后选进路按下该 DA 时，1AJ 励磁吸起后，将使该信号点 FKJ 错误励磁吸起，影响 2AJ 励磁，后一段进路无法选出。

5. 终端继电器 ZJ 电路

设置终端继电器 ZJ 是为了接续记录调车进路终端。因列车进路的终端就是网络线的末端，因此，一般不设终端继电器，只在 LXF 组合和 DX 组合内设置记录调车进路终端用的 ZJ。

终端继电器电路如图 4.10 所示。与 FKJ 相似，在进路选出后，用 ZJ 接续调车进路终端信号点的 JXJ 和方向继电器的工作，即用进路终端信号点的 JXJ 前接点和方向电源“KF-XDJJ-Q”（选下行接车方向的调车进路时）或“KF-SDFJ-Q”（选上行发车方向的调车进路时）接通 ZJ 的励磁电路。例如举例站场，若为 D_5ZJ，应接 D_5JXJ 的接点，方向电源应是“KF-XDJJ-Q”。

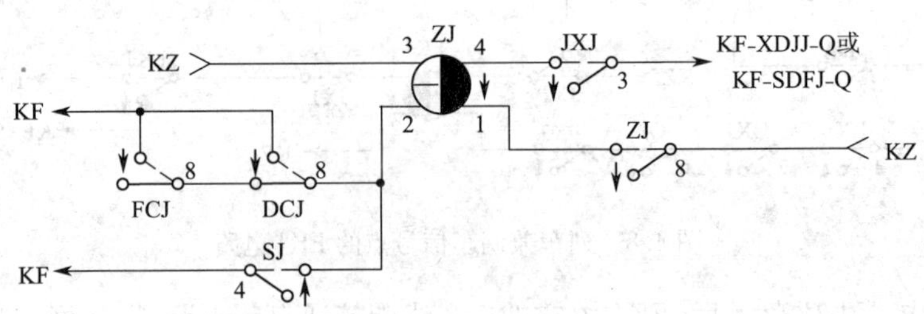

图 4.10　终端继电器电路

除单置信号点外，其他调车信号点的 DA 均可作始端和反方向终端，因此，同一信号点的

FKJ 与 ZJ 电路所用方向电源相反，即 FKJ 电路若用方向电源“KF-XDJJ-Q”，则 ZJ 就用方向电源“KF-SDFJ-Q”。而对于单置调车信号点，因为 DA 可作始端和同方向进路的终端按钮，因此，其 FKJ 与 ZJ 电路所用方向电源相同，但是两电路所用的不是同一个进路选择继电器的 JXJ 接点，控制 FKJ 电路的是 DX 组合 JXJ 接点，控制 ZJ 电路的是 DXF 组合 JXJ 接点，这也是单置信号点设置两个 JXJ 的原因。

在进路选出、方向电源断电后，ZJ 的励磁电路断开。进路选出后，道岔正在转换中，先靠近进路中最末一个道岔的 DCJ 或 FCJ 的前接点接通 ZJ 自闭电路，使 ZJ 保持吸起。当道岔转换完毕，进路锁闭后，SJ 落下，这时，DCJ 或 FCJ 也随着落下，ZJ 经该道岔 SJ 后接点构成自闭电路，一直到进路解锁，SJ 吸起，自闭电路才断开，使 ZJ 复原。在进路锁闭的整个过程中，后续调车电路都可用 ZJ 的前接点确定所建进路的终端在网络的位置。

在两差置调车信号（如举例站场 D_5 与 D_{15}）信号点，为了禁止由两个方向同时向无岔区段调车，在 ZJ 的励磁电路中，KZ 一侧要用两个 ZJ 后接点实行互切，即同时只准许其中的一个 ZJ 吸起。

6. 开始继电器 KJ 电路

尽管有 FKJ 接续记录进路的始端，但是信号开放后，为防止信号自动重复开放，FKJ 必须及时落下。而在进路解锁之前必须始终记录进路的始端，以保证后续电路的可靠工作。因此，用 KJ 接续 FKJ 继续记录进路始端。此外，KJ 还有另外一个任务，就是为了防止进路的开通状态与值班员的选路意图不符，要通过 KJ 检查选排进路的一致性。后续电路中，将用 KJ 和 ZJ 的接点作为进路始终端的区分条件。与 FKJ 相同，每条列调进路的始端，都要设一个开始继电器 KJ。对于列车兼调车信号点可共用一个 KJ，其他调车信号点，则各设一个 KJ。KJ 与 FKJ 一起放在 LXZ 组合或 DX 组合内。

(1)KJ 的 7 线网络

因为检查涉及到整个咽喉区的各个联锁道岔，所以开始继电器电路也必须采用站场形网络，即 7 线网络。在网络中，进路始端的电路区分条件是 FKJ 接点，进路终端的电路区分条件是 ZJ 接点（列车进路到网络的两端，不需要区分），7 线网络及 KJ 电路如图 4.11 所示。例如，排列 X－ⅠG 的接车进路时，在进路始端 LXZ 组合里经 FKJ 前接点将 KJ 的 3-4 线圈接到 7 线网络，在进路终端向 7 线网络送正极性电源。又如，排列 D_3－ⅠG 的长调车进路，当 X/D_3FKJ、D_7ZJ、D_9FKJ、D_{13}ZJ、D_{13}FKJ 和 $S_Ⅰ$ ZJ 励磁吸起后，分别接通了 X/D_3KJ、D_9KJ 和 D_{13}KJ 的 3-4 线圈的励磁电路。X/D_3KJ 的 3-4 线圈是通过 X/D_3FKJ 前接点接到 7 线网络里，KZ 电源是通过该进路的 D_7ZJ 的前接点接通。同理，通过 D_9FKJ 的前接点和 D_{13}ZJ 前接点，接通了 D_9KJ 的 3-4 线圈励磁电路；通过 D_{13}FKJ 的前接点和 $S_Ⅰ$ ZJ 前接点，接通了 D_{13}KJ 的 3-4 线圈励磁电路。

在 7 线网络中，用进路中每组道岔的 DCJ 前接点和 DBJ 前接点（或 FCJ 前接点和 FBJ 前接点）相串联，校核进路选排的一致性，即 DCJ 励磁吸起时，道岔必须转换到定位，DBJ 也必须励磁吸起；FCJ 励磁吸起时，道岔必须转换到反位，FBJ 也必须励磁吸起。在每组道岔的 DBJ、FBJ 两侧接有两组 SJ 前接点，证明进路在解锁状态。之所以接入了两组 SJ 前接点，是因为与信号继电器的 11 线网络共用 DBJ 和 FBJ 的接点。如果在网络中，所检查的条件都符合要求，则电路被接通，开始继电器 KJ 就能励磁吸起。

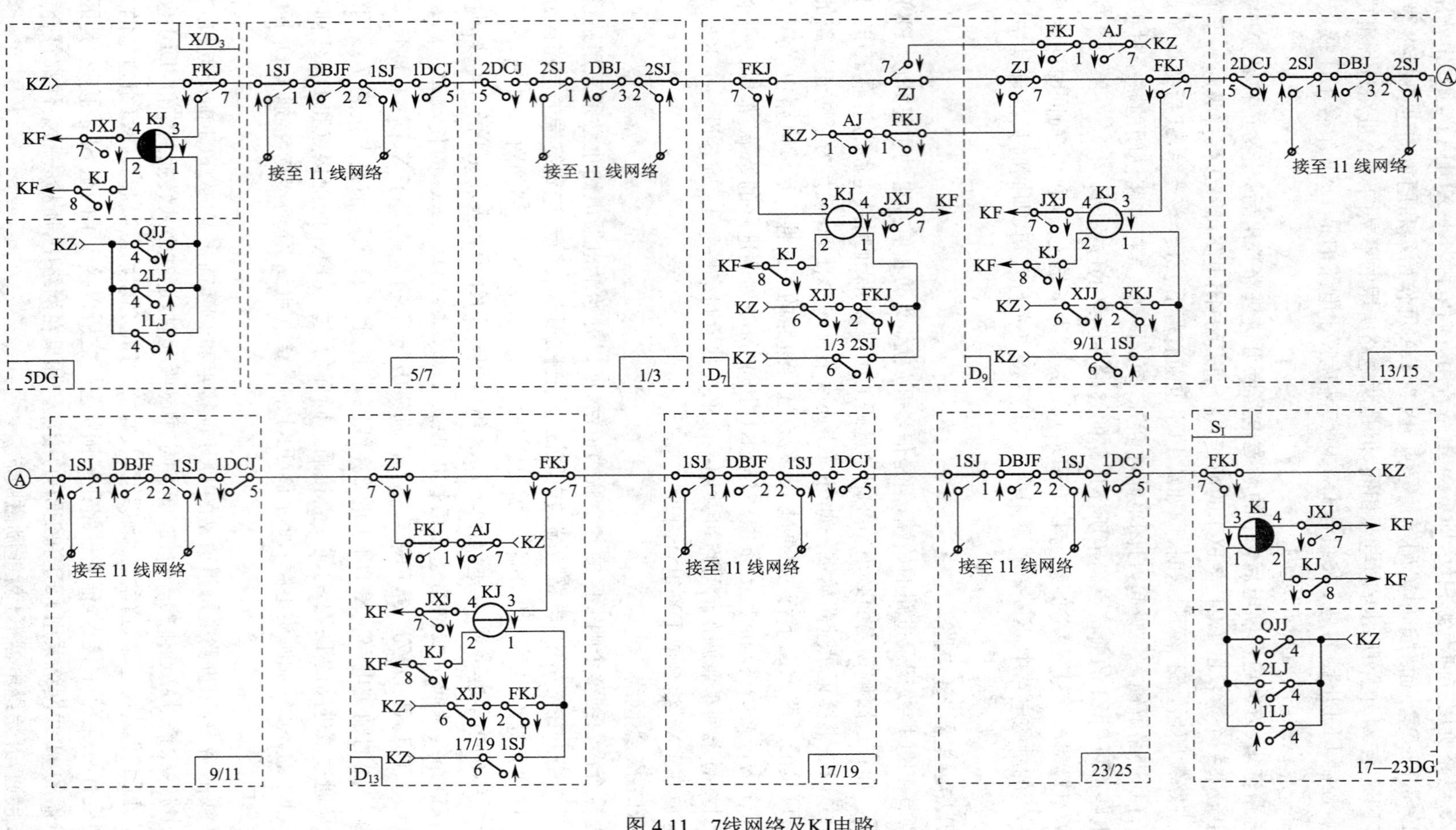

图 4.11　7线网络及KJ电路

（2）KJ自闭电路

KJ吸起后，信号检查继电器XJJ和区段检查继电器QJJ将相继励磁吸起，两个进路继电器1LJ和2LJ将跟着失磁落下，锁闭继电器SJ和道岔操纵继电器DCJ或FCJ也将相继失磁落下，即KJ↑→XJJ↑→QJJ↑→1LJ和2LJ同时落下→SJ↓。SJ失磁落下后，7线被断开。因此，KJ由1-2线圈构成自闭电路保持吸起，一直到进路解锁后KJ才能复原。

列车兼调车信号点KJ的1-2线圈加入进路内方第一个道岔区段Q组合的QJJ前接点、1LJ后接点和2LJ后接点的并联电路环节接通KJ的自闭电路。在进路内方第一个道岔区段解锁时，QJJ先落下，1LJ和2LJ也相继励磁吸起，使KJ随着进路解锁而自动复原。在调车信号机专用的开始继电器自闭电路中，没有接上述的并联电路环节，KJ是经由进路内方第一个道岔组合的SJ后接点自闭。因此，在信号开放以后，用KJ前接点也可反映进路在锁闭状态，进路内方第一个道岔解锁，SJ吸起后KJ复原。

（3）长调车进路由远至近开放信号

在排列长调车进路时，若离司机最近的第一架调车信号机开放，而第二架或第三架调车信号机因故未能开放，则车列将运行到未开放的调车信号机前停车，堵塞咽喉，影响作业效率。若第一架和第三架调车信号机都已经开放，而第二架调车信号未开放，将容易造成误认，冒进了信号，造成挤岔。为了保证行车安全，不影响作业效率，在排列长调车进路时，要求进路上的调车信号机由远至近顺序开放。

为了控制长调车进路由远至近顺序开放调车信号，在KJ电路中采取了如下两项措施：

一是在进路终端经由ZJ前接点接入的KZ电源处检查远方信号点的AJ后接点和FKJ后接点。正常情况下，只有远方调车信号开放，XJ吸起，FKJ落下，才能接通近处KJ 3-4线圈的电路，近处信号机才能开放。例如，建立D_3－ⅠG的长调车进路，只有D_{13}信号开放，其AJ后接点和FKJ后接点接入KZ电源，才能使D_9KJ吸起，D_9信号才能开放。只有D_9信号开放，其AJ后接点和FKJ后接点接入KZ电源，才能使X/D_3KJ吸起，D_3信号才能开放。如果D_{13}信号未开放，则D_{13}FKJ不落下，不能使D_9KJ吸起，D_9信号不能开放。同理，如果D_9信号未开放，D_3信号也不能开放。

二是在KJ的3-4线圈的电路中，通过JXJ第七组后接点接入KF电源。这样，在整条长调车进路未全部选出以前，因为JXJ不失磁落下，所以KJ也就不能励磁吸起，因而控制信号不能开放。当长调车进路全部选出，JXJ失磁落下后，虽然KJ的3-4线圈电路的KF电源被接入，但此时第二架调车信号机的FKJ已经励磁吸起，KJ的3-4线圈KZ电源又被断开，所以KJ仍不能励磁，只有当第二架调车信号机开放后，其FKJ才失磁落下，第一架调车信号机才能开放。

顺便指出，接入JXJ第七组后接点以后，在建立进路时，如不松开始端或终端按钮，必然有一个AJ吸起，则方向继电器将保持不落下，JXJ不落下，KJ不吸起，进路也就不会锁闭，信号也不会开放。因此，在办理时，不准许长时间地按压进路按钮。

（4）列车开始继电器LKJ电路

列车和调车共用一个开始继电器时，要增设一个LKJ，以便区分是作列车进路始端还是调车进路始端。选列车进路时，要求KJ和LKJ都励磁吸起，而选调车进路时，只要求KJ励磁吸起，LKJ不励磁吸起。选列车进路时，LKJ励磁吸起后，在该进路解锁前，要求它要一直保持在吸起状态，参与后续电路的工作。

列车开始继电器电路如图 4.12 所示。LKJ 的 3-4 线圈是励磁电路,1-2 线圈是自闭电路。如出站兼调车信号点,当 JXJ 励磁吸起和方向继电器 SLFJ 励磁吸起时“KF－LFJ－Q”有电,说明所选的是发车进路。则使该出站信号机的 LKJ 励磁吸起。当 SLFJ 失磁落下后,LKJ 将由 1-2 线圈的自闭电路保持吸起。在 KJ 前接点尚未闭合以前,先经由 FKJ 前接点,接通自闭电路。信号开放后,FKJ 失磁落下,KJ 前接点早已接通,直至进路解锁后,KJ 失磁落下,LKJ 的自闭电路才断开,LKJ 便随着 KJ 落下而复原。

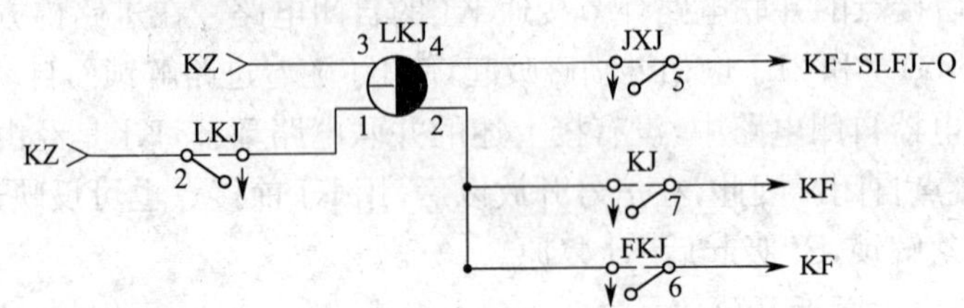

图 4.12　列车开始继电器电路

7. 进路排列表示灯和进路按钮表示灯电路

(1)进路排列表示灯电路

在控制台上,对应每一个咽喉区设置一个进路排列表示灯,进路排列表示灯电路如图 4.13所示,四个方向继电器前接点并联接通进路排列表示灯电路。在选路过程中,任何一个方向继电器励磁吸起,进路排列表示灯均亮红灯。因为规定每一个咽喉区同时只准许选一条进路,所以在亮红灯期间内,不准许再选其他进路。进路选出后,方向继电器落下,进路排列表示灯 LPD 红灯熄灭,即可选下一条进路。

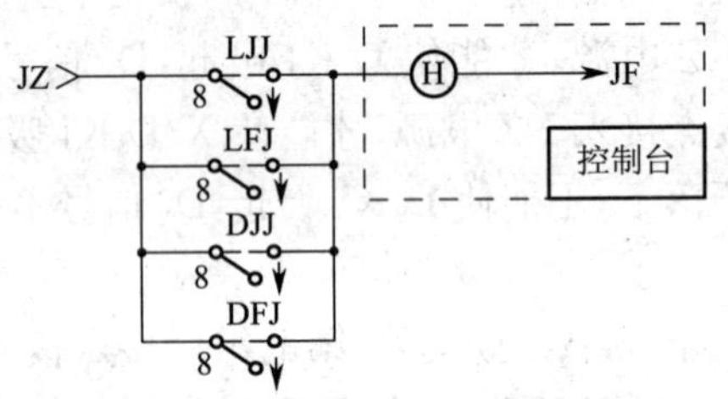

图 4.13　进路排列表示灯电路

(2)进路按钮表示灯电路

每一个进路按钮均设有按钮表示灯 AD,列车兼调车按钮表示灯电路如图 4.14 所示,图中的“L”是列车进路按钮的绿色表示灯;“B”是调车进路按钮的白色表示灯。

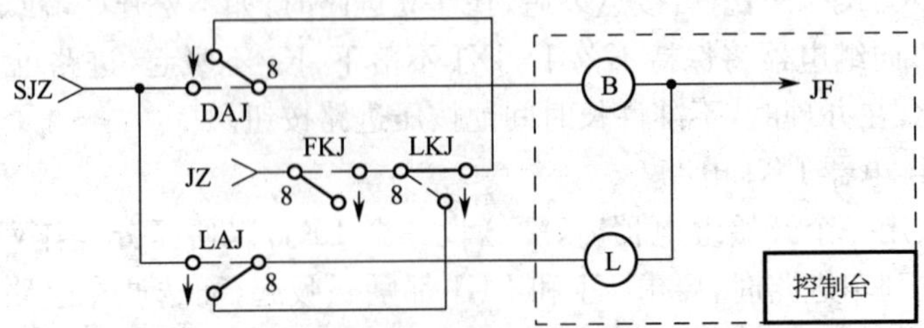

图 4.14　列车兼调车按钮表示灯电路

在排列列车进路时，按下列车进路按钮LA，LAJ励磁吸起，经由其前接点，接通闪光交流表示电源“SJZ”，使LAD电路被接通，表示灯立即闪绿灯，表示正在选路。

进路选出后，按钮继电器LAJ失磁落下。如果该按钮作终端，则LAD熄灭；如果该按钮作始端，此时，经FKJ前接点、LKJ后接点又接通稳定的交流表示电源“JZ”，使按钮表示灯改点稳定的绿灯，直到信号开放FKJ落下后，LAD才熄灭。

同理，选调车进路时，调车按钮表示灯的点亮过程与上述类似。

咽喉中间调车进路按钮表示灯电路，与上述有所不同，图4.15是单置调车按钮表示灯电路。

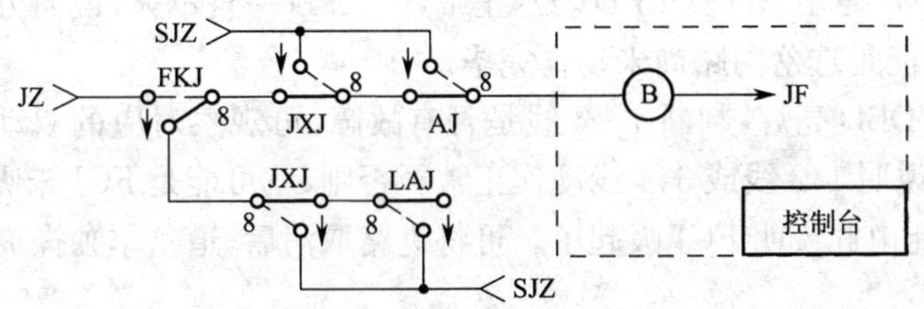

图4.15　单置调车按钮表示灯电路

该按钮作为始端按钮使用时，AJ的励磁吸起。在选路过程中，AD闪白灯；进路选出后，因为AJ和设在DX组合的JXJ相继失磁落下，FKJ在励磁吸起状态，所以，AD由闪白灯变成稳定白光，在信号开放、FKJ落下后熄灭。如果该按钮作为终端按钮使用时，由于此时AJ不励磁，所以又接入DXF组合的1AJ前接点和JXJ前接点，保证其在选路过程中，经上述条件闪白灯，进路选出后灭灯。

在选长调车进路时，各中间信号点要参与工作，但中间信号点的AJ不励磁，而JXJ励磁。因此，AD电路中，与AJ前接点并联接有JXJ前接点，以便选长调车进路时，使按钮表示灯能闪白灯。

对于除单置信号点外的其他调车信号点，其AD电路就是将上述电路去掉DXF组合的条件，工作原理相同，不再介绍。

8. 进路选排电路故障处理

(1)控制台表示的含义

①按下始端按钮对应的按钮表示灯(AD)闪光，说明AJ↑。

②进路排列表示灯(LPD)亮H灯，说明方向继电器已吸起。

③按下终端按钮，AD闪光，说明AJ↑。

④中间信号点AD闪光，说明选岔网路动作，中间信号点JXJ↑。

⑤始端AD亮稳定灯光，说明FKJ↑。

⑥LPD灭灯，说明AJ、方向继电器、JXJ均复原，选岔网路工作正常。

⑦道岔表示灯(DBD或FBD)的表示与进路要求的道岔位置相符，说明道岔已转换完毕，进路排通。

(2)用控制台表示分析电路故障

①按下进路按钮，不能记录

a. 按下始端按钮后，若AD未闪光，看LPD是否亮红灯。若亮说明AJ吸起，可能是AD

电路故障。

b. 若 AD 不亮，LPD 也未亮，说明 AJ 未吸起；若 AD 闪光，LPD 未亮，说明方向继电器未吸起。

c. 按下终端按钮后，若 AD 不亮，说明可能是 AJ 未吸起；若选路正常，说明 AJ 吸起，可能是 AD 电路故障。

d. 按下终端按钮后，若 AD 未闪光，看 LPD 过一段时间是否灭灯。若 LPD 灭灯，说明选岔网络工作正常，AJ 已吸起，可能是 AD 电路故障；若选岔网络未动作，说明 AJ 可能未吸起。

②进路不能选出

a. 当控制台上始、终端 AD 及 LPD 表示正常，但 LPD 一直不灭，说明方向继电器未复原，有的 AJ 未落下，可能是选岔网路尚未动作完毕。

b. 若道岔原来 DBD 亮灯，判断 1～4 线是否有故障，可观察对应的双动道岔 FBD 是否亮灯。若 FBD 点亮，说明 1、2 线或 3、4 线动作正常。否则，就可能是 FCJ 未吸起。当然，若原来 FBD 就是亮的，不能由此说明 FCJ 吸起了。可将进路取消后，道岔单独操纵到定位，重新排路试验。

c. 1～4 线工作正常，5、6 线是否故障，可观察始终端及中间信号点的 AD 显示，分析 JXJ 的动作，同时还可借助于单动道岔 DBD、FBD，分析单动道岔 DCJ、FCJ 的动作。只要 5、6 线有一个继电器吸起就说明 6 线是完好的。

d. 由于选岔网络各继电器是顺序动作的，必须找出第一个未吸起的继电器，必要时要看组合架上继电器的状态。

如排列下行ⅠG 接车进路。控制台上出现 XLA 亮稳定灯光 D_7 AD、D_9 AD 闪白灯，D_{13} AD 未亮，$S_Ⅰ$ AD 闪绿灯，LPD 亮红灯。

上述现象说明 D_9 左边的 5、6 线各继电器动作正常，6 线完好，故障发生在 D_9—$S_Ⅰ$ 之间的 5 线或有关继电器的局部电路上。

③进路不能锁闭

a. 若 LPD 灭灯，但始端 AD 也灭灯，轨道光带无显示，说明 FKJ 电路故障。

b. 若 LPD 已灭灯，始端 AD 亮稳定灯光，轨道光带无显示，说明进路未锁闭，QJJ 未吸起，可能是 KJ 或 XJJ 电路故障。若为调车进路，ZJ 不吸起时也可出现上述现象。

(3)故障范围的缩小

当发现故障现象后，应借助于控制台的操作与表示，进一步缩小故障范围。

①改变进路

例如排列 D_3 至ⅠG 的调车进路，信号不能开放。应先将原进路取消后，再排列 X 向ⅠG 的列车进路，如果信号能开放，说明 X/ D_3 的 KJ、XJJ、XJ 电路均正常，故障可能是 $S_Ⅰ$ ZJ 未吸起等。

②分段排列

例如排列下行ⅠG 接车进路，进路不能排成。分段取消后，重新分段排列 D_3—D_9、D_9—ⅠG两段调车进路，进一步缩小故障的范围。

(4)故障的查找与处理

当故障的范围不能再缩小，需查找时，可用万用表测量电路的电压，找出故障点，方法如下：

当判断某电路故障后，可用万用表直流电压挡(50 V或25 V)先测继电器线圈电压。若无电压，可能是电路断线，可采用借电源的方法查找。

用红表棒插在某一组合06～1(KZ)上，黑表棒插在电路上任意一点(一般取中间一点)。若有电压，说明KF电源已送到该点，KZ电源至该点断线；若无电压，可将红笔插在该点，黑表棒插在某一组合06-3(KF)上，有指示说明KZ电源送至该点，故障在该点与KF间，这样取几点即可查出故障点。

故障测试示意图1，如图4.16所示。有指示，说明KF送至d点，a、b、c有断线。

故障测试示意图2，如图4.17所示。有指示，说明KZ送至c点，d、e有断线。

找出故障后，将故障恢复重新试验，验证处理结果是否正确。

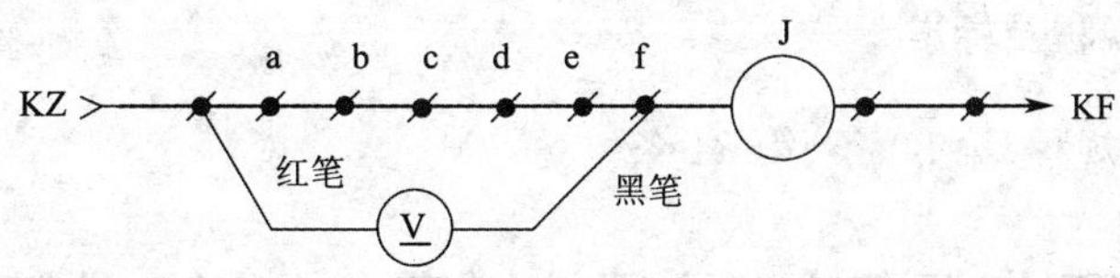

图4.16　故障测试示意图1

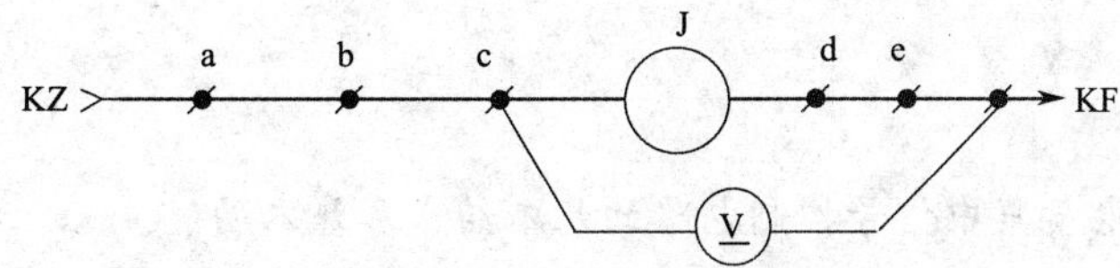

图4.17　故障测试示意图2

(5)注意事项

①测试查找电路故障一律采用电压挡，进行测试前必须检查表挡的位置、量程与所测的电压是否对应。

②测试端子与表棒不要接触过长，以防止混电。

③必要时要观察继电器的动作状态，听继电器动作声音是否正常，从而进一步缩小和确定故障范围。

④找出故障后，必须将故障排除，重新试验，验证处理结果正确无误后方可交付使用。

4.1.4　知识拓展

1.选平行进路断线的规律

断线法的基本规律是：左断KZ，右断KF，其具体含义如下。

(1)优先道岔在左侧(面对图纸看，一个在左，一个在右，与上下无关)时，要断1线或3线的KZ，撇形道岔断1线，捺形道岔断3线，其目的是防止变通进路的因故未选出时，自动选出基本进路。

(2)优先道岔在右侧时，要断2线或4线的KF，撇形道岔断2线，捺形道岔断4线。与此同时，又必须在KZ传送方向上，在基本进路上的最末一个对向道岔前有条件地连通，条件是变通按钮继电器的后接点。

2.举例站场选岔电路的处理

举例站场是一个有多组平行进路的例子，下面介绍一下实际设计时对选岔电路的处理：

(1)在 $X/D_3 \sim S_{Ⅲ}$ 之间,应以(23/25)为基本进路,而以(5/7)或(9/11)均为变通进路。只有这样,才可允许同时排列 $X_D \sim S_5$ 的接车进路。根据断线法的规律,应在 25 号道岔岔后处断开 2 线,在 5 号道岔岔后处,应有条件地接通 1 线。

(2)在 $X/D_3 \sim S_5$ 之间,应以(5/7)为基本进路,(9/11)为变通进路。只有这样,才可允许同时排列 $X_F/D_1 \sim S_{Ⅲ}$ 的进路。根据断线法规律,应在 5 号道岔岔后处断开 1 线,在 11 号道岔岔后处,有条件地接通 2 线。但是为了保证选 $X/D_3 \sim S_{Ⅲ}$ 之间走基本进路时此处不断,于此加 $S_{Ⅲ}$LAJ 前接点与 $S_{Ⅲ}$DAJ 前接点并联条件,即实现Ⅲ股道不断,5 股道断。

(3)在 $D_9 \sim S_{Ⅲ}$ 之间,应以(23/25)为基本进路,而(9/11)为变通进路。根据断线法的规律,应在 25 号道岔岔后处断开 2 线,在 9 号道岔岔后处,有条件地接通 1 线。

4.1.5 相关规范、规程及标准

《铁路技术管理规程》第 80 条、第 81 条。

典型工作任务 2 信号控制电路分析及故障处理

4.2.1 教学目标

1. 能力目标

(1)掌握 6502 电气集中信号控制电路的基本组成和基本功能。

(2)分析处理 6502 电气集中信号控制电路的各种常见故障。

2. 知识目标

(1)掌握电气集中联锁开放信号应检查的各项条件及电路实现方法。

(2)掌握 6502 电气集中信号控制电路的基本结构、基本功能和基本动作。

(3)掌握 6502 电气集中 QJ、XJJ、QJJ 和 GJJ、JYJ 与 ZCJ、信号继电器(LXJ、DXJ、YXJ)等各个电路环节的作用、设置与动作。

(4)掌握 6502 电气集中信号控制电路各种常见故障的分析处理方法。

3. 素质目标

(1)通过学习信号控制电路的原理,加深理解相关电路的技术要求,进一步提高联锁知识的应用能力。

(2)通过信号控制的故障处理练习,提高理论联系实际的水平和应急处理问题的能力。

4.2.2 工作任务

1. 根据《铁路技术管理规程》和《铁路信号维护规则 技术标准》,掌握 6502 电气集中信号控制电路的基本结构、基本功能、基本动作,在日常检修时,认真检查信号控制电路的各种联锁关系。

2. 在联锁关系试验时,对照联锁表,要对逐条进路的逐项联锁条件进行严格检查,确认信号开放与关闭准确无误,发现问题及时与设计和施工单位沟通,修改后再反复试验,保证联锁关系正确。

3. 在设备日常运用的过程中,发现信号不能开放等设备动作异常时,通过控制台操作试验,能划定故障范围,按照相关技术要求,通过测试查找,能准确确定故障点,并迅速处理信号

控制电路各种故障，保证信号及时准确地开放。

4.2.3 相关配套知识

1. 取消继电器电路

(1)进路锁闭的概念

进路锁闭是指将进路上的道岔和敌对进路锁闭。列车驶入进路后，即使信号已经关闭，如果列车未出清进路(或道岔区段)，进路也不许解锁，称这种锁闭功能为进路锁闭。进路锁闭分预先锁闭和接近锁闭(完全锁闭)两种状态。

①进路的预先锁闭和取消解锁

预先锁闭是指在信号开放以后，其接近区段还没有车占用时的锁闭。预先锁闭时，若要取消进路，应办理取消解锁手续，即同时按压 ZQA 和进路始端 LA 或 DA，使信号关闭，进路立即解锁。

②进路的接近锁闭和人工解锁

接近锁闭是指在信号开放以后，其接近区段已经有车占用。这时若要取消进路，不能用取消解锁的办法使进路解锁，只能用人工解锁的办法，即先联系登记破铅封，再同时按压 ZRA 和进路始端 LA 或 DA，使进路延时解锁。人工解锁之所以要延时，是因为车已进入接近区段，如果车与该进路防护信号机的距离小于制动距离，将冒进信号。为防止车进入解锁的区段，进路解锁必须延时。对于接车进路和有通过的正线发车进路，延时解锁的时间从信号关闭时起延时 3 min，侧线发车进路和调车进路则延时 30 s。

进路的预先锁闭和接近锁闭，是在信号开放后，由接近区段有无车来区分的，而接近区段的长短，要根据车的运行速度决定。为了保证行车安全，要求接近区段的长度必须大于列车的制动距离。

在我国，接近区段的长度规定如下：

a. 进站信号机的接近区段，在非提速区段必须大于 800 m，在提速区段必须大于 1 200 m。在非提速的半自动闭塞区段，由预告信号机外方 100 m 的地方起，至进站信号机止；在提速的半自动闭塞区段，为接近信号机前后两个轨道区段。在非提速的自动闭塞区段，为进站信号机外方的一个闭塞分区至进站信号机止；在提速的四显示自动闭塞区段，为进站信号机外方的两个闭塞分区。

b. 出站信号机的接近区段为股道的轨道电路区段。但正线出站信号机在办理通过列车时，要由同方向的进站信号机起，至该出站信号机止。

c. 调车信号机的接近区段为其外方的轨道电路区段，最短不得小于 25 m。

(2)总取消继电器 ZQJ 和总人工解锁继电器 ZRJ 电路

在每个咽喉区，设置一个 ZQJ 和一个总人工解锁继电器 ZRJ。这两个继电器都设在方向组合中，前者取消进路时用，后者人工解锁时用 ZRJ 和 ZQJ 电路如图 4.18 所示。

按下总取消按钮 ZQA，使 ZQJ 励磁吸起，条件电源“KF-ZQJ-Q”被接通有电。破铅封按下总人工解锁按钮 ZRA，ZRJ 的电路被接通，使 ZRJ 励磁吸起。为了简化电路，办理人工解锁时，ZRJ 励磁吸起后，使 ZQJ 也随着吸起，于是条件电源“KF-ZQJ-Q”也接通有电。

在 ZQJ 与 ZRJ 的线圈上都并联有电容器 C 和电阻 R，使其有 3 s 左右的缓放时间。这样，当办理取消或人工解锁进路时，允许同时按压或松开 ZQA (或 ZRA)和进路始端按钮的时间，即使稍有差别也能保证电路正常工作。

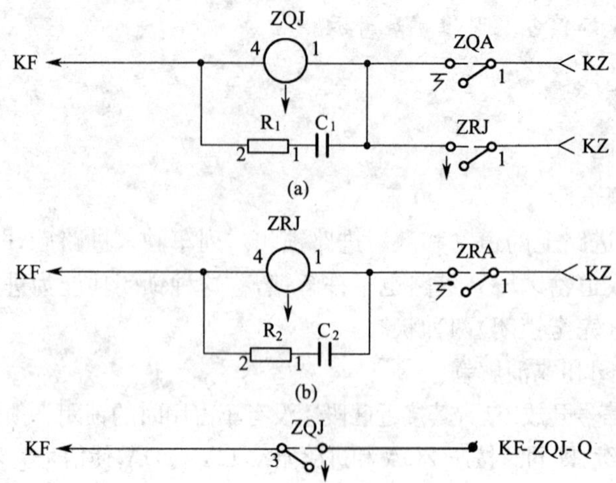

图 4.18　ZRJ 和 ZQJ 电路

(3)取消继电器 QJ 电路

对应每一个信号点,都设有一个 QJ,列车兼调车信号点可以合用一个 QJ。取消继电器的作用,是将已经发出的命令取消。例如,取消已经排列好的列车或调车进路,取消误碰一下按钮的记录等。

无论按下 ZQA 还是 ZRA,ZQJ 吸起,条件电源"KF-ZQJ-Q"接通。以调车信号点 QJ 为例,其 QJ 电路如图 4.19 所示,若同时按压某一进路始端的 DA,其 DAJ 吸起后,就接通了该信号点 QJ 的 3-4 线圈励磁电路,使 QJ 励磁吸起。QJ 吸起后,在进路解锁之前靠自闭电路一直保持吸起(侧线发车和调车进路人工解锁时,要保持吸起 30 s;接车和正线发车进路时,要保持吸起 3 min),直到进路解锁后,XJJ 失磁落下才切断 1-2 线圈的自闭电路,使 QJ 复原。

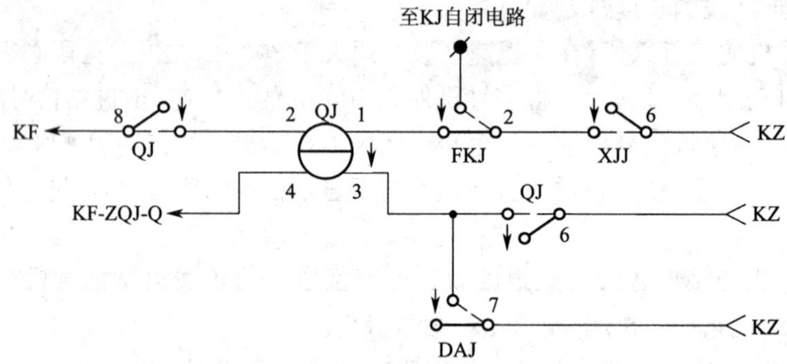

图 4.19　调车信号点 QJ 电路

2. 信号检查继电器 XJJ 电路

进路排列完毕,道岔转换到规定的位置使 KJ 吸起以后,在信号开放之前,应该预先检查开放信号的基本联锁条件,即道岔位置正确,进路空闲,敌对进路未建立。具备了这些基本的条件以后,即具备了开放信号的可能性,才能锁闭进路,开放信号。设置 XJJ 就是为了完成这一任务。另外,在进路锁闭后,若要取消进路,办理取消解锁或人工解锁时,用 XJJ 检查进路空闲,以防止列车或车列驶入进路以后,还能使进路解锁。与 KJ 对应,每一信号点应设置一个 XJJ,列车兼调车信号点共用一个 XJJ。XJJ 电路包括 8 线网络和局部电路两部分,8 线网络及 XJJ 局部电路如图 4.20 所示,下面分别介绍如下。

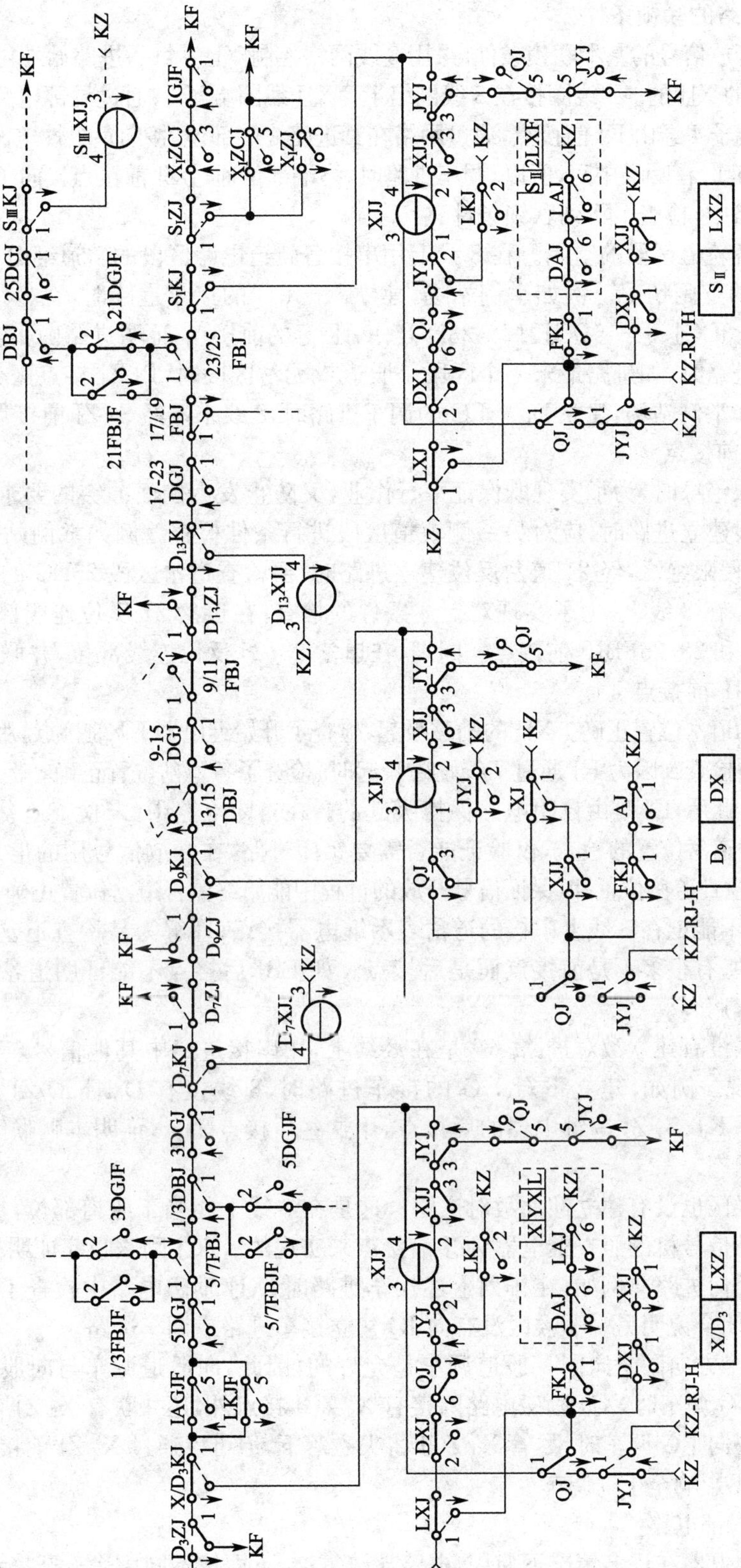

图 4.20　8线网络及XJJ局部电路

(1) 8 线网络的联锁条件

为了检查开放信号的基本联锁条件，采用 8 线网络控制 XJJ。每一进路始端由 KJ 第一组接点，把该信号点的 XJJ 的 3-4 线圈接在 8 线网络上。XJJ 线圈端子 3，通过局部电路，接向正极性电源 KZ；线圈端子 4 经由 KJ 前接点，通过网络在其进路终端部位，接向负极性电源 KF。因为调车进路的终端，有时在咽喉中间，所以，调车进路时，终端部位通过 ZJ 前接点接向负极性电源。

在 8 线网络中，检查了下列联锁条件：

①进路上各轨道区段的空闲。在 8 线上用串接各轨道电路区段的轨道继电器前接点来检查各轨道区段的空闲情况。例如举例站场，建立 X－Ⅰ G 的接车进路时，在 8 线网络上检查ⅠAGJF、5DGJ、3DGJ、9—15DGJ、17—23DGJ、IGJF 等的前接点，证明进路确实空闲。

建立调车进路时，如进路最末一个区段是股道或无岔区段时，用 ZJ 接点区分不检查最末区段空闲。例如举例站场，建立 D_{13}－Ⅰ G 的调车进路时，8 线末端经 $S_Ⅰ$ ZJ 前接点接 KF 电源，不检查 IGJF 的前接点。

当遇有侵限绝缘时，为了实现既保证平行作业，又防止发生侧面冲突的要求，经侵限绝缘一侧的轨道区段建立进路时，应对另一侧轨道区段进行条件检查。例如举例站场，在道岔 21 和 25 之间设有侵限绝缘，经 21 道岔反位建立进路时，要检查道岔区段 25DG 的空闲或 23/25 号道岔在反位。在 8 线上，为了实现对上述条件的检查，在道岔 21 反位连线部位，并联接有 25DGJF 前接点和 23/25FBJF 前接点。同理，在道岔 23/25 反位连线部位，并联接有 21DGJF 前接点和 21FBJF 前接点。

②进路上的道岔位置正确。XJJ 的励磁吸起，检查了开始继电器 KJ 前接点，用 KJ 前接点可以间接实现这项检查。因为 KJ 通过 7 线励磁吸起时，检查了各道岔位置正确。但是它吸起后，7 线很快就断开。此后，KJ 是由自闭电路保持吸起的。在自闭电路中，未检查道岔表示条件，因此，在 8 线上，对道岔位置的检查，仅验证能否需要锁闭进路，在开放信号用的信号继电器电路中，还必须重新检查道岔位置，以保证信号开放的过程中能始终监督道岔位置正确。

必须指出，不能把在 8 线上串接的道岔表示继电器接点，理解为是检查道岔位置用的，因为在这些接点中，有很多不是前接点而是后接点。如 FBJ 后接点不能证明道岔在定位，它只起区分电路的作用。

③本咽喉区没有建立敌对进路。这是在 8 线上，用串接进路中其他信号点 KJ 后接点和 ZJ 后接点来实现。例如，建立下行 Ⅰ G 的接车进路时，8 线接有 D_7KJ、D_7ZJ、D_9KJ、D_9ZJ、D_{13}KJ、D_{13}ZJ、$S_Ⅰ$ KJ、$S_Ⅰ$ ZJ 等继电器的后接点，用这些后接点闭合，证明本咽喉区的敌对进路确实在未建立状态。

④另一咽喉区也没有建立迎面敌对进路。这是在 8 线上相当于股道部位，用串接对方咽喉同一股道出站信号机的照查继电器 ZCJ 前接点来实现的。ZCJ 励磁吸起证明另一咽喉区没有向股道建立任何进路。例如，在排列上述接车进路时，XJJ 励磁电路中检查了 $X_Ⅰ$ ZCJ 的前接点，这个接点闭合说明另一咽喉区没有向 IG 建立接车进路或调车进路。

但是，由两个方向同时向同一股道调车是允许的，因此，向股道调车与向股道接车不同。例如，在 D_{13}－Ⅰ G 调车时，XJJ 励磁电路除接有 $X_Ⅰ$ ZCJ 接点外，还并联有 $X_Ⅰ$ ZJ 前接点。这意味着另一咽喉区向ⅠG 调车时，尽管 $X_Ⅰ$ ZCJ 将失磁落下，但可以通过 $X_Ⅰ$ ZJ 前接点接通 D_{13}的 XJJ 励磁电路，不影响至ⅠG 调车。

(2)XJJ 的局部电路

信号检查继电器在许多情况下使用，电路比较复杂，下面按不同用途分开来说明。

①信号开放前 XJJ 经由 FKJ 前接点和 8 网络线接通励磁电路。XJJ 的励磁吸起，说明有

开放信号的可能性(联锁条件是由8网络线检查的),将进行锁闭进路,然后开放信号。

②信号开放过程中的XJJ励磁电路。列车进路是经由LXJ前接点接通电路的;调车进路是经由DXJ前接点接通电路的。由于在信号开放过程中,需要连续检查进路空闲,所以在信号开放、FKJ前接点断开、第一条励磁电路被切断以后,上述的电路便接通了,继续利用8网络线检查进路是否空闲。当机车车辆驶入进路后,8网络线被切断,XJJ便停止工作。

③在取消进路或人工解锁进路时用的励磁电路。因为无论办理取消进路或人工解锁进路,取消继电器QJ必定吸起,所以这条电路,是经由QJ前接点接通的。电路中的接近预告继电器JYJ接点,是用来区分是取消进路(接近区段无车,它的前接点闭合)还是人工解锁进路(接近区段有车,它的后接点闭合)。若是后者,还需要检查条件电源"KZ-RJ-H"是否有电,有电才能说明人工解锁的延时计时是从零开始的,延时的时间才能得到保证(如图4.20所示)。接入条件电源"KZ-RJ-H"的目的,是用以证明其他进路没有办理人工解锁。因为限时解锁用的继电器,一个咽喉区共用一套,如果其他进路正在延时解锁,限时继电器已经开始工作,那么对后办的进路来说,限时继电器就不是从零开始工作,因而也就不能保证所规定的延迟时间了。所以,在一个咽喉区,同时只准许办理一条进路的人工解锁。在取消进路和人工解锁进路时,都由8网络线检查机车车辆没有冒进信号。

④XJJ自闭电路。在人工解锁进路延时的过程中,要利用XJJ的8网络线检查机车车辆自始至终没有驶入到进路里来。因为人工解锁开始时"KZ-RJ-H"接通的电路在延时计时开始后,条件电源"KZ-RJ-H"即断电了,所以,XJJ靠自闭电路保持不落。

⑤XJJ的保护电路。XJJ除了有经由8线的励磁或自闭电路外,还有一条脱离8线的保护电路。这条电路是在调车作业时,若发生轨道电路瞬间人工短路,防止由调车中途返回解锁电路使进路错误解锁。因为在接近区段无车的情况下,发生人工短路使8线断开,XJJ一旦落下,相当于车列占用进路,短路恢复后8线接通,相当于车列退出了该进路,这与中途返回解锁的条件相同。而车列正在向前运行,这一解锁是非常危险的迎面错误解锁。因此,在接近区段无车的情况下,通过JYJ前接点(证明接近区段无车)和XJJ本身的前接点,接通一条自闭电路。在此自闭电路接通过程中,XJJ不再受8网络线控制,此时即使进路中的某一轨道电路区段瞬间发生人工短路,由于XJJ仍能保持吸起,而调车中途返回解锁电路要求XJJ必须落下,所以进路不会因此产生错误解锁。

调车专用的XJJ电路与列车和调车共用的XJJ电路基本一样,不再重复。

3. 区段检查继电器QJJ和股道检查继电器GJJ电路

从前面的电路可以了解到QJJ是为锁闭进路作准备用的,而GJJ是为锁闭另一咽喉区的迎面敌对进路作准备用的。6502电气集中采用分段解锁制,分段解锁的对象是进路中的各道岔区段,所以锁闭的对象也就是进路中各道岔区段。对于有列车进路经过的咽喉区差置信号机之间的无岔区段,在经其建立列车进路时,与道岔区段相似。因此,对应每个道岔区段或有列车进路经过的咽喉区差置信号机之间的无岔区段设置一个QJJ,即设置在Q组合内,以便根据所排列的进路,有选择地作好锁闭准备。GJJ要根据能够接车的股道设置,即设置在信号辅助组合内,与后面介绍的ZCJ对应设置。双向运行的接发车口,进站信号机也选用1LXF组合,由于上述两个继电器都设置在信号辅助组合内,因此,在对应每一进站信号机也设置有GJJ和ZCJ,但它们不是用来锁闭对方咽喉区的敌对进路的,而是用其反映是否向该进路口排列了发车或调车进路。

QJJ、GJJ电路包括9线网络和10线网络两部分,9、10网络线如图4.21所示,下面分别介绍如下。

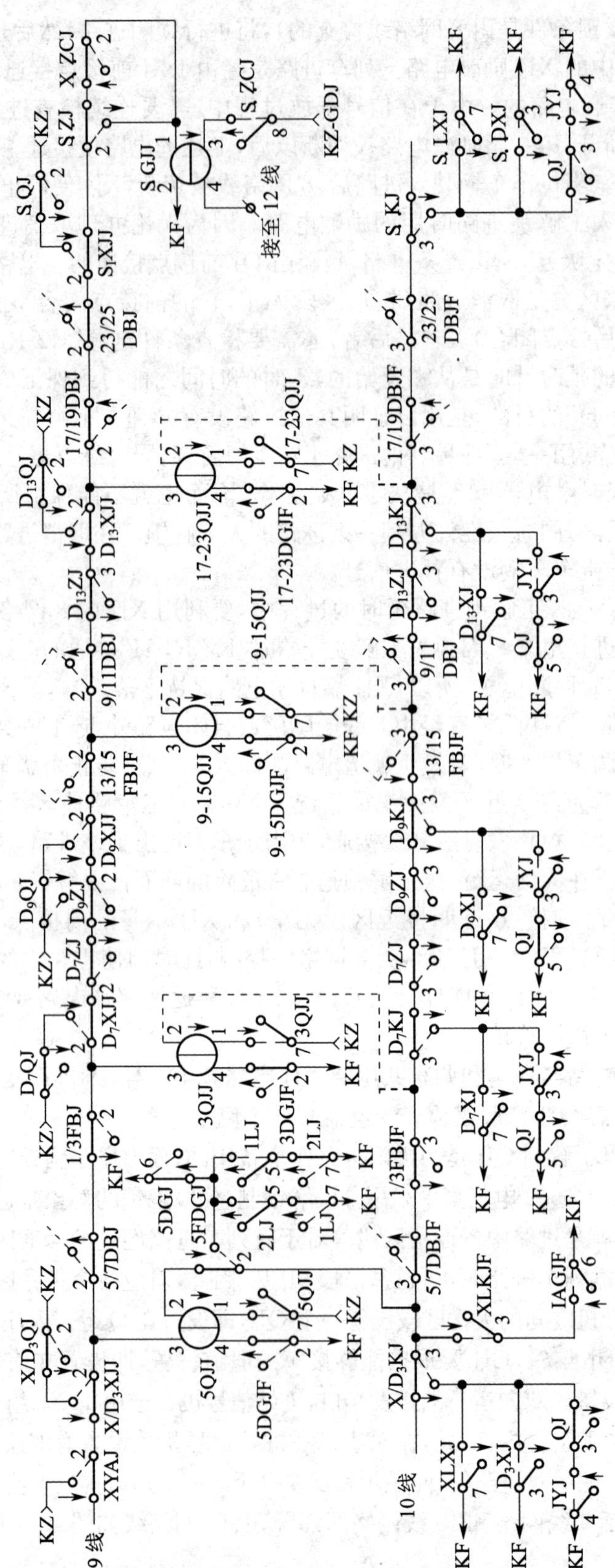

图 4.21 9、10网络线

(1)9线网络(QJJ与GJJ的励磁电路)

因为实行进路锁闭涉及到各道岔区段，所以QJJ、GJJ也用网络线控制，9线就是控制QJJ、GJJ励磁的网络线。

用DBJ或FBJ的接点区分各道岔区段QJJ的3-4线圈，都按轨道区段对应的位置并接在9网络线上。对应各进路始端位置由XJJ前接点向9线接入KZ电源，在XJJ吸起后进路上各区段的QJJ都励磁吸起。例如，建立由X—ⅠG的接车进路时，当X/D_3的XJJ吸起后，向9线送入KZ电源。因为XJJ的吸起说明各道岔已开向ⅠG，所以，这时能励磁的继电器有：5QJJ、3QJJ、9-15QJJ、17-23QJJ、和$S_Ⅰ$GJJ。

终端部位在咽喉区中间的进路，用调车ZJ后接点切断9线网络，以防止将进路范围以外的道岔错误锁闭。例如，在建立由D_3至D_9的调车进路时，当X/D_3的XJJ励磁吸起后，在9线上接入正极性电源KZ，因为X/D_3的XJJ吸起证明道岔5/7和1/3已经转至定位，所以这时，能励磁吸起的继电器只有5QJJ和3QJJ。此时，9-15QJJ和17-23QJJ之所以不能励磁，是因为D_7ZJ已经励磁吸起，9线网络在进路终端部位，已经用D_7ZJ接点断开。很明显，这时如果使9-15QJJ和17-23QJJ励磁吸起，那么，就将造成两区段内的道岔错误锁闭，这是不准许的。

在1LXF组合，GJJ的1-2线圈也经由调车ZJ前后接点并接在9网络线上。当向股道或双方向运行的接发车进路口建立进路时，同QJJ一样，如果9线接入KZ电源，则GJJ吸起。

QJJ励磁吸起引起的电路动作，可以用时序逻辑表达式表示：

XJJ↑→QJJ↑→1LJ↓(同时2LJ↓)→SJ↓。

SJ失磁落下，说明已将进路上的道岔锁闭了，同时，把本咽喉区的敌对进路也锁住了(因为敌对进路的KJ和ZJ都不能励磁)。应当注意，6502电气集中不是每个道岔区段设置一个SJ，而是每组道岔设置一个SJ，即一个道岔区段如果包括有两组道岔，就设置两个SJ。

GJJ吸起及SJ落下，使对应的照查继电器ZCJ失磁落下，说明把另一咽喉区的敌对进路锁住了。另一咽喉区想建立敌对进路时，在它的8线上，必须检查ZCJ在励磁吸起状态。例如，X向ⅠG接车时，$S_Ⅰ$ZCJ随着$S_Ⅰ$GJJ的励磁吸起和23/25的1SJ失磁落下而落下。它落下的结果，切断了上行咽喉向ⅠG建立进路时用的8线，因此，上行咽喉再不能向ⅠG接车或调车。

由以上不难看出，如8线所检查的联锁条件得不到满足，则XJJ就不能励磁，因而，QJJ和GJJ也不能励磁。QJJ和GJJ不励磁，就不会实现进路锁闭，信号也不能开放。由8线检查锁闭进路的条件，由9线执行锁闭进路的指令，这样能防止道岔和敌对进路的错误锁闭。

在向9线接入正极性电源KZ时，还串接有QJ后接点，这是当取消进路或人工解锁进路时，用它切断电源，以便使QJJ和GJJ复原，作好解锁准备的。

在9网络线中，还接有引导按钮继电器YAJ前接点。在GJJ的1-2线圈电路中，当ZJ失磁落下时还串接有ZCJ前接点，办理按进路锁闭引导接车时，YAJ吸起后，使有关QJJ、GJJ吸起，以锁闭道岔和敌对进路。当进路中某一道岔区段轨道电路发生故障时，由于在QJJ的3-4线圈电路中检查了DGJF的前接点，故障区段的QJJ不能吸起，以防止道岔受双重锁闭。

(2)10线网络(QJJ自闭电路)

既然QJJ励磁吸起，会引起道岔区段锁闭，那么，QJJ失磁落下，就是解锁的必要条件之一。

当进路内方第一个区段有车占用时，该区段轨道继电器落下，使XJJ落下，切断9线KZ

电源。如果没有10线，进路中所有QJJ和GJJ都将随之同时落下。若进路中的第一个区段为道岔区段，因为车正在该区段上运行，QJJ失磁落下，为该区段的解锁做好了准备，这是正确的。但对车尚未到达的运行前方各道岔区段来说，这些区段的QJJ失磁落下，即意味着是提前作了解锁准备。提前作解锁准备，有时会引起提前错误解锁。例如X—ⅠG接车，列车正在IAG区段上运行，这时，如果值班人员在办理个别区段人工解锁时，错误把该进路前面未压入区段的事故按钮按下去了，则该区段就会立即解锁，这叫做迎面错误解锁，是最危险的。因为该区段的道岔有可能正在转换，如果列车进来，必然造成重大行车事故。假如禁止提前作解锁准备，列车不到达该区段，该区段的QJJ仍保持励磁吸起，那么就能够防止上述的危险。这里的QJJ的1-2线圈和10线，就是为这个目的而设置的，即用它们防止进路迎面错误解锁。

10线的网络用DBJF或FBJF的前后接点区分，将本咽喉区的QJJ的1-2线圈都并接在网络上，由QJJ的线圈端子1接KZ电源，10线提供KF电源，构成QJJ的自闭电路。如果终端部位在网络中间，则用ZJ后接点断开网络。

10线的KF电源主要由3个位置提供：

①网络上对应进路始端的部位(在LXZ或DX组合)，经KJ第三组前接点，接入两个KF电源支路。一个支路是经LXJ前接点或DXJ前接点接KF电源；另一个是经JYJ后接点与QJ后接点串联接KF电源。

②在每一Q组合，经轨道反复示继电器FDGJ前接点接入3个KF电源支路。第一个支路是经2LJ后接点和1LJ前接点串联接KF电源(由左至右进路使用)；第二个支路是经1LJ后接点和2LJ前接点串联接KF电源(由右至左进路使用)；第三个是经DGJ前接点接KF电源。

③当进站信号机内方设有无岔区段时，经无岔区段的GJF后接点接KF电源。

上述各支路中各接点作用分析很复杂，这里不再赘述了。

下面以X—ⅠG的接车进路为例分析10线QJJ自闭电路的接通过程：

当信号X开放，经LXJ前接点已提前向10线送KF电源，列车接近后JYJ落下，又经JYJ后接点与QJ后接点串联提前向10线送KF电源。

列车进入ⅠAG区段时，经ⅠAGJF后接点向10线送KF电源。尽管ⅠAGJ落下使8线断电，XJJ失磁落下，9线也断电。但这时，5QJJ、3QJJ、9-15QJJ、17-23QJJ的1-2线圈由10线获得负极性电源KF，仍能保持吸起。

当列车进入5DG区段后，由于5DG区段的FDGJ励磁吸起，其第二组后接点切断了5QJJ的自闭电路，所以5QJJ失磁落下，为5DG区段的解锁作准备。

与此同时，5DG的进路继电器1LJ吸起，而2LJ仍保持在落下状态(改进后的电路1LJ在列车出清ⅠAG后吸起，这些在解锁电路中有详细的说明)，经由5DG的1LJ前接点、2LJ后接点和5FDGJ前接点向10线送KF电源。即使前面接通的各支路都断开，靠这个支路也能保证3QJJ、9-15QJJ、17-23QJJ的1-2线圈从10线获得负极性电源KF，即仍能保持吸起，以防止迎面错误解锁。就这样，列车进入哪个区段，哪个区段的QJJ才失磁落下，为解锁作准备。

在列车驶入3DG区段刚出清5DG，5DG的1LJ、2LJ均已吸起，而3DG的1LJ、2LJ均未吸起的瞬间，由于5DG的FDGJ缓放，经5DG的FDGJ前接点和DGJ前接点，向10线送KF电源，保证9-15QJJ和17-23QJJ不落下，待3 s后3-5DG的FDGJ缓放落下，上述支路才能断开，但此时，3DG的1LJ已吸起，提前经3DG的2LJ后接点和1LJ前接点串联向10线送KF电源，保证9-15QJJ和17-23QJJ继续吸起。直到列车压入9-15DG时，其FDGJ吸起才切断

9-15QJJ的自闭电路，使9-15QJJ落下。17-23DG也是如此。

从上述分析可以看出，各区段QJJ在9线接通后吸起，在车未压入本区段之前，靠10线自闭电路一直保持吸起，直到车压入本区段时才落下，这样就防止了造成迎面错误解锁的可能。必须指出，向10线提供KF电源的支路很多，有时有两条或三条同时接通，但在车压入本区段之前至少有一条支路是接通的。

10线是作保护列车迎面错误解锁用的，在正常办理列车进路和调车进路的过程中，应该检查其有无断线故障，在以后的FDGJ电路中将完成这项检查任务。

4. 照查继电器ZCJ电路和接近预告继电器JYJ

(1)照查继电器ZCJ电路

在前面已经提到，ZCJ是为锁闭另一咽喉区的迎面敌对进路而用的，对应每一接车股道的上行咽喉区和下行咽喉区各设置一个。双向运行的接发车口进站信号点也设置一个ZCJ。ZCJ放在列车信号辅助组合内。

为了实现故障导向安全，ZCJ以其平时的吸起状态，反映本咽喉区未向股道办理接车或调车进路(危险侧)，以其落下状态，反映已向股道建立了接车(包括引导接车，以后说明)或调车进路(安全侧)。

照查继电器电路如图4.22所示，其平时由1-2线圈自闭电路保持在吸起状态。在向股道接车或调车时(或向双向运行的接发车口发车或调车时)，GJJ励磁吸起，先切断ZCJ的1-2线圈自闭电路，若此时进路中最末一个道岔的SJ落下，则证明进路确已锁闭，又切断ZCJ的3-4线圈电路，使ZCJ失磁落下，通过8线把另一咽喉区的迎面敌对进路锁住了。

ZCJ失磁落下后，只有进路中最末一个区段道岔解锁，即道岔SJ励磁吸起，才能使ZCJ由3-4线圈复原。ZCJ重新励磁吸起后，又能由1-2线圈保持在吸起状态。ZCJ励磁吸起说明进路已全部解锁，可以解除对另一咽喉区迎面敌对进路的锁闭了。

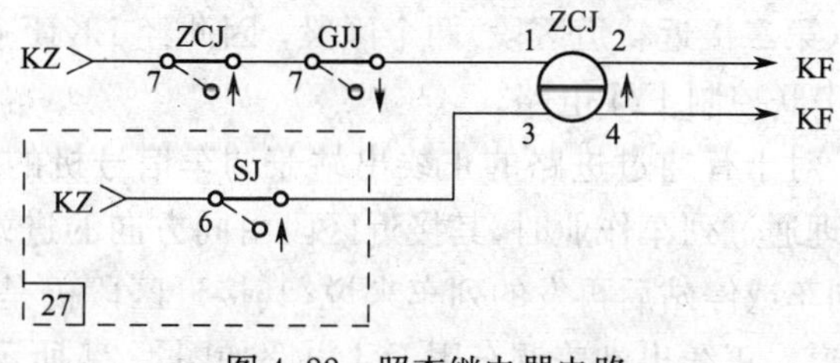

图4.22 照查继电器电路

(2)接近预告继电器JYJ电路

设置JYJ的作用是反映进路的预先锁闭或接近锁闭状态，即在信号开放后，用来监督接近区段有车还是无车。为了完成这一作用，每一个信号点设置一个JYJ，列车兼调车信号点合用一个JYJ。

为了故障导向安全，JYJ平时励磁吸起，反映接近区段空闲(无车可用取消进路办法，使进路立即解锁，所以反映无车为危险侧)；JYJ失磁落下，反映接近区段被占用(有车时，就不能取消进路了，所以为安全侧)。

图4.23是调车信号点JYJ电路，JYJ用3-4线圈的电路来反映接近区段是否有车，用1-2线圈的电路反映进路是否锁闭和信号是否已经开放。开始继电器KJ吸起，证明进路在锁闭；信号继电器XJ吸起，证明信号已经开放。上述两条件使JYJ的1-2线圈电路也被断开，即信

号开放后，接近区段有车占用时 JYJ 落下，反映进路已处于接近锁闭状态。

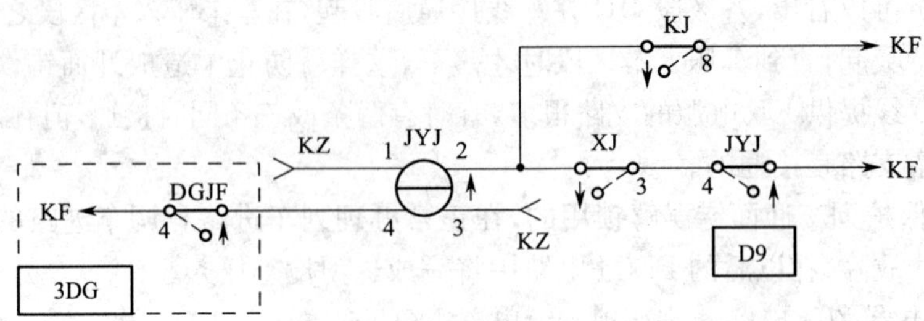

图 4.23　调车信号点 JYJ 电路

当信号开放车列进入接近区段后办理人工解锁时，准许在进路解锁后，经由 KJ 后接点，使 JYJ 重新励磁吸起。因为这样当第二次开放信号时，如果由于某种原因（例如信号灯丝断丝）不能开放，则可用取消进路的办法使进路解锁，否则，将由于 JYJ 不吸起，势必用人工延时解锁进路的办法，而影响作业效率。

因为各种信号机的接近区段不同，所以，JYJ 的电路也不完全相同。

对于调车信号点或侧线出站信号点，其接近区段就是信号机外方的道岔区段或无岔区段。因此，用接近区段的轨道继电器前接点控制 JYJ 电路。

对于进站内方带调车信号点，虽然接车进路与调车进路共用一个 JYJ，但接车进路与调车进路的接近区段不同。以该信号点为始端建立调车进路时，经 LKJF 后接点用调车信号机前方的无岔区段（如ⅠAG）的 GJF 前接点控制 JYJ 电路。而进站信号机的接近区段在非干线的半自动闭塞区段，一般为预告信号机前方 100 m 至进站信号机之间的轨道电路区段，如 X_D 信号机的接近区段为 X_DJG。列车提速以后，制动距离增长，因此，干线自动闭塞区段的进站信号机的接近区段变为进站信号机外方的两个闭塞分区，如 X 信号机的接近区段为 X1JG（第一接近轨道区段）和 X2JG（第二接近轨道区段）两个区段，因此经 LKJF 前接点检查 X1JGJF 前接点和 X2JGJF 前接点串联控制 JYJ 电路。

为了保证行车安全，对于有通过进路的正线出站兼调车信号机的 JYJ 应作特殊处理，因为正线出站信号机在办理通过列车作业时，其接近区段由同方向的进站信号机开始至该出站信号机为止；但对始发列车或停站后再发的列车来说，其接近区段仍是股道，其所兼的调车信号机的接近区段也是股道。正线出站兼调车用 JYJ 电路如图 4.24 所示，为了实现办理通过进路时正线出站信号机接近区段的延长，在 JYJ 的 3-4 线圈电路中，串接有同一股道对方咽喉出站信号机的 GJJ 前接点、ZCJ 前接点、ZJ 前接点 3 个并联的条件。

如办理上行ⅡG 正线通过进路时，即同时办理了ⅡG 上行发车进路和ⅡG 上行接车进路时，在 $S_{Ⅱ}$JYJ 电路中串接 $X_{Ⅱ}$ 信号机的上述 3 组并联条件。由于 $X_{Ⅱ}$ 的 GJJ 励磁吸起，使 $X_{Ⅱ}$ 的 ZCJ 失磁落下，而 $X_{Ⅱ}$ 的 ZJ 处于平时落下状态，所以，此时的 $S_{Ⅱ}$JYJ 只能由 $X_{Ⅱ}$GJJ 前接点励磁吸起，反映进站信号机 S 至出站信号机 $X_{Ⅱ}$ 之间空闲，再加上ⅡGJF 前接点，证明整个接近区段空闲。这时，当上行进站列车进入上行进站信号机内方区段后，由于 SXJJ 和 $X_{Ⅱ}$GJJ 失磁落下，则 $S_{Ⅱ}$JYJ 也随着失磁落下。这说明，对上行通过列车来说，只要列车进入上行进站信号机内方，则 $S_{Ⅱ}$ 所防护的正线发车进路，即由预先锁闭转为接近锁闭。在办理ⅡG 上行发车或ⅡG 上行发车方向的调车进路时，假如此时未办理ⅡG 上行接车方向的调车进路，则 $X_{Ⅱ}$ 的

ZCJ是励磁吸起的，$X_{Ⅱ}$的GJJ和ZJ均在失磁落下状态。所以，$S_{Ⅱ}$的JYJ励磁吸起，仅能反映出股道空闲。若办理了ⅡG上行接车方向的调车进路，那么，$X_{Ⅱ}$的GJJ励磁吸起，$X_{Ⅱ}$的ZCJ失磁落下，但因此时$X_{Ⅱ}$的ZJ励磁吸起，$S_{Ⅱ}$的JYJ励磁吸起，仍只能反映出股道空闲。

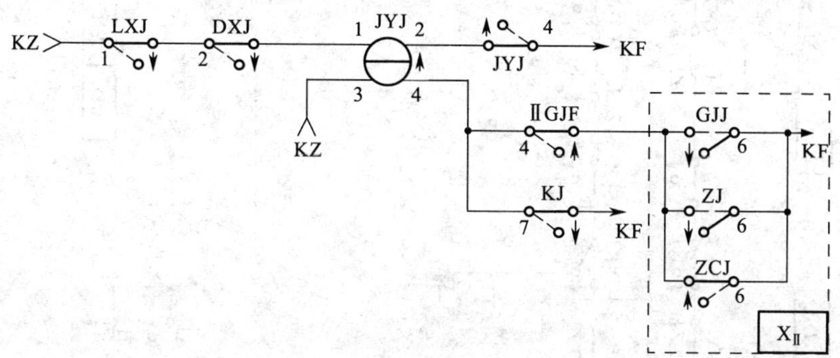

图4.24　正线出站兼调车用JYJ电路

5. 信号继电器电路

信号继电器电路因为要检查道岔位置及其受锁闭情况，涉及各道岔，所以采用站场形网络，11线即是信号继电器网络线。因为进站信号机、出站信号机、调车信号机的信号显示不同，列车信号机与调车信号机自动关闭信号的时机也不同，所以它们的局部电路也各不相同。

(1)列车信号继电器LXJ和调车信号继电器DXJ电路

在介绍电路之前，先分析开放信号应检查的联锁条件：

①进路在空闲状态。

②敌对进路在未建立状态，并且确实被锁在未建立状态下。

③进路上的道岔(包括防护道岔，以下同)位置正确，并且确实被锁在规定位置上。

在XJJ电路中虽然对上述条件作过检查，但那时是进路锁闭前的预先检查，对道岔和敌对进路还未锁闭。因此必须重新检查，而且始终监督，直至信号关闭。

④车站信号必须在行车人员的操纵下才能开放。信号关闭以后，应能防止自动重复开放。

⑤列车信号应在列车进入进路后立即自动关闭；调车信号应在车列全部越过调车信号机后自动关闭(因为有时机车在后面推送)，但不论是列车信号还是调车信号，都应在行车人员的操纵下，能随时关闭。

⑥取消进路或人工解锁进路时，应随着办理手续先关闭信号。

上述各项联锁条件，凡是没有特别指出的，对列车和调车都适用。此外，对进站信号及有通过作业的出站信号机还要实现以下联锁条件：

⑦信号机的允许灯光——黄灯或绿灯因故障熄灭时，应自动改点禁止灯光——红灯。

⑧为保证安全，开放信号前应先检查红灯灯丝完整，即红灯确实在亮灯状态。在红灯灯丝断丝时，不准许再开放允许灯光。为提高效率，对列车速度较低时用的出站信号机和调车信号机，准许开放信号前不检查此条件。

⑨不允许信号机给出乱显示。

上述联锁条件，在开放信号时及信号在开放的过程中，必须连续检查。信号继电器电路(11线网络)如图4.25所示，下面根据图中的11线网络和LXJ和DXJ局部电路，分析如何实现对上述联锁条件检查的。

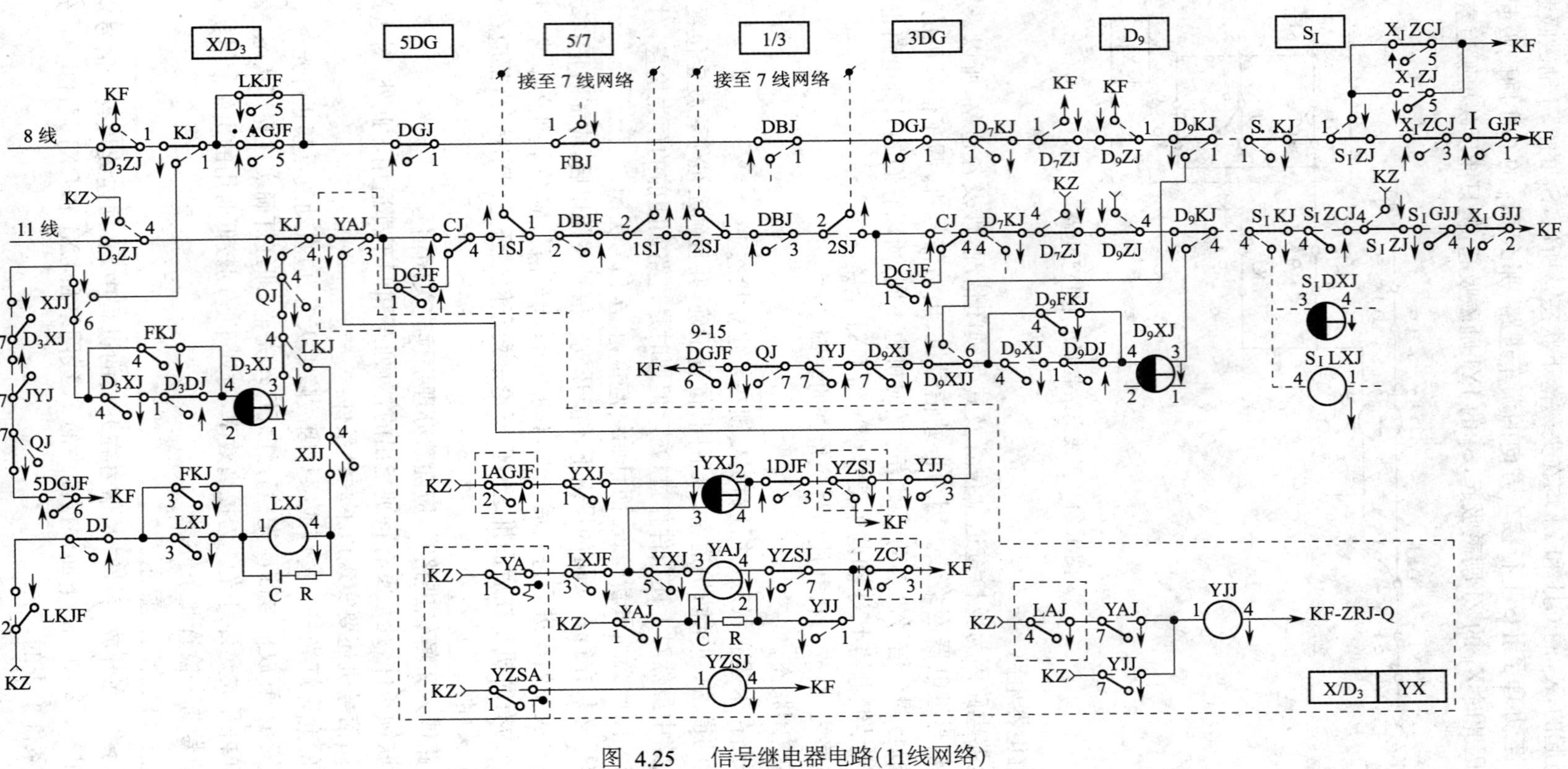

图 4.25 信号继电器电路（11线网络）

在每一进路始端用KJ前接点将信号继电器接到11线。对于列车兼调车信号点,由LKJ接点区分,LKJ前接点接LXJ的1-4线圈,LKJ后接点接DXJ的3-4线圈。列车进路,由LXJ局部电路接入正极性电源KZ,由网络的列车进路终端部位(即网络的两端)接入负极性电源KF。调车进路,在11线调车进路终端部位,经ZJ前接点接入KZ电源,而负极性电源KF,由8线调车进路终端部位,经ZJ前接点接入。这样,对列车进路电流由始端流向终端,对调车进路电流由终端流向始端,即11线上的电流采用极性防护,防止电路发生故障时造成LXJ或DXJ错误吸起。

为了检查道岔位置正确且已锁闭,11线对应进路中每一道岔由两组SJ的接点区分检查DBJ或FBJ的前接点,即7线和11线共用道岔表示条件。在SJ未落前,DBJ或FBJ的前接点属于7线,SJ落下后,DBJ或FBJ的前接点属于11线。这样,既可作为电路的区分条件,同时又起检查道岔位置的作用。

对于列车进路,由于XJJ吸起后一直检查8线,因此在LXJ局部电路中用XJJ前接点间接反映进路空闲和敌对进路未建立。因为对于调车作业,在接近区段无车时,XJJ的1-2线圈有一条脱离8线的保护电路,在此电路中不检查进路空闲,所以,DXJ经XJJ前接点重返8线,检查进路空闲和敌对进路未建立等条件。

向股道建立接车进路或调车进路时,在11线末端检查本咽喉出站信号点GJJ前接点、ZCJ后接点及对方咽喉出站信号点GJJ后接点,证明对方咽喉没有同时建立迎面敌对进路,而且已将对方咽喉迎面敌对进路锁闭。

向区间发车时,与接车进路不同,要在11线检查区间空闲的条件,即只有取得了发车权,才可以开放出站信号。下面分3种情况分别介绍如下:

①向半自动闭塞区间发车时,在发车进路的11线末端要检查开通继电器KTJ的前接点和选择继电器XZJ的后接点,证明已办好闭塞手续,出站信号可以开放。

②列车按正常运行方向办理向自动闭塞区间发车,由于四显示自动闭塞区间允许列车可以反方向运行,在正常发车时,11线除了检查1LQJ的前接点证明第一离去区段空闲,还要检查改变方向电路的条件,如图4.26(a)所示。

③办理向四显示自动闭塞区间反方向发车时,在11线要检查反方向发车的整个区间(如向北京方面反方向发车,检查区间轨道继电器QGJ前接点)空闲,同时必须检查改变运行方向电路的条件(与上述类似),证明邻站未向区间正向发车,已办理了改变运行方向的手续,符合反方向发车的条件,这样才可以开放反方向发车的出站信号,如图4.26(b)所示。

上述控制条件加在11线,而不加在8线,是为了实现在未取得向区间发车权的情况下,试验能否锁闭发车进路,对发车进路采取上述措施是有利的。这样,可以在不与邻站取得联系的情况下,试验发车进路的联锁关系。

在LXJ或DXJ经FKJ前接点励磁吸起,而后靠自闭电路保持吸起,及信号开放的过程中,如果发生故障,使LXJ或DXJ落下,信号关闭,即使故障恢复,由于LXJ或DXJ吸起时已使FKJ落下,LXJ或DXJ不可能自动吸起,也就防止了信号自动重复开放。要使信号开放,只有重新按下始端LA或DA,使FKJ重新吸起,LXJ或DXJ才能吸起。

为了实现对室外信号灯光的监督,在LXJ或DXJ局部电路中加入DJ的前接点。对于进站信号机及有通过作业的正线出站信号机的LXJ电路,将1DJ的前接点接在励磁电路与自闭电路共用的部位上。在信号开放前,可用它反映红灯灯泡完好,在信号开放后,可用它反映允许灯光的灯泡完好。这说明,红灯灯泡坏了信号不能开放,开放后如允许灯光的灯泡坏了,信号能自动关闭，改点红灯。

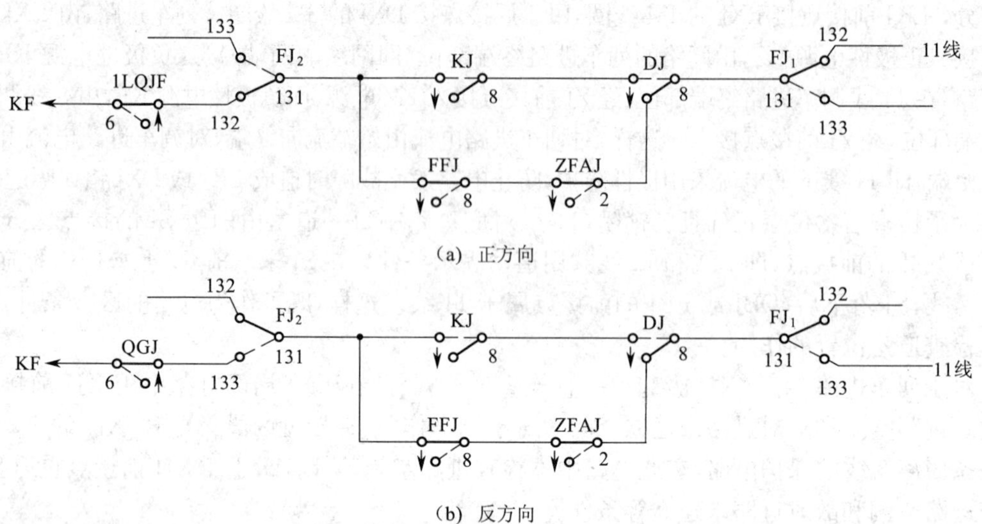

(a) 正方向

(b) 反方向

图 4.26 自动闭塞区间发车 11 线检查的区间开通条件

对站线出站信号机或调车信号机，将 DJ 的前接点只接在自闭电路中，只是在信号开放后，用它反映允许灯光的灯泡完好。信号开放前，不检查禁止灯光灯泡完好，以免影响效率。

对于列车进路，列车正常压入进路内方，XJJ 落下，切断 LXJ 局部电路，使信号自动关闭。

对于调车进路，虽然车列正常压入进路内方，XJJ 也落下，但考虑到调车推送作业时，为防止司机看到禁止灯光，此时 DXJ 不应落下，以保证信号继续开放，即白灯保留。因此，经 XJJ 后接点有接通一个 KF 电源支路，一般称该支路为白灯保留电路。当车列完全进入调车信号机内方，出清接近区段时，用 JYJ 的后接点切断白灯保留电路，使调车信号关闭。当接近区段留有车辆或车列压入进路内方又退出(中途折返)时，在车列出清或退出进路内方第一个道岔区段后，用其 DGJF 的后接点切断白灯保留电路，使调车信号关闭。

在 LXJ 和 DXJ 的局部电路中，加有 QJ 后接点，保证办理取消解锁或人工解锁时，QJ 吸起使信号关闭。

在 11 线上，每个 Q 组合内都接有传递继电器 CJ 第 4 组接点，在信号开放过程中，这个接点是闭合的。当值班员用取消进路办法关闭信号时，如果 QJ 因故不能励磁吸起，可同时按压 ZRA 和进路中任一区段 SGA，使该区段的 CJ 励磁吸起，即可切断 11 线，实现用强制手段关闭信号。由于引导接车时也用 11 线，为保证某一区段轨道电路发生故障时，不影响 11 线接通，这里串接 CJ 第 4 组前接点和 DGJF 第 1 组后接点。

(2)引导信号控制电路

当信号设备发生故障，不能正常使用，进站信号机不能给出正常的允许灯光显示时，可办理引导接车，开放引导信号。引导接车有两种方式：一是按进路锁闭方式进行，叫做引导进路锁闭；二是把全咽喉的联锁道岔都锁闭，即全咽喉锁闭，叫做引导总锁闭。下面分别介绍引导进路锁闭和引导总锁闭。

①引导进路锁闭

在进站信号机故障或轨道电路故障，不能开放进站或接车进路信号机时，只要道岔位置正

确,应采取引导进路锁闭方式开放引导信号。这时的办理手续是,先用道岔单独操纵或办理调车进路后再取消的方式,将进路中道岔转换到进路所要求的位置,如果因轨道电路故障,还要把发生故障区段的道岔单独锁闭,以防止故障修复后该区段的道岔解锁,最后按压引导按钮,使进路锁闭,引导信号开放。

为了实现引导锁闭和开放引导信号,在对应每一架进站信号机和接车进路信号机处,都要设置一个 YX 组合。在 YX 组合内,设置有引导按钮继电器 YAJ、引导信号继电器 YXJ 和引导解锁继电器 YJJ。

在控制台上设置有带铅封的自复式引导按钮 YA,按压 YA 后,YAJ 检查 LXJF 后接点、引导总锁闭继电器 YZSJ 后接点及进站信号点 ZCJ 前接点等条件,证明各敌对进路未建立,使 YAJ 由 3-4 线圈励磁吸起,而后由 1-2 线圈构成自闭电路。直至办理引导进路解锁时,YJJ 吸起使 YAJ 复原。

YAJ 吸起后,经 YAJ 接点向 9 线送 KZ 电源,使进路中各 QJJ 励磁吸起。QJJ 吸起后,切断有关的进路继电器 LJ 和 SJ 电路,把进路中的有关道岔和本咽喉区的敌对进路锁闭。

故障区段的 QJJ,因其在 3-4 线圈电路中,串接有 DGJF 第六组前接点,所以它不能励磁吸起。但故障区段的轨道复示继电器 DGJF 和各道岔 SJ,因轨道继电器失磁落下,也都在落下状态。另外,已对该道岔实行了单独锁闭,即使故障修复,该区段的道岔也不会随着解锁。

YAJ、QJJ 和 GJJ 相继吸起,CJ、SJ 和 ZCJ 相继落下,使 11 线接通,引导信号继电器 YXJ 励磁,引导信号开放。YXJ 吸起后自闭,当列车进站压入进路内方第一个轨道区段,其轨道继电器落下切断 YXJ 自闭电路,使引导信号关闭。但如果因第一个区段的轨道电路故障办理引导接车时,在引导过程中必须一直按压引导按钮,使 YXJ 保持吸起,直至列车进站。

在 YXJ 的局部电路中,还接有灯丝复示继电器 1DJF 的前接点,用以证明红灯在点灯,因为红灯和月白灯同时点灯,才是引导信号。如果在开放引导信号前红灯已灭灯,则不允许 YXJ 吸起。

②引导总锁闭

在道岔实际位置正确,但因故失去表示时,或向不是接车进路的编组线上接车时,应采用引导总锁闭方式引导接车。

当车务人员将进路准备好以后,破铅封按下控制台上两位停留式的 YZSA 后,设置在电源组合内的 YZSJ 即励磁吸起。YZSJ 吸起后,用它的后接点断开条件电源"KZ-YZSJ-H",使本咽喉区所有的锁闭继电器 SJ 落下,将全咽喉的联锁道岔锁闭。

YZSJ 吸起后,还要按压 YA,经 YA 接点及 YZSJ 前接点等条件接通 YXJ 的电路,使引导信号开放。列车进入进站信号机内方后,YXJ 的自闭电路被切断,引导信号自动关闭。恢复 YZSA 后,YZSJ 落下,全咽喉道岔解锁。

要特别注意,在办理引导总锁闭的过程中,由于 YAJ 电路加有 YZSJ 后接点,YAJ 不吸起,9 线和 11 线不参与电路动作,在控制台上也没有光带显示,只是信号复示器给出一红一白显示。

用引导总锁闭方式引导接车时,在电路中,既不检查道岔位置和敌对进路(包括另一咽喉区的迎面敌对进路),又不能锁闭另一咽喉区的迎面敌对进路。因此,所有这些都要由值班员确认,即都要由人工保证。

(3) 辅助的信号继电器

为了区分进站信号的各种灯光显示,每一个进站信号点除了设置 LXJ 检查联锁条件外,还设有反映进路开通正线的正线继电器 ZXJ、反映办理正线通过作业的通过信号继电器 TXJ 及绿黄信号继电器 LUXJ。这些继电器的接点与 LXJ、YXJ 接点配合控制进站信号点灯电路。

出站兼调车信号机，因区间的闭塞方式不同，发车去向多少不一，室外信号机的灯位显示和室内设置的控制继电器各有不同。

在半自动闭塞区段，只有一个发车去向时，每一个出站兼调车信号点只需设置 LXJ 和 DXJ，信号点灯电路也很简单。当有多个发车去向时，需增加区分不同的发车去向的有关继电器，以控制出站信号不同的灯光显示。

6. 信号复示器电路

信号复示器设置于控制台轨道模型盘上相当于信号机的位置，用于反映室外信号机的状态。进站信号复示器电路如图 4.27 所示。

由图可见，信号继电器 LXJ 励磁吸起后，复示器点亮绿灯，表示进站信号已经开放。平时，LXJ 失磁落下，而灯丝复示继电器 1DJF 励磁吸起，复示器点亮红灯，反映进站信号在关闭状态。如果灯丝继电器 1DJF 失磁落下，则复示器闪红灯，表示进站信号机的红灯灯泡断丝。

在开放引导信号时，引导信号继电器 YXJ 和第二灯丝继电器 2DJ 都励磁吸起，这时，复示器的红灯和白灯同时点灯，表示引导信号已经开放。如果引导白灯断丝，2DJ 将失磁落下，使复示器闪白灯，反映引导信号的白灯灭灯。

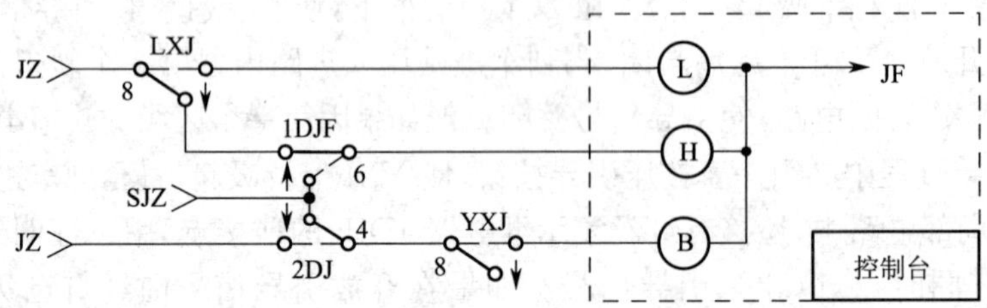

图 4.27　进站信号复示器电路

出站兼调车信号复示器电路和调车信号复示器电路都比较简单，不再解释。

7. 信号控制电路故障处理

(1)控制台表示的含义

在进路选排电路动作正常的基础上，注意观察下面与信号控制电路相关的现象。

①白光带点亮，说明进路已锁闭。

XJJ↑→QJJ↑→1LJ 和 2LJ 均落下→SJ↓。

向股道办理进路时，XJJ↑→GJJ↑→ZCJ↓。

②始端 AD 灭灯，说明 LXJ(或 DXJ)↑→FKJ↓。

③信号复示器变为允许显示(进站信号复示器由红灯变为绿灯，出站信号复示器亮绿灯，调车信号复示器亮白灯)，说明室外信号已开放，LXJ(或 DXJ)已自闭。

(2)用控制台表示分析电路故障

在排除进路选排电路故障的情况下，分析可能是信号控制电路故障。

①进路不能锁闭

a. 若 LPD 已灭灯，始端 AD 亮稳定灯光，轨道光带无显示，说明进路未锁闭，QJJ 未吸起，可能是 KJ 或 XJJ 电路故障。

b. 若轨道光带部分亮，部分不亮，说明9线KZ电源已送出。XJJ及以前的电路工作正常，只是未亮的区段QJJ故障，向到发线建立进路，到发线上的白光带不亮时，可能是GJJ未吸起使ZCJ未落下。

②信号不能开放

a. 当轨道光带表示正常，只是信号复示器未变，说明进路已锁闭，信号未开放。

b. 遇到这种情况应首先看始端AD稳定灯光是否灭灯。如果始端AD还亮稳定灯光，说明FKJ未落下，XJ未励磁，故障可能是11线断线或XJ局部故障等。若始端AD已灭灯，说明11线工作正常，XJ能励磁，但不能自闭，可能是允许灯光断丝等。

(3)故障范围的缩小

当发现故障现象后，应借助于控制台的操作与表示，进一步缩小故障范围。

①改变进路

例如排列上行ⅡG的发车进路，信号不能开放，取消后，可重新排列由ⅡG向D_1的调车进路，若信号能开放，说明列车与调车共用的电路部分工作正常，故障可能是半自动闭塞条件未接通或$S_{Ⅲ}$ LKJ未吸起等。

②分段排列

例如排列D_1至ⅠG长调车进路，信号不能开放。将该进路取消后，分别排列D_1—D_7、D_7—ⅠG两段调车进路，进一步缩小故障的范围。

(4)故障的查找与处理

当进路已排通，发现信号不能开放时，应根据控制台现象排除是否是信号点灯电路故障(方法在前面信号点灯电路故障处理中已介绍)。注意LXJ或DXJ自闭电路断线与信号点灯电路故障现象类似，必要时应认真观察LXJ或DXJ及DJ动作，进行边测试边排除。测试方法与前述类似，有时每测试一点，都需要配合操作一次，因此，需两个人协同处理。

4.2.4　知识拓展

1. 当经过18＃及以上道岔侧向办理通过进路时，为控制进站信号机显示黄闪黄信号，需增设侧向通过信号继电器CTXJ和闪光继电器SNJ，其电路如图4.28所示。

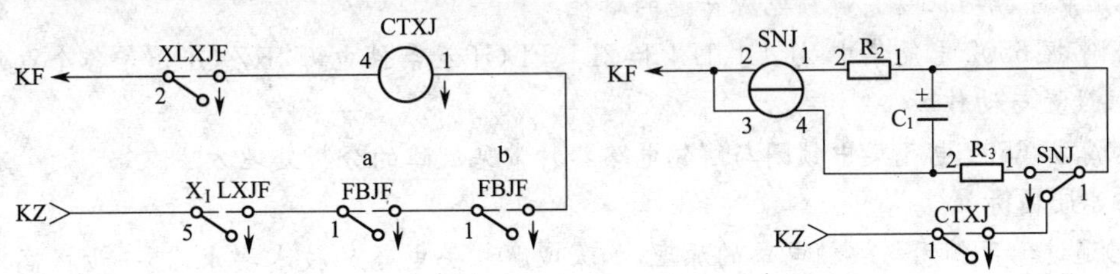

图4.28　侧向通过信号继电器CTXJ和闪光继电器SNJ

经进站信号的LXJF前接点和通过股道同方向出站信号的LXJF前接点及18号及以上道岔的FBJF前接点控制CTXJ励磁吸起。由CTXJ的前接点和SNJ后接点接通SNJ励磁电路，同时给SNJ电路的电容C1充电，在电容刚开始充电时SNJ的1-2电流太小，SNJ不吸，即缓吸。随着C1电压增高SNJ吸起，其励磁电路断开，但靠电容C1放电使SNJ缓放。而后重复上述动作，即 SNJ 脉动，用 SNJ 接点控制进站信号黄灯闪光。

2. 当有两个发车去向，一个为主要发车去向，另一个为次要发车去向时，每一出站兼调车信号点的 2LXF 组合要设置一个主信号继电器 ZXJ，向主要干线发车时，ZXJ 吸起，而向支线发车时，ZXJ 不吸。在对应主要发车口处设置一个信号辅助继电器 XFJ，用以监督各出站信号点的 ZXJ。将 ZXJ 加在信号点灯电路中，区分信号灯光显示。将 XFJ 接点加在主要发车口 11 线末端，保证 ZXJ 因故落下时，使 XFJ 落下切断 11 线，出站信号改点红灯。

3. 当区间为双线双向四显示自动闭塞时，正常发车与反方向发车时出站信号机的显示不同。反方向发车时，出站信号机在显示绿灯的同时，还要点亮进路表示器的小白灯。因此，每一出站兼调车信号点要设置一个反方向进路继电器 FLJ，正向发车时，FLJ 不吸；反方向发车时，FLJ 吸起。在反方向发车口的 11 线电路中加入 FLJ 接点。保证 FLJ 因故落下时切断 11 线，使出站信号改点红灯。

发车去向越多，出站兼调车信号机的灯光显示越复杂，以满足各种不同条件下控制发车信号显示的需要。在此就不一一列举了。

4.2.5 相关规范、规程与标准

1.《铁路技术管理规程》第 80 条、第 81 条、第 334 条。

2.《铁路信号维护规则　技术标准》第 5.1.1～5.1.9 条、第 5.1.15 条。

典型工作任务 3　锁闭与解锁电路分析及故障处理

4.3.1 教学目标

1. 能力目标

(1)掌握 6502 电气集中锁闭与解锁电路的基本组成和基本功能。

(2)分析处理 6502 电气集中锁闭与解锁电路的各种常见故障。

2. 知识目标

(1)掌握电气集中联锁各种解锁的条件及电路实现方法。

(2)掌握 6502 电气集中正常解锁、取消解锁及人工解锁、调车中途返回解锁等各种解锁方式的解锁条件、解锁时机、解锁电源传递的路径。

(3)掌握 6502 电气集中 SJ、CJ、1LJ 和 2LJ、FDGJ 及条件电源“KZ-GDJ”等各个电路环节的作用、设置与动作。

(4)掌握 6502 电气集中锁闭与解锁电路各种常见故障的分析处理方法。

3. 素质目标

(1)通过学习锁闭与解锁电路的原理，加深理解相关电路的技术要求，进一步提高联锁知识的应用能力。

(2)通过锁闭与解锁电路的故障处理练习，提高理论联系实际的水平和应急处理问题的能力。

4.3.2 工作任务

1. 根据《铁路技术管理规程》和《铁路信号维护规则　技术标准》，掌握 6502 电气集中各种

解锁方式的解锁条件、解锁时机、解锁电源传递的路径及锁闭与解锁电路的基本结构、基本功能、基本动作，在日常检修时，认真检查各种解锁电路动作是否正常。

2. 在联锁关系试验时，对照联锁表，要逐条进路进行各种解锁的检查，确认各种解锁条件、解锁时机准确无误，发现问题及时与设计和施工单位沟通，修改后再反复试验，保证解锁电路可靠动作。

3. 在设备日常运用的过程中，发现某一进路或某一区段解锁不正常时，通过重新试验或测试查找，按照相关技术要求，能准确确定故障点，并迅速处理锁闭解锁电路各种故障，保证各种解锁可靠完成。

4.3.3　相关配套知识

1. 锁闭与解锁单元电路

解锁电路是由较复杂控制条件组成的网络电路，但这一复杂的电路是由一些基本的单元电路环节组合而成的，下面先介绍一下锁闭解锁的单元电路环节。

(1)锁闭继电器SJ电路

SJ是用来反映道岔受锁闭情况的。6502电气集中对应每组道岔设有一个SJ，双动道岔因设置在不同的两个道岔区段，因此设置两个锁闭继电器1SJ和2SJ。

SJ虽然设在DD组合和SDZ组合中，但其控制条件是来自Q组合的1LJ、2LJ、DGJF的前接点和FDGJ的后接点串联，一个区段有几组道岔，这组条件就控制几个SJ。锁闭继电器电路如图4.29所示。

1LJ、2LJ前接点用来实现进路锁闭，经该区段建立进路时，LJ失磁落下，使SJ落下，该区段的各道岔锁闭。1LJ和2LJ都励磁吸起，SJ才吸起，使道岔解锁。

DGJF的前接点和FDGJ的后接点用来反映区段锁闭的状况。不论是否利用该区段建立了进路，当该道岔区段有车占用时，SJ都落下，禁止区段内的各道岔再转换。在列车高速运行时，为防止轨道电路的分路作用瞬间失灵，使轨道继电器瞬间励磁吸起，造成SJ提前吸起，道岔中途转换，电路中接入FDGJ后接点。由于FDGJ在DGJ吸起3～4 s后才能落下，轻车跳动时FDGJ不落下，SJ不吸起，所以不致造成危险。

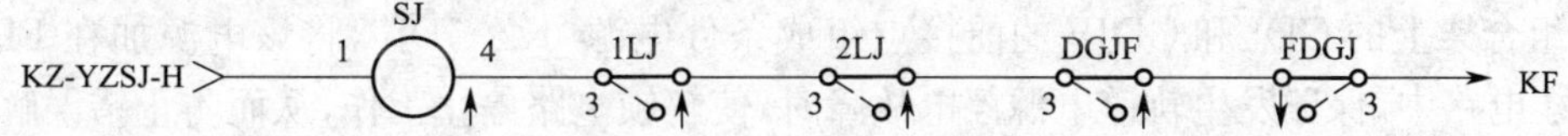

图4.29　锁闭继电器电路

锁闭继电器SJ电路所用的正电源是条件电源“KZ-YZSJ-H”，这是为了保证引导总锁闭接车时，利用该条件电源断电，使本咽喉所有的SJ均落下，锁闭全咽喉道岔。

(2)轨道反复示继电器FDGJ电路

从前面的电路可知，对每个道岔区段(或设有区段组合的无岔区段)设置的FDGJ是为了利用其3～4 s的缓放时间，防止由于轨道电路区段瞬间分路失灵造成区段提前错误解锁。

轨道反复示继电器电路如图4.30所示。FDGJ平时落下，当排列好进路，QJJ励磁吸起，车驶入道岔区段，该区段的DGJ失磁落下后，FDGJ才能经由QJJ第5组前接点和DGJ第4组后接点，接通励磁电路吸起，吸起后，再接通自闭电路，在车未出清区段前保持吸起。车出清

区段后，FDGJ 靠 R_1、C_1 控制缓放 3～4 s 而后落下。

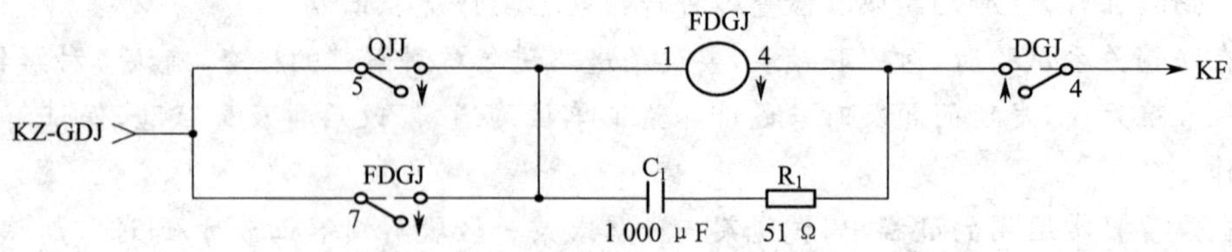

图 4.30　轨道反复示继电器电路

在这里接入 QJJ 第 5 组前接点的目的一是检查 R_1、C_1 支路的完整性；二是检查防护列车迎面错误解锁用的 10 线的完整性。如果 10 线断线，使 QJJ 在车未驶入本区段时提前落下，则在车驶入本区段时，其 FDGJ 也就不可能励磁吸起，使进路不能正常解锁，从而发现 10 线的断线故障。

咽喉区中有列车进路经过的差置调车信号机之间的无岔区段，设置 Q 组合。向该无岔区段调车时，QJJ 并不吸起，这里由两端 ZJ 共用的终端复示继电器 ZJF 前接点，接通 FDGJ 励磁电路，使 FDGJ 吸起，以保证后续电路动作。

FDGJ 电路所用的电源不是 KZ，而是条件电源"KZ-GDJ"，作用在下面介绍。

(3)条件电源"KZ-GDJ"

在现场经常发生控制电源工作正常而轨道电路电源停电的现象，恢复供电后，各轨道继电器的励磁吸起时间有快有慢，如果其吸起顺序，恰好和列车通过进路时的吸起顺序一致，那么就有可能使正处于进路锁闭状态下的各道岔区段按正常解锁方式错误解锁。条件电源"KZ-GDJ"就是为了防止轨道停电故障后又恢复供电时，进路错误解锁而采取的保护措施。

GDJ 电路和条件电源"KZ-GDJ"电路如图 4.31 所示。为了缩小轨道停电的影响范围，在大站，对轨道电路一般采取分束干线供电。对每一束供电干线，在转换屏内，都设有一个轨道停电监督继电器 1GDJ～4GDJ，用它们监督供电情况。用电源屏内监督本咽喉供电的各 GDJ 前接点控制组合架的轨道停电继电器 GDJ 的电路，任一线束供电故障都使 GDJ 和 GDJF 相继失磁落下。

用组合架上的 GDJ 和 GDJF 的前接点组成条件电源"KZ-GDJ"，将该电源加在 FDGJ 及 1LJ、2LJ 电路中，保证发生轨道电源停电故障时，使解锁电路停止工作，从而防止错误解锁。

由于 GDJ 的快动和 GDJF 的缓动，使条件电源"KZ-GDJ"先于轨道继电器落下而断电，后于轨道继电器吸起而通电，即断电快、供电慢。这样，可以保证提供可靠的防护作用。

(4)进路继电器局部电路

为了实现对解锁条件的检查，每一个 Q 组合设置两个进路继电器，即 1LJ 和 2LJ。进路继电器局部电路如图 4.32 所示，1LJ 和 2LJ 平时由 3-4 线圈构成自闭电路，保持励磁吸起。经该区段建立进路时，在 QJJ 励磁吸起后，切断它们的自闭电路，使 1LJ 和 2LJ 都失磁落下，SJ 也相继失磁落下，实现进路锁闭。

进路解锁时，由 12 线或 13 线构成的解锁网络使两个 LJ 重新励磁，再由 3-4 线圈构成自闭电路，而后 SJ 励磁吸起，使该区段的道岔解锁。在电路中加入条件电源"KZ-GDJ"，保证发生轨道电源停电故障时，使解锁电路停止工作。

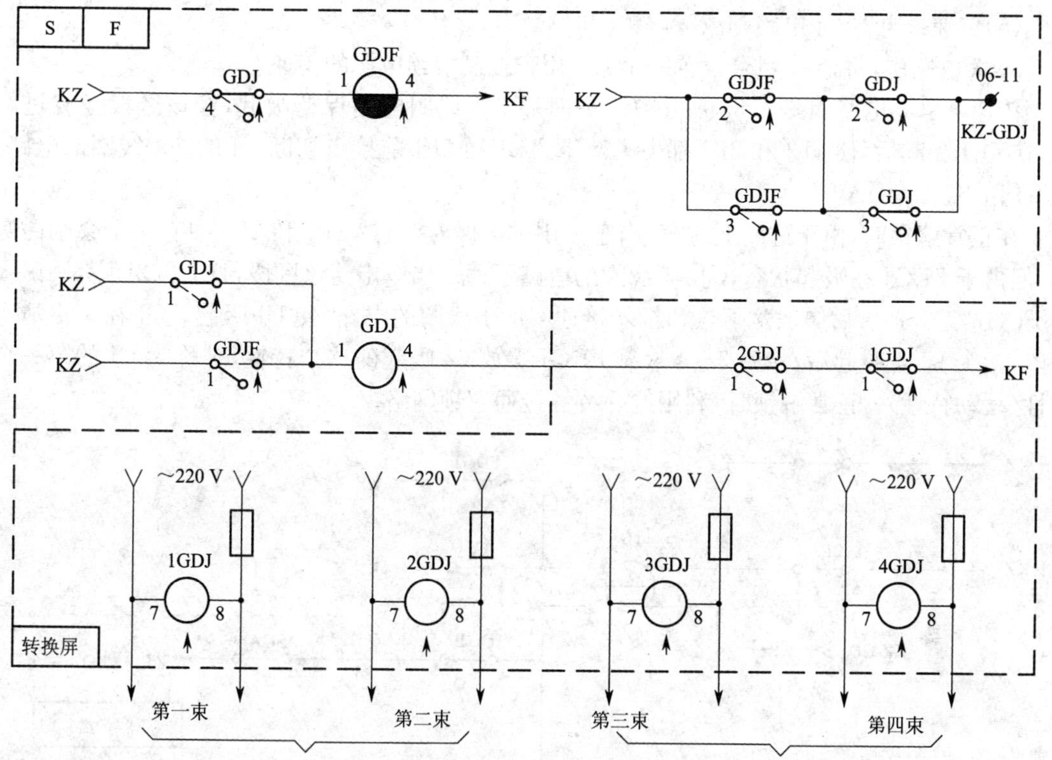

图 4.31　GDJ 电路和条件电源"KZ-GDJ"电路

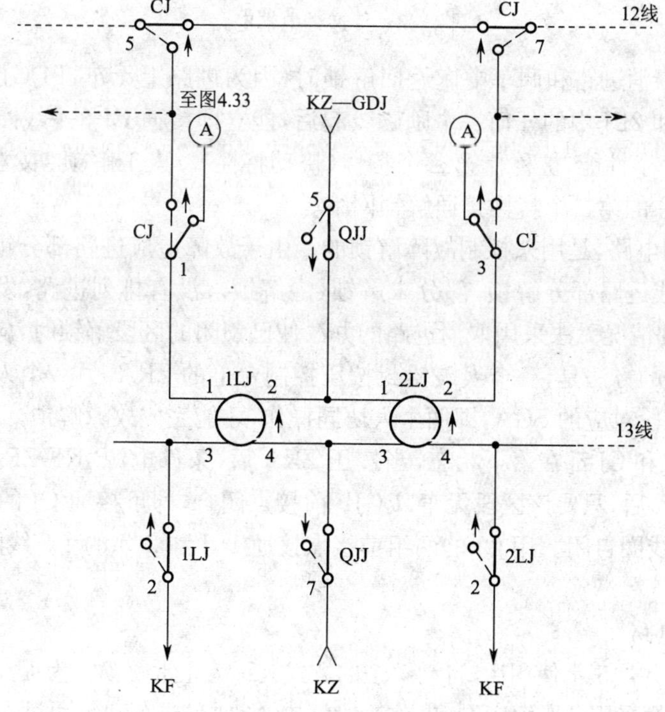

图 4.32　进路继电器局部电路

(5)传递继电器 CJ 电路和故障解锁

6502 电路中,每个 Q 组合设置一个 CJ,用来控制解锁电源的传递。

传递继电器电路如图 4.33 所示,CJ 平时靠 3-4 线圈电路保持吸起,经该区段建立进路时,在 QJJ 吸起后,使 1LJ 和 2LJ 都失磁落下,1LJ 和 2LJ 前接点切断 CJ 的 3-4 线圈的电路,使 CJ 落下。

在正常解锁时,由于进路上有车,当车占用本区段时,虽然 1LJ 和 2LJ 中有一个会励磁吸起,但由于 FDGJ 在吸起状态,CJ3-4 线圈的电路不通。当车出清该区段,1LJ 和 2LJ 都励磁吸起 FDGJ 经 3～4 s 后缓放落下,这时,才接通 CJ3-4 线圈的电路,使 CJ 吸起。CJ 在车出清本区段,两个 LJ 都吸起后,滞后 3～4 s(靠 FDGJ 缓放)才吸起的这个特性,被称为 CJ 的第一个特性(缓动特性)。正常解锁时,利用这一特性接通解锁网络。

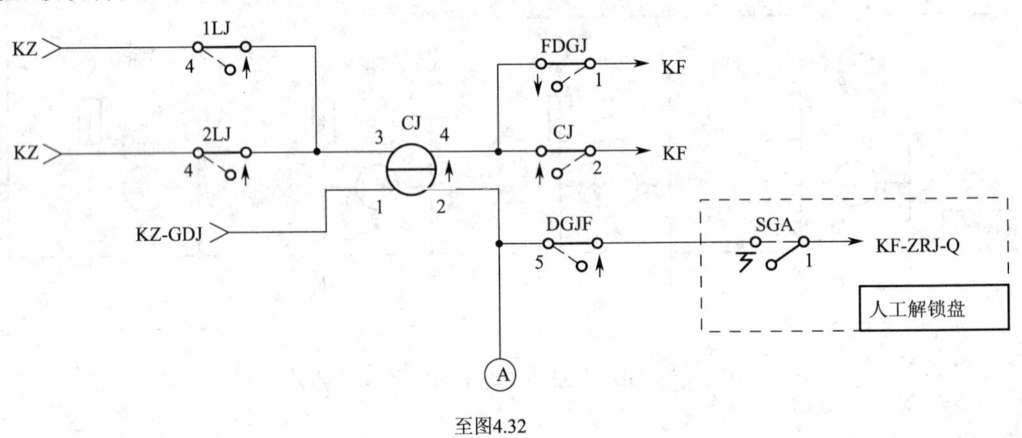

图 4.33　传递继电器电路

在人工解锁、取消进路和调车中途返回解锁时,因为进路上无车,FDGJ 根本就没有励磁吸起过,所以 1LJ 和 2LJ 中的任何一个励磁吸起后,能立即接通 CJ 3-4 线圈的电路,使 CJ 很快吸起。CJ 的这一个性能,被称作第二个特性(快动特性)。人工解锁、取消进路和调车中途返回解锁时要用 CJ 的第二个特性接通解锁网络。

CJ 的 1-2 线圈电路,是用来控制故障解锁的。由于故障造成进路部分锁闭,部分未锁闭;车经过进路时,造成进路部分解锁,部分未解锁(漏解锁);没有排列进路,发生停电断电造成 LJ 落下。以上各种情况无法采用取消进路的办法使已锁闭的区段解锁时,应采用故障解锁。

故障解锁办理的方法是,一个人破铅封按压控制台上的 ZRA,另一个人破铅封按压区段人工解锁盘上该区段对应的 SGA,即两个人协同操作,才能完成故障解锁。

由于 1LJ、2LJ 和 CJ 都在落下状态,当按压 ZRA 后,条件电源"KF-ZRJ-Q"有电,按压故障锁闭区段的 SGA 后,只要该区段无车,DGJF 前接点闭合,即可接通 CJ 的 1-2 线圈电路,使 CJ 吸起,再由 3-4 线圈自闭。用 CJ 的两组前接点接通 1LJ 和 2LJ 的 1-2 线圈电路,使两个 LJ 吸起,该区段解锁。

2. 正常解锁电路

一条进路建立并被正常使用后,自动解锁的方式被称为正常解锁。为提高车站作业效率,电气集中车站正常解锁采用分段解锁制,也称逐段解锁,即列车或车列每通过一个道岔区段,该道岔区段就立即解锁。分段解锁要满足一定的条件,因此,在下面先讨论进路正常解锁条件。

(1)正常解锁的条件

一条进路建立后,进路中已锁闭的区段,在车占用又出清该区段以后,即可解锁。如果该区段解锁只检查车占用并且出清本区段,叫作一点检查法。很明显,一点检查和人工短路没有办法区别。当某一区段在受进路锁闭的过程中,发生瞬间人工短路时,该区段的轨道继电器失磁落下后又励磁吸起,该区段将自动解锁,这是不安全的。

一个区段的解锁既检查车占用并且出清本区段,又检查车已占用下一区段,通过检查两个区段的条件,实现一个区段的解锁,称作两点检查法。采用两点检查法,可以克服一点检查法的弊端,即防止发生瞬间人工短路时,造成错误解锁。但是,两点检查法仍存在弊端,即当两相邻轨道区段之间的两个钢轨绝缘节发生破损时,造成两个轨道继电器同时失磁落下,而后,因为车的振动,故障现象消失,两个轨道继电器又励磁吸起,即轨道绝缘发生非稳定性破损,仍有可能造成错误解锁。

既然一点检查和两点检查法都存在弊端,大部分区段采用三点检查法。所谓三点检查法,就是一个区段的解锁,要顺序检查本区段的前一区段占用、出清,本区段的占用、出清和下一区段的占用情况。例如举例站场,建立下行ⅠG接车进路,3DG的解锁要顺序检查列车占用且出清了5DG(第一点),又占用且出清了3DG(第二点),再占用了9-15DG(第三点)。这些条件满足后,3DG才能解锁。显然,采用三点检查法更能保证安全。

在电路设计时,各轨道区段的解锁要尽量实现三点检查,由于条件限制,有些区段的解锁无法实现三点检查时,对列车进路的第一个轨道区段至少也要保证实现两点检查,对调车进路中的个别区段,允许保留一点检查。

(2)正常解锁的电路原理

前面已经介绍,每个Q组合都设有两个专用的继电器1LJ和2LJ,这两个LJ用来记录车占用出清轨道区段的条件。下面以一条从左至右进路为例,介绍正常解锁的电路动作,其解锁网络图如图4.34所示。

例如举例站场,建立下行ⅠG接车进路。当列车进站压入进路内方第一个轨道区段(ⅠAG)时,ⅠAGJ落下,使XJJ落下,LXJ缓放落下,进站信号关闭,由于第一个区段为无岔区段,它未设Q组合,也没有LJ,解锁电路先不动作。在零散组合里,也可以设一个ⅠAG的FDGJ,采用RC缓放,在ⅠAGJ落下时,ⅠAG的FDGJ吸起。当列车压入5DG时,5DG的DGJ落下,使该区段FDGJ吸起,QJJ随之落下,为该区段解锁做好准备。但在列车未出清ⅠAG之前,解锁电路仍不动作。待列车出清ⅠAG之后,解锁电路开始动作。

在进路始端,经两组KJ前接点、XJJ后接点、LXJ和DXJ后接点、ⅠAGJF前接点、ⅠAG的FDGJ前接点(缓放)将12线与13线相连。在5DG的Q组合中,经该区段的FDGJ前接点、2LJ后接点已向13线送KF电源。这样,5DG的1LJ由1-2线圈经局部电路到12线,至进路始端转到13线,在13线得到送KF电源,使5DG的1LJ吸起,而后由3-4线圈自闭。该继电器的吸起记录了前一区段的占用(ⅠAG的FDGJ前接点)、前一区段的出清(ⅠAGJF前接点)和本区段的占用(5DG/FDGJ前接点)。

列车继续运行,压入3DG时,3DG的DGJ落下,使该3DG的FDGJ吸起。在3DG的Q组合中,经3DG的FDGJ前接点、2LJ后接点已向13线送KF电源,待列车出清5DG时,5DG的DGJ吸起,13线接通,使5DG的2LJ由3-4线圈沿13线吸起,而后自闭。5DG的2LJ吸起记录了本区段的出清(DGJ前接点)和下一区段的占用(3DG/FDGJ前接点)。

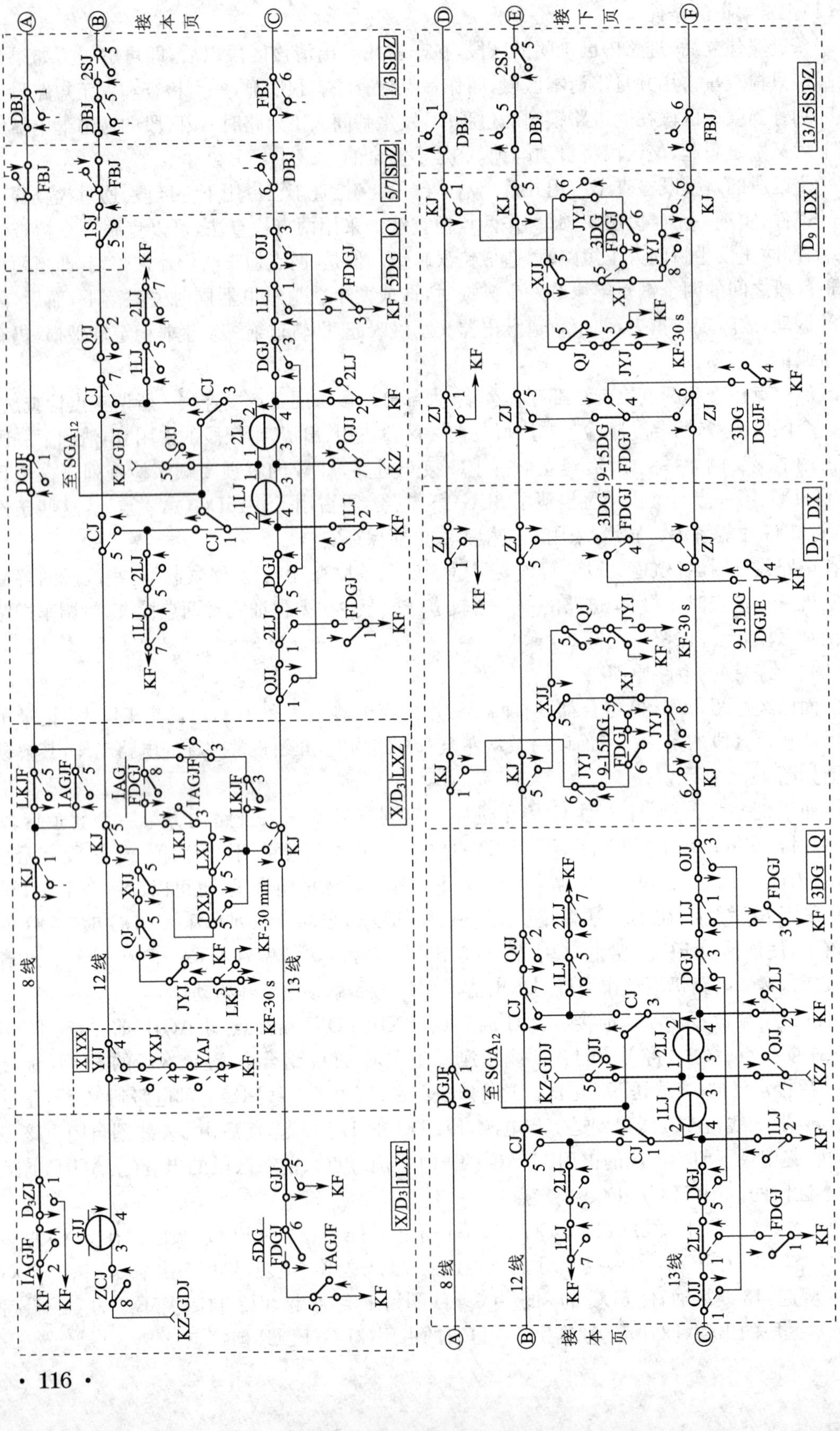

图 4.34 解锁网络图（一）

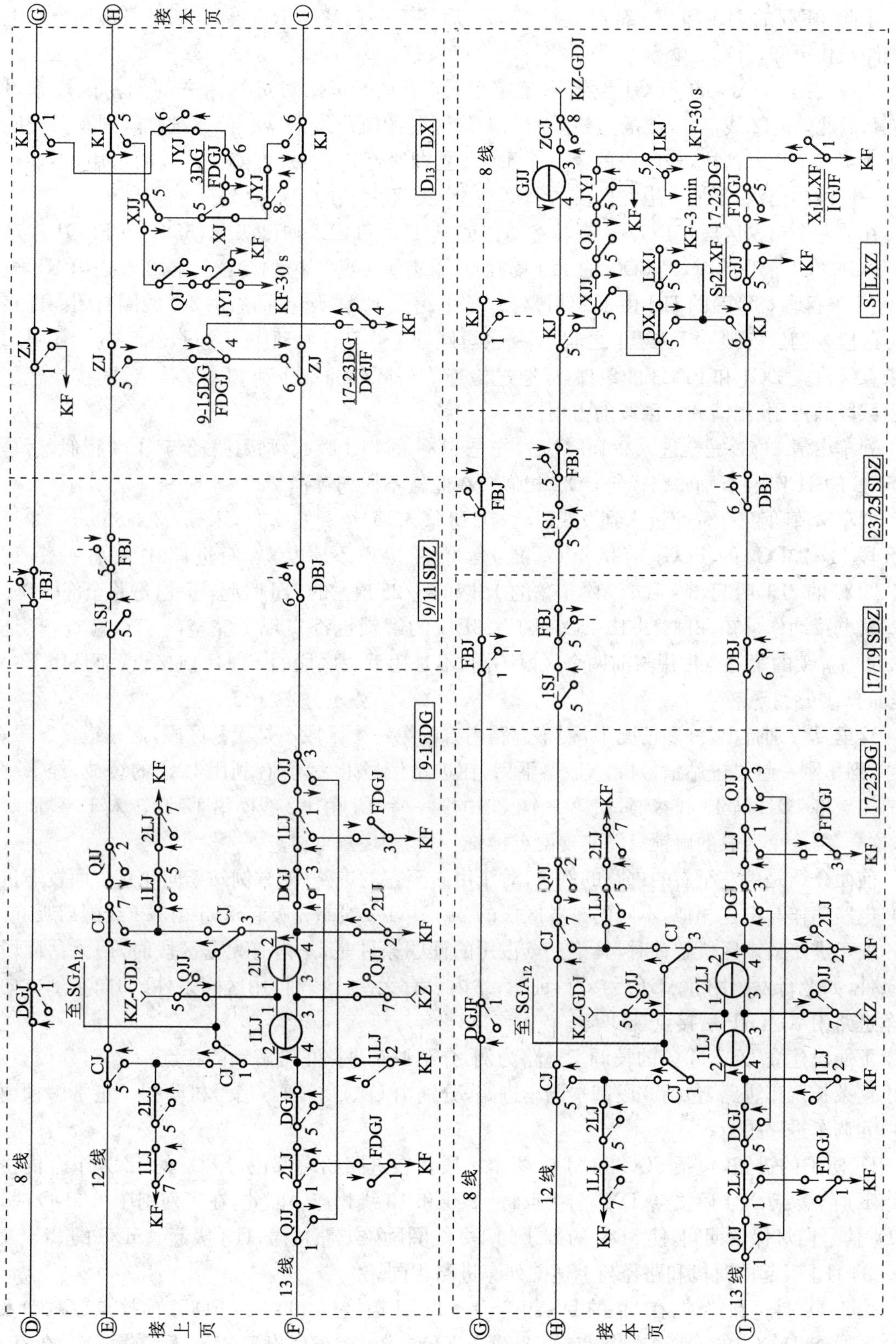

图 4.34　解锁网络图(二)

至此,5DG 的 1LJ 和 2LJ 都已吸起,待 3 s 后使 5/7 道岔的 1SJ 吸起,该区段解锁。由上述电路动作可知,5DG 的解锁实现了完整的三点检查。

应该指出,ⅠAG 的 FDGJ 设置不是定型设计,有的车站对进站内方的无岔区段未设 FDGJ,因此,在 12 线与 13 线的连线上加入无岔区段的轨道继电器后接点,这样,列车只要刚一压入第一个道岔区段,该区段的第一个 LJ 就立即吸起,只能检查前一区段的占用,不能检查前一区段的出清,第一个道岔区段的解锁只能实现不完整的三点检查。

在前一个道岔区段(5DG)解锁电路动作使其 1LJ 和 2LJ 均已吸起,5DG 的 FDGJ 未落下,5DG 的 CJ 未吸起时,经 5DG 的 1LJ 前接点、2LJ 前接点、CJ 后接点已向 12 线送出 KF 电源,使下一区段(3DG)的 1LJ 由 1-2 线圈经局部电路沿 12 线吸起,而后由 3-4 线圈自闭。即在前一区段未彻底解锁(SJ 未吸)之前,下一区段解锁电路已开始动作。这里,3DG 的 1LJ 吸起虽未直接检查 DGJ 和 FDGJ 的条件,但通过检查前一区段的 1LJ 和 2LJ 前接点,间接检查了前一区段的占用、出清和本区段的占用。

列车出清 3DG,完全进入 9-15DG 后,先是 3DG 的 2LJ 吸起,励磁路径与 5DG 相似,后是 9-15DG 的 1LJ 吸起,励磁路径与 3DG 相似。在此就不详细解释了。

列车出清咽喉区,完全进入到发线以后,在 13 线末端,经到发线的 GJF 后接点、最末一个道岔区段(17-23DG)的 FDGJ 前接点(缓放)等条件接通 KF 电源,使进路中最后一个 LJ (17-23DG 的 2LJ)吸起,3 s 后 17/19 道岔的 1SJ 和 23/25 道岔的 1SJ 吸起,至此,进路全部解锁。

从电路动作可知,3DG、9-15 DG 和 17-23DG 的解锁也都实现了完整的三点检查,只是 17-23DG解锁的第三点占用与前两个区段不同,不是用下一区段的 FDGJ 前接点,而是用下一区段的 GJF 后接点。

这里要特别指出,许多情况下,列车进路内方的第一个区段不是无岔区段,而是道岔区段。这样,列车刚一越过进站信号机,XJJ 落下后,在进站信号未关闭前,利用 LXJ 的缓放,经 LXJ 的前接点将 12 线与 13 线接通,使第一个区段的第一个 LJ 由 1-2 线圈沿 12 线转入 13 线而吸起,这样,第一个区段的解锁只能实现两点检查,不能实现三点检查。

前面介绍是由左至右的进路的例子,对于由右至左的进路(如举例站场向北京方面发车进路),电路动作与上述相似,不同的是各区段的 2LJ 由 1-2 线圈先吸起,1LJ 由 3-4 线圈后吸起。

发车进路最末区段解锁时,其第三点占用的证明条件是,站内有无岔区段时,用无岔区段的条件(如上行发车用ⅡAGJ 后接点)证明;站内没有无岔区段时,用区间条件(如向东郊方向发车进路用 X_DJGJF 后接点)证明。

下面以建立 D_3 至ⅠG 的长调车进路为例,介绍调车进路正常解锁的特点。

这条长调车进路,包括 3 段基本调车进路,分别由 D_3、D_9 和 D_{13} 信号机防护。正常解锁要按单元调车进路进行。

D_3 防护的进路,包括 5DG 和 3DG 两个区段。在进路始端部位,X/D_3 的 LXZ 组合内由两组 KJ 前接点、XJJ 后接点、DXJ 前接点将 12 线和 13 线相连。因此,在车列刚压入 5DG 时,在 D_3 信号白灯保留期间,使 5DG 的 1LJ 的 1-2 线圈励磁电路接通,1LJ 吸起。5DG 的 2LJ 及 3DG 的 1LJ 吸起的时机和路径与上述的列车进路相同。

由于 D_7 是进路终端,在 D_7 的 DX 组合内经 D_7ZJ 前接点、5DG 的 FDGJ 前接点(缓放)及下一区段(9-15DG)的 DGJF 后接点向 13 线送 KF 电源,在车列出清 3DG 后,使 3DG 的 2LJ 由 3-4 线圈沿 13 线吸起,3DG 正常解锁,也即第一个单元调车进路解锁。

D_9 防护的进路，仅包括 9-15DG 一个区段。在进路始端部位，D_9 的 DX 组合内由两组 KJ 前接点、XJJ 后接点、DXJ 前接点、JYJ 前接点将 12 线和 13 线相连。在车进入 9-15DG 区段，离开 3DG 区段时，利用 DXJ 的缓放使 9-15DG 的 1LJ 的 1-2 线圈励磁电路接通，1LJ 吸起。9-15DG 的 2LJ 由经 D_{13}ZJ 前接点、9-15DG 的 FDGJ 前接点、17-23DG 的 DGJF 后接点向 13 线送 KF 电源，在车列出清 9-15DG 后，9-15DG 正常解锁，也即第二个单元调车进路解锁。

D_{13} 防护的进路，仅包括 17-23DG 一个区段。17-23DG 的 1LJ 动作与上述 9-15DG 的 1LJ 相似，2LJ 吸起的路径与列车进路相同。

由以上可见，调车进路正常解锁电路，与列车进路正常解锁电路基本相同，只是在进路始端部位和终端部位所接的控制条件不完全一样。此外，对于调车进路，由于在车未进入接近区段以前，XJJ 接有保护电路，所以，XJJ 失磁落下，不但说明车已进入进路内方，并且还能证明，车确实占用过接近区段。因为，如果车未占用过接近区段，则 XJJ 能由 1-2 线圈自闭电路保持吸起不会失磁落下。这样，调车进路始端部位的 XJJ 后接点，构成了调车进路正常解锁的第一点检查条件，即车曾占用过前一个区段。从这个意义上说，调车进路的接近区段即使是无岔区段，其第一个区段也能实现不完整的三点检查，如果调车进路的接近区段是道岔区段，其第一个区段能够实现完整的三点检查。

应该指出，凡是接近区段准许停留有车辆的调车进路，始端 12 线与 13 线之间不检查 JYJ 的前接点，以保证在接近区段留有车辆时，进路将能正常解锁。

以咽喉区信号点为终端的调车进路，向 13 线供出解锁电源，是经过 ZJ 前接点供出的，由于加有最末区段的 FDGJ 前接点，这个电源只能瞬间接通。

调车进路的正常解锁，一般都能实现三点检查或两点检查。在特殊的情况下，若一条调车进路只有一个道岔区段，最末区段和接近区段均为股道或无岔区段，而且均停有车辆时，对于道岔区段的正常解锁来说，只能实现一点检查。

(3)正常解锁的动作规律

分析了正常解锁的各种情况以后，可以总结出正常解锁电路的动作规律：

①由左至右顺序占用并出清 a、b、c 3 个轨道电路区段的进路 1LJ 先吸起，2LJ 后吸起，即 a/1LJ↑→a/2LJ↑→b/1LJ↑→b/2LJ↑……

由右至左顺序占用并出清 a、b、c 3 个轨道电路区段的进路 2LJ 先吸起，1LJ 后吸起，即 a/2LJ↑→a/1LJ↑→b/2LJ↑→b/1LJ↑……

②利用 CJ 的第一特性，一条进路中前一区段解锁，下一区段方可解锁。有一个区段未解锁，其后续的区段均不能解锁。

③先吸起的 LJ 由 1-2 圈沿 12 线吸起，12 线电流方向与进路方向相反，后吸起的 LJ 由3-4 圈沿 13 线吸起，13 线电流方向与进路方向相同。

④先吸起的 LJ 证明本区段占用，后吸起的 LJ 证明本区段出清。本区段的前一区段是接近区段且为无岔区段时，刚一占用就先吸起一个 LJ；本区段的前一区段是道岔区段时，完全占用本区段才能先吸起一个 LJ。

对于设 Q 组合的无岔区段，其 1LJ、2LJ 在列车进路中参与解锁电路动作，相当于一个道岔区段，而在调车进路中不参与解锁电路动作。

⑤同一进路内，正常解锁时，任意一个 LJ 不吸起，其后续的 LJ 均不能吸起，但长调车进路每一单元进路解锁是独立的。

3. 取消解锁和人工解锁

(1)取消解锁和人工解锁的条件

前面已经介绍,进路处于预先锁闭状态时,要想使进路解锁,可用取消进路的办法。进路处于接近锁闭状态时,要想使进路解锁,必须用人工解锁的办法使进路解锁。取消解锁和人工解锁必须符合解锁条件,才能解锁,取消解锁和人工解锁的条件介绍如下:

①人为办理了取消或人工解锁的手续。

②信号已关闭。

③车确实没有驶入进路。

④办理取消解锁时进路必须处于预先锁闭状态。

⑤办理人工解锁时进路处于接近锁闭状态,必须达到规定的延时时间,进路才能解锁。

(2)取消解锁电路

如图 4.34 所示,下面以取消下行ⅠG 接车进路为例,说明取消解锁电路动作。

办好取消进路手续后,进路始端信号点的 QJ 励磁吸起;接近区段无车,JYJ 吸起;QJ 吸起后,重新将 XJJ 的电路接通,通过 8 线证明车确实没有进入进路,使 XJJ 吸起。QJ 吸起,使 LXJ 落下,信号关闭,进路中各区段的 QJJ 落下。

满足取消进路的条件后,由进路始端部位,经 JYJ、QJ、XJJ、KJ 的前接点把解锁电源接向 12 线。于是,接通进路中第一个道岔区段(5DG)的 1LJ 的 1-2 线圈励磁电路。因为进路上无车,5DG 的 FDGJ 落下,所以,5DG 的 1LJ 吸起后,其 CJ 立即励磁吸起。

经 CJ 前接点将进路始端供出的解锁电源,沿 12 线传递到下一个区段。于是,3DG 的 1LJ 励磁吸起,使 3DG 的 CJ 吸起,始端解锁电源继续向下传递,以后依次类推,使各区段 1LJ 及 CJ 依次相继励磁吸起。

到进路终端,由于 S_{I} ZCJ 在失磁落下状态,使进路终端信号点的 S_{I} GJJ 由 3-4 线圈励磁吸起,S_{I} GJJ 吸起后经其前接点接通 13 线解锁电源 KF,顺序传递接通各区段 2LJ 励磁电路,于是,进路自终端至始端顺序解锁。

由上可见,取消进路时的解锁条件,都是由进路始端部位 12 线接入解锁电源时检查的。12 线获得解锁电源后,即可实现取消解锁的电路动作。

办理其他进路取消解锁时,12 线始端的控制条件相同。

在发车进路的终端部位,若 12 线末端未接入 GJJ 的 3-4 线圈,不能用 GJJ 前接点向 13 线送 KF 电源,在 12 线各继电器动作完毕后,用进路最末道岔区段的 FDGJ 前接点和进路最末区段先吸起的 LJ 前接点将 12 线和 13 线相连,这样,12 线工作完毕即可将进路始端的解锁电源 KF 转入 13 线。

以咽喉区信号点为终端的调车进路,在 13 线上没有另外接解锁电源,而是将 12 线上的解锁电源,经过两组 ZJ 前接点直接转到 13 线,保证在 12 线工作完毕后,使 13 线立即工作,各区段由终端到始端顺序解锁。

(3)人工解锁电路

办理人工解锁时,也是在进路始端部位,向 12 线接入解锁电源。所不同的是经 JYJ 后接点接入条件电源“KF-30 s”或“KF-3 min”,以保证所达到规定的延时时间才能解锁。12 线接进解锁电源后,解锁网络的工作和取消进路时完全相同。

对于接车和有通过作业的正线发车进路,用 LKJ 前接点接通条件电源“KF-3 min”。若该

信号点带有调车信号时，经 LKJ 后接点接通条件电源“KF-30 s”。侧线发车进路的条件电源和调车进路一样，都是“KF-30 s”，所以不需要用 LKJ 接点区分。

下面介绍一下人工解锁的延时控制电路，如图 4.35 所示。

为了区别不同的延迟时间，在电源组合中分别设有第一人工解锁继电器 1RJJ、第一限时继电器 1XCJ、第二人工解锁继电器 2RJJ 和第二限时继电器 2XCJ。一个咽喉区共用一套延时控制电路，所以它们必须受该咽喉区所有的信号机的控制。

由图 4.35 可知 ZRJ 前接点控制 1RJJ 和 2RJJ 的 KZ 电源，每一信号点 LXJ 和 DXJ 的后接点、XJJ 前接点、JYJ 后接点、QJ 前接点构成一个支路接 KF 电源，根据延时时间要求不同，由 LKJ 接点区分，需要延时 3 min 的进路条件并联接在 1RJJ 电路中，需要延时 30 s 的进路条件并联接在 2RJJ 电路中。办好解锁手续，从信号关闭起，1RJJ 或 2RJJ 吸起，用 1RJJ 前接点控制 1XCJ，用 2RJJ 前接点控制 2XCJ。经由 1RJJ 和 1XCJ 的前接点接通条件电源“KF-3 min”，2RJJ 和 2XCJ 的前接点接通条件电源“KF-30 s”。当 1RJJ 吸起达到 3 min 控制 1XCJ 吸起，“KF-3 min”有电；2RJJ 吸起达到 30 s 控制 2XCJ 吸起，“KF-30 s”有电，从而控制解锁电路动作。

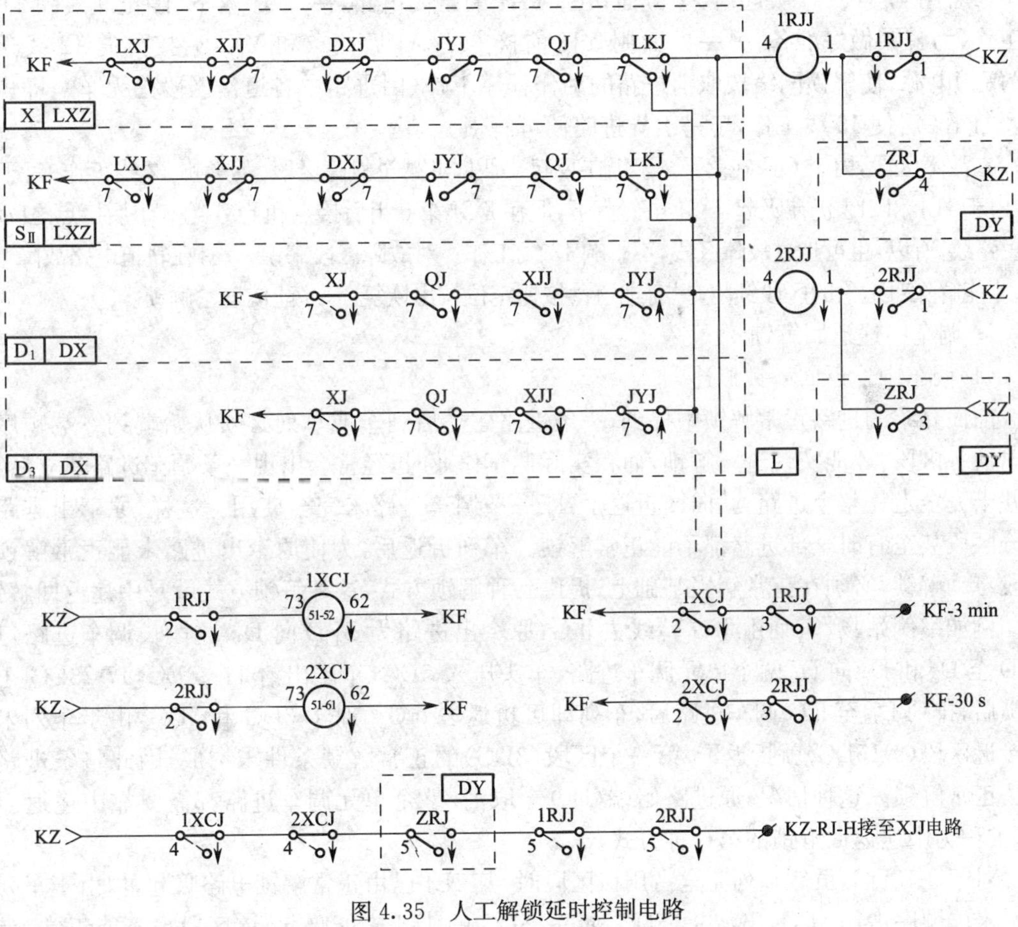

图 4.35　人工解锁延时控制电路

（4）取消及人工解锁的动作规律

①由左至右的进路 1LJ 先吸起，2LJ 后吸起，1LJ ↑→CJ ↑→1LJ ↑→CJ ↑→1LJ ↑……（GJJ ↑）→2LJ ↑……→2LJ ↑。

由右至左的进路 2LJ 先吸起，1LJ 后吸起，2LJ↑→CJ↑→2LJ↑→CJ↑→2LJ↑……(GJJ↑)→1LJ↑……→1LJ↑。

②利用 CJ 的快动特性，12 线工作完毕，13 线才能工作，进路由终端向始端顺序解锁。

③先吸起的 LJ 由 1-2 圈沿 12 线吸起，12 线的 KF 电源由进路始端供给，始终不变，电流方向与进路方向相反，后吸起的 LJ 由 3-4 圈沿 13 线吸起，解锁电源逐个区段传递，电流方向与进路方向相同。

4. 引导解锁电路

在前面介绍过的按进路锁闭引导接车，其进路解锁的方法与人工解锁相同，也是靠人工办理解锁手续，但进路解锁并不延时。下面介绍一下引导解锁电路。

引导列车进站，值班员确认列车全部接入股道后，才准许办理引导解锁手续。当按压 ZRA 和进路始端的 LA(注意，是 LA 而不是 YA)后，随着条件电源“KF-ZRJ-Q”有电和 LAJ 吸起，引导解锁继电器 YJJ 的电路被接通，于是 YJJ 励磁吸起并自闭，一直到 ZRJ 落下时为止。在 YJJ 的励磁电路中，由于加入 YAJ 前接点，正常办理人工解锁时，YJJ 并不吸起。

参看图 4.34，YJJ 吸起后，一方面切断 YAJ 的自闭电路，使 YAJ 落下，停止 9 线和 11 线的工作，为解锁做好准备；另一方面用 YJJ 前接点、YAJ 后接点和 YXJ 后接点向 12 线送出 KF 解锁电源，使解锁网络按取消进路的动作程序工作(因进路中各道岔区段已无车)，即先使 12 线工作，后使 13 线工作，于是引导进路便可解锁。

在故障区段，由于 QJJ 在落下，CJ 仍在吸起，所以，可越过故障区段，不影响 12 线工作；对于 13 线，由于 1LJ 和 2LJ 仍在吸起，DGJ 虽然落下，但在 DGJ 第 5 组后接点和 DGJ 第 3 组后接点之间，接有短路线，所以，也可越过故障区段，不影响 13 线工作。对故障区段来说，只有在轨道电路故障修复后，才能解除对道岔的区段锁闭，只有把道岔按钮定位拉出恢复后，才能使道岔解锁。

5. 调车中途返回解锁

(1)调车中途返回解锁概述

前面介绍的进路正常解锁中提到，一条进路建立后列车或车列必须从始端到终端顺序占用出清各区段，才能实现进路解锁，而在实际调车作业时，经常会出现一条调车进路建立后，车列并未完全走完整个进路，就向回折返了，即一条调车进路未完全使用。这样，原牵出进路有部分区段甚至有时全部进路都不能正常解锁。车列折返后，为使原牵出进路未能正常解锁的区段自动解锁，必须在正常解锁基础上，提供一种解锁方式，这种解锁方式就是中途返回解锁。

例如举例站场，车列由ⅠG 转线去ⅡG，原牵出进路为 $S_{Ⅰ}$D 向 D_3，这段长调车进路包括 $S_{Ⅰ}$D 至 D_7 和 D_7 向 D_3 两个单元调车进路，车头压入 3DG，车尾出清 17-23DG，17-23DG 正常解锁后，排列 D_{13} 至ⅡG 调车进路后，车列即可折返去ⅡG。对于 3DG 和 5DG，由于车列未出清接近区段(9-15DG)就折返了，第一个区段(3DG)的正常解锁条件未构成，因此整条进路都无法正常解锁。这种情况，原进路始端(D_7)未取消，整个单元调车进路都需要靠中途返回解锁，被称为中途返回解锁的第一种方式。

对于 9-15DG，虽然车列完全占用该区段时，其 2LJ 已由正常解锁电路吸起，但由于车列牵出时未能顺序占用 3DG，出清 9-15DG，使 9-15DG 的 1LJ 未能吸起，该区段也不能正常解锁，只能靠中途返回的方式解锁。这种情况与上述不同，这是原牵出进路有一部分区段(17-23DG)已经正常解锁，还留有一部分区段没有解锁，需要靠中途返回解锁，这种方式被称为中途返回解锁的第二种方式。

(2)第一种调车中途返回解锁

上述的第一种情况，牵出进路的全部区段，都需要由调车中途返回解锁电路使之解锁。凡是咽喉中间调车信号机，不论单置的、并置的或差置的，都有可能遇到此种情况，因此，都有必要考虑第一种情况的中途返回解锁电路(在到发线中间出岔的情况下，有时出站兼调车也有中途返回的需要，工程设计时也可作成中途返回解锁电路)。

对于第一种方式的中途返回解锁，应检查下列解锁条件：

①车列占用过进路。

②调车信号已经关闭。

③车列已经退出了进路。

④车列牵出时曾出清接近区段，未出清时要检查车列已退出接近区段。

前面已经介绍，人工解锁和取消进路，都是由进路始端部位，向12线接入解锁电源即可。既然此种情况由进路始端第一个区段开始就没有正常解锁，那么，就有可能也由进路始端部位，向12线设法接入解锁电源来使解锁网络工作。

对于上面的例子，把由D_3进路终端部位经D_3ZJ第一组前接点，接向8线的KF电源，作为解锁电源使用。通过8线，在D_7进路始端部位，经D_7KJ第一组和第五组前接点，再把这个解锁电源转接到12线上去，向进路的终端方向供出。在车列退出接近区段3 s内，8线与12线接通，由于在进路始端12线得到KF电源，则3DG/2LJ吸起，由于3DG的FDGJ落下，其CJ即可吸起，随之5DG/2LJ和5DG/CJ吸起。解锁电源传到12线末段时，使X/D_3的GJJ吸起，再经GJJ前接点接通13线KF电源，于是13线开始工作，使5DG/1LJ和3DG/1LJ顺序吸起。由此可见，原进路未能按正常解锁吸起的LJ，当车列折返后，电路动作和取消解锁一样，由终端至始端顺序解锁。

在8线上检查进路中各轨道区段的DGJ前接点，8线与12线的连线上检查XJJ后接点、XJ后接点、JYJ前接点和接近区段的FDGJ前接点等条件，这些都是作为对上述调车中途返回解锁条件的检查，这里不再详细分析。

应该指出，由于中途返回解锁电路中检查了JYJ前接点，当车列牵出时，如果压入进路内方后，未出清接近区段就已折返，则必须等到车列退出接近区段后才能使按进路中途返回方式解锁。为了使8线与12线的连线短时间接通，电路中加了接近区段的FDGJ前接点，这样，上述情况下，只有JYJ励磁吸起、接近区段FDGJ缓放的瞬间，上述的转接连接线才接通，在调车中途折返时，进路中各区段12线有关继电器(包括2LJ或1LJ和CJ及GJJ)必须在限定的时间内可靠地励磁吸起。根据FDGJ的缓放时间为3 s计算，调车进路中的区段数不能超过10个。

(3)第二种调车中途返回解锁

上述的第二种情况，牵出进路的一部分已经解锁，一部分需要中途返回解锁电路使之解锁。此种情况，只是在牵出进路上设有反向的单置调车信号机时才有可能，因为反向的并置调车信号机或差置调车信号机，都不会使牵出进路一部分正常解锁，一部分不能正常解锁。

对于这种方式，由于进路内方第一区段已经正常解锁，不需再检查车列占用过进路和信号关闭的条件，只需检查车列已折返且退出了需要中途返回解锁的区段，作为解锁条件。

如图4.34所示，由于牵出进路中的第一个区段已经正常解锁，牵出进路的KJ已落下，所以，就不再可能由牵出进路的始端部位，向12线接入解锁电源了。因此，这种情况需要由作为折返信号的反向单置调车信号点，即在折返进路的始端部位，将原牵出进路的8线的KF电源设法转入 12 线，再向牵出进路终端方向供出解锁电源，使解锁网络工作。

对于上面的例子，由 S_{I} D 至 D_7 进路终端部位，经 D_9ZJ 前接点向 8 线接入解锁电源，把这个电源由 8 线在折返信号机 D_{13}进路的始端部位，再通过 D_{13}XJJ 后接点和 D_{13}KJ 前接点，转接到 12 线上去。要注意，转接时，不是把转接进来的这个电源向 D_{13}进路的终端方向送，而是向 S_{I} D 牵出进路的终端方向送，即在车列退出 9-15DG，8 线接通，3 s 以后，9-15DG 的 FDGJ 落下，其 CJ 吸起，12 线接通。由于 9-15DG 的 2LJ 已经由正常解锁电路吸起，中途返回解锁只需使 9-15DG 的 1LJ 吸起，使 9-15DG 按中途返回方式解锁。

由上述分析可知，调车中途返回解锁时，解锁电路中 LJ(GJJ)和 CJ 的动作，与取消解锁、人工解锁时完全相同，因此可以说，中途返回解锁是在正常解锁基础上的取消解锁电路动作，只是 12 线的解锁电源不同，不再赘述。这里只需分清哪些 LJ 是由正常解锁电路吸起的，哪些 LJ 是靠中途返回解锁电路吸起的。

6. 轨道光带表示灯电路

进路锁闭后，在控制台的轨道模型盘上，点亮一条与所排进路相一致的白光带，反映出已把该进路锁闭。车进入进路后，随着车的前进，车进入哪个区段，则那个区段的白光带即改点红光带，反映出车的所在位置。车出清某一道岔区段后，则随着道岔区段的解锁，光带也跟着熄灭，反映出可以再利用该区段选另外的进路了。

道岔区段轨道光带表示灯电路如图 4.36 所示，对应区段中的每个道岔，在辙叉一侧的直股和弯股部位，都设有白色和红色表示灯。直股部位的表示灯，分别用 DB 和 DH 表示；弯股部位的表示灯，分别用 FB 和 FH 表示。为了形成光带，在岔前部位也要设有表示灯，分别用 QB 和 QH 表示。当一个区段有多组道岔时，可共用一组 QB 和 QH 表示灯。

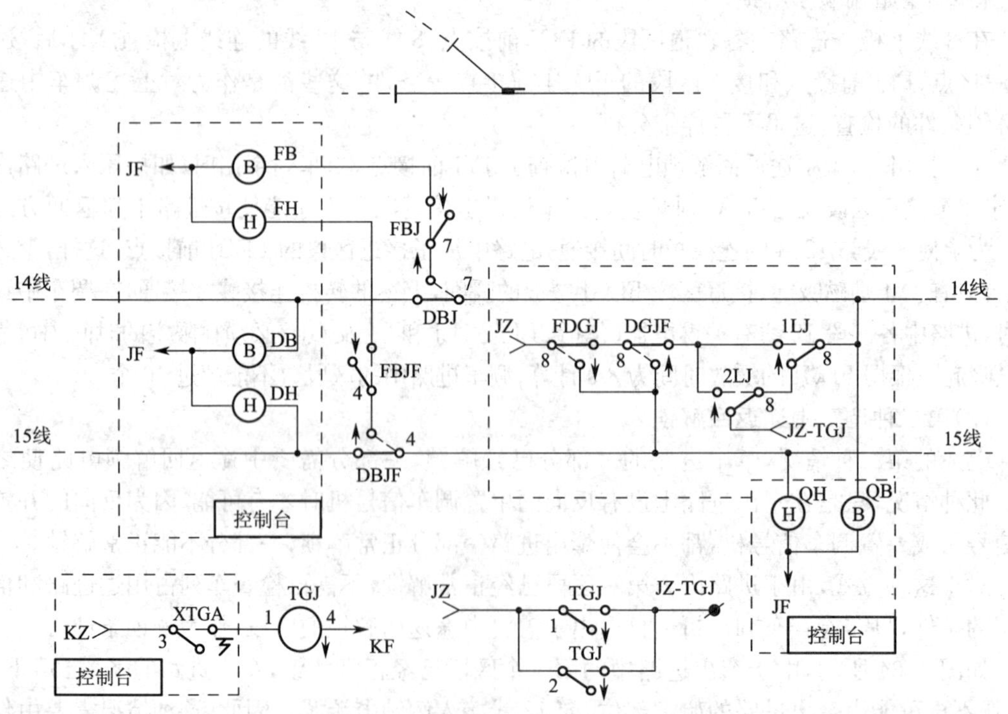

图 4.36　道岔区段轨道光带表示灯电路

6502电气集中,用14线和15线控制轨道光带表示灯。平时,光带不点灯,进路锁闭时,车尚未驶入区段以前,经1LJ或2LJ的第8组后接点,以及FDGJ第八组后接点和DGJF第8组前接点,把交流表示电源"JZ"接到14线上。无论道岔在任何位置QB都点亮,当道岔在定位时,该区段DB点灯;在反位时,该区段FB点灯,各区段连接起来就形成一条白光带。列车驶入区段后,由于轨道复示继电器DGJF失磁落下,轨道反复示继电器FDGJ励磁吸起,停止向14线供出"JZ"电源,白光带熄灭。但这时,经FDGJ第8组前接点,把"JZ"电源接到15线上,使QH与DH或FH点亮,形成一条红光带。列车出清区段后,DGJF励磁吸起、FDGJ失磁落下,把15线上的"JZ"电源切断,于是红光带熄灭。这时,由于进路继电器1LJ和2LJ都早已励磁吸起,所以白光带不能再点灯。

红光带熄灭后,不准许闪一下白光带,因此,在接入DGJF接点的同时又接入FDGJ接点。这样在轻车跳动时,即使DGJF随之跳动,但由于FDGJ缓放,不会造成白光带闪亮。

平时,如果值班员想确认进路开通状况时,可按压接通光带表示按钮TGA,使接通光带继电器TGJ励磁。TGJ励磁吸起后,条件电源"JZ-TGJ"被接通,于是,经1LJ和2LJ的前接点,把这个条件电源接到14线上去。根据道岔的开通位置点亮白光带,可确认整个咽喉的道岔开通状况。

对于交叉渡线区段,由于道岔组合交叉换位,轨道光带电路应作特殊处理:

举例站场,选经由道岔9/11反位的进路时,需要点亮的光管为9Q、9F和11Q、11F。为防止13/15的岔前灯或定位灯错误点亮,一是将同一区段两道岔的岔前灯分开,且在15Q和13Q电路中检查9/11道岔的DBJF的前接点(同理,在9Q和11Q电路中检查13/15道岔的DBJF的前接点);二是将同一区段两道岔定位灯合为一组,检查两道岔的DBJF的前接点,使定位灯点亮,保证只有在道岔9/11和13/15都在定位时,才有可能点灯。

到发线上的轨道光带表示灯电路如图4.37所示,它是由到发线两端出站信号机的ZCJ接点和到发线GJ接点控制点亮。向股道排列进路,当进路锁闭以后,ZCJ落下。在车尚未进入股道以前,经ZCJ第1组后接点和轨道继电器GJ第1组前接点点亮白光带。车进入股道后,经GJ第1组后接点点亮红光带。进路中最末一个道岔区段解锁后,ZCJ励磁吸起,这时,白光带和红光带表示灯电路都被断开。车在股道上停留期间,经GJ第6组后接点,只点亮两节红光带。

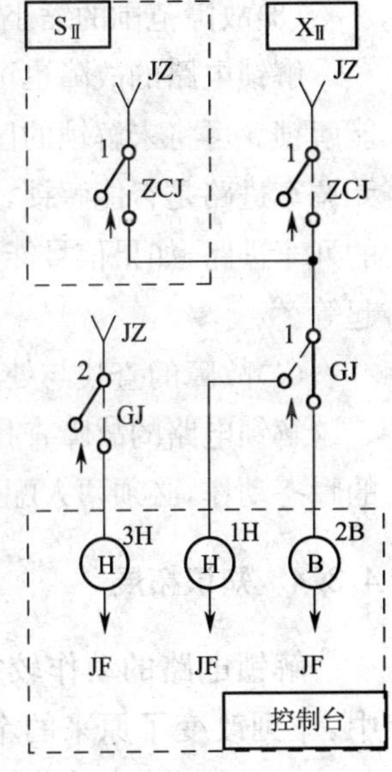

图4.37　到发线上的轨道光带表示灯电路

无岔区段的轨道光带电路大多都是非定型的电路。根据站场具体情况和实际作业需要控制轨道光带点亮,在此不作详细介绍。

其他表示灯电路都比较简单,在此均不作介绍。

7. 锁闭与解锁电路故障处理

(1)控制台表示的含义

分析锁闭解锁电路的故障主要观察轨道光带的显示。轨道光带点亮白灯,说明该区段已锁闭;轨道光带由白灯变为红灯,说明该区段有车占用;轨道光带熄灭,说明该区段解锁,各继电器已复原。

(2)用控制台表示分析电路故障

解锁电路动作非常复杂,有时电路并未故障,只是有的轨道区段分路不良,使有关区段的DGJ或FDGJ未能正常动作,造成进路不能正常解锁或不能实现中途返回解锁。将未解锁的区段用故障解锁的方法解锁后,如果下一条相同的进路能够解锁,一般都是轨道区段分路不良。

确认不是轨道区段分路不良,而是解锁电路故障时,必须及时处理。处理故障时除了观察控制台的表示外,还必须观察组合架上有关继电器的动作。有时,只有细心观察才能捕捉到继电器的动作时机,下面列举一些故障现象:

①列车或车列出清本区段后,轨道光带由红变白,说明该区段不能实现正常解锁。除本区段的LJ线圈断线或局部电路故障外,还有下列几种可能:

a. 前一区段KF未传递到下一区段,如12线断线、前一区段FDGJ不缓放CJ不缓动等,这将影响本区段第一个吸起的LJ动作。

b. 下一区段的13线KF未接通,若本区段不是进路中最末区段时,可能是下一区段FDGJ未吸起(有时10线断线QJJ提前落下,车压入时FDGJ不吸起),这将影响本区段后吸起的LJ的动作。

②取消解锁时不能解锁,一般可能是12线或13线断线及LJ局部电路故障,这时要根据LJ动作的顺序找出第一个不吸起的LJ或CJ。

③调车车列中途折返后,剩余区段不能按中途返回方式解锁。可能是8线与12线之间的连线接触不良或有关条件未接通等。

(3)故障范围的缩小

解锁电路的故障也可在控制台上缩小故障范围。例如排列下行ⅠG的接车进路,进路不能解锁。可将未解锁的区段故障解锁后,重新排列D_3至ⅠG的长调车进路,然后试验每一单元调车进路是否能解锁,从而可进一步缩小故障范围,即先将原进路取消后,再排列X向ⅠG的列车进路,如果信号能开放,说明X/ D_3的KJ、XJJ、XJ电路均正常,故障可能是$S_Ⅰ$ ZJ未吸起等。

(4)故障的查找与处理

解锁电路的故障查找很复杂,特别是正常解锁或调车中途返回解锁的故障,是受车体控制的瞬态动作,必须两人配合认真测试、细心观察。

4.3.4 知识拓展

解锁电路的动作较复杂,尤其是调车中途返回解锁,是在正常解锁电路动作的过程中,车列改变了原来的牵出运行方向而折返的过程,其解锁电路是在原正常解锁动作的基础上,重新改变动作方式和解锁电源的电路。下面对几种中途返回解锁电路的动作作以分析:

1. 并置或单置调车信号机防护的调车进路,车列牵出未完全进入进路内方而折返。整条进路各区段未能按正常解锁方式动作一个LJ,各LJ均需在车退出接近区段3 s内,按第一种中途返回方式动作,使进路解锁。

2. 差置调车信号机防护的调车进路，车列牵出未完全进入进路内方而折返。车列牵出时第一个道岔区段的第一个 LJ 已按正常解锁方式吸起，剩余未按正常解锁电路吸起的 LJ 均需在车列退出接近区段（无岔区段）3 s 内，按第一种中途返回方式动作，使进路解锁。

3. 并置调车信号机防护的调车进路，车列牵出完全进入进路内方后而折返。车列牵出时第一个道岔区段的第一个 LJ 已按正常解锁方式吸起，剩余未按正常解锁电路吸起的 LJ 均需在车列全部退出进路内方 3 s 后，按第一种中途返回方式动作，使进路解锁。

4. 单置调车信号机为折返的调车进路，其单置调车信号机外方的第一个道岔区段的第一个 LJ 已按正常解锁方式吸起，剩余未按正常解锁电路吸起的 LJ 均需在车列完全进入单置调车信号机内方 3 s 后，按第二种中途返回方式动作，使进路解锁。

5. 调车牵出作业中，如果未在适当位置停车，而拉过头，即使车列折返后，未能按正常解锁的区段，也不能按中途返回方式自动解锁。这是因为对于第一种中途返回解锁方式，拉过头时，进路内方第一区段正常解锁，使 KJ 落下，原进路始端取消，无法实现中途返回解锁。第二种中途返回解锁方式，拉过头时，单置调车信号机外方第一区段正常解锁后，SJ 吸起后，切断了 12 线，使解锁电源不能传递，无法实现中途返回解锁。

6. 原排的牵出进路过长，远方一段单元调车进路车列牵出时未曾压入进路内方，则该单元调车进路，无法参与调车中途返回解锁，只好将进路取消。

4.3.5　相关规范、规程与标准

1.《铁路技术管理规程》第 80 条、第 81 条。

2.《铁路信号维护规则　技术标准》第 5.1.11 条、第 5.1.16～5.1.18 条。

项目小结

1. 进路选排电路

(1)工作任务

①记录电路：由 AJ 电路和方向继电器电路及 FKJ(KJ)、ZJ 电路来分别记录按压按钮的动作、进路的性质、方向及确定进路的始、终端位置。

②选岔电路：由进路上各组道岔的 DCJ 和 FCJ 按照操纵意图自动地选出进路上的道岔位置；由 JXJ 来选出进路上始端、终端信号点(包括中间信号点)的位置，并由 JXJ 发出反馈信号，使 AJ 和方向继电器自动复原。

③道岔控制电路：由进路上的各道岔控制电路按照选岔电路的指令自动地完成转换道岔、排通进路的任务。

④开始继电器电路：由 KJ 来检查进路选排的一致性和接续记录进路始端的任务，并由 KJ 向下一级的信号控制电路发出指令，使信号控制电路执行指令而开始工作。

(2)进路选排电路各环节间的逻辑关系

①由进路的始、终端 AJ 电路来记录按压按钮的动作，即记录进路的命令。

②由始端 AJ 的吸起条件使对应的方向继电器励磁吸起；由终端 AJ 的吸起条件使该方向继电器自闭。这样由方向继电器来记录进路的性质和方向，并给 JXJ 的自闭电路准备方向电源“KF-共用-Q”。

③当进路两端的 AJ 吸起后，向选岔网络送出 KZ 和 KF 电源，使进路上各道岔的 FCJ 或 DCJ 和信号点 JXJ 从左向右顺序传递吸起，自动地选出进路上的道岔位置，并且选出进路始端、终端信号点(包括中间信号点)的位置。

④当选岔电路工作以后，会使下列 3 个电路环节开始工作：

a. 每当选出一组道岔的位置时，由 FCJ 或 DCJ 的吸起条件接通道岔控制电路，使相应的道岔自动转换到进路所要求的位置，并给出相应的道岔表示(DBJ 或 FBJ 励磁吸起)。

b. 当始端信号点选出之后，由始端的 JXJ 吸起条件与相应的方向电源配合，使始端 FKJ 励磁吸起且自闭；当调车进路终端信号点选出之后，由终端的 JXJ 吸起条件与相应的方向电源配合，使 ZJ 励磁吸起。若进路上有中间信号点，则由中间信号点的 JXJ 吸起条件与方向电源配合，使中间信号点的 FKJ 和 ZJ 按进路要求也励磁吸起。

c. 当进路全部选出后，分别由始端、终端的 JXJ 吸起条件向记录电路发出反馈信号，使 AJ、方向继电器和 JXJ 自动复原，即所有的 JXJ↑→所有的 AJ↓→方向继电器↓→JXJ↓，从而缩短记录时间，为办理其他平行进路准备条件，提高设备运行效率。

d. 当检查进路选排一致以后，并通过 FKJ 和 ZJ 的吸起条件，使进路始端的 KJ 励磁吸起，从而由 KJ 将进路选排电路的指令传给后续的信号控制电路，以便执行命令。

应注意：在办理变通进路时，选岔电路不但需要始端、终端的 AJ 吸起条件，而且还需要变通按钮或有关调车按钮的 AJ 吸起条件；在办理列车进路时，需要动作 LKJ，而办理调车进路时，不动作 LKJ。一般只有办理调车进路时才动作 ZJ。

(3)六线制选岔网络电路

①各网路线的分工

a. 1、2 线用来选八字第一笔双动道岔的反位。

b. 3、4 线用来选八字第二笔双动道岔的反位。

c. 5、6 线用来选单、双动道岔的定位、单动道岔反位和进路中所有的信号点。

②各网路线的送电规律

a. 1、3、5 线由左向右送 KZ，按照顺序向右传递，一直传送到所选进路的右端。

b. 2、4、6 线由右向左送 KF，它不是传递式的，由进路右端直接送到进路的左端。

③道岔选出顺序

a. 在进路中有双动道岔时，先选出双动道岔反位，然后才能选出信号点和道岔定位(包括单动道岔反位)。

b. 不论是双动道岔反位，还是信号点及道岔定位，都是由左至右顺序选出的，电路动作与进路方向无关。

2. 信号控制电路

(1)根据进路选排电路的 KJ、FKJ 和 ZJ 传来的指令，由信号检查继电器 XJJ 来检查进路空闲、道岔位置正确、敌对进路未建立 3 项基本联锁条件，当这 3 项基本联锁条件满足后，使进

路始端的XJJ经由8线励磁吸起。

(2)XJJ励磁吸起后,便使进路上各区段的QJJ(有的还包括GJJ)经由9线励磁吸起,从而为锁闭进路准备条件。

(3)当进路上各区段的QJJ励磁吸起后,使各区段1LJ、2LJ失磁落下,从而使各区段的CJ和各道岔的SJ(有的还包括ZCJ)失磁落下而锁闭进路。SJ落下后,一方面使KJ和ZJ自闭,另一方面还使DCJ和FCJ复原。

(4)当进路锁闭(即SJ和CJ落下)后接通11网络线,经由FKJ、KJ、ZJ的吸起条件,并且检查开放信号的所有联锁条件满足后,使XJ(LXJ或DXJ)励磁吸起且自闭。XJ吸起后使FKJ复原,并给10网络线提供KF电源,使进路上各区段的QJJ自闭保持吸起状态。

(5)当XJ励磁吸起后,便接通有关信号机的点灯电路开放信号,并使DJ保持吸起状态,而DJ的吸起又使XJ自闭。

3. 锁闭与解锁电路

(1)解锁网络的结构与动作规律

两条解锁网络是对称的,不论在继电器的接法上,还是在控制条件的接法上完全对称,所以,当运行方向相反时,要能做到各继电器的动作顺序恰好相反。顺便指出,解锁网络之所以要用两条网络线,每个区段之所以要设两个LJ,都是根据此解锁网络的对称性决定的。

根据12线和13线的网络结构,总结出解锁网络的动作规律如下:

①运行方向从左到右时,不论解锁方式如何,1LJ的励磁电流方向总是经由12线迎着运行方向,而2LJ的励磁电流方向总是经由13线顺着运行方向;运行方向从右到左时,2LJ的励磁电流方向总是经由12线迎着运行方向,而1LJ的励磁电流方向总是经由13线顺着运行方向。

②正常解锁时,如果运行方向是从左到右,则1LJ先励磁吸起,同区段的2LJ后励磁吸起,第一个区段解锁后,第二个区段解锁,由进路始端至终端逐段解锁;如果运行方向是从右到左,则2LJ先励磁吸起,同区段的1LJ后励磁吸起,前一个区段解锁后,下一个区段解锁,由进路始端至终端逐段解锁。

③人工解锁、取消进路和调车中途返回解锁时,如果运行方向是从左到右,则各区段的1LJ由进路始端至终端,顺序传递励磁吸起,而后,2LJ由进路终端至始端,顺序传递励磁吸起,进路中的各区段由终端到始端依次相继解锁;如果运行方向是从右到左,则各区段的2LJ,由进路始端至终端顺序传递励磁吸起,而后1LJ由进路终端至始端,顺序传递励磁吸起,进路中各区段,也是由终端至始端,依次相继解锁。

④不论解锁方式如何、运行方向怎样,总是由进路始端部位,向12线供出解锁电源,12线先工作,证明12线工作正常后,13线才开始工作。12线和13线协调工作,才能使进路解锁。

⑤解锁网络是按照正常解锁的工作程序工作,还是按照人工解锁等的工作程序工作,取决于进路上有没有车。有车时,传递继电器具有第一个特性,使解锁网络按正常解锁工作程序工作;无车时,CJ具有第二个特性,使解锁网络按人工解锁等的工作程序工作。

(2)正常解锁

①解锁条件的检查

a. 三点检查:本区段的前一区段是道岔区段时,本区段解锁能实现完整的三点检查。进站内方第一区段是无岔区段,接车进路第一道岔区段解锁也能实现完整的三点检查。

b. 调车进路的接近区段是无岔区段,其第一区段解锁能实现不完整的三点检查。

c. 列车进路的第一区段能实现两点检查。

d. 一条调车进路只有一个道岔区段,且接近区段和最末区段均停有车辆时,该区段解锁只能实现一点检查。

②解锁时机

a. 本区段前一区段是道岔区段时(包括接车时进站内方的无岔区段),车完全进入本区段,第一个 LJ 吸起,其他情况,车刚一压入本区段,第一个 LJ 吸起。

b. 第二个 LJ 在车出清本区段时吸起。

③解锁电源

a. 第一个区段先吸起的 LJ 由本区段 FDGJ 前接点及后吸起的 LJ 后接点,经 13 线转入 12 线送出,其他区段先吸起的 LJ 由前一区段 1LJ、2LJ 前接点和 CJ 后接点送出。

b. 后吸起的 LJ 除最末区段外,均由下一区段 FDGJ 前接点沿 13 线送出,最末区段与股道、区间或无岔区段相邻时,其解锁电源由本区段 FDGJ 前接点及下一区段 GJF 后接点送来。

c. 以咽喉区为终端的调车进路,最末区段后吸起的 LJ 由 ZJ 前接点及下一区段 DGJ 后接点送 KF。

(3)取消解锁和人工解锁

①解锁条件的检查

a. 进路空闲——用 XJJ 前接点证明。

b. 办理了解锁手续——用 QJ 前接点证明。

c. 进路处于预先锁闭——用 JYJ 前接点证明;进路处于完全锁闭——用 JYJ 后接点证明。

d. 人工解锁——用“KF-3 min”,“KF-30 s”证明达到了延时时间。

②LJ 吸起的时机

a. 办理完解锁手续,12 线各 LJ 由始端到终端吸起(人工解锁时达到延时时间)。

b. 13 线各 LJ 由终端到始端吸起,进路由终端向始端顺序解锁。

③解锁电源

a. 12 线各 LJ 由始端接 KF。

b. 13 线最末区段后吸起的 LJ 由 GJJ 前接点或经 ZJ 前接点返 12 线得 KF,其他区段由远方一个区段送 KF。

(4)调车进路中途返回解锁

①中途返回解锁的两种方式

调车折返作业对牵出进路的解锁可能产生的两种情况:转线调车作业,包括牵出和折返两个过程。牵出时,往往走不完牵出进路的全程,车列就根据反向的调车信号折返了,这时需要用调车中途返回解锁电路,使未能正常解锁的牵出进路解锁,一是牵出进路全部区段都没有解锁;二是牵出进路有一部分区段已经正常解锁,还留有一部分区段没有解锁。

②解锁条件的检查

a. 第一种解锁方式

(a)用 XJJ 后接点证明列车或车列压入了进路。

(b)用 8 线接通证明列车或车列已退出进路。

(c)用 XJ 后接点证明信号已关闭。

(d)用 JYJ 前接点防止错误解锁。

(e)用接近区段 FDGJ 前接点控制短时间供电。

b. 第二种解锁方式

(a)用折返信号点 KJ 前接点和 XJJ 后接点证明车列已折返。

(b)用待解锁区段(牵出进路未正常解锁的部分)的 8 线接通证明车列已退出了需中途返回解锁的区段。

③解锁时机

a. 第一种解锁方式

(a)如果列车或车列未完全进入进路内方,列车或车列退出接近区段 3 s 内进路解锁。

(b)如果列车或车列已完全进入进路内方,列车或车列退出进路 3 s 后,CJ 吸起,进路解锁。

b. 第二种解锁方式

在列车或车列退出要解锁的区段 3 s后,进路解锁。

中途返回解锁是在正常解锁基础上的解锁,未能按正常解锁吸起的 LJ 的动作规律,与取消解锁完全相同,只是解锁电源不同。

④解锁电源

a. 第一种解锁:由原进路 ZJ 前接点接 KF,沿 8 线在原牵出进路始端将 KF 转入 12 线。

b. 第二种解锁:由原进路 ZJ 前接点接 KF,沿 8 线在折返信号点始端经其 KJ 前接点和 XJJ 后接点将 KF 转入 12 线。

4. 6502 电气集中电路综合简析

6502 电气集中电路很复杂,关键是要掌握各主要电路继电器的作用、设置、所在组合及动作时机,具体情况见表 4.1。

表 4.1　主要电路继电器的作用、设置、所在组合及动作时机

序号	继电器名称	作　用	设　置	所在组合	电路动作时机	
					吸起时机	落下时机
1	方向 J	记录进路按钮的按下顺序，确定进路的方向和性质	对应每一咽喉区设置 4 个方向 J（LJJ、LFJ、DJJ、DFJ）	F	按下进路始端按钮，始端 LAJ 或 DAJ↑→方向 J↑	始端、(变通)、终端所有的 AJ↓→方向 J↓
2	AJ	记录进路按钮的按下动作	对应每一进路按钮（单置 DA 除外）设置一个 AJ，每一单置 DA 设置 3 个 AJ(1AJ、2AJ、AJ)	LXF DX DXF	按下进路按钮对应 AJ↑。单置 DA 作始端 1AJ↑→AJ↑，作终端 1AJ↑→2AJ↑，作变通 1AJ↑→2AJ↑→AJ↑	该信号点选出 JXJ↑→AJ↓
3	DCJ FCJ	选出进路中的道岔位置，控制道岔转换	对应每一单动道岔设 DCJ、FCJ；对应每一双动道岔设两个 DCJ、两个 FCJ(左 1、右 2)	DD SDF	左、右端有 AJ↑，选岔网络线接通，DCJ、FCJ 按规律顺序吸起	道岔锁闭 SJ↓→DCJ(FCJ)↓
4	JXJ	证明该信号点选出	对应每一信号点（单置调车除外）设一个 JXJ，单置调车设两个 JXJ	LXZ DX DXF	左、右端有 AJ↑，选岔网络 5、6 线接通，JXJ 按规律顺序吸起	进路全部选出，最右端 JXJ↑→AJ↓→方向 J↓→所有 JXJ↓
5	FKJ	1. 接续记录进路始端。 2. 防止信号自动重复开放	对应每一信号点设一个 FKJ	LXZ DX	作调车进路始端时，JXJ↑且方向电源有电 FKJ↑；作列车进路始端时，LKJ↑→FKJ↑；重复开放信号时，按下始端按钮 FKJ↑	信号开放 LXJ(或 DXJ)↑→FKJ↓
6	LKJ	在列车兼调车信号点，记录作列车进路始端	对应每一列车兼调车信号点设一个 LKJ	LXZ	作列车进路始端时，JXJ↑且方向电源有电 LKJ↑	进路内方第一道岔区段解锁 KJ↓→LKJ↓
7	ZJ	接续记录调车进路终端	对应每一调车进路终端设一个 ZJ	LXF DX	该信号点作调车进路终端时，JXJ↑且方向电源有电 ZJ↑	进路最末道岔解锁 SJ↑→ZJ↓
8	DBJ FBJ	监督道岔位置	对应每一组单动或多动道岔设一套 DBJ、FBJ	DD SDZ	道岔密贴，自动开闭器表示接点接通，对应 DBJ↑或 FBJ↑	道岔开始启动 1DQJ↑→DBJ↓或 FBJ↓
9	KJ	1. 接续 FKJ 继续记录进路始端。 2. 校核进路选排的一致性	对应每一信号点设一个 KJ	LXZ DX	进路排通，各道岔选排一致(DCJ↑、DBJ↑或 FCJ↑、FBJ↑)7 线接通→KJ↑；长调车进路 KJ 由远至近顺序吸起	进路内方第一道岔区段解锁列车进路 1LJ↑、2LJ↑→KJ↓；调车进路 SJ↑→KJ↓

续上表

序号	继电器名称	作　用	设　置	所在组合	电路动作时机	
					吸起时机	落下时机
10	QJ	记录取消进路的命令，实现取消记录、关闭信号、解锁进路	对应每一信号点设一个QJ	LXZ DX	按下ZQA或ZRA使ZQJ↑且按下进路始端LA或DA使LAJ↑或DAJ↑→QJ↑	进路解锁XJJ↓→QJ↓
11	XJJ	1. 检查开放信号的基本联锁条件。 2. 取消或人工解锁时检查进路空闲	对应每一信号点设一个XJJ	LXZ DX	1. 开放信号前，检查道岔位置正确、进路空闲、敌对进路未建立，8线接通，KJ↑→XJJ↑。 2. 办理取消解锁QJ↑→XJJ↑。 3. 办理人工解锁QJ↑"且KZ-RJ-H"有电→XJJ↑	车压入进路内方第一区段，8线断开→XJJ↓；取消及人工解锁时：列车进路解锁，KJ↓→XJJ↓；调车进路解锁，ZJ↓→XJJ↓
12	QJJ	执行锁闭进路的命令	每一道岔区段或有列车进路经过差置信号机之间的无岔区段设一个Q组合，每一Q组合设一个QJJ	Q	1. 开放信号前，XJJ↑→9线接通，进路中各QJJ同时↑。车压入进路内方第一区段XJJ↓，但车未压入的区段QJJ靠10线自闭不落。 2. 按进路锁闭引导接车时，YAJ↑→9线接通，进路中各QJJ同时↑	车压入本区段DGJ↓→FDGJ↑→QJJ↓。引导接车时，办理引导解锁YJJ↑→YAJ↓→QJJ↓
13	GJJ	1. 证明向股道或以该信号点为终端建立了进路。 2. 引导接车时检查敌对进路未建立	对应每一双向运行的列车信号机设一个GJJ	LXF	向股道或以双向运行的列车信号机为终端建立进路时，9线接通XJJ↑→GJJ↑	车压入进路内方第一区段XJJ↓→GJJ↓
14	JYJ	反映进路的锁闭状态	对应每一信号点设一个JYJ	LXZ DX	平时吸起。车出清接近区段GJ（或DGJ）↑→JYJ↑；进路人工解锁后KJ↓→JYJ↑	信号开放XJ↑，接近区段有车占用GJ（或DGJ）↓→JYJ↓
15	ZCJ	反映是否向股道或以该信号点为终端建立了进路，锁闭对方咽喉敌对进路	对应每一双向运行的列车信号机设一个ZCJ	LXF	平时吸起。进路最末道岔解锁SJ↑→ZCJ↑	向股道或以双向运行列车信号机为终端建立进路GJJ↑，进路最末道岔锁闭SJ↓→ZCJ↓

续上表

序号	继电器名称	作用	设置	所在组合	电路动作时机	
					吸起时机	落下时机
16	LXJ DXJ	检查开放信号的所有条件，控制信号开放	对应每一列车信号机设一个LXJ，对应每一调车信号机设一个DXJ	LXZ DX	进路锁闭，开放信号的所有条件具备，11线接通，LXJ↑或DXJ↑，信号开放。调车进路车列压入进路内方DXJ不落，信号白灯保留	1. 列车压入进路内方第一区段，8线断开→XJJ↓→LXJ↓信号关闭。 2. 车列出清接近区段→JYJ↑→DXJ↓信号关闭；接近区段留车时，车列出清进路内方第一区段DGJ↑→DXJ↓信号关闭。 3. 办理取消及人工解锁时，QJ↑→LXJ↓或DXJ↓信号关闭。 4. 同时按下ZRA及进路中任一区段的SGA，CJ↑→LXJ↓或DXJ↓信号强制关闭
17	SJ	检查道岔的锁闭条件，控制锁闭道岔	对应每一单动道岔设一个SJ；对应每一双动道岔设两个SJ(左1、右2)	DD SDZ	平时吸起。解除对道岔(除单独锁闭外)的各种锁闭时，SJ↑	建立进路时，QJJ↑→1LJ↓、2LJ↓→SJ↓；道岔区段有车DGJ↓→SJ↓；引导总锁闭接车，按下YZSA，YZSJ↓→SJ↓
18	FDGJ	反映列车或车列是否正常压入已锁闭的区段	每一道岔区段及差置调车信号机之间的无岔区段设一个FDGJ	Q或L	反映列车或车列正常压入已锁闭的区段，在QJJ↑的条件下，DGJ↓→FDGJ↑	列车或车列出清本区段DGJ↑→FDGJ↓(缓放3 s)
19	CJ	控制解锁电源的传递	每一Q组合设一个CJ	Q	平时吸起。正常解锁时，车出清本区段3 s后，FDGJ↓→CJ↑(缓动)；取消、人工及中途返回解锁时，(1LJ或2LJ)↑→CJ↑(快动)；故障解锁时，同时按下ZRA及进路中任一区段的SGA→CJ↑	经该区段建立进路时，QJJ↑→1LJ↓和2LJ↓→CJ↓
20	1LJ 2LJ	检查各种解锁的条件，控制进路和道岔解锁	每一Q组合设一个1LJ、一个2LJ	Q	平时吸起。满足解锁条件，由12线控制第一个LJ↑，由13线控制第二个LJ↑(由左至右进路1LJ先吸起、2LJ后吸起；由右至左进路2LJ先吸起、1LJ后吸起)	经该区段建立进路时，QJJ↑→1LJ和2LJ同时落下

复习思考题

1. 为什么单置DA不能设一个AJ，而其他进路按钮均设一个AJ？单置调车3个AJ如何动作？

2. 方向继电器如何动作？写出方向电源的名称。

3. 6502电路1～6网络所控制的继电器及动作顺序是什么？

4. 6502电气集中电路中各条网路线的作用是什么？

5. 写出举例站场D_9—5G、D_1—D_{13}调车进路选岔网络各继电器的动作顺序。

6. 根据选岔电路原理解释为什么1、2线未动作时，5、6线也不能动作？

7. 根据所学的电路分析为什么排列S_{II} D向D_1的调车进路，顺序按下S_{II}DA、D_{13}A、D_1A即可排成，而排列D_1至ⅡG的调车进路，顺序按下D_1A、D_{13}A、S_{II}DA进路却排不成？

8. 排列进路的过程中某道岔向反位转换中途受阻，为什么必须先按下ZQA，再同时按下ZDA和CA，而不能直接回操？

9. FKJ、LKJ、ZJ的作用是什么？如何动作？各电路采用何种方向电源？

10. 长调车进路如何控制由远至近开放信号？排列D_3—ⅠG的长调车进路，若D_{13}XJ线圈因故断线，分析D_3和D_9信号能否开放？若D_{13}的白灯断丝，分析D_3和D_9信号能否开放？

11. 建立进路应检查的基本联锁条件有哪些？XJJ电路中如何检查的？

12. 画图解释在有侵限绝缘时，6502电路中是如何实现对相邻区段进行条件检查的？

13. 办理X行ⅠG正线通过进路X显示绿灯时，绿灯灯丝双断，试分析下列问题：

(1) X/D_3XJJ能否随之落下？为什么？

(2) X进站信号机怎样显示？为什么？

14. 什么叫接近锁闭？我国铁路对于接近区段是如何规定的？

15. 简述开放信号的技术条件，并说明在LXJ或DXJ电路中是如何检查的？

16. 画图解释什么是正常解锁的三点检查？一点检查和两点检查有何弊端？以由左至右进路为例，说明正常解锁时1LJ、2LJ的吸起时机。

17. 取消解锁及人工解锁的条件是什么？LJ的动作规律如何？

18. 如何控制一个咽喉区同时只能办理一条进路的人工解锁？各种进路人工解锁的延时时间分别为多少？

19. 调车中途返回解锁有哪两种方式？两种方式的解锁条件、解锁电源、解锁时机是什么？

20. 排列X_D至5G接车进路，按压X_DLA及S_5LA后，控制台上该进路白光带点亮，X_D的LAD亮稳定灯光，信号复示器一直点亮H灯，根据现象分析故障范围。

项目5　计算机联锁设备维护

项目描述

计算机联锁系统是用计算机取代继电电路，实现对铁路车站信号、道岔和进路的控制和监督的系统。计算机联锁技术的广泛应用大大提高了现代铁路信号控制技术的自动化、信息化水平，为铁路运输的安全生产提供了可靠保障。学习并掌握计算机联锁控制的基本组成、基本原理、基本功能是从事铁路信号专业技术工作的基础，只有熟练掌握铁路现场应用的计算机联锁系统的体系结构、设备组成、控制原理、功能特点及维护技能，才能胜任铁路信号设备的维护工作，达到铁路信号工作人员的岗位要求。

拟实现的教学目标

1. 能力目标

(1)掌握计算机联锁系统的控制特点、基本原理和基本功能。

(2)掌握国内应用的计算机联锁系统的设备组成和功能特点。

(3)掌握计算机联锁系统的维护常识和分析处理常见故障。

2. 知识目标

(1)掌握电气集中联锁电路的各项技术要求及电路实现方法。

(2)掌握计算机联锁系统的基本结构、基本功能、基本原理及安全性、可靠性实现方法。

(3)掌握国内应用较多的几种计算机联锁系统的体系结构和控制原理。

(4)掌握计算机联锁系统的维护常识和各种常见故障的分析处理方法。

3. 素质目标

(1)通过学习计算机联锁系统，进一步加深对联锁控制技术内涵的理解。

(2)按照故障处理程序能够迅速准确地处理现场应用的计算机联锁系统的常见故障。

(3)进一步提高学习者理论联系实际和应急处理问题的能力。

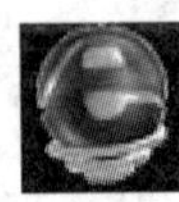

相关案例

京包线××站采用××公司设计的计算机联锁设备，该系统上位机采用双机冷备的工作方式，没有双机加电的技术防护措施，特别是双机加电导致通信故障的情况下，控制台的表示信息与联锁机的状态信息不一致时，系统不能有效防止，也没有报警措施，致使在双机加电时，进路错误不能及时发现，违反了“故障—安全”原则。联锁试验时，维修人员由于对设备性能不清楚，未能发现问题，于2000年4月23日，该站办理4173次列车下行Ⅰ道正线通过进路，室内显示正常。

在与司机进行车机联控呼唤时，司机发现进站信号显示为侧线接车信号两个黄灯，司机立即采取制动措施，列车停在站内咽喉区，险些进入异线，避免酿成行车事故。

在学习继电联锁的基本原理、基本功能的基础上，学习计算机联锁系统的工作原理，掌握计算机联锁系统各个环节的作用和功能，掌握我国铁路现场应用较多的几种计算机联锁系统的设备组成、功能特点，了解计算机联锁技术的最新发展，做好计算机联锁设备测试维护工作，正确分析处理计算机联锁设备常见故障，是从事信号设备维护使用、施工安装工作的重要基础。

典型工作任务1　计算机联锁基础知识

5.1.1　教学目标

1. 能力目标

(1)掌握计算机联锁系统的基本原理、基本功能和基本特点。

(2)掌握计算机联锁系统的硬件基本结构及信息传输方法。

2. 知识目标

(1)掌握计算机联锁系统的基本控制原理与设备特点。

(2)掌握计算机联锁系统的硬件体系结构及各种冗余结构的基本原理。

(3)掌握计算机联锁系统各部接口电路的工作原理。

(4)掌握计算机联锁系统接口电路的基本分析处理方法。

3. 素质目标

(1)通过学习计算机联锁系统的基础知识，深刻理解可靠性、安全性的概念，掌握计算机联锁系统实现"故障—安全"的方法，进一步树立"安全第一"的理念。

(2)通过计算机联锁技术与电气集中联锁技术的比较，进一步提高应用信息化技术手段解决铁路信号产生的实际问题的能力。

5.1.2　工作任务

1. 根据《铁路技术管理规程》和《铁路信号维护规则　技术标准》的有关要求，掌握计算机联锁系统的基本原理、基本功能和基本特点，做好计算机联锁系统的性能比对和设备类型选定工作。

2. 根据《计算机联锁技术条件》，掌握计算机联锁系统的硬件基本组成、接口电路基本原理及信息传输的基本方法，做好计算机联锁系统的硬件、接口电路和传输网络的性能检查工作，也为后续学习掌握各种型号的计算机联锁系统的功能特点、维护技能打下基础。

5.1.3　相关配套知识

1. 计算机联锁概述

车站信号设备是一个很复杂的自动控制系统，它经历了从机械联锁到继电联锁的发展过程。采用继电联锁固然有很高的安全性和可靠性，但是继电联锁设备造价高、信息少、体积大，且不便于与其他自动控制系统进行信息交换。因此，随着计算机技术的不断发展，世界各国正采用计算机设备来实现对车站联锁的控制，即计算机联锁。目前铁路新线建成和既有线改造中，计算机联锁系统成为主要的车站联锁设备，它已成为铁路信号技术设备自动化、信息化的标志,是保证铁路运输安全高效的关键设备。本章就计算机联锁的基础知识作以下介绍。

(1)计算机联锁的基本原理

继电联锁是靠继电器的线圈、接点组成一套复杂的开关量控制电路,实现对信号设备的联锁控制,而计算机是一个能够对二进制代码进行各种复杂运算的智能机器,要用计算机取代继电器实现联锁控制,就必须将各种开关量转换为1、0相间的代码,构成一套复杂的控制系统。

计算机联锁控制基本原理框图如图5.1所示,该原理框图中联锁控制主要经过信息输入、联锁运算和信息输出3个环节。计算机系统一方面通过操作输入通道和接口接收由操作设备(控制台)产生的操作信息;另一方面通过状态输入通道和接口采集室外信号设备的状态信息,将上述两种开关量的动作变换为二进制代码,送入计算机系统。信息代码进入计算机系统以后,计算机系统按照联锁程序的要求对输入的信息进行分析处理和复杂的逻辑运算(这里称为联锁运算),其结果形成了对信号设备的控制信息和各种表示信息。控制信息通过输出通道和接口控制道岔转换和信号变换显示;表示信息则通过表示输出通道和接口控制显示器的显示。

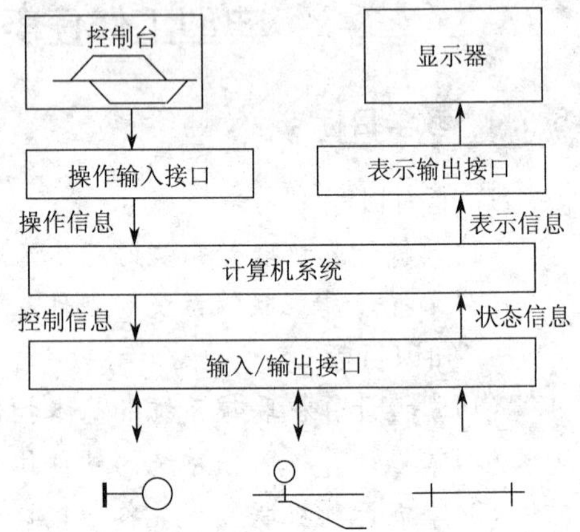

图5.1 计算机联锁控制基本原理框图

(2)计算机联锁设备的基本功能

随着现代计算机控制技术的发展,计算机联锁设备的功能已远远超过继电联锁设备,许多功能是继电联锁无法实现的。下面介绍一下计算机联锁设备的功能。

①联锁控制功能

计算机联锁设备具有6502电气集中联锁设备的所有功能,主要包括:

a.对进路的控制:能够实现进路的自动选排、锁闭及解锁。

b.对信号的控制:能够实现信号的自动开放、关闭及防止信号因故关闭后的自动重复开放。

c.对道岔的控制:能够实现对道岔的单独操纵、单独锁闭及单独封锁。

②显示功能

由于采用大屏幕显示器,计算机联锁系统能够提供非常直观、清晰、形象的各种显示信息。

a.站形显示:在显示器上,平时用蓝色的线条显示出车站的站形,当道岔位置改变时,显示器上的道岔开通方向会随之改变;进路锁闭时,相关的线条变为白色;有车占用时,变为红色。

b.现场信号设备状态显示:显示器上不但能清晰地显示道岔的位置,还能显示轨道区段和信号机的各种状态。

c.按钮操作提示:值班员按下某一按钮后,在显示器上有相应的提示,以确认操作动作是否正确。

d.系统的工作状态、故障报警显示:在屏幕上,不但能够显示系统的工作状态,而且当系统发生故障时,显示器上还有报警提示。

③记录储存和故障诊断功能

计算机联锁系统最突出的优点是储存容量大,具有较强的记忆功能,系统不但能够及时地提供当前的信息显示,而且还能提供历史的信息。

a.自动记录功能:计算机联锁系统能够随时自动记录值班员的操作,现场信号设备的动作，车列的运行情况。上述所有的信息均保存不少于 48 h 或一个月(甚至更长的时间)，需要查询设备的动作或分析系统的故障时，可随时调用记忆期限内任意时刻的各种信息。

b. 提供图像作业再现功能：计算机联锁系统不但能保存信息，而且可以将记忆期限内任一时间的作业情况重新再现。根据需要可以选择快进、步进和正常 3 种再现速度。

c. 集中监测报警功能：计算机联锁系统一方面能够自动监测系统自身运行的状况，另一方面，在室外信号机、道岔或轨道电路信号设备发生故障或参数异常时，及时给出报警提示，以便及时处理。

④结合功能

由于计算机联锁系统可以与调度集中、微机监测、列车运行控制等远程自动化系统直接进行数据交换和信息传送，因此可以灵活地与其他系统结合，以实现多网合一，节省设备。

实践证明，计算机联锁设备与继电联锁设备相比，还有较强的优越性。在技术上，计算机联锁系统功能完善，设备可靠性强，安全性高，灵活性大，便于维护；在经济上，设备投资成本低，占地面积小，可节省基建费用。由于计算机联锁设备具有较高的性能价格比，因此其前景十分广阔。

(3)计算机联锁系统的特点

①人机对话设备更新：计算机联锁系统操纵设备已由过去操纵表示合一的按钮式控制台，变为操纵表示分离的数字化仪和大屏幕显示器，采用光笔或鼠标操作，既形象直观又方便灵活。

②软、硬件设计模块化：各种计算机联锁系统在软、硬件设计时，均以信号设备即信号机、道岔、轨道区段为设计对象，根据站形选择不同数量的数据模块进行链接，便于系统的设计和调试。

③硬件高可靠性：为了提高计算机联锁系统的可靠性，各个环节的计算机均采用高可靠性的工业控制机，在系统设计时，采用动态冗余，故障切换等方式，减少系统停机的概率，保证系统可靠工作。

④软件采用双套程序：在软件设计时，采用不同版本，不同思路的两套软件。输入相同的信息，两套程序同时分别运行，结果比较，若两结果一致，才可以输出，这样可以防止程序运行时发生错误。此外，各种信息采用冗余编码，即用多个码元表示一个信息，这样在信息传输错误时，可以防止产生错误结果。

⑤信息传输快：采用光缆或通信电缆作为传输线路，通信速度快，用同步或异步通信的方式传输信息，可以大大减少信息的传输错误。

⑥抗干扰能力强：计算机联锁系统采用隔离变压器和高抗干扰稳压电源，外部设备和计算机之间采用光电耦合，保证系统不受外界干扰。

⑦功能扩展：计算机联锁系统除了具有较强的联锁控制和显示功能外，还增加了较完善的系统自动测试和故障诊断功能。

⑧便于结合：计算机联锁系统预留的接口可以与其他信息化设备直接连接，交换信息非常方便。

随着计算机技术在自动控制领域的不断应用，计算机联锁技术也正在迅速发展，它的功能不断增强，成本不断降低。计算机联锁设备的应用，已由点到线不断扩展，并将与 TDCS、CTC、CTCS 等系统同步发展，成为代表中国铁路信号现代化水平的标志。

2. 计算机联锁系统的硬件组成

(1)计算机联锁系统的硬件基本结构

各种型号的计算机联锁系统由于设计思路不同,所采用的硬件不完全相同。即使同一种型号的系统,其控制的车站规模不同,所需要的硬件数量也不相同,但各种系统的基本功能和基本任务大致一样,因此,它们的硬件组成的基本形式差异不大。

计算机联锁系统主要由人机对话设备、联锁控制计算机系统(简称主机)、输入/输出通道与接口、继电器结合电路及其监控对象(信号机、道岔、轨道电路)等部分组成。计算机联锁系统硬件结构框图如图 5.2 所示,下面对各组成部分作以简要说明。

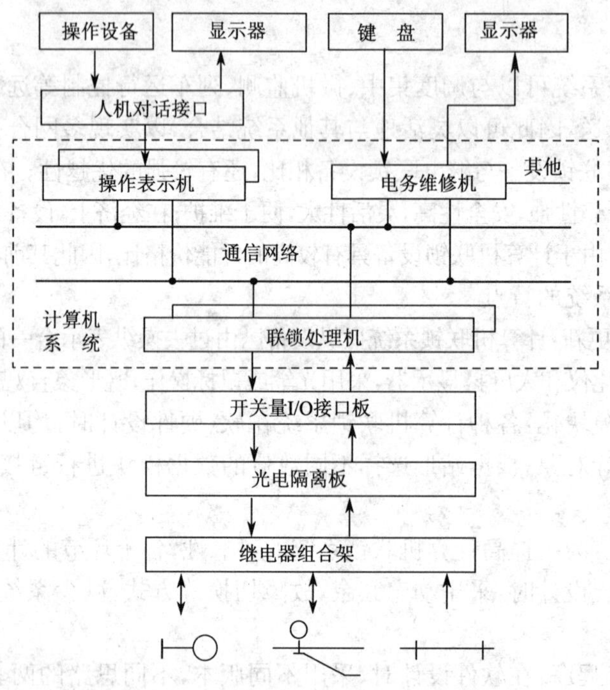

图 5.2　计算机联锁系统硬件结构框图

①主机

主机是计算机联锁系统的核心,它要完成所有信息的处理、接口管理及与外部设备的信息交换。由于计算机联锁系统接收和处理的信息很多,而且许多信息在时间上重叠,为了避免信息丢失,提高系统的运行速度,目前应用的各种型号的计算机联锁设备均采用多机系统,即将人机对话、联锁运算、系统监测等功能分别用不同的计算机来处理。因此,图 5.1 的计算机系统(主机)是由几个子系统组成,一般包括上位机(也称操作表示机或控制显示机或监视控制机)、下位机(也称联锁处理机)、电务维修机(也称监测机)等。为了提高系统的可靠性,上位机采用双机冗余控制,联锁机采用双机热备、三机表决或二乘二取二控制,如图 5.2 所示。计算机各部分的功能如下:

a. 上位机:一是接收操作人员的操作命令,将操作信息通过网络通信传给联锁机;二是接收来自联锁机的状态信息和提示信息等,控制显示器显示系统及监控对象的状态,及时显示各种提示信息和报警信息;三是将各种表示信息、报警信息及时转发给电务维修机。

b. 下位机:一方面接收上位机下发的操作信息;另一方面通过输入接口采集现场信号设备的状态信息。对输入的信息进行逻辑处理、联锁运算,根据运算结果,形成控制命令信息和

表示信息。控制命令信息通过输出接口电路控制组合架的继电器动作;表示信息将现场信号设备的状态信息、提示信息、报警信息等及时传给上位机。

c.电务维修机:它是专门为电务维修人员配备的机器,其主要任务是接收操作表示机发来的状态信息、操作信息、提示信息和报警信息等,通过显示器及时显示,同时将各种信息的数据储存记忆,以便查询。

②人机对话设备

先前使用的计算机联锁系统,人机对话设备常采用操纵与表示分离的方式,操纵设备主要有按钮盘或数字化仪、鼠标等,表示设备有大屏幕显示器及大屏幕表示盘。现在计算机联锁系统大多都采用操作表示合一的界面,显示器显示状态,鼠标输入命令,音箱提供语音报警。维修机上还有供电务维修人员维护监测使用的键盘、鼠标、显示器及打印机等。

③输入/输出通道与接口

输入/输出通道与接口是连接主机与外部设备的纽带。在计算机联锁系统中,主机一方面通过人机接口接收值班员的操作命令,同时为显示设备提供各种表示信息;另一方面,通过与监控对象之间的输入通道和接口采集现场设备的状态信息,经过逻辑运算后,形成控制命令;通过与监控对象之间的输出通道和接口控制现场的信号设备。

由于现有的计算机联锁系统中,监控对象的执行部件仍然是继电器,因此,与主机相连时,需要通过输入通道将继电器接点的开关状态变换成计算机能够接收的数字信号(数据),之后才能经由接口送入计算机。同样,计算机输出的控制命令也需要输出通道的变换和传送才能驱动继电器。

外部设备与主机的连接还必须解决两者之间诸如工作速度匹配、通信联络的任务,有时还要完成信息数据的串/并或并/串数据转换等任务,这些任务都是通过接口电路来完成的。

由于操作信息和表示信息与安全不直接相关,因此,称这类信息为非安全性信息。传输非安全性信息的人机对话接口通常采用通用的标准接口,而表示现场设备状态的信息和计算机输出的控制信息直接关系到行车的安全,因此,称这类信息为安全性信息。传输安全性信息的计算机与监控对象之间的接口必须采用为计算机联锁系统专门设计的故障—安全接口。

④继电器结合电路

由于铁路信号对系统的安全性要求非常高,目前国内的计算机联锁系统受到软、硬件技术水平的限制,还不能完全取消继电器。控制、监督室外信号设备的最后一级执行部件仍然用继电器,一般的系统主要设置以下继电器:

对应轨道区段保留轨道继电器(GJ);对应信号机保留信号继电器(XJ)和灯丝继电器(DJ)等;对应道岔控制电路保留道岔启动继电器(1DQJ、2DQJ)和表示继电器(DBJ、FBJ)等。这样可以保证继电器对室外信号设备的控制与6502电气集中基本一样。此外,还有控制系统实现双机转换的有关继电器。

因此,一般的计算机联锁系统所用的继电器的数量仍为6502电气集中的1/3左右。

(2)计算机联锁系统的冗余结构

①冗余结构的概念

所谓冗余结构是指为了提高系统的可靠性、安全性而增加的结构,下面分别对保证系统可靠性和安全性的冗余结构介绍如下:

a. 可靠性冗余结构：如图 5.3 所示，模块 A 和模块 B 经或门输出，两个模块只要有一个模块正常输出即可保证整个系统不停机，提高了系统工作的可靠性。在实际应用中，对安全性要求不高的处理人机对话信息的上位机一般采用可靠性冗余结构。

b. 安全性冗余结构：如图 5.4 所示，模块 A 和模块 B 经与门输出，两个模块同步工作，只有两个模块输出一致才能保证整个系统不停机，只要有一个模块故障，系统将不能正常输出。这样，提高了系统工作的安全性，减少了危险侧输出的概率。在实际应用中，对安全性要求较高的联锁控制机采用安全性冗余结构。

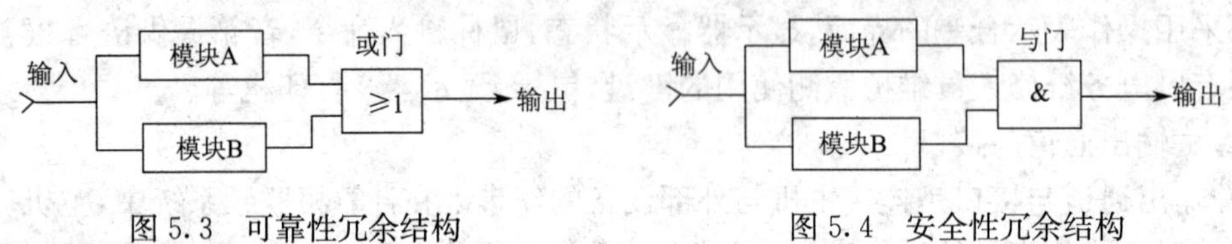

图 5.3　可靠性冗余结构　　图 5.4　安全性冗余结构

②双机储备系统

a. 双机储备系统的基本结构

双机储备系统的结构框图如图 5.5 所示，图中的 A、B 是两台完全相同的计算机，其中一台处于在线运行状态，它的输出通过切换开关引向外部，称之为主用机或工作机；另一台处于待命接替状态，称为备用机。由故障检测机构对系统的运行进行检测，当主机运行发生故障时，通过控制切换开关切除主用机，并将备用机状态输出。

b. 双机储备系统的工作方式

双机储备系统具有两种工作方式，一是双机冷备；二是双机热备。所谓双机冷备是指工作机加电运行时，备用机停机，当主用机发生故障时，再启动备用机。这种方式的缺点，一是启动时间长；二是故障切换时容易造成信息的丢失。一般对安全性能要求不高的上位机采用这种工作方式，而对安全性能要求较高的联锁控制机必须采用双机热备的方式。所谓双机热备是指主用机、备用机输入相同的信息，两机同时独立运行相同的程序，定期同步，主用机经输出口输出，备用机假输出。系统运行前，先打开的联锁机为主用机，当主用机发生故障时，自动切换到备用机输出。这样故障切换时，可不影响系统工作，理想的系统可以实现"无缝切换"。

采用双机储备方式的计算机联锁系统，各子系统之间一般采用局域网的通信方式，为保证系统的通信及时可靠，一般均采用双重冗余网络结构。

c. 双机储备系统的故障检测

双机储备系统的核心是故障检测环节，采用故障检测的目的，一是保证系统发生故障不产生危险侧输出，提高系统的安全性；二是保证能及时实现切换，提高系统的可靠性；三是给出报警信息，以便及时排除故障，使系统迅速恢复正常的工作状态。

故障检测设备一般采用软件和硬件结合的方式，故障检测的方式很多，图 5.6 是利用比较自诊断法实现故障检测的框图，这是一种典型的故障检测方式。

如图 5.6 所示，主用机和备用机均运行正常时，输出状态一致，比较器输出为"1"。此时，$\&_1$ 打开，系统将 A 机状态输出。当主用机与备用机输出不一致，即某一机器故障时，比较器输出为"0"，系统将通过中断方式启动自诊断程序对系统进行自动检测。若为主用机故障，则

通过判别器关闭 A 机控制门,将无故障的 B 机状态输出,这样就实现了自动切换。当然,B 机故障时,A 机继续输出。

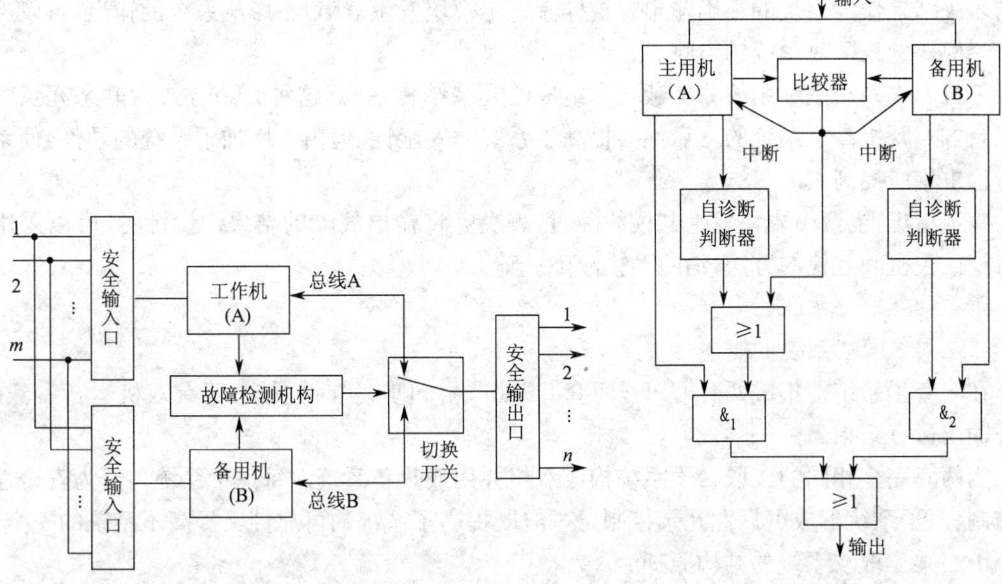

图 5.5 双机储备系统的结构框图　　图 5.6 比较自诊断法故障检测框图

d. 双机储备系统主用机和备用机的同步过程

采用双机动态冗余方式的关键是 A、B 机传送给比较器的信息应当同时送到,因此,要求 A、B 机必须同步工作,只有同步才能及时交换信息。为了实现同步,一般的系统采用半双工的通信方式,备用机定期向主用机呼叫,扫描一个周期,交换一次信息,即"握手"一次。双机热备系统同步过程如图 5.7 所示。

e. 双机储备系统的状态转换

这种由双机动态切换实现冗余的方式,称为动态冗余。联锁机双机状态转换图如图 5.8 所示。

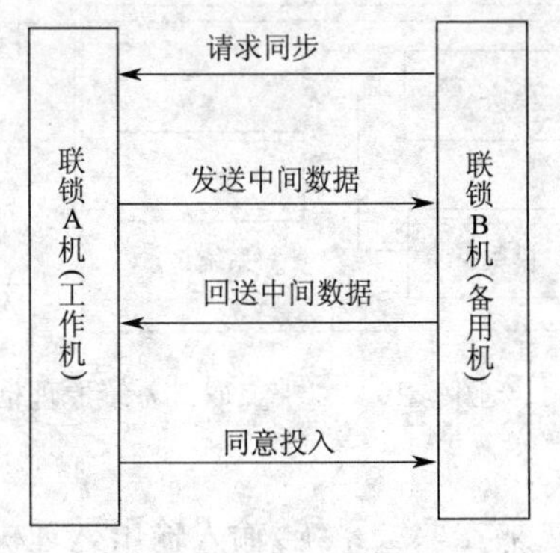

图 5.7 双机同步过程

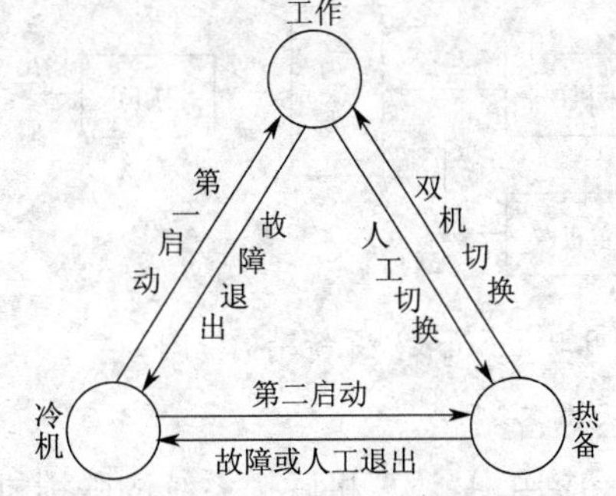

图 5.8 联锁机双机状态转换图

③三机表决系统

三机表决系统也称三取二系统,三机表决系统结构框图如图 5.9 所示,系统共有 A、B、C 3

个相同的主机,每个主机可以把它看成是系统中的一个模块。三个模块执行相同的操作,其输出送到表决器的输入端,将表决器的输出作为系统的输出。

三机表决系统首先承认“多数模块的输出是正确的”,按照“少数服从多数”的原理,用三取二的表决结果作为系统的正确输出。这样有一个模块发生故障,不影响系统的输出,可以屏蔽任一个模块的故障对系统的影响。

三机表决系统是利用故障屏蔽技术组成的冗余结构,并称这种冗余方式为静态冗余。这种冗余方式既提高了系统的可靠性又提高了系统的安全性,但由于增加了系统的硬件,使系统的造价也相应提高了。

应当指出,当两个模块发生共模故障时,表决器将输出故障的结果。设计时,可以采用单机自检或主机间互检的方法,消除共模故障。

④二乘二取二系统

a. 二乘二取二系统的概述

在一套子系统上集成两套 CPU,两套 CPU 严格同步,实时比较。只有双机运行一致,才对外输出运算结果。

用两套完全相同的二取二子系统构成双机并用或热备系统。每一子系统内部为安全性冗余控制,两子系统形成可靠性冗余控制,这样,既提高了系统的可靠性又提高了系统的安全性。

b. 二乘二取二系统的结构原理

二乘二取二系统原理框图如图 5.10 所示,系统Ⅰ或系统Ⅱ只要有一个系统正常输出即可保障整个系统正常工作,从而提高了系统的可靠性。系统Ⅰ或系统Ⅱ每一个子系统均由模块 A 和模块 B 构成,只有 A、B 两个模块同时工作正常时,系统Ⅰ或系统Ⅱ才能有输出,从而提高了系统的安全性。

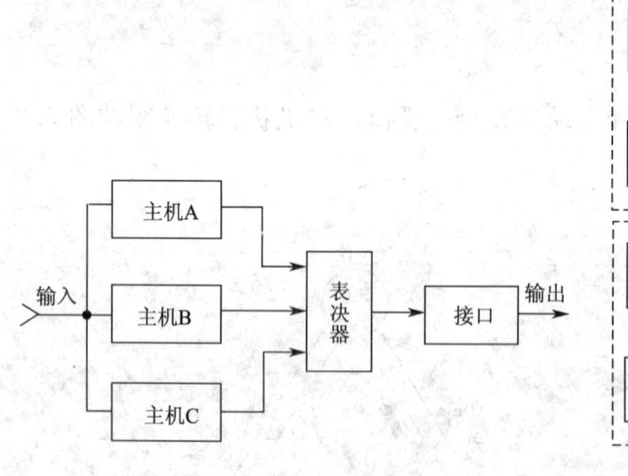

图 5.9 三机表决系统结构框图

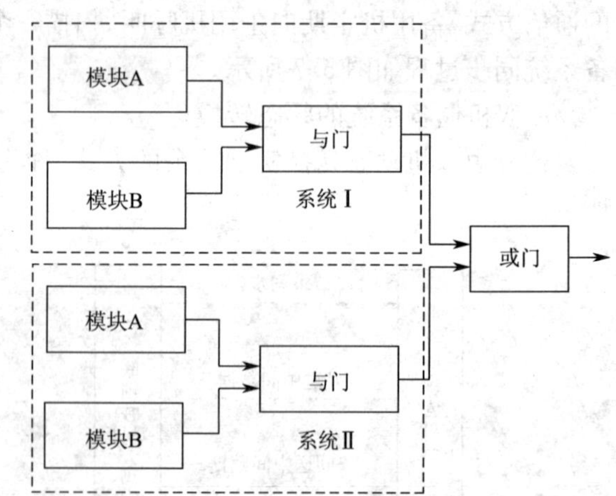

图 5.10 二乘二取二系统原理框图

c. 双系热备

在实际应用中,计算机联锁系统的联锁机采用二乘二取二系统,输入输出处理机采用两个二取二系统并用方式,两环节主用机为Ⅰ系,备用机为Ⅱ系。每环节为双机四主热备控制,构成四机八主系统,两环节之间采用光纤双冗余网络通信。联锁机发生故障时,可自动完成主备系切换。

Ⅰ系和Ⅱ系的输入输出处理机同时接收主用联锁机的输出信息，备用联锁机的输出信息只作校核用，不作为输出。两输入输出处理机同时运行，两输出并行同时控制执行继电器。

(3)计算机联锁系统的接口电路

①计算机联锁系统信息与接口的类型

计算机与外部设备进行信息交换时，必须经过通道与接口电路（以下简称接口）将信息进行变换处理。同时，为了防止外部电路的干扰信号进入计算机，必须通过接口电路实现计算机与外部设备电路的隔离。

计算机联锁系统接口电路一部分是人机对话接口，这一接口是传输操作信息和表示信息的，这两个信息属于非安全性信息，因此，人机对话接口可以采用通用的接口。由于表示信息的输出是通过与系统总线连接的通用显示卡直接驱动显示器，这里不做介绍。

计算机联锁系统接口电路的另一部分是计算机与监控对象之间的接口，通过这部分接口要采集设备状态信息和输出对现场信号设备的控制信息，这两个信息都属于安全性信息，因此，这部分接口不能采用通用的接口，而必须采用专门为计算机联锁设计的故障—安全接口，这也是计算机联锁系统不同于其他领域自动控制系统的特点。

对于通用的人机对话接口，在《计算机原理》有关教材中已介绍过其原理，这里只介绍计算机联锁系统专用的故障—安全接口。

②状态信息采集接口电路

状态信息采集接口电路有两种形式，一种是对静态信息的采集；另一种是对动态信息的采集。两种电路都是故障—安全输入电路，分别介绍如下。

a. 静态故障—安全输入接口

静态故障—安全输入接口电路的设计思想是采用冗余编码方式，将反映监控对象状态的二值开关量用多元代码来表示。假设代码的码长为 n，取其中一个作为危险侧代码，一个作为安全侧代码，那么其余 2^n-2 个代码为非法码。当 n 足够大发生故障时，一个安全侧代码错成危险侧代码的概率极小，而错成非法码的可能性很大。系统对非法码均作安全侧信息处理，利用这种非对称的出错性质，就可以实现二值信息在存储、传送和处理过程中的故障—安全。

静态故障—安全输入接口电路结构如图 5.11 所示，图中以采集轨道继电器（GJ）的状态为例。当 GJ 励磁吸起时，4 个光电耦合管全部导通，各端输出均为高电平。这样轨道电路的危险侧状态由电平信息变成代码 1111，经由通用并行输入口送入联锁计算机。反之，当 GJ 失磁落下时，光电耦合器全部截止，其输出端均为低电平，轨道电路的安全侧状态变换成代码 0000，经由通用并行输入口送入联锁计算机。联锁计算机对 4 个码元进行“与”运算，结果为“1”说明轨道电路在空闲状态；如果结果为“0”，说明轨道电路在占用状态。显然电路发生故障时，运算的结果为“0”的概率远远大于运算结果为“1”的概率，实现了故障—安全。

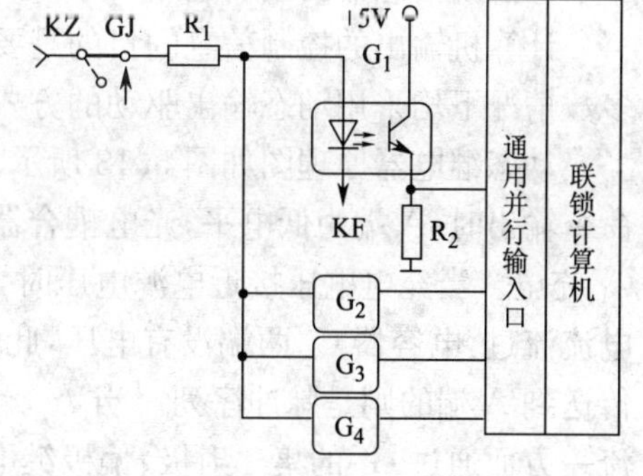

图 5.11 静态故障—安全输入接口电路结构

从理论上讲，这是一种信息冗余技术。冗余程度愈高，即码元数愈多，安全性愈高，但可靠性和经济性也愈低。实际应用时，一般选 4 位或 8 位码元代表一个信息。

b. 动态故障—安全输入接口

动态故障—安全输入接口的电路如图 5.12 所示，仍以采集轨道继电器(GJ)的状态为例。图中用了两个光电耦合器 G_1 和 G_2，G_1 的输入级和 G_2 的输出级串联。G_2 导通时，由 GJ 前接点控制 G_1 的导通与截止。G_2 的输入级由计算机的输出口控制它的通断，G_1 的输出则接向计算机的输入口。在 GJ 前接点闭合的情况下，若计算机输出高电平"1"信号，则使 G_2 导通，从而使 G_1 亦导通。于是 G_1 输出端输出一个低电平"0"信号送入计算机。反之，若计算机输出一个低电平"0"信号，则 G_2 截止，G_1 亦截止，读入计算机的则是高电平"1"信号。因此，计算机的输入输出互为反向关系。

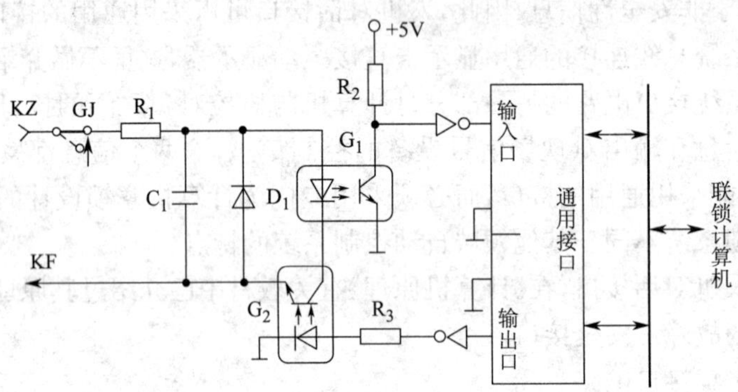

图 5.12　动态故障—安全输入接口电路

当系统需要采集 GJ 的状态信息时，由计算机输出脉冲序列，例如 1010，在 GJ 前接点闭合(危险侧)且电路未发生故障的情况下，返回计算机的必然是反向脉冲序列 0101；而当 GJ 落下(安全侧)或电路任何一点发生故障时，G_2 的输出端必然呈稳定电平(1 或 0)。计算机读入该稳定信号，则表明收到了安全侧信息。

动态输入采集接口，从计算机输入输出的关系看，实际上是一个闭环形式的动态脉冲电路。它通过计算机校验输入代码是否畸变来判断输入电路是否故障，从而实现故障—安全。

③控制信息输出接口电路

计算机输出的控制信息的目的是要控制执行部件即信号继电器，为了实现故障—安全，大多数情况下均采用动态输出驱动的方式，即采用动态继电器。

动态继电器原理图如图 5.13 所示，其工作原理是：在电路正常情况下，当计算机没有控制命令输出时，A 端为低电平，光电耦合器 G_1 截止，由控制电源经由 R_2、VD_1 和 VD_2 向电容器 C_1 充电。当充电电压接近电源电压时，充电过程结束，此刻电路处于稳态。由于 R_3、C_2 没有电流流过，电容器 C_2 两端没有电压，此时偏极继电器 J 处于释放状态。当有控制命令输出时，传送到 A 端的则是脉冲序列。当 A 端处于高电位时，G_1 导通，电容器 C_1 放电，C_1 放电的电流一方面通过 G_1 的集—射极、偏极继电器 J 的线圈、VD_3 形成回路，另一方面经 R_3 向电容器 C_2 充电。经过几个周期后，当 C_2 两端的电压达到 J 的吸起值时，使 J 吸起；当 A 端由高电平变为低电平时，G_1 又重新截止，电容器 C_1 恢复充电。此时靠 C_2 的放电使 J 维持不落。这样，在脉冲序列作用下，随着 A 端电平的高低变化，G_1 不断地导通截止，C_1 和 C_2 也就不断地充放电，使继电器励磁并保持吸起，直到 A 端无控制命令(脉冲序列)输入，G_1 截止，C_2 得不到能量补充，其端电压降到继电器落下值时，J 才失磁落下。该电路不仅能防止一两个脉冲的干扰而使继电器误动，同时由于 J 采用了偏极继电器，能够鉴别电流方向，还可以防止当 C_1 和 VD_3

都击穿时造成继电器错误吸起。

各厂家实际的动态继电器控制电路虽然不尽相同，但都是基于上述电路的基本原理设计的。

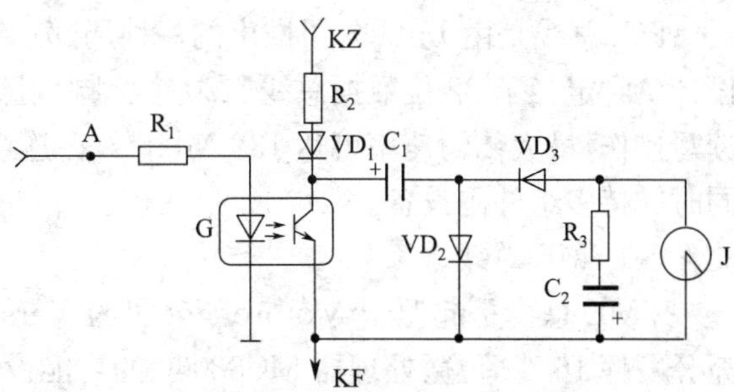

图 5.13　动态继电器原理图

3. 计算机联锁系统的信息传输

由于计算机联锁系统在硬件设计上均采用多主机系统，子系统内部及各子系统之间要进行大量的信息传输，实现信息共享，信息传输的速度和质量直接影响计算机联锁系统的安全性和可靠性。下面简要介绍计算机联锁系统的几种信息传输方式。

(1)总线传输

①总线及总线标准

所谓总线是指计算机系统各部件连接到一组公共信息的传输线。通过总线传输信息，可以方便快捷地实现计算机控制系统各模块或各子系统之间的信息共享与交换。为了保证安全规范地传输信息，必须对总线信号、传输规则、物理介质和机械结构等制定统一的标准，各系统共同遵守，一般由计算机标准化国际组织批准，这一标准被称为总线标准。

②总线的类型

计算机联锁系统的总线一般分为 3 类，即系统总线、通信总线和现场总线。

a. 系统总线

系统总线也称内总线、板际(级)总线，它是计算机联锁系统中用的工控机箱内用来实现各模板插件之间的信息传输的总线。系统总线是最重要的总线，常用的系统总线标准有 STD 总线、ISA 总线、PC/104 栈接式总线、PCI 总线和 VME 总线等。

(a)STD 总线

STD 总线是一种面向工业控制的 8 位微型计算机总线，它定义了 8 位微处理器总线标准，可以容纳各种 8 位微处理器。应用于 16 位微处理器时，采用周期窃取和总线复用技术来扩充数据线和地址线。现在又定义了 STD32 总线标准，能够与 32 位微处理器兼容。

STD 总线共有 56 条信号线，它可以细分为 4 种小总线，即 8 根数据线、16 根地址线、22 根控制线和 10 根电源线，具有板型小、高度模块化、兼容性强、可靠性高等特点。

(b)ISA 总线

ISA 总线标准是 IBM 公司为 PC/AT 机推出的一种具有开放式结构的计算机总线。ISA 总线共定义了 98 个引脚，具有 16 位数据总线、24 位地址总线、16 级中断和 8 通道 DMA，主板与接口卡的数据传输率为 8 MHz。

(c)PC/104 栈接式总线

PC/104 是一种嵌入式的总线规范，是 ISA 总线标准的延伸，即 PC 机的 CPU 和标准的 PC 机芯片组装在一个面积很小的印刷电路板上，制作成嵌入式计算机模块。选择适当的模块组装起来即可形成一套体积很小的计算机控制系统，这样的系统靠自然通风可正常工作，一般不需要在机箱增加电风扇。

PC/104 栈接式总线标准采用 104 根信号线，它没有总线母板，不用插槽滑道，模块采用层叠式封装结构，模块之间采用栈接方式，它与 ISA 总线完全兼容，只比 ISA 总线增加了 6 根电源线。

(d)PCI 总线

PCI 总线是由 Intel 公司推出的一种局部总线，是为充分发挥 Pentium 系列处理器优点而设计。它定义了 32 位数据总线(120 个引脚)，且可扩展为 64 位(184 个引脚)。PCI 支持突发读写操作，最大传输速率可达 132 Mbit/s，在连续模式中，PCI 传输速率可达 80 Mbit/s，并且同时支持多组外围设备。

(e)VME 总线

VME 总线是起源于 Motorola 公司的 Versa 总线，Versa 总线是为各模块之间的接口和充分发挥 16/32 位微处理器 MC68000 的功能设计的。后将 Versa 总线的模板改为欧洲式模板，成为 VME(Versa-Module-Eurocard)标准。

VME 总线地址线宽度为 16/24/32/40/64 位，数据线宽度为 8/16/24/32/64 位，系统可动态选择。数据传输速率为 0～500 Mbit/s。VME 总线具有寻址空间大、数据传输速度高等特点，特别是在多处理器的系统中，其中断机构能够保证各个处理器间的相互通信，提高多处理器系统的性能。VME 总线的连接器采用 DIN416 型连接器，具有良好的机械和电气特性，计算机联锁系统的许多模板均采用这种类型连接器。

b. 通信总线

通信总线也称外总线，用来实现计算机系统之间或计算机系统与其他系统(如仪器、仪表、控制装置)之间的信息传输。它往往借用电子工业已有的总线标准有并行通信总线和串行通信总线两类。

(a)并行通信总线

并行通信总线即在信息传输过程中，每次同时传送一个数据字节。并行总线传输速度高，但抗干扰能力差，一般是用于短距离(数十米)的快速传输。

(b)串行通信总线

串行通信总线即在信息传输过程中，每次传送一个比特(1 bit)的信息。串行总线传输速度低，使用的电缆少，且抗干扰能力强，一般是用于较远距离的数据传输。常用的串行通信总线有 RS-232C、RS-422、RS-485 总线等。

ⓐRS-232C 总线

RS-232C 总线标准共有 25 条信号线，包括一个主通道和一个辅助通道，RS-232C 标准规定，驱动器允许有 2 500 pF 的电容负载，通信距离将受此电容限制，例如，采用 150 pF/m 的通信电缆时，最大通信距离为 15 m；若每米电缆的电容量减小，通信距离可以增加。传输距离短的另一原因是 RS-232C 属单端信号传送，存在共地噪声和不能抑制共模干扰等问题，因此一般用于 20 m 以内的通信。RS-232C 传输速率低，不超过 20 kbit/s。

ⓑRS-422 总线

RS-422 总线是一种平衡方式传输的总线，即双端发送和双端接收，差模传输。这种方式抗干扰能力强，它的最大传输速率可达 10 Mbit/s(15 m)，最大传输距离能达 1 200 m (90 kbit/s)。

ⓒRS-485 总线

RS-485 总线同 RS-422 传输方式相同，它与 RS-422 总线兼容且扩展了 RS-422 总线的功能。两者主要区别在于 RS-422 总线只允许电路中有一个发送器，而 RS-485 总线允许在电路中有多个发送器，且一个发送器驱动多个负载设备。

c. 现场总线

按照 IEC(国际电工委员会)的解释，现场总线是指安装在制造或过程区域的现场装置与控制室

内的自动装置之间的数字式、串行、多点通信的数据总线。现场总线确切定义是，连接智能现场设备和自动化系统的全数字、双向、多站的通信系统。主要解决工业现场的智能化仪器、仪表、控制器、执行机构等现场设备间的数字通信及这些现场控制设备和高级控制系统之间的信息传递问题。

控制器局域网(Controller Area Network,CAN)是现场总线的一种典型应用，由德国BOSCH公司推出，它广泛用于离散控制领域，其总线规范已被ISO国际标准组织制定为国际标准。CAN协议分为2层:物理层和数据链路层。CAN的信号传输采用短帧结构，传输时间短，具有自动关闭功能，具有较强的抗干扰能力。通信距离最远可达5 kbit/s(10 km)，传输速率最高可达1 Mbit/s(40 m)，网络结点数实际可达110个。JD-ⅠA联锁机与操作表示机之间采用这种连接方式。

(2)局域网传输

局域网(Local Area Network,LAN)，是指在某一区域内由多台计算机互联成的计算机网络，覆盖范围一般是方圆几千米以内。局域网可以实现资源共享、通信服务等功能，有以太网、令牌总线、令牌环和无线接入等多种连接方式。以太网是一种常见的局域网组网方式，在日常生活和工业控制中应用普遍。

自动控制系统中所有的计算机通过各自的网络接口板(网卡)直接连到局域网上。每一网卡均有不同的网络地址，通过网络集线器完成信息交换。许多计算机联锁系统的子系统之间均采用双冗余网络并联的通信方式，即每一子系统均设置两块网卡，每一网卡均采用不同的结点地址，分别与A网、B网相连，两网同时传输数据保证有一个网卡或一条网络故障时，不影响系统的通信。例如TYJL-Ⅱ型计算机联锁和JD-ⅠA型计算机联锁中，上位机与维修机间采用以太网方式互连。

(3)光纤信息传输

光纤信息传输即用光纤作为网线，每一子系统设置两块光通信卡，完成光电信号的转换，用光集线器完成信息交换。由于光纤的信息传输速度快、抗干扰能力强，因此这种信息的传输方式更加迅速、安全、可靠。计算机联锁系统的信息传输特别是远距离传输时均采用光纤传输方式。

5.1.4 知识拓展

近年来，随着中国铁路建设步伐的加快，计算机联锁技术得到迅速发展。为了便于实现网络远程控制，新建的高速铁路及既有线路广泛应用计算机联锁系统，计算机联锁系统正在朝着定型化、高可靠、高安全、区域化、全电子的方向发展。未来几年计算机联锁技术发展的主要目标概括如下：

1. 计算机联锁可实现操控界面，应用互联接口协议，机柜尺寸，外观形式全路统一，各种型号的计算机联锁设备，外形和接口将按照统一的标准设计。

2. 进一步开发计算机联锁在故障容错、安全保证、系统维护方面的智能化功能，在可用度上达到国际水平。

3. 在120 km/h以上主要干线，以采用二乘二取二或三取二等冗余方式的计算机联锁技术为主，限制双机热备型计算机联锁和6502电气集中继电联锁的发展。

4. 结合铁路运输的生产实际，逐步推广使用区域联锁，在枢纽编组站或区段站，本区域内各站(场)的行车指挥人员集中在一个地点，即多楼合一，便于统一指挥协调。各站(场)与车站指挥中心之间通过网络传输各种控制信息、表示信息，实现集中控制监督，分散执行。

5. 积极研究试验无接点的全电子计算机联锁系统，将现有计算机联锁系统采用的执行继电器全部取消，由电子设备直接控制室外的信号设备，大大减少了工程造价和施工过渡时间，更有利于系统的维护。该系统目前已在厂矿铁路进行试验，进一步完善后，将在国家铁路使用。

5.1.5 相关规范、规程与标准

《计算机联锁技术条件》(TB/T 3027—2002)。

典型工作任务 2 JD-ⅠA 型计算机联锁系统维护

5.2.1 教学目标

1. 能力目标

(1)掌握 JD-ⅠA 型计算机联锁系统的设备组成、接口电路的控制功能。

(2)掌握 JD-ⅠA 型计算机联锁系统的维护常识和常见故障的处理方法。

2. 知识目标

(1)掌握 JD-ⅠA 型计算机联锁系统的体系结构及各组成部分的作用。

(2)掌握 JD-ⅠA 型计算机联锁系统接口电路的基本原理与功能。

(3)掌握 JD-ⅠA 型计算机联锁系统的使用与维护方法。

(4)掌握 JD-ⅠA 型计算机联锁系统常见故障的分析处理方法。

3. 素质目标

(1)通过学习 JD-ⅠA 型计算机联锁系统,进一步掌握计算机联锁系统实现联锁控制的方法,保证联锁设备安全可靠运行的措施。

(2)利用 JD-ⅠA 型计算机联锁系统的实训设备,进行设备维护和故障处理实际训练,进一步提高计算机控制设备的使用维护和故障处理能力。

5.2.2 工作任务

1. 对照《计算机联锁技术条件》,掌握 JD-ⅠA 型计算机联锁系统的基本组成和各组成部分的基本功能,做好 JD-ⅠA 型计算机联锁系统的日常维护工作。

2. 根据《铁路技术管理规程》和《铁路信号维护规则》的有关要求,掌握 JD-ⅠA 型计算机联锁系统的各种功能。联锁试验时,对照联锁表,对各种联锁关系进行严格检查,反复试验。发现问题,与系统开发、设计和施工单位沟通,及时妥善处理,不留隐患。

3. 在日常运用过程中,要按照相关的技术要求,利用电务维修机及时检查系统工作状态,发现设备故障,正确分析、及时处理。暂时不能处理的故障,要按程序上报或与厂家联系,防止系统"带病工作",确保联锁设备工作安全可靠。

5.2.3 相关配套知识

1. JD-ⅠA 型计算机联锁系统的组成

(1)JD-ⅠA 型计算机联锁系统的体系结构

JD-ⅠA 型计算机联锁系统是北京交大微联科技有限公司研制开发的分布式计算机控制系统,也称集散型测控系统,其特点是分散控制、集中信息管理,其体系结构图如图 5.14 所示。

该系统包括人机对话层(也称操作表示层)、联锁运算层和执行层。人机对话层与联锁运算层之间采用双 CAN 通信,双网同时工作,有一网故障时,另一网可保证系统正常通信。联锁运算层和执行层之间采用外部控制型总线控制器实现了与计算机总线的分离。系统所用的联锁机、操作表示机和电务维修机可根据需要选择不同的规格和档次。

联锁机通过两套故障安全型动态采集电路采集组合架有关继电器接点的状态，通过双套动态驱动电路输出对动态继电器的控制，并由动态检测电路对输出电压进行回读检测。

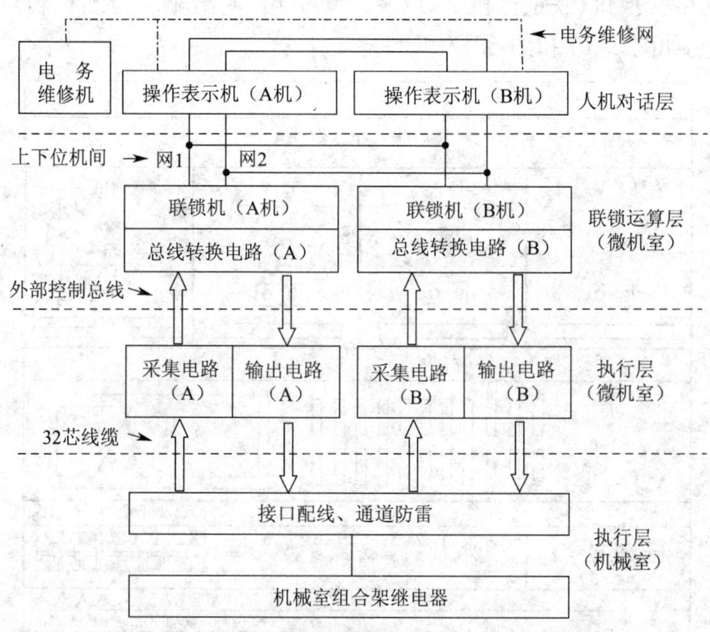

图 5.14 JD-ⅠA 型计算机联锁系统体系结构图

(2)JD-ⅠA 型计算机联锁系统的硬件组成与功能

JD-ⅠA 型计算机联锁系统硬件结构图如图 5.15 所示，在运转室，通过车务前台监视器、音箱、输入设备(鼠标)等为车站值班员提供操作表示界面，同时还可以提供后台监视器，便于车站值班员监视前台操作及站场运行情况。

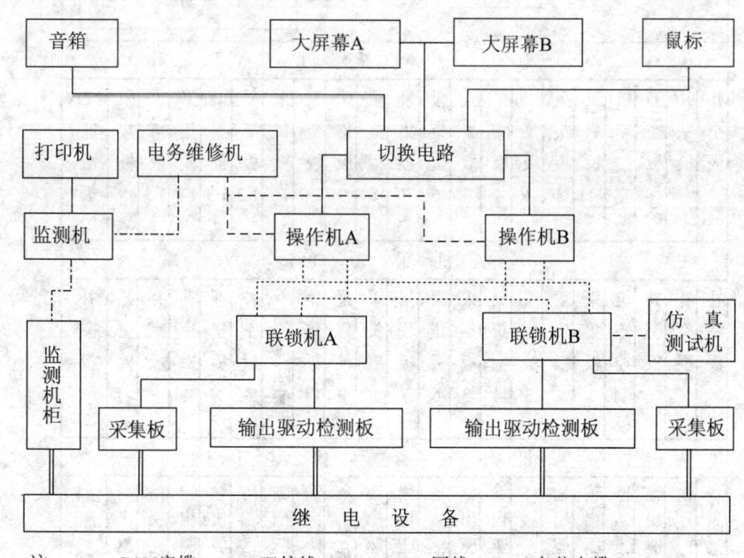

图 5.15 JD-ⅠA 型计算机联锁系统硬件结构图

在微机室，有联锁 A 柜、联锁 B 柜、操作表示机柜、防雷接口柜，以及提供给电务人员的维修机和终端设备。

A 联锁机柜中包括倒机电路、12 V、5 V、32 V 直流电源(供接口电路、继电器驱动使用)、操作表示机 A、网络交换机、联锁微机 A,以及采集机箱、输出驱动检测机箱,A 联锁机柜的正视图和背视图分别如图 5.16 和图 5.17 所示。

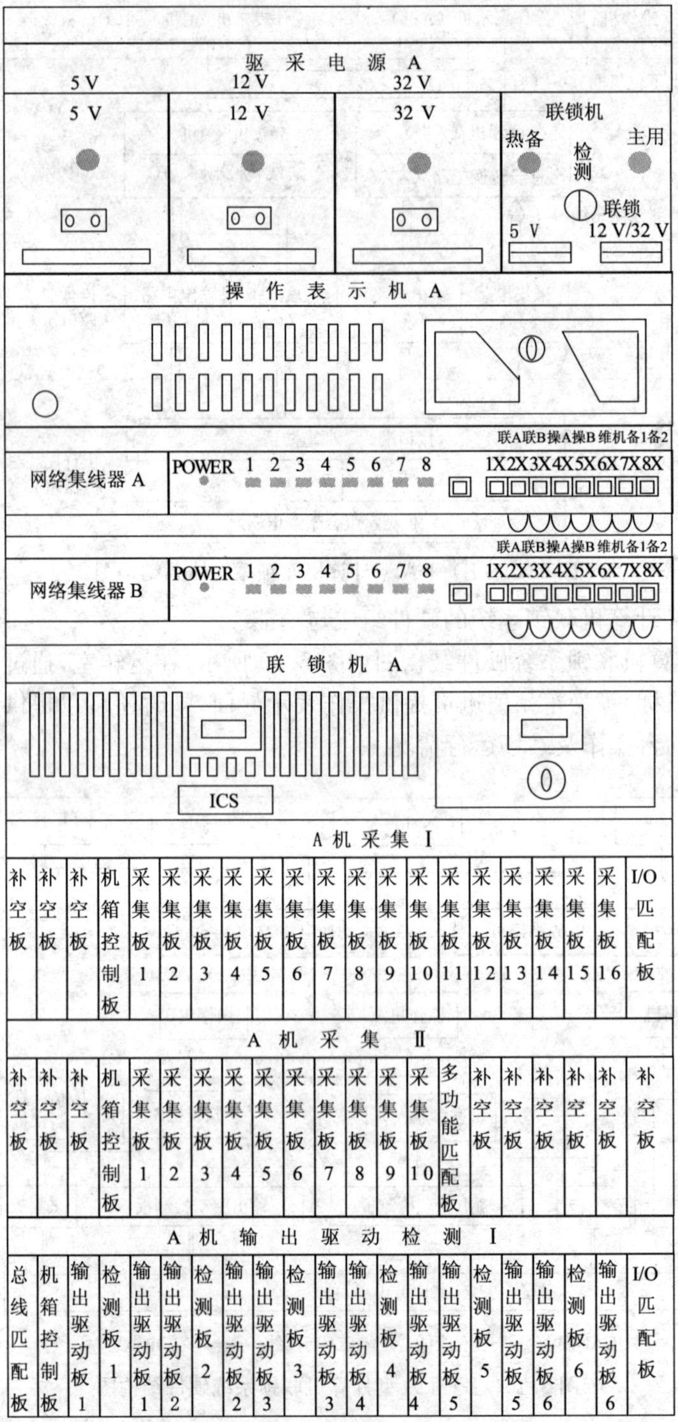

驱 采 电 源 A

5 V 5 V | 12 V 12 V | 32 V 32 V | 联锁机 热备 检测 主用 联锁 5 V 12 V/32 V

操 作 表 示 机 A

联A联B操A操B维机备1备2

网络集线器 A POWER 1 2 3 4 5 6 7 8 1X2X3X4X5X6X7X8X

联A联B操A操B维机备1备2

网络集线器 B POWER 1 2 3 4 5 6 7 8 1X2X3X4X5X6X7X8X

联 锁 机 A

ICS

A 机 采 集 Ⅰ

补空板	补空板	补空板	机箱控制板	采集板1	采集板2	采集板3	采集板4	采集板5	采集板6	采集板7	采集板8	采集板9	采集板10	采集板11	采集板12	采集板13	采集板14	采集板15	采集板16	I/O匹配板

A 机 采 集 Ⅱ

补空板	补空板	补空板	机箱控制板	采集板1	采集板2	采集板3	采集板4	采集板5	采集板6	采集板7	采集板8	采集板9	采集板10	多功能匹配板	补空板	补空板	补空板	补空板	补空板	补空板

A 机 输 出 驱 动 检 测 Ⅰ

总线匹配板	机箱控制板	输出驱动板1	检测板1	输出驱动板1	输出驱动板2	检测板2	输出驱动板2	输出驱动板3	检测板3	输出驱动板3	输出驱动板4	检测板4	输出驱动板4	输出驱动板5	检测板5	输出驱动板5	输出驱动板6	检测板6	输出驱动板6	I/O匹配板

图 5.16 A 联锁机柜正视图

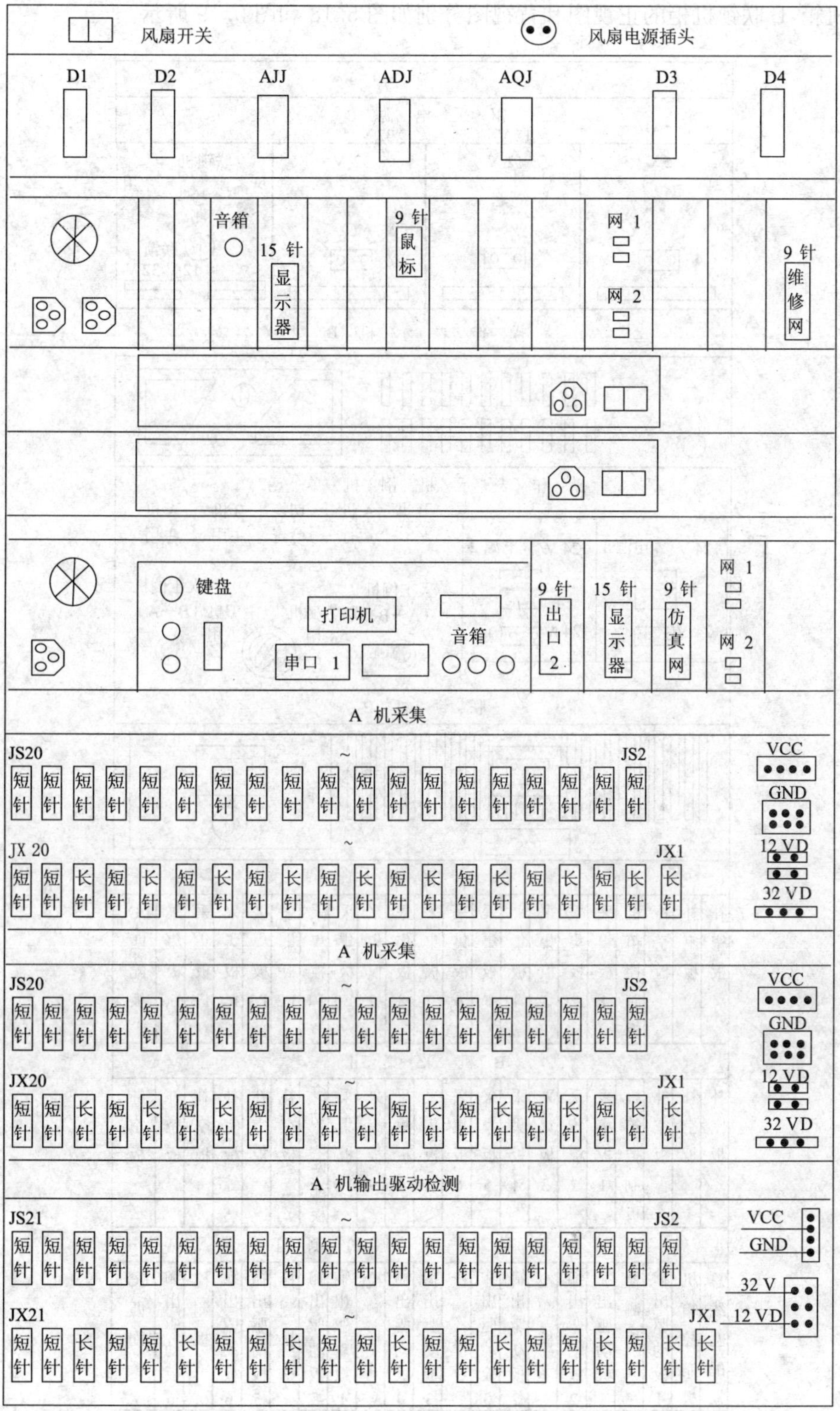

风扇开关　风扇电源插头

D1　D2　AJJ　ADJ　AQJ　D3　D4

音箱　15 针 显示器　9 针 鼠标　网 1　网 2　9 针 维修网

键盘　打印机　串口 1　音箱　9 针 出口 2　15 针 显示器　9 针 仿真网　网 1　网 2

A 机采集

JS20 ~ JS2　VCC　GND　12 VD　32 VD

短针 短针 短针 短针 短针 短针 短针 短针 短针 短针 短针 短针 短针 短针 短针 短针 短针 短针 短针

JX 20 ~ JX1

短针 短针 长针 短针 长针 短针 长针 短针 长针 短针 长针 短针 长针 短针 长针 短针 长针 短针 长针 长针

A 机采集

JS20 ~ JS2　VCC　GND　12 VD　32 VD

短针 短针 短针 短针 短针 短针 短针 短针 短针 短针 短针 短针 短针 短针 短针 短针 短针 短针 短针

JX20 ~ JX1

短针 短针 长针 短针 长针 短针 长针 短针 长针 短针 长针 短针 长针 短针 长针 短针 长针 短针 长针 长针

A 机输出驱动检测

JS21 ~ JS2　VCC　GND

短针 短针 短针 短针 短针 短针 短针 短针 短针 短针 短针 短针 短针 短针 短针 短针 短针 短针 短针 短针

JX21 ~ JX1　32 V　12 VD

短针 短针 长针 短针 短针 长针 短针 短针 长针 短针 短针 长针 短针 短针 长针 短针 短针 长针 短针 长针 长针

图 5.17　A 联锁机柜背视图

B联锁机柜中包括倒机电路、操作表示机B、操作机倒机单元、联锁机B、采集机箱、输出驱动检测机箱，B联锁机柜的正视图和背视图分别如图5.18和图5.19所示。

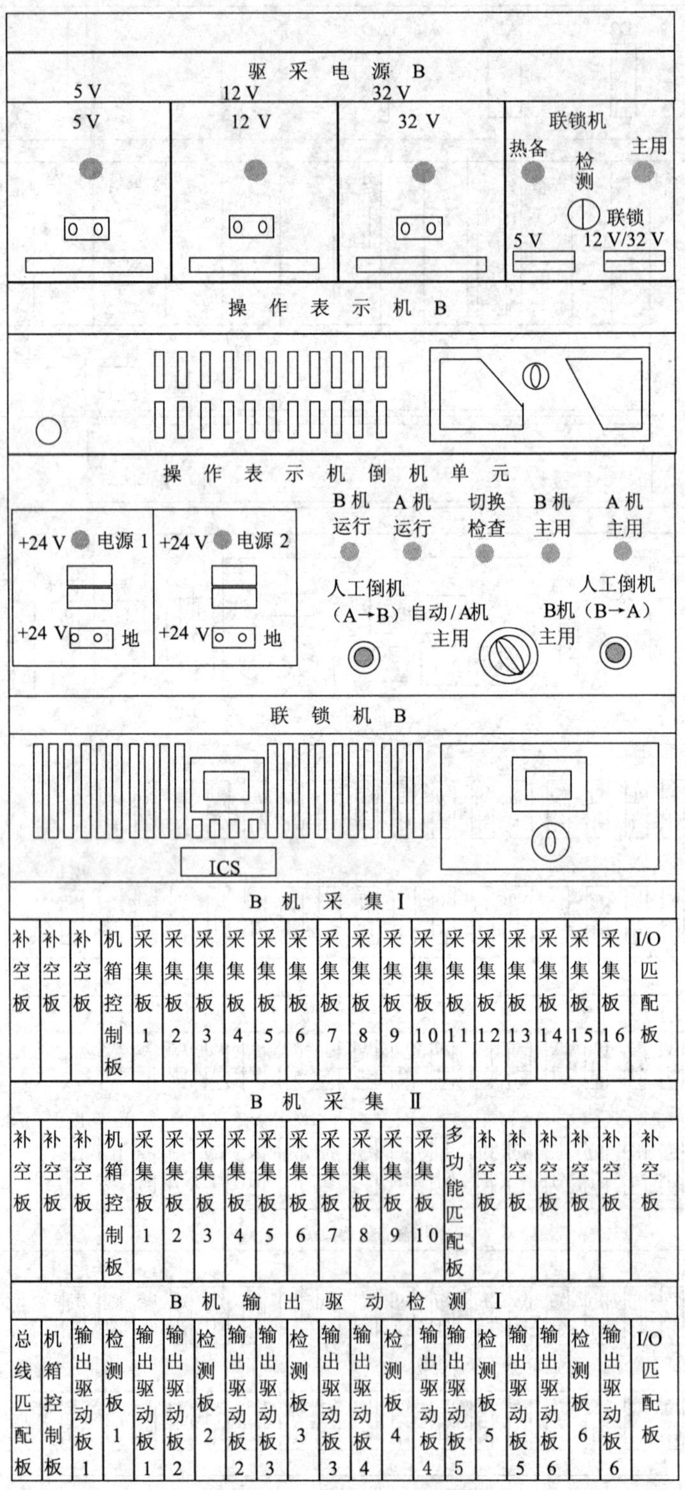

图5.18 B联锁机柜正视图

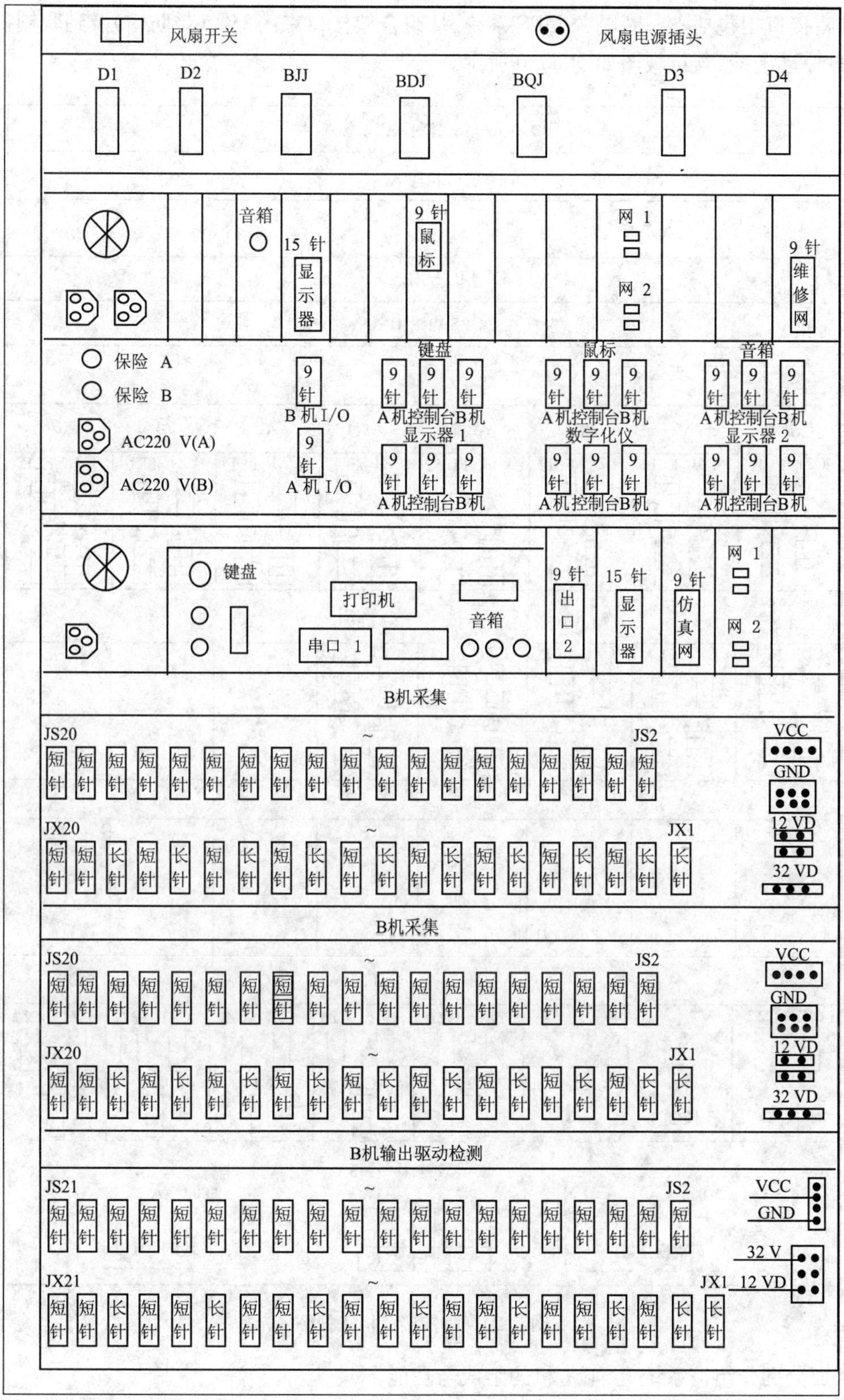

风扇开关　风扇电源插头

D1　D2　BJJ　BDJ　BQJ　D3　D4

音箱　15针 显示器　9针 鼠标　网1　网2　9针 维修网

保险 A
保险 B
AC220 V(A)
AC220 V(B)

9针 B机I/O
9针 A机I/O

键盘
9针 9针 9针
A机控制台B机
显示器1
9针 9针 9针
A机控制台B机

鼠标
9针 9针 9针
A机控制台B机
数字化仪
9针 9针 9针
A机控制台B机

音箱
9针 9针 9针
A机控制台B机
显示器2
9针 9针 9针
A机控制台B机

键盘　打印机　串口 1　音箱　9针 出口2　15针 显示器　9针 仿真网　网1　网2

B机采集

JS20 ~ JS2
短针 短针 短针 短针 短针 短针 短针 短针 短针 短针 短针 短针 短针 短针 短针 短针 短针 短针 短针

JX20 ~ JX1
短针 短针 长针 短针 长针 短针 长针 短针 长针 短针 长针 短针 长针 短针 长针 短针 长针 短针 长针 长针

VCC　GND　12 VD　32 VD

B机采集

JS20 ~ JS2
短针 短针 短针 短针 短针 短针 短针 短针 短针 短针 短针 短针 短针 短针 短针 短针 短针 短针 短针

JX20 ~ JX1
短针 短针 长针 短针 长针 短针 长针 短针 长针 短针 长针 短针 长针 短针 长针 短针 长针 短针 长针 长针

VCC　GND　12 VD　32 VD

B机输出驱动检测

JS21 ~ JS2
短针 短针 短针 短针 短针 短针 短针 短针 短针 短针 短针 短针 短针 短针 短针 短针 短针 短针 短针 短针

JX21 ~ JX1
短针 短针 长针 短针 短针 长针 短针 短针 长针 短针 短针 长针 短针 短针 长针 短针 短针 长针 短针 长针 长针

VCC　GND　32 V　12 VD

图5.19　B联锁机柜背视图

防雷接口柜包括不间断电源 UPS 系统、从组合架接口来的配线(带防雷)及到联锁机柜中的采集/驱动配线,其正视图如图 5.20 所示。

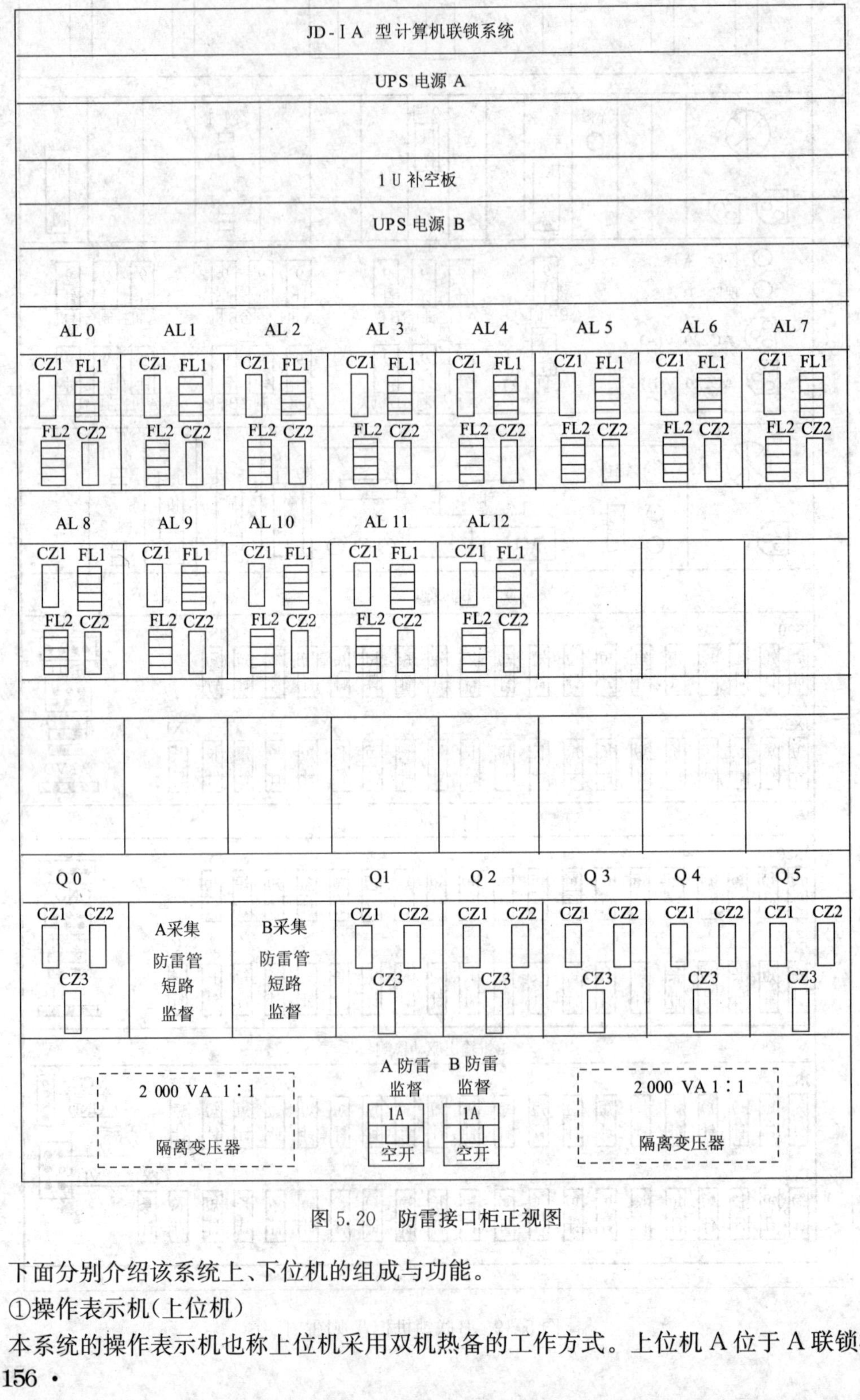

JD-ⅠA 型计算机联锁系统

UPS 电源 A

1 U 补空板

UPS 电源 B

AL 0 AL 1 AL 2 AL 3 AL 4 AL 5 AL 6 AL 7

CZ1 FL1 FL2 CZ2 (AL 0 – AL 7, each)

AL 8 AL 9 AL 10 AL 11 AL 12

CZ1 FL1 FL2 CZ2 (AL 8 – AL 12, each)

Q 0 Q1 Q 2 Q 3 Q 4 Q 5

CZ1 CZ2 CZ3

A采集 防雷管 短路 监督

B采集 防雷管 短路 监督

CZ1 CZ2 CZ3 (Q1 – Q5, each)

2 000 VA 1∶1 隔离变压器

A 防雷 监督 1A 空开

B 防雷 监督 1A 空开

2 000 VA 1∶1 隔离变压器

图 5.20　防雷接口柜正视图

下面分别介绍该系统上、下位机的组成与功能。

①操作表示机(上位机)

本系统的操作表示机也称上位机采用双机热备的工作方式。上位机 A 位于 A 联锁机中,

上位机 B，以及上位机倒机电路都放在 B 联锁机柜中。系统运行时，两台上位机同时工作，先开启的为主用机，后开启的为备用机，当主用上位机发生故障时，自动切换到备用上位机。操作表示机具有以下功能：

a. 操作功能：它接收车站值班员的按钮操作信息，将按钮操作信息通过网络通信传送给联锁机。

b. 显示功能：它接收来自联锁机的站场状态数据和提示信息等，控制显示器或控制台显示站场情况、系统工作状况、提示信息、报警信息等，对主要的错误或故障提供相应的语音报警。

c. 信息转发功能：将站场状态数据及提示信息、报警信息、系统状态信息等转发给电务维修机。

主用上位机运行时，接收鼠标操作，向下位机（联锁机）发送车站值班员的操作命令，播放语音提示信息。备用上位机运行时，只能接收下位机传来的站场状态信息，跟踪显示站场运行情况、系统运行情况等，不能接收操作信息和向下位机发送操作命令，也不能播放语音提示信息。

②联锁机（下位机）

a. 联锁机柜的结构

本系统的联锁机柜采用欧洲标准结构，每个机柜内包括工控机箱、直流电源机箱、采集机箱、输出驱动及检测机箱。采集、输出驱动及检测机箱内提供接口板插槽，接口板从机箱前面插入，其面板上设有指示灯，用以观察设备运行情况及输入/输出接口状态。

每个机箱后面安装有一块 I/O 母板，用以提供外部控制总线。每个机箱有一块“机箱控制板”，对本机箱的输入或输出板进行选址。另有一块 I/O 匹配板，提供本机箱的外部控制总线终端匹配。输入或输出电路板通过机箱插槽插在 I/O 母板上。机箱对外的连线通过 I/O 母板后面的接插件连接。

每一个联锁机柜，必须有一个机箱里用一块多功能匹配板取代 I/O 终端匹配板，该板除了具有终端匹配板功能，还具有对本联锁机柜倒机组合的驱动、采集功能。联锁机柜的最后一个机箱，必须插一块总线匹配板，实现整个外部控制总线的匹配。

b. 联锁机的功能

联锁机完成如下功能：

(a)接收操作表示机下发的操作信息。

(b)通过输入接口电路采集站场状态。

(c)将接收到的信息进行分析处理，即联锁运算。

(d)根据运算结果，通过输出接口电路控制组合架继电器动作。

(e)将信号设备的状态信息、提示信息、故障报警信息等传送给操作表示机。

2. JD-ⅠA 型计算机联锁系统的接口电路

JD-ⅠA 系统接口电路的控制原理示意图如图 5.21 所示，由总线控制板、机箱控制板和输入/输出板 3 级电路组成。后两级电路采用外部控制总线（CRTP 总线）方式。外部控制总线通过插在联锁机箱中的总线控制板（IOBC 电路板）与计算机 ISA 总线交换信息。

从组合架室内分线盘到输入/输出防雷接口柜之间，以及防雷接口柜到联锁机柜间均通过 32 芯电缆相连，防雷接口柜加装有通道防雷器件。

联锁机和采集、输出电路相对独立，I/O 电路与联锁机采用光电隔离。外部控制总线可在 15 m 内并行扩展多达 16 个机箱，每个机箱可插 16 块采集板，每板 32 个采集单元；也可插入 6 组输出驱动板和回读检测板，每组由 2 块 16 路输出驱动板和一块 32 路检测板固定组成，可驱动 32 个控制对象，它能够提供测试返回信号，由检测板对输出电路进行回读检测。

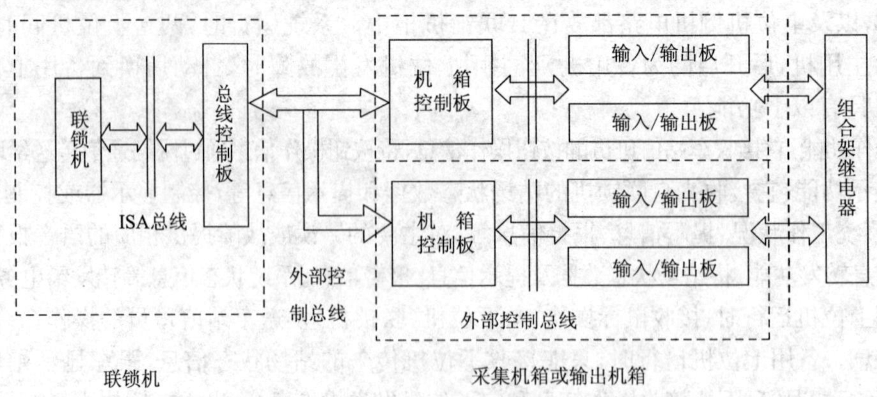

图 5.21　JD-ⅠA 系统接口电路控制原理示意图

(1)接口板的功能与控制原理

①总线控制板

总线控制板也称总线转换板(IOBC 板),安装在联锁机箱内,实现 ISA 总线和 CRTP 总线转换,将输入电路采集到的信息传给联锁机,将联锁机的控制命令传送给输出电路。

IOBC 板通过输入/输出机箱母板上的 64 路标准 DIN 连接器,采用级连方式与所有采集机箱和输出机箱相连。

②机箱控制板

机箱背后安装有 I/O 母板,I/O 母板提供 CRTP 控制总线。采集板、输出板、检测板及 I/O匹配板或多功能匹配板都插在 I/O 母板的机内一侧,这些电路板都通过 16 位数据线和 CRTP 总线交换数据。

机箱控制板用以对本机箱电路板选址,选中的电路板通过 16 位数据线和 CRTP 总线交换数据。机箱控制板的板面有工作指示灯,正常工作是 ADR1、ADR2、ADR4、ADR8 指示灯不断闪亮,循环选址。

③I/O 匹配板

每一机箱的 I/O 母板上插入一块 I/O 匹配板,用于实现机箱中 CRTP 总线的终端匹配。

④多功能匹配板

每一个联锁机柜必须有一个机箱的 I/O 母板上插入一块多功能匹配板,它有 3 项功能:

a. 提供母板总线终端匹配。

b. 控制、采集联锁机柜中的倒机电路,包括对本联锁机监督继电器 JJ、倒机继电器 DJ 的控制,本联锁机 JJ、DJ 及切换继电器 QJ 的状态采集,以及对另一台联锁机 JJ、DJ、QJ 和检测开关的状态采集。

c. 产生本联锁机动态输入电路所用的 12 V 动态方波。

⑤总线匹配板

每个联锁机柜的最后一个机箱 I/O 母板上必须插一块总线匹配板,用于实现本机柜的电路板与外部控制总线的匹配。

⑥32 路输入采集板

采集板用来采集组合架继电器接点状态,一个采集机箱可插 16 块采集板,每块输入板有 32 路采集。为提高采集信息的安全性,每个采集信息都通过两个采集单元进行采集,两路采集结果进行比较，只有结果一致才认为继电器接点状态为1（接点闭合）。因此，相邻的两块输入板位置相同的两个采集单元，用于采集相同的继电器接点，也就是第一块输入板的第一路和第二块输入板的第一路采集的是同一接点，以此类推，一个采集机箱最多可采集256（32×8）个状态信息。

根据接口信息表可确定采集单元与所采集条件的对应关系，采集条件（继电器接点）接通，采集板前面指示灯闪烁，信息采集电路工作原理如图5.22所示。

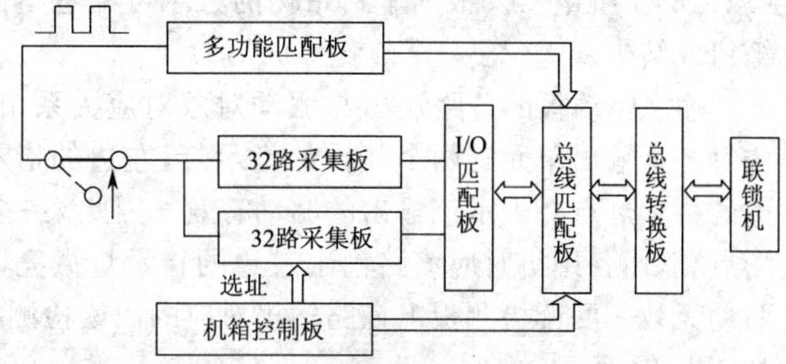

图5.22　信息采集电路工作原理图

本系统采用安全输入电路，联锁机控制多功能匹配板产生方波脉冲，再经由继电器接点、32路输入电路，由联锁机读回。联锁机只有收到方波脉冲，才判定继电器接点闭合。采集电路具有故障—安全性，电路中任何器件发生故障，均可导致动态脉冲中断，从而使设备导向安全。

为提高输入电路的可靠性，缩短硬件故障维修时间，输入电路具备自诊断功能，如果发生故障，可精确定位到某块板的某一路，并通过电务维修机记录下来。

每一状态信息均采用两组接点，通过32芯电缆经由防雷接口柜分别与联锁机A和联锁机B相连，状态信息采集接口框图如图5.23所示。

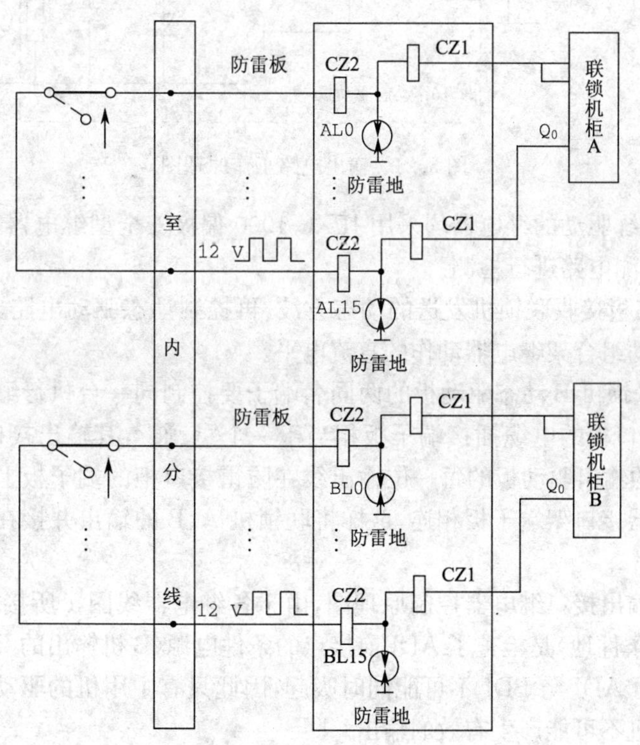

图5.23　状态信息采集接口框图

⑦16路输出驱动板和32路回读检测板

输出驱动板用来输出对组合架继电器的驱动信息；回读检测板用来检测动态驱动电路

是否工作正常。输出驱动板和回读检测板合用一种机箱，输出驱动板每板 16 路，回读检测板每板 32 路，两块输出驱动板加上一块回读检测板形成一个印制板单元组，回读检测板置于中间，并与输出驱动一一对应。一个输出检测机箱可插 6 组这样的印制板，共可驱动 192 (32×6)个继电器。根据车站站场的大小可配置不同数量的输出检测机箱，形成不同的机箱组成结构。

输出驱动板的各路输出与驱动对象对应关系由接口信息表约定。输出驱动板前面对应每一个输出单元有两个并排的指示灯，左边的指示灯点亮表明该路驱动单元有输出，右边的指示灯点亮表示该输出的驱动有效。因此某一路有输出时，主用机对应的两个指示灯均点亮，而备用机对应该路输出左边的指示灯微亮，右边的指示灯不亮，即备用机假输出，驱动无效。回读检测板上该路输出对应的回读检测指示灯也同步点亮，输出电路工作原理如图 5.24 所示。

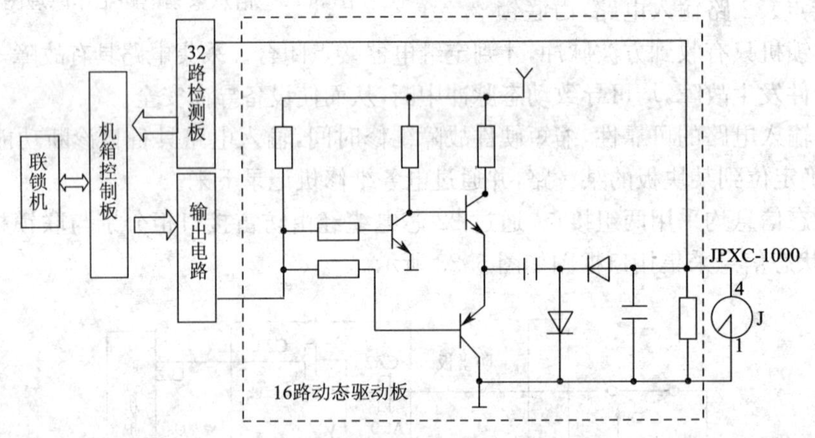

图 5.24　输出电路工作原理图

计算机联锁系统驱动的继电器均采用 JPXC-1000 偏极安全型继电器，动态驱动电路的输出又可通过回读检测电路进行检测。

16 路输出电路板接收联锁机发送的动态方波，再控制动态驱动电路，驱动电路接收动态脉冲，进而产生驱动组合架继电器动作的直流电平。

联锁机 A 和联锁机 B 动态驱动板的两同名端子要控制同一台执行继电器，因此，连接驱动控制线的防雷接口柜的电缆插接端子板相当于一个“三通”，其输出接口框图如图 5.25 所示。联锁机 A、B 的输出驱动板的每一位输出线在防雷接口柜的端子板上的一侧一一对应封连，另一侧与继电器接口架端子板相连，这样将联锁机 A、B 的输出并接在一起控制偏极继电器的线圈端子 4。

如图 5.26 为输出接口继电器控制原理图，由于各继电器线圈 1 所接的联锁机 A 供出的负电源(A+32 V 条件地)是检查了 ADJ 前接点的条件电源(B 机输出的 B+32 V 条件地检查了 BDJ 前接点)，而 ADJ 与 BDJ 不可能同时吸起，因此只有主用机的驱动端才能输出有效的驱动电平，而备用机不可能产生有效的输出。

如果动态驱动电路故障，则该路指示灯不亮，此时电务维修机会自动记录，如果当前联锁机为主用机，则会自动切换至备用联锁机。

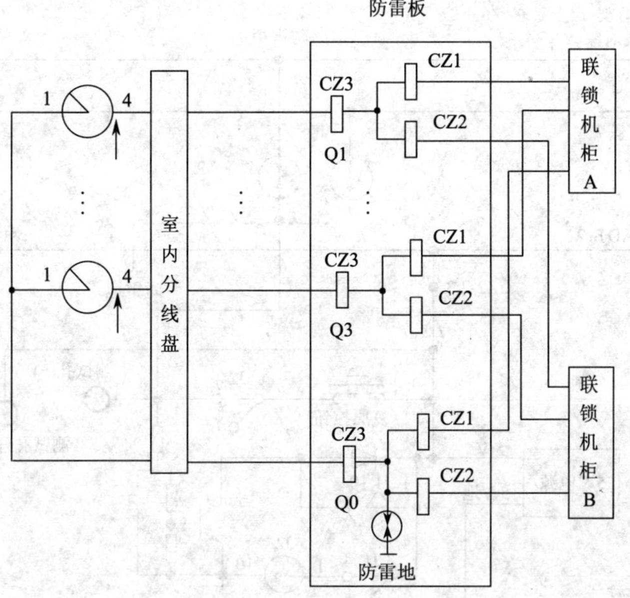

图5.25　输出接口框图

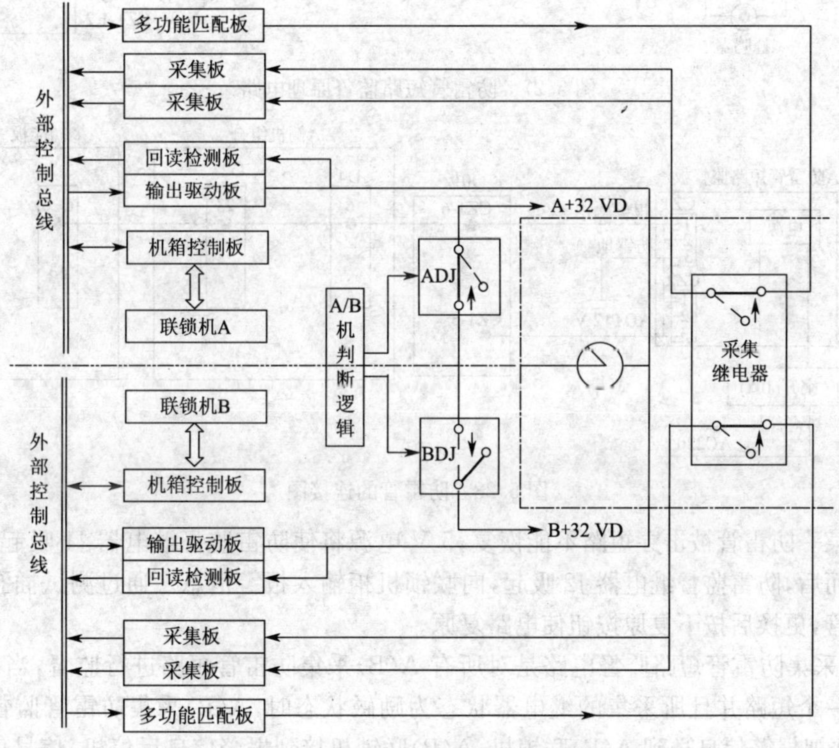

图5.26　输出接口继电器控制原理图

(2)防雷管短路监督

防雷管短路监督原理电路如图5.27所示，防雷管的连接图如图5.28所示，从图中可以看出，进入联锁机柜的每一状态信息采集条件线，均接有一个防雷管，这样当任一条件线因雷电感应电压超过防雷管的击穿电压时，该条件线将立即接地。这样防止高压进入联锁机柜烧坏电路板。

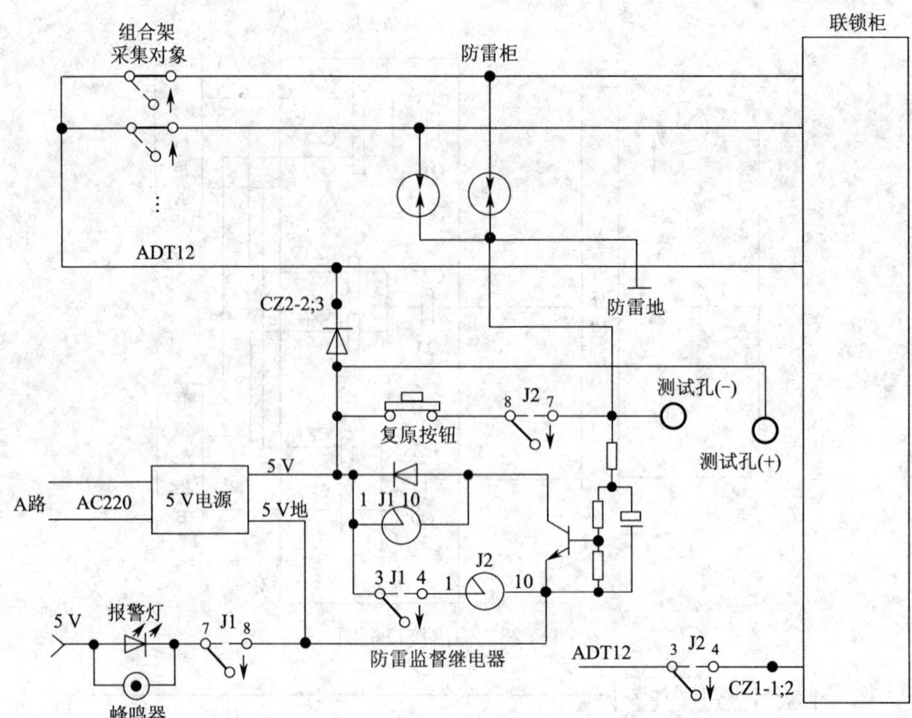

图 5.27　防雷管短路监督原理电路

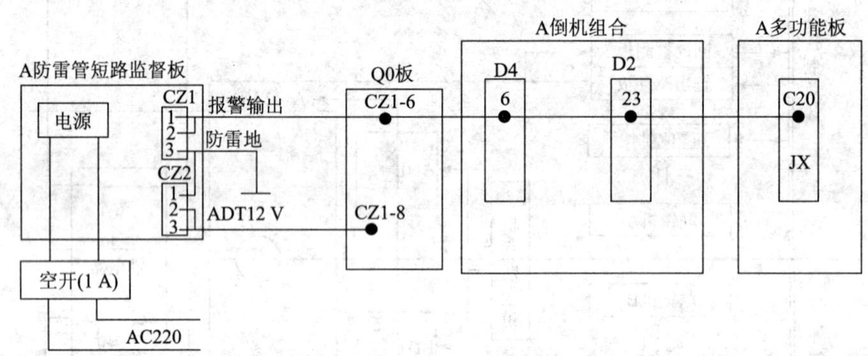

图 5.28　防雷管的连接图

如果某一防雷管被击穿短路不能恢复，5 V 电源将使防雷监督继电器 J1 吸起，同时蜂鸣器报警。而后，防雷监督继电器 J2 吸起，向联锁机柜输入报警信息。通过测试插孔可测出击穿的防雷管，更换后按下复原按钮使电路复原。

A(B)采集防雷管短路监督电路是对所有 A(B)采集防雷管短路进行监督，当 A(B)采集防雷管有一个短路并且所采集的继电器状态为励磁状态时，A(B)采集防雷管监督电路延时 2 s报警，并把报警信息送到 A(B)联锁机，A(B)联锁机接到报警信息后停机，信号值班人员查找具体哪个防雷管短路时，必须把防雷柜与组合架之间的连接端子断开，按一下复原按钮，报警停止。电路恢复正常后，把联锁机柜的 12 V 电源正端接到测试孔(一)端，看联锁机柜采集表示灯哪一个亮，则亮灯单元对应的防雷管短路或断开防雷板与邻板防雷地环线，将测试孔(一)连到被测试板的防雷地端子，测试笔的一端接到测试孔(＋)，另一端逐个点防雷管，当被测得的防雷板上有防雷管短路时，测试笔上的测试灯亮时，说明此板上防雷管有短路的，断开

此板上与室内分线盘连接的插头，再逐一测试，当测试笔再次亮灯时，测试笔所点的防雷管短路，然后用防雷插件最下面的备用防雷管换下短路的防雷管。

(3)继电器结合电路

为了保证室外信号设备的控制电路基本不变，本系统仍然保留了部分继电器，组成了相对定型的继电器组合，继电器的名称和作用与6502电气集中基本相同，各种组合所用的继电器如下：

①道岔组合：DCJ、FCJ、DBJ、FBJ、SJ、1DQJ、2DQJ。

②进站组合：LXJ、TXJ、LUXJ、ZXJ、YXJ、1DJ、2DJ。

③一方向出站组合：LXJ、DXJ、DJ。

④多方向出站组合：LXJ、DXJ、ZXJ、DJ。

⑤调车组合：DXJ、DJ。

⑥轨道区段：GJ(50 Hz或25 Hz)。

此外还有监督联锁机工作和控制上位机、联锁机双机热备系统切换的有关继电器。

有关继电器的结合电路，结构很简单，计算机联锁车站道岔控制、信号点灯等执行环节的电路与6502电气集中车站相似，在此就不作介绍了。

3. JD-ⅠA型计算机联锁系统的使用与维护

(1)系统的开机与关机

系统的开机顺序是：先开启联锁机，然后开启上位机，最后打开维修机，具体步骤如下：

①开启A、B UPS电源。在电源屏正常供电情况下，按压UPS的电源按钮1~2 s，UPS应正常启动。

②开启A、B联锁机柜后面的4个空气开关，即顺序打开进入机柜的220 V交流电、32 V直流电、12 V直流电、5 V直流电。

③打开运转室设备电源。

④打开A、B联锁机电源。

⑤打开上位机倒机机箱的电源。

⑥打开A、B上位机电源。

⑦打开维修机电源。

当电源屏停止供电后，应在5 min之内关闭系统，其步骤与开机的顺序相反。

(2)屏幕提示框显示含义

屏幕最下一行是信息自动提示框，各提示框分别介绍如下：

①操作或联锁出现异常的提示框

操作错误——按钮操作不符合规定或按钮配对有误。

操作无效——按钮操作符合规定，但因条件不满足而无法执行。

进路选不出——在进路排列过程中，因条件不满足而选不出。

进路不能锁闭——进路选排完毕，因进路锁闭条件不满足而无法锁闭进路。

信号不能开放——开放信号的条件不满足。

信号不能保持——信号开放后，因保持条件不满足而不能保持开放。

1灯丝断丝——信号机的第一灯丝断丝(1灯丝继电器失磁)。

2灯丝断丝——信号机的第二灯丝断丝(第2灯泡电路断路)。

命令不能执行——在进路或道岔锁闭期间，无法实现的操作命令。

不能自动解锁——因某种故障使进路不能自动解锁。

②故障报警框

当发生灯泡断丝、熔丝断丝、道岔挤岔、发码故障等情况时，框内提供汉字报警信息且该框的底色红、蓝交替闪光。

③延时报警框

反映人工解锁等延时时间的变化情况。框内显示信号名、区段名和倒计时信息。

④联机信息框

反映上位机、联锁机、电务维修机及上位机与联锁机之间的通信网状态。

a. 上位机：对应两台上位机设有两个显示方块，左方块代表 A 机，右方块代表 B 机。方块绿色表示该机处于主控状态；方块黄色表示该机处于热备状态；方块红色表示该机处于脱机或停机状态。当方块的上半部分为红色时，表示与该机连接的第 1 通信网失效；当方块的下半部分为红色时，表示与该机连接的第 2 通信网失效。

b. 联锁机：显示内容及方式与上位机相同。

c. 电务维修机：设一个显示方块，绿色表示该机正常运行；红色表示该机停止状态。

⑤系统日时钟框

显示系统内部表达当地标准时间的时钟，它不同于驱动计算机工作的时钟。该时钟与标准时间误差不能超过 1 min。系统日时钟的底色不断变化时，表明上位机正在运行。

⑥电源屏供电框

反映电源屏当前的供电状态。

a. 主电源：表示当前是主电源供电。

b. 副电源：表示当前是副电源供电。

(3)电务维修机功能

维修机通过电务维修网与操作表示机相连，接收操作表示机传来的站场状态信息、操作信息、提示信息、故障信息等。设在微机室的电务维修终端用来查看各种电务维修信息，电务维修终端包括监视器、鼠标、打印机。所有的实时监测信息可保存 1 个月，在记忆期限内可随时查看和打印相关记录。电务维修机具体功能如下：

①实时监视系统的运行情况，包括联锁机、输入/输出硬件电路、上位机，以及各计算机间的网络通信情况。

②实时监视、记录车站值班员操作、车站运行情况。

③记录车站信号设备故障，包括道岔失去表示、信号灯泡断丝等。

④记录系统的输入/输出电路硬件故障，包括驱动回读错、输入电路某路故障、输出电路某路故障等。

⑤记录联锁系统软件的运行故障。

⑥再现车站值班员操作、车站的运行情况。

⑦再现输入/输出电路的工作情况。

⑧再现故障信息。

⑨打印各种纪录。

⑩远程诊断功能：设有维修中心时，通过电话线和 Modem，可远程登录到车站的电务维修

机，维修中心可以查看系统运行信息、车站运行情况、故障信息，帮助电务人员分析故障，迅速排除故障。

⑪对于配置JD-ⅠA型微机监测的车站，可通过微机监测界面查看车站信号设备模拟量的监测信息。

(4)操作表示机的倒机与显示

本系统的上位机采用双机热备系统，由图5.18可以看出，在B联锁机柜中间设有操作表示机倒机单元，其面板上有各种指示灯，用来监督两操作表示机的工作状态，其含义如下：

①B机主用指示灯：亮灯，表明B上位机为主用机。

②A机主用指示灯：亮灯，表明A上位机为主用机。

③切换检查指示灯：灭灯，表明A上位机主用，B上位机备用；亮灯，表明B上位机主用，A上位机备用。

④B机运行指示灯：亮灯，表明B上位机驱动的监督继电器吸起，B上位机运行正常。

⑤A机运行指示灯：亮灯，表明A上位机驱动的监督继电器吸起，A上位机运行正常。

⑥电源24 V-2指示灯：亮灯，表明利用第2路24 V直流电源供电。

⑦电源24 V-1指示灯：亮灯，表明利用第1路24 V直流电源供电。

在表示灯的下方设有1个电源开关和3个用来实现对上位机手工切换的开关，功能如下：

①开关1(A→B)：自复开关，当A上位机主用时，按下开关，强制B上位机主用。

②开关2(B→A)：自复开关，当B上位机主用时，按下开关，强制A上位机主用。

③开关3：两位式手柄，当A、B上位机正常工作时，置于左边自动位置时，使A机主用，A机故障可实现自动切换B机主用。此开关置于右边B机主用，但B机故障不能实现上位机的自动切换。

(5)联锁机的同步与切换

系统的联锁机采用双机热备的动态冗余结构，两套联锁机互为主备，没有主次之分。系统运行期间，两套联锁机同时接收操作表示机发送来的控制命令，通过各自的输入电路采集站场状态，并进行联锁运算。两套联锁机都根据联锁机运算结果，控制本机的动态驱动电路产生输出，但只有主机的输出才与组合架继电器相连，控制继电器动作。联锁机双机切换控制电路如图5.29所示。

联锁系统通过联锁机柜内的倒机电路实现动态切换，倒机电路包括监督继电器JJ、切换继电器QJ和倒机继电器DJ。当联锁机上电启动后，先工作的联锁机的JJ、QJ、DJ均吸起，作为主用机运行；后工作的联锁机的JJ吸起，QJ和DJ落下，作为备用机运行。通过机柜面板上的“主用”、“热备”指示灯也可以看出联锁机的工作状态。

两套联锁机在运行期间，不但通过自诊断系统验证本机是否工作正常，还实时交换动态信息，相互比较、验证，判断本机及邻机是否正常工作。如果主用机判断出自身发生故障，则通过倒机电路自动切换到备用机。假设先打开的是A机，在A机主用期间发生故障使AJJ落下，则AQJ和ADJ将顺序落下，在BJJ吸起的条件下，BQJ迅速吸起，从而使BDJ立即吸起，这样使B机转为主用机。原备用机作为主用机运行后，故障机器重新启动。如果备用机发生故障，则备用机重新启动。在双机切换和联锁机重新启动时，不影响整个系统的运行，即实现动态无缝切换。

与其他系统不同的是本系统的联锁机有4种工作状态。

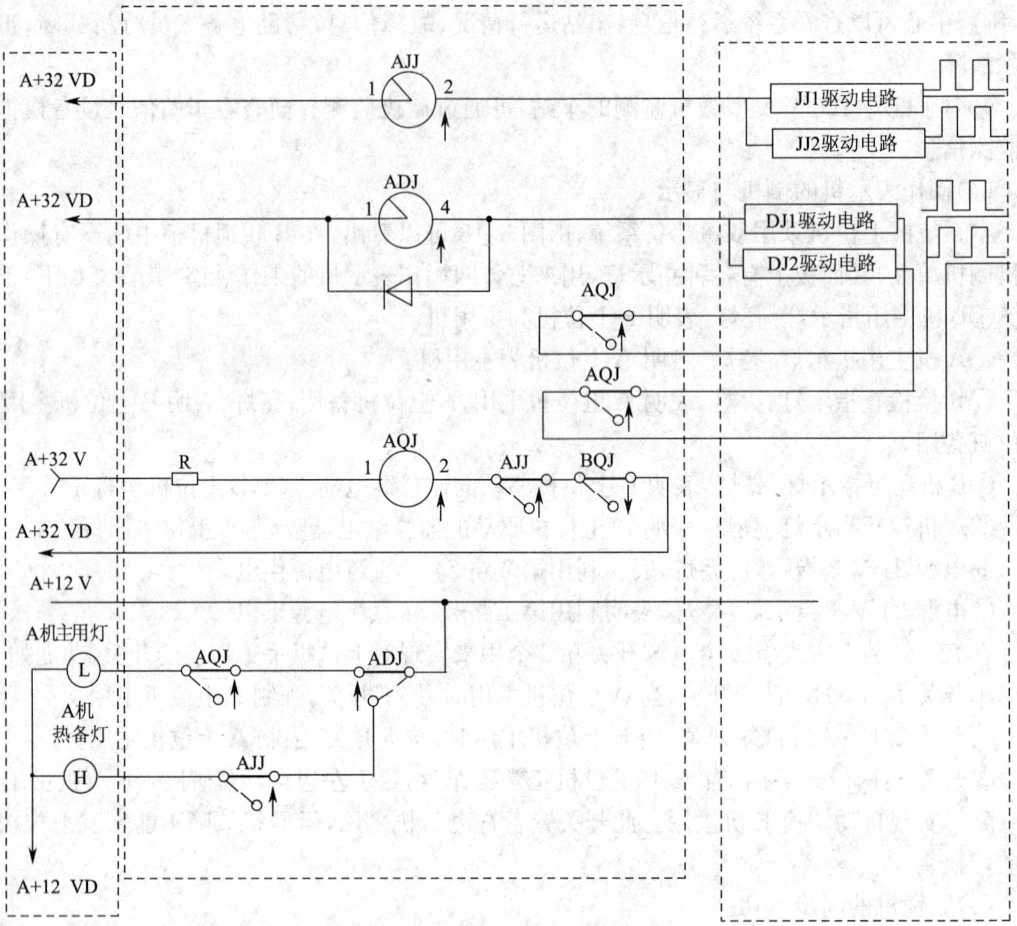

图 5.29　联锁机双机切换控制电路

①停机状态

联锁机关机掉电或正在重启、联锁程序未运行时，联锁机处于停机状态，当联锁机处于停机状态时，不执行联锁运算，采集、输出电路不工作。

②主用状态

当联锁系统上电启动时，先投入运行的联锁机自动进入主机状态，在系统运行期间，两套联锁机通过自诊断和互诊断机制，判断系统是否工作正常，在主用机有故障且备用机处于热备状态的同时，才会切换到备用机。原备用机作为主用机维持系统继续运行。只有运行于主用机状态的联锁机才能最终驱动组合架继电器，此时，联锁机柜上的"主用"指示灯点亮。

③热备状态

联锁机上电启动后，采集到另一套联锁机已处于主用状态的前提下，经自诊断、互诊断，认为本机无故障且与主机的动态信息同步后，才能进入热备工作状态。

当备用机处于热备工作状态时，接收上位机的操作命令、采集站场状态、进行联锁运算，但联锁运算结果只能"假输出"，不能驱动组合架的继电器，此时，联锁机柜上的"热备"指示灯点亮。

④同步校核状态

同步校核状态是备用机由停机状态向热备状态过渡的中间状态。当一套联锁机作为主用机运行后，另一套联锁机上电启动，经自诊断无误后，开始运行联锁程序，接收上位机传来的操作命令、采集站场状态、进行联锁运算，此时，这套联锁机处于同步校核状态。

处于同步校核状态的联锁机还要向主用机请求同步，当和主机建立通信且本机的联锁动态信息与主机完全一致时，才可进入热备状态。

必须注意，当备用机停机或备用机仅处于“同步校核状态”时，不能人为地切换主机，否则将会导致已开放信号突然关闭、站场道岔全部锁闭等严重后果。

4. JD-ⅠA 型计算机联锁系统的故障分析与处理

系统设备复杂，故障的类型很多，下面从供电、显示、操作、通信、联锁机和接口设备等几个方面对设备的故障进行分析。

(1)供电故障

为监督系统的供电，保证在主副电源切换等短时间掉电时给系统提供稳定的 220 V 电源，使系统正常工作，设置了两套 UPS 电源，在 UPS 的面板上设置了指示灯，UPS 电源面板图如图 5.30 所示，其亮灯的意义介绍如下：

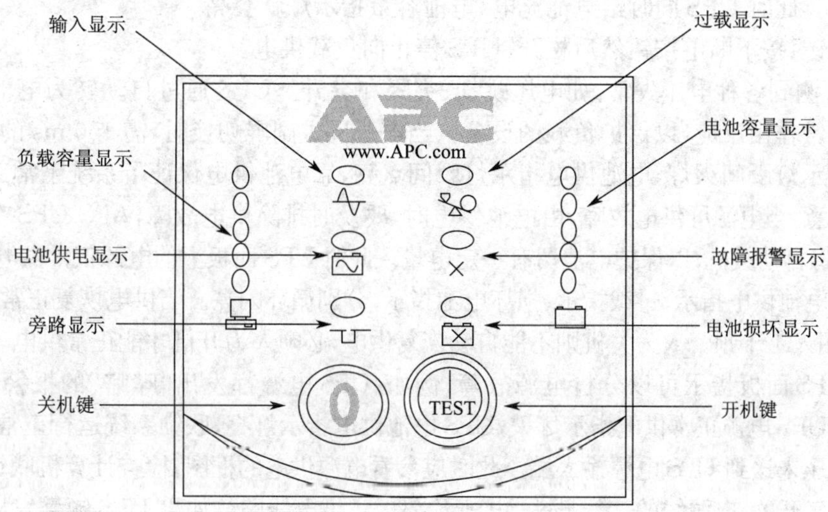

图 5.30　UPS 电源面板图

①输入显示：表示系统由电源屏正常供电。

②负载容量显示：共 5 个灯，显示负载从 UPS 获取的电力达到 UPS 完全容量的百分比，每一个灯代表完全容量的 20%。

③电池容量显示：共 5 个指示灯，显示 UPS 电池当前已充电水平达到电池容量的百分比。若能有 5 个灯都亮时，说明电池充分充电；当电池不足 100%充电时，最上面的一个指示灯熄灭；当指示灯闪动时，说明电池所能提供的电力不足。

电源屏正常供电，UPS 正常工作时，就只有上面 3 种指示灯点亮。

④电池供电显示：表明 UPS 是由电池供电，室内电源屏提供的交流 220 V 断电。此时 UPS 发出“哔噼”的报警声(每间隔 30 s 连续 4 次)。当 UPS 恢复电源屏供电时，报警声停止，电池供电指示灯灭，恢复正常。

⑤过载显示：当负载超过了 UPS 容量时(系统用的 UPS 是 1 400 VA)，超负荷指示灯亮，UPS 发出一个持续的长音。联锁系统正常运转时，不会超负荷。若发现超负荷指示灯亮，要

迅速检查负载，排除故障，以消除超负荷。

⑥电池损坏显示：UPS在使用过程中，每两周进行自检一次（无需人工操作）。在自检过程中，UPS在短时间内以电池运行负载设备。如果自检通过了，它就完全恢复到电源屏供电运行；如果自检失败（即电池不能供电），则更换电池指示灯亮，同时发出短促的"哔噼"声。UPS仍恢复到电源屏供电，并给电池充电一段后，如果更换电池指示灯仍然亮着，则需更换电池。

⑦旁路显示：表示系统不经过UPS电源，由输入电源直接供电。

⑧故障报警显示：表示输入电源故障。

⑨电压灵敏度：设在机箱后面板小孔内的一个按钮，并用指示灯的明亮程度表示灵敏度。当UPS为正常灵敏度时，指示灯为明亮状态；当调为稍低灵敏度时，指示灯转暗；当调为低灵敏度时，指示灯关闭。一般应调整到低灵敏度。

UPS面板上还有两个电源按钮，作用如下：

①开机键：当UPS接通220 V电源后，按下该按钮并保持2～3 s后松开，电池供电指示灯亮，此时UPS可向负载供电，同时进行自检。自检通过后，电池供电指示灯灭，电源正常供电指示灯亮。此时UPS同时给电池充电，电池容量指示灯就会亮。

②关机键：按下断电按钮然后松开，UPS停止向负载供电。

UPS可测到各种电压失常，如电压跳动、突降和突升。UPS通过自动转为电池运行状态而对各种失常作出反应，以保护负载的设备。当电源屏主副屏切换时，需150 ms的时间，电源正常供电指示灯瞬间灭灯，电池供电指示灯瞬间点亮，靠电池供电保证了系统正常工作。

必须注意：当电源屏供电故障，由电池供电时，要及时排除供电故障，APC UPS在外电网停电5 min后将自动关机，以保护电池留有一定电量。此时UPS面板上的电源正常供电指示、故障报警指示和电池供电指示、过载指示、损坏电池指示，分别循环闪亮。当供电恢复正常后，UPS自行启动，不用人工干预。人为关机则不能自动恢复供电，必须人为开机才能正常供电。

通过UPS面板指示可以分析电源故障，例如：UPS电源都发出"哔噼"的报警声（约每隔30 s 4次）。UPS电源正常供电指示灯灭，UPS电池供电指示灯亮，联锁系统运行正常，可能是交流220 V电压未送到UPS电源输入端。此时应参看电源供电的框图，检查计算机联锁系统的送电路径的空气开关、电源线的接线插头、电池及220 V供电线路。如果UPS频繁发出"咔咔"声响，电源正常指示灯和电池供电指示灯频繁互相切换，UPS供电正常，则可能是外电网供电不稳，电源屏频频互切，供电忽高忽低或时有时无。此时应检查电源屏供电，调低UPS的灵敏度。

(2)显示故障

系统正常运行时，显示器的电源指示灯亮灯，显示器应给出正常的显示。当显示器黑屏，电源指示灯不亮时，可能是显示器电源未接通或显示器坏了。

如果电源灯闪亮，显示器仍不能正常显示（黑屏或缺色），可能是视频信号未送到显示器的输入端或显示器损坏，具体原因有以下几种：

①显示器的视频电缆线插头松动或断线。

②上位主用机到上位机倒机单元视频电缆线未接通或断线。

③上位机倒机单元到显示分屏器视频电缆线未接通或断线。

④上位主用机显示卡坏或死机。

⑤上位机倒机单元故障。

⑥显示器分屏器或显示器故障。

此时,应仔细检查上述各环节,必要时更换电路板或连接线进行试验。

注意:在换视频电缆或电路板时一定要先将显示器关闭,接好视频线后,再将电源打开,否则极易损坏设备。

(3)操纵设备故障

当显示屏右下端计时正常,鼠标箭头在控制台显示屏上拖不动,命令发不下去时,说明鼠标故障,可能原因有:

①鼠标坏、长期使用太脏。

②上位机倒机组合到控制台鼠标线没接好或断线。

③上位机倒机组合主用侧继电器接触不良。

④主用机 COM1 接口坏。

⑤主用机 COM1 接口到上位机倒机组合连线未接好或断线。

处理时应首先检查鼠标接线各插头插座,将其插紧。若正常了,说明线头松动;若不正常,则向下检查。

a. 人为干预,将原上位主用机切向备用机,切换后若鼠标工作正常,说明原主用机 COM1 接口坏、主用机 COM1 接口到上位机倒机组合和连线断线、上位机倒机组合后主用侧继电器故障;若仍不正常,则转到第 2 步。

b. 再将上位主用机切回原来的主用机,交换主备用机之间 COM1 到上位机倒机组合之间的连线。若变换后鼠标工作正常,说明原主用机连线断线;若还不正常,则说明原上位机主用机 COM1 接口坏或上位机倒机组合继电器故障。检查更换继电器,若继电器无故障,则主用机 COM1 接口坏。

c. 切换后鼠标工作还不正常,故障在上位机倒机组合后,即鼠标坏、上位机倒机组合到运转室之间鼠标连线断,应更换新鼠标。若正常,说明鼠标坏(原鼠标太脏,清洗后再试);若不正常,则是上位机倒机组合到运转室的鼠标连线断,用备用鼠标线替换断线即可。

(4)通信故障

对于系统的通信故障,可以在显示器屏幕上的运行状态显示框中有清楚的了解,迅速判定故障原因,及时排除故障。下面简要介绍控制台显示器和维修机显示器有关通信网络运行状态框的显示意义。

计算机运行状态显示方块和网络运行状态显示方块均表示两层意义,一是表示系统中各计算机的状态,主用时显示绿色,热备时显示黄色,故障或关闭时显示红色;二是表示系统中各网络的工作状态,网络工作正常显示绿色,网络故障或断时显示红色。

网络状态是以上位主用机为中心进行判断,上位主用机 A 网或 B 网收不到哪台计算机 A 网或 B 网的信息,表示相应计算机方块的上半部或下半部将变成红色。

发生通信故障时,可根据方块和网络的颜色判断查找故障点。例如,上位机 A 主用时 A 网收不到下位机 A 的信息,但能收到其余 2 台计算机的信息,将下位机 A 方块的上半部点红(若下位机 A 为主用,方块的下半部为绿色;为热备时是黄色)。B 网收不到下位机 A 的信息,但能收到其余 2 台计算机的信息,将下位机 A 方块的下半部点红(若下位机 A 为热备时,方块的上半部为黄色;为主用时是绿色)。

(5)联锁机故障

当发生室内外混线、联锁程序运行不正常、计算机掉电、联锁机硬件损坏等危险性故障时,该联锁机控制的监督继电器落下，无条件切换到备用机运行。

当有两联锁机动态信息不一致、I/O故障、网络通信中断等非危险性故障时，联锁机立即查询另一套联锁机的工作状态，当另一套联锁机处于主用机状态时，则本机停止工作，重新启动。所谓重启，即在联锁机发生故障并停机后，维修人员来不及干预的情况下，令该机重新运行，重新和主用机请求同步，如果刚才发生的故障是暂时的，则重启后即可恢复正常工作；如果刚才的故障是固定的，则重新检测到该故障后，又会强制重启该联锁机，直到维修人员排除故障为止。

当查询另一套联锁机为备用机且处于热备工作状态时，则自动切换到备用机，并重新启动故障联锁机；当查询另一套联锁机为备用机且不处于热备状态时，则主用机会继续维持工作，直到备用机热备。

如果备用机自诊断发现自己有故障，则会不断重新启动计算机，主用机单机工作时，一旦主用机停机，则会影响行车。因此当备用机不断重新启动时，需尽快排除故障，使其正常运行，进入热备状态。

(6)接口设备故障

为便于迅速、准确地查找故障，系统设计了故障子信息表，在联锁机发生故障后，应先从电务维修机取得故障报告，根据故障报告提供的数据，参看故障子信息表，找出故障原因和故障点。

例如，控制台显示屏运行状态显示方块中，联锁热备机热备灯灭灯，重新启动也无法联机。此时，查看电务维修机故障信息为3050908。故障信息表明，采集第5号机箱第9块板第8路A通道数据错误。采集接点为闭合，但第1路结果为接点断开(没采到信息)，第2路结果为闭合，这种同一机器两块板采集不一致的状态，称单口断。

此时在联锁机输入板的面板指示灯可看到3种情况：

①第9块板第8位指示灯熄灭，说明采集光耦输入端断路，此时应查找采集通路的断线点。

②第9块板第8位指示灯还在闪亮，说明采集光耦输出端以后故障，此时应更换该采集板。

③第9块板第8位指示灯亮稳定灯光，说明采集线有直流电混入，此时应查找混线故障。

对于采集接口电路的故障，可以通过观察采集机箱对应的采集单元的指示灯进行判断，用两块采集板的两对应单元采集同一信息，当计算机未收到采集信息时，若有一块采集板的指示灯点亮，另一块采集板的指示灯未亮，则未亮指示灯的采集板故障；若两块采集板的指示灯均未亮灯，可能是机外故障，应按照采集信息传输的路径顺序测试查找。

对于输出驱动接口电路的故障，可以通过观察输出驱动检测机箱对应的输出单元和回读检测单元的指示灯进行判断。若计算机输出控制命令后，未能使被驱动的继电器吸起，重新办理时应注意观察输出驱动板单元的指示灯，左边的指示灯点亮表示有控制命令输出，右边的指示灯点亮表示驱动有效，检测灯点亮表示收到回读信息。若输出灯未亮，则为机内故障；若输出灯闪亮过，而驱动灯未亮，则为输出驱动板故障；若输出、驱动和检测灯均闪亮过，而继电器未吸起，则为机外故障。此时应按输出驱动电平传输的路径测试接口电路的各个环节，确定故障点。但应注意，必须用电压表的红表笔接D32 V的地(高电位)，黑表笔沿输出接口端子查找。

5.2.4 知识拓展

目前我国铁路现场应用的计算机联锁系统大多是双机热备冗余系统，主要的设备类型有：中国铁道科学研究院开发的TYJL-Ⅱ型计算机联锁系统；北京全路通信信号研究设计院有限公司开发的DS6-11型计算机联锁系统；北京交大微联科技有限公司开发的JD-ⅠA型计算机联锁系统；卡斯柯信号有限公司开发的 VPI、CIS-1 型计算机联锁系统。各家公司的设备各有特点，但设备组成和基本原理大体相同，在此不一一介绍。

为了进一步提高计算机联锁系统的可靠性和安全性，中国铁道科学研究院开发的 TYJL-TR9 型计算机联锁系统；北京全路通信信号研究设计院有限公司开发的 DS6-20 型计算机联锁系统均为三机表决系统，即三取二的冗余方式，但未能得到广泛的应用且未来不再发展。

随着列车运行速度的提高和高速铁路的不断建设，对计算机联锁设备的安全性和可靠性要求越来越高，目前正在大力推广使用二乘二取二冗余系统，该系统的性能比双机热备和三机表决系统有很大提高，将大力推广使用，后面会做介绍。

5.2.5　相关规范、规程与标准

1.《计算机联锁技术条件》(TB/T 3027—2002)。

2.《铁路信号维护规则　技术标准》第 5.3.1～5.3.13 条、第 5.11.1～5.11.12 条。

典型工作任务 3　EI32-JD 型计算机联锁系统维护

5.3.1　教学目标

1. 能力目标

(1)掌握 EI32-JD 型计算机联锁系统的特点及设备组成与功能。

(2)掌握 EI32-JD 型计算机联锁系统接口电路的控制原理、控制功能和常见故障的处理方法。

2. 知识目标

(1)掌握 EI32-JD 型计算机联锁系统的体系结构及各组成部分的作用。

(2)掌握 EI32-JD 型计算机联锁系统联锁机冗余方式及工作原理。

(3)掌握 EI32-JD 型计算机联锁系统接口电路的基本原理与功能。

(4)掌握 EI32-JD 型计算机联锁系统的使用与维护及常见故障的分析处理方法。

3. 素质目标

(1)通过学习 EI32-JD 型计算机联锁系统，进一步掌握二乘二取二计算机联锁系统实现联锁控制的原理及安全可靠运行的保障措施。

(2)通过学习掌握 EI32-JD 型计算机联锁系统，进一步提高理论联系实际和分析问题、解决问题的能力。

5.3.2　工作任务

1. 对照《计算机联锁技术条件》，掌握 EI32-JD 型计算机联锁系统的基本组成和各组成部分的基本功能，做好 EI32-JD 型计算机联锁系统的日常维护工作。

2. 根据《铁路技术管理规程》和《铁路信号维护规则　技术标准》的有关要求，掌握 EI32-JD 型计算机联锁系统的各种功能。联锁试验时，对照联锁表，对各种联锁关系进行严格检查，反复试验。发现问题，与系统开发、设计和施工单位沟通，及时妥善处理，不留隐患。

3. 在日常运用过程中，要按照相关的技术要求，利用电务维修机及时检查系统工作状态，发现设备故障，正确分析、及时处理。暂时不能处理的故障，要按程序上报或与厂家联系，防止系统“带病工作”，确保联锁设备工作安全可靠。

5.3.3 相关配套知识

1. EI32-JD 型计算机联锁系统的组成

(1)EI32-JD 型计算机联锁系统技术特点

EI32-JD 型计算机联锁系统是采用日本信号株式会社研制的 EI-32 型计算机联锁主机，搭载北京交大微联科技有限公司编制的联锁软件开发研制而成的，符合故障—安全原则的，高可靠性、高安全性计算机联锁系统。

系统的硬件设计上，联锁机/驱动采集机安全采用日本信号株式会社成熟技术——EI-32 型安全型计算机联锁主机；操作表示机采用 JD-ⅠA 型计算机联锁的成熟技术，使两者有机的结合。

系统的软件设计上，采用故障安全实时操作系统 FS-OS 的安全通信软件；安全输入/输出程序采用日本信号株式会社在海内外各计算机联锁车站使用的既有软件；操作表示机软件(不含通信软件)采用 JD-ⅠA 型计算机联锁现用软件；联锁软件(不含输入/输出和通信部分)采用 JD-ⅠA 型计算机联锁现用软件。

与 JD-ⅠA 型计算机联锁系统相比，EI32-JD 型计算机联锁系统主要有以下特点：

①联锁机/驱动采集机硬件及驱动采集电路为日本信号株式会社产品，操作机(上位机)为工控机。

②联锁机为二乘二取二结构，分为Ⅰ、Ⅱ系，各系内部为二取二结构，双系互为热备，即联锁机及驱采机均为双系(双硬件体系)冗余工作，双系中每一单系均包括双套计算机实时校核工作。每一单系中必须双机工作一致才能对外输出，实现全系统的高安全性；任一单系检出故障均可立即倒向备系工作，实现全系统的高可靠性。

③联锁系统中联锁功能和驱动采集功能分离，联锁系统由联锁层和执行层(驱动采集电路)组成。根据车站规模，每一冗余系可能包括一套驱动采集机或 2 套驱动采集机，每套驱动采集机均为二乘二取二冗余结构。

④单系为双 CPU 结构，双系各自独立，具备自律功能。

⑤各联锁机和驱动采集机直接采用双环光缆构成专用局域网，物理通道为双倍冗余。

⑥每一继电器输出驱动的末级采用独立电源隔离技术，驱动无极继电器，防止因线路混线使继电器误动。

⑦联锁软件由北京交大微联科技有限公司编制，系统整体符合《计算机联锁技术条件》要求。

⑧操作表示机为双机热备结构与 JD-ⅠA 型计算机联锁系统相似。

⑨考虑了与调度集中自律机结合方案，支持设备集中和设备分散两种制式。

⑩联锁系统可与微机监测系统一并设计。

⑪适用于区域联锁。联锁机和驱动采集机分离，使冗余结构更为灵活、合理，易于通过远程连接实现分散控制、区域集中。

(2)EI32-JD 型计算机联锁系统的体系结构

EI32-JD 型计算机联锁系统的体系结构如图 5.31 所示。

由图 5.31 可以看出图 5.32 中操作表示机与联锁机之间的连接关系。EI32-JD 系统的核心为联锁机，联锁机所有驱动采集机均通过光缆连结为内部联锁局域网(LAN)。操作表示机与联锁机直连的目的在于减少日本信号株式会社产品和 JD-ⅠA 型计算机联锁产品之间的耦合，提高开发的成功率。

(3)EI32-JD型计算机联锁系统的硬件组成与功能

EI32-JD型计算机联锁系统设备配置图如图5.32所示，一个联锁机柜内机箱的印制电路板配置图如图5.33所示。从图中可以看出，EI32-JD系统包括主要的子系统有：操作表示机(即上位机)、联锁计算机、驱动采集机及驱动、采集接口、控制台相关设备，包括站场屏幕显示器(根据车站大小采用1～2台21″彩色显示器)、鼠标器、数字化仪、语音提示报警音箱、显示驱动器、继电器组合架、电务维修机及微机监测系统。各子系统部件的组成功能及作用介绍如下：

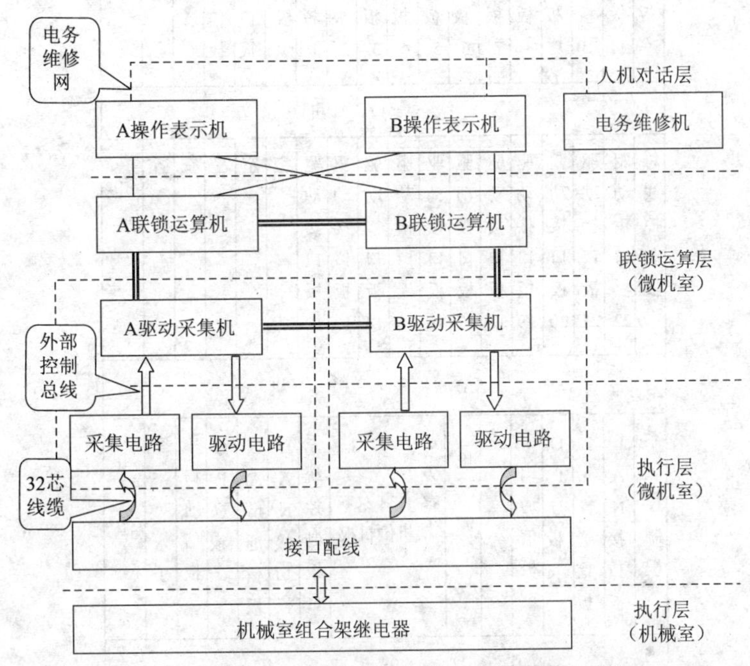

图5.31 EI32-JD型计算机联锁系统的体系结构

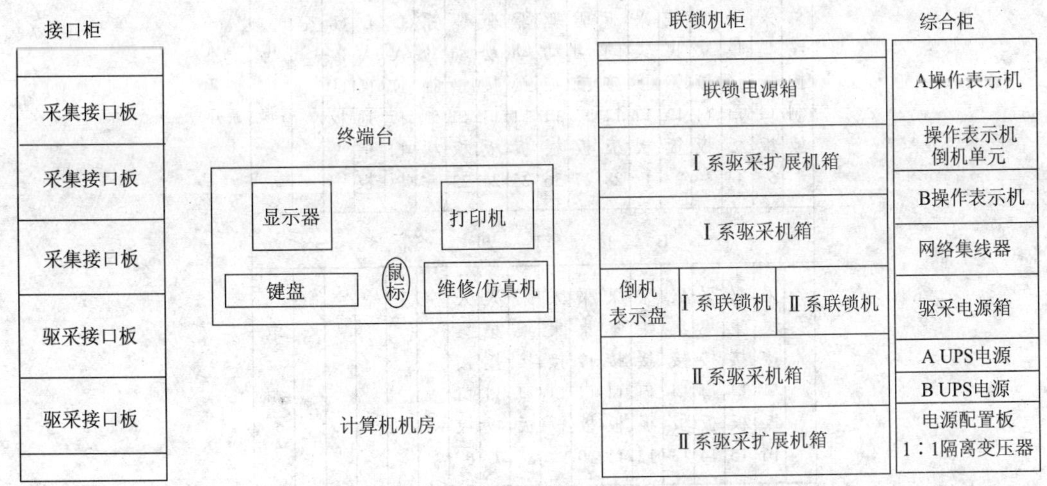

图5.32 EI32-JD型计算机联锁系统设备配置图

①操作表示机

操作表示机(俗称上位机)和联锁计算机(包括驱动采集机)构成上下位控制的分层结构，采用PC系列工业控制计算机。根据系统具体配置和要求的不同，可插入不同的电路板。

CPU采用PⅢ或以上的处理器，向上兼容。

A接口机箱																
总线控制板	驱动接口板11	驱动接口板10	驱动接口板9	驱动接口板8	驱动接口板7	驱动接口板6	驱动接口板5	驱动接口板4	驱动接口板3	驱动接口板2	驱动接口板1	系统控制板	LAN接口板	LAN通信板	CPU板	空	电源

A接口机箱																	
总线控制板	驱动接口板22	驱动接口板21	驱动接口板20	驱动接口板19	驱动接口板18	驱动接口板17	驱动接口板16	驱动接口板15	驱动接口板14	驱动接口板13	驱动接口板12	空	空	空	空	空	电源

A/B联锁机														
系统控制板	LAN接口板	LAN通信板	CPU板	串口通信板	空	电源	表示盘及联锁机倒机板	系统控制板	LAN接口板	LAN通信板	CPU板	串口通信板	空	电源

B接口机箱																	
总线控制板	采集接口板5	采集接口板4	采集接口板3	采集接口板2	采集接口板1	驱动接口板28	驱动接口板27	驱动接口板26	驱动接口板25	驱动接口板24	驱动接口板23	系统控制板	LAN接口板	LAN通信板	CPU板	空	电源

B接口机箱																	
	采集接口板16	采集接口板15	采集接口板14	采集接口板13	采集接口板12	采集接口板11	采集接口板10	采集接口板9	采集接口板8	采集接口板7	采集接口板6	空	空	空	空	空	电源

图5.33 联锁机柜内机箱的印制电路板配置图

操作表示机的主要作用是为车站值班员提供操作显示界面，从联锁计算机取得站场当前状态，驱动站场屏幕显示器、采集操作信息传输给联锁计算机，将当前联锁状态信息传输给电务维修机和监测机。

操作表示机为双机热备，设备的倒接无须人工干预，也不对正常行车造成干扰，可支持单元拼装式控制台、数字化仪、鼠标器、显示器等多种操作显示工具。

②联锁计算机

联锁计算机简称联锁机，两套共 4 个 CPU 构成二乘二取二容错系统，其采用日本信号株式会社 EI32 型计算机联锁专用计算机。

联锁机接收来自操作表示机传来的操作命令，接收驱动采集机传来的室外信号设备状态信息，进行联锁运算，向驱动采集机传输室外信号设备动作命令，同时向操作表示机传输表示信息，为安全型系统。

③驱动采集机

驱动采集计算机也称输入输出计算机，采用日本信号株式会社 EI32 型计算机联锁安全型系统系列产品，同为二乘二取二容错结构，其作用为采集室外信号设备的状态，驱动室外信号设备动作。

④驱动采集环节

驱动采集环节包括驱动采集接口和执行继电器，也均为安全型系统。

驱动采集接口的驱动采集电路为驱动采集计算机的组成部分，为实现故障导向安全，驱动采集电路采用小型化的动态采集、动态输出电路。

驱动采集计算机执行层为继电器组合架，通过安全型继电器完成现场状态信息的输入和控制命令的输出。组合架上安装有信号点灯电路、道岔控制及表示电路、轨道继电器及其他结合电路所用的继电器组合。各种信号设备所需的执行继电器与 JD-ⅠA 型计算机联锁系统相同，只是计算机动态输出驱动的继电器不是偏极继电器而是直流无极继电器。

⑤电务维修机

EI32-JD 型计算机联锁系统配置有电务维修计算机，该计算机对联锁机正常和故障情况下的动作予以记录、储存，包括值班员的操作过程、现场设备运转情况、列车/车列走行过程的实时监督和记录。记录内容实时存盘，可以通过列表、回放、跟踪等方式检索、显示这些信息，供维护人员随时参考。

记录内容以实时记入磁盘的方式保存，系统复位、关机或掉电后记录的数据不会丢失，记录容量达到 1 个月。

电务维修计算机以 Windows-NT 为编程平台，并采取措施使系统因停电等原因非正常关闭、重新启动后自行进入应用程序。

2. EI32-JD 系统联锁的控制原理

EI32-JD 型计算机联锁系统联锁处理级采用二乘二取二冗余结构。所谓“二取二”即为在一套系统上集成双套 CPU 系统，双套系统严格同步，实时比较，只有双机运行一致时，才对外输出或传输运算结果；“二乘”的作用为上述双机组合取用 2 组，可采用双机热备或并用方式。EI32-JD 型计算机输入/输出接口、驱动单元电路、电源均为双套。在保证安全的基础上，为提高系统的可靠性，操作表示机、通信网络也采用双套，操作表示机也实现了双机热备。

(1)二取二 CPU 电路(FS-32 单元)

图 5.34 是提供的二乘二取二计算机联锁核心部件——二取二安全型 CPU 板的电路结构。在该印制板上集成了完全相同的两套计算机系统，包括时钟、RAM、ROM 和必要的接口电路，还集成了实现双机校核的总线比较电路。CPU-A 和 CPU-B 硬件完全相同，所装软件包括系统软件和应用软件，也完全相同。该印制板已通过了日本国内有关机构的安全性认证，正

常情况下，A、B 两套 CPU 电路应当工作完全相同，此时，由该板驱动一个继电器，称为正常继电器，证明该印制板双套电路工作正常并且同步，可以运用。只有正常继电器接点闭合，才能给该板输出部供电，形成真实的输出，从硬件上保证设备的安全。

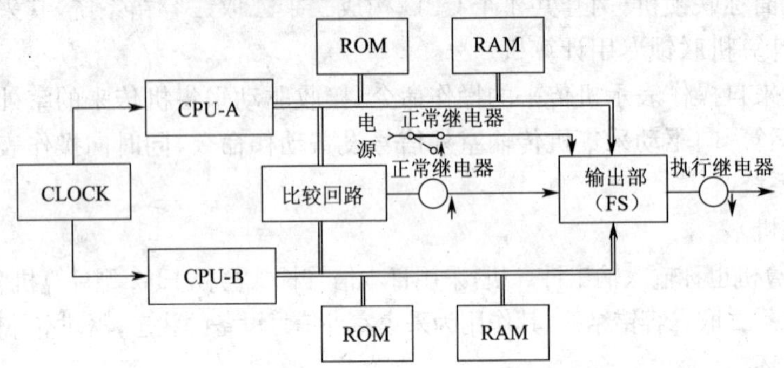

图 5.34　二取二安全型 CPU 板的电路结构

(2)双系热备

EI-32 型计算机联锁支持双系热备型冗余结构如图 5.35 所示。每一系的任一处理部的单系——联锁机Ⅰ系、Ⅱ系、输入/输出处理机Ⅰ系、Ⅱ系即为前述双机校核的 CPU 系统，因而它总体上是一个 4 机系统。

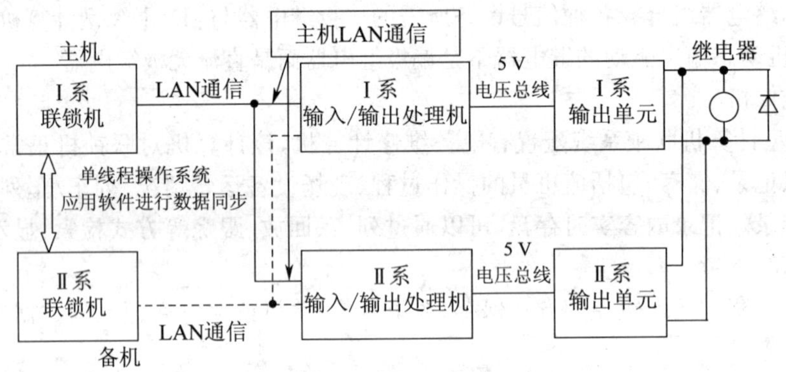

图 5.35　双系热备型冗余结构

双系热备的方式中，输入/输出处理机的Ⅰ系和Ⅱ系均仅接收同一联锁计算机发来的输出信息，如联锁机Ⅰ系的输出或联锁机Ⅱ系的输出，而联锁机另一系的输出不予采纳。也就是说，联锁机的双系中存在主用系和备用系的区别。只有主用系对外的输出才被输入/输出机采纳，备用系的输出虽然也被送到局域网上，但不被输入/输出机取用，而仅用于联锁机双系之间的校验。当联锁机的主用系发生故障时，才自动地倒向备用系。从这个意义上说，联锁机双系之间采用的是双系热备的方式，在双系热备方式中，联锁两系之间采用单线程操作系统，实现应用软件的数据同步。

由上述介绍可以看到，无论双系热备还是二重系方式，输入/输出机均同时工作，同时产生输出，并且均以线圈并联的方式连接到被驱动的继电器上。因此，双系热备或二重系工作方式均为仅对联锁机而言，对于输入/输出机，双系均以二重系并联方式运行。

3. EI32-JD 系统的接口电路及其安全保障

EI32-JD 型计算机联锁 I/O 的安全性保障要点如下：

①处理部采用总线同步二重系的 CPU。

②采用 FS-OS 故障安全操作系统。

③采用照查脉冲式的采集方式。

④采用二重系比较输出驱动方式。

EI32-JD 系统安全性输入/输出电路的核心是闭环的工作原理，即要求各硬件模块及依赖各硬件模块的控制命令和状态采集传递均实现闭环，通过软件使整个闭环系统运转起来。输入电路由计算机提供一个脉冲源，经现场继电器接点读回该脉冲信号即认为继电器吸起；输出电路在总线 I/O 环节和动态驱动环节设两级回读，避免地址寻址出错并检出故障。只要闭环环节中的任何一处发生故障，系统可立即诊断出来，并采取措施予以防护、记录、报警，直至停机，以保证安全。

系统安全性输入/输出电路的设计遵循动态工作原理，即所采用的安全性信息采集和安全性控制命令输出电路均采用动态的输入/输出电路。电路中的任何一个器件发生故障，均可导致信息脉冲的中断，从而使设备导向安全。本系统的动态电路均为内部电路，外部继电器使用安全型无极继电器。

为提高系统可维护性，缩短系统的故障维修时间，联锁机本身设计有专用的硬件诊断的部件和程序，提供尽量全面的软硬件自检测、互检测。检测出的故障实时送往电务维修计算机显示、记录，并给出详细、清晰的故障报告。

(1)状态信息采集电路原理

联锁机通过采集机箱的接口电路采集组合架上的继电器接点状态，EI32-JD 系统安全性信息采集电路原理框图如图 5.36 所示。图 5.37 是 EI32-JD 系统安全性信息采集电路配线图，该电路从组合架引入接点闭合时的直流电压，计算机软件产生内部动态信号，由 A 系锁存器输出控制下方光电耦合管交替导通截止，当外部采集的继电器接点条件接通时，上部光电管随之交替导通截止，通过锁存器经两缓冲区分别送给 A、B 两条总线，即采用双套采集，分别通过 LAN 通信被 CPU 板的两个 CPU 读取，纳入联锁运算，这样就形成对外部采集条件的闭环动态采集。如果采集电路有任一环节发生断线或几处故障，均不能保证 A、B 两条总线同时收到动态信号，从而保证实现故障导向安全。

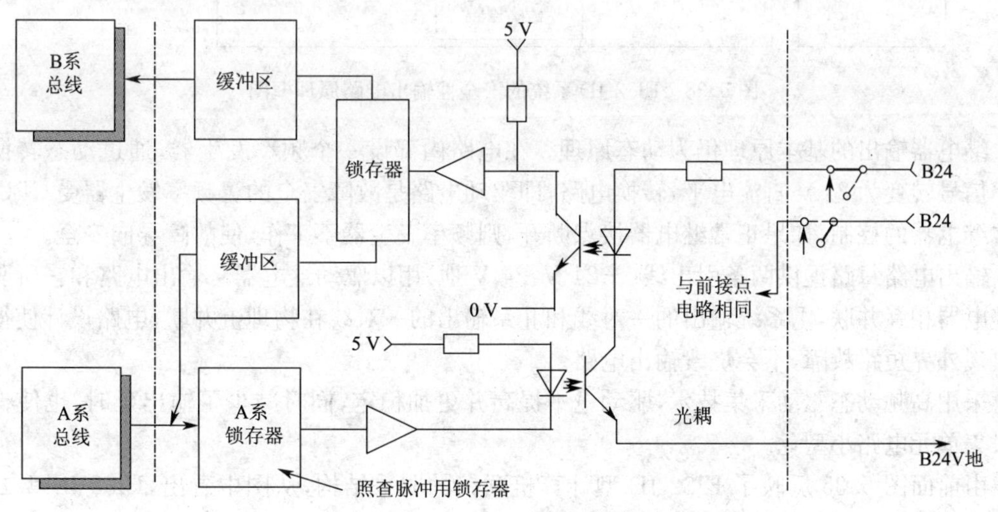

图 5.36 EI32-JD 系统安全性信息采集电路原理框图

一个采集机箱可插 11 块采集电路板，每块采集板有 64 路采集单元。某块采集板某路采

集的是哪个继电器接点由接口信息表约定。采集板上端指示灯表明采集板是否工作正常，绿灯表示正常，红灯表示有故障。

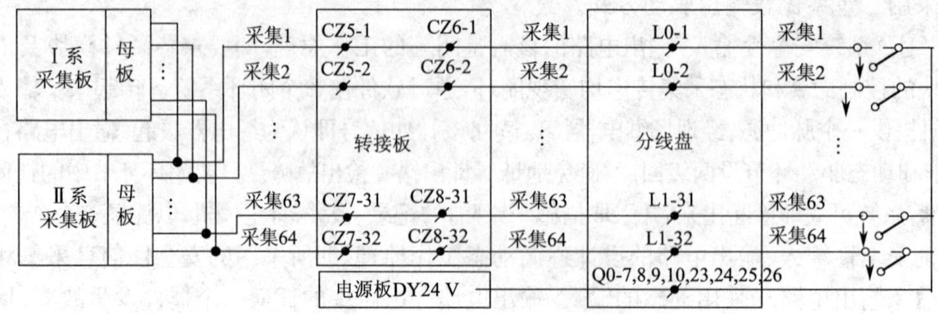

图 5.37　EI32-JD 系统安全性信息采集电路配线图

(2)驱动电路原理

EI32-JD 系统的安全性输出电路原理框图如图 5.38 所示，该板同时挂在双 CPU 板上的两条总线上，为双套驱动。只有在两条总线上对其进行的 I/O 操作完全一致时，才能对外产生真实的输出。动态驱动元件均在驱动机箱内，通过接口架驱动 JWXC-1700 型继电器。

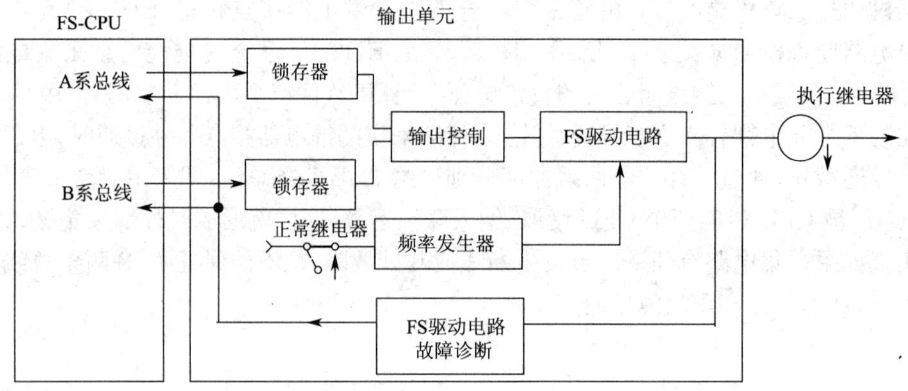

图 5.38　EI32-JD 系统的安全性输出电路原理框图

继电器输出的基本原理仍为动态原理。在电路内部设一个频率发生器，通过动态转换将频率信号转变为 24 V 直流电平，转换电路，即驱动电路是故障安全的。频率发生器受 CPU 板正常继电器的控制，如果正常继电器接点断开，则频率发生器不工作，使故障导向安全。

输出电路每路提供两条引出线(＋24 V、24 V 地)用以驱动继电器。输出电路和它所驱动的继电器相互并联，Ⅰ系统输出的一对线和Ⅱ系输出的一对线在物理上并联，电路设计使得如果出现外界短路故障，不会烧毁输出电路。

采用高频动态驱动采集技术，驱动电平提高并更加稳定，同时减少了输出延时，也使得驱动采集单元电路小型化。

由前面图 5.35 反映了 EI32-JD 型计算机联锁的驱采结构，从图中看出，EI32-JD 型二乘二取二系统最终的继电器输出实现了继电器双断驱动。EI32-JD 系统的驱动继电器电路为独立的双线方式，没有共用回线，具有较高的防止混线误动的能力，提高了系统的安全性。

一个驱动机箱可插入11块驱动电路板，每块驱动板有16路输出。某块驱动板某路驱动哪个继电器接点由接口信息表约定。驱动板上端指示灯表明驱动板是否工作正常，绿灯表示正常，红灯表示有故障。面板中间的指示灯（16个绿灯），用以表明驱动电路是否有输出，当某路有输出时，对应位的指示灯点亮。

4. 联锁机倒机控制

EI32-JD计算机联锁系统的联锁机采用二乘二取二冗余结构，二取二系统构成互校的安全性系统。两套安全性系统共4机构成互备的双套冗余系统，称为A、B系。平时两系同时接收操作机发来的按钮控制信息和驱动采集机采集到的设备状态，并据此进行联锁运算，只有A、B系中的某一系联锁机作为主控机可向驱动采集机发出实际控制命令，可以对外输出。另一系作备用机，备用机只有联机后，才能实现热备，如主控系发生故障，备系在主控系脱机后，可自动升为主控系，即自动导向备系运行。只有当主用系发生故障且备系完好时才能自动切换到备系，由备系接续工作。备系导向主控时，可保证现场联锁作业完全不受影响，无须电务人员介入。

(1)基本倒机逻辑

本系统基本倒机逻辑遵从无主的原理，即两套联锁系统地位相等，无主从之分。第一次开机时，先启动的一系优先进入工作状态，成为主控系（如A系），后启动的一系自动成为备系。如果工作中主控系发生故障，则自动由备系接替工作，此时B系成为主控机。只要B系不发生故障，无论A系是否修复，是否投入运转，重新联机，B系都将一直工作下去，充当主控系的角色，而并不急于倒回A系。只有当B系也发生了故障不宜继续作为主控系工作时，才再次倒回A系。这样做可避免A系修复后，在两台机器都正常工作时发生无谓的倒机，增加不可靠度，以实现无需系统发生倒机时即令其不倒机的原则。

在计算机联锁系统运行的过程中，两联锁系之间实时交换关键联锁信息和现场信号设备状态信息，以保证两联锁系之间的同步。在两联锁系均联机的情况下，由备系校核主控系发来的主控系关键联锁信息和现场信号设备状态信息，这些信息包括信号机、道岔、区段的状态信息、锁闭信息、按钮操作信息等。一旦发现两机信息不一致，则意味着两系失去同步，此时暂停继电器的对外输出，直至重新恢复同步。

(2)上电及倒机过程

为保证安全，计算机联锁系统施工完毕，先启动的一套联锁系上电后优先进入主控。为保证安全，此时令全场区段处于锁闭状态，要求值班员采用区段故障解锁的方法逐段解锁区段。为避免值班员操作过于烦琐，本系统简化了上电解锁手续，值班员只需按压“区段故障解锁”按钮，输入口令，即可进入上电解锁状态，此后值班员只需连续按压“区段故障解锁”按钮和各个轨道区段按钮（用处于该区段的道岔名称代替）即可逐段解锁各个区段，不必重复输入口令。在此期间如果值班员办理了其他的操作，则系统退出上电解锁过程，如需恢复此过程，则需再次按压“区段故障解锁”按钮，重新输入口令，才可再次进入上电解锁过程，直至所有区段都解锁完毕。这种操作方式，既保证了上电后全场所有区段均处于锁闭状态以利安全，又避免了值班员操作过于烦琐，使值班员在紧急状态下可迅速恢复系统的正常功能。

第二套联锁系上电时，由于同时有另一系作为主控系在正常运转，这时再提出全场无作业的要求就不太合理，且难以实现，对于大站甚至是不可能的。因此，在全系统已有一套联锁系以主控方式运行的情况下，另一套作为备系的联锁机上电、自检通过后，则可自动地在10 s左右时间内从主控系取得站场联锁数据，自动地跟踪主控系，与主控系取得同步，并自动地投入运行，实现热备。这一过程同样不需要人工干预，也不必提出全场无作业的要求。在备系与主控系取得同步的过程中，不影响主控系的任何功能和性能，如果值班员不察看屏幕上的提示，则可能完全察觉不到此过程。

第二套联锁系从主控系取得站场当前全部的联锁数据后，必须经过试联锁过程，校核所取得数据的正确性。只有判定两系的这些数据完全一致并与操作机取得通信联系之后，才认为两系的确取得了同步，可以开始联机工作。只有这时，第二套联锁系才可联机，成为备系。也就是说，只有在这之后，如果主控系发生停机，备系才能够真正地接替工作，实现倒机。

在主、备系同时运行的过程中，两系通过各自的自检和互检，实时监测本系的完好性，一旦发生故障，则将发生倒机，发生故障的一系自动停机。如果故障系为备系，则停机后由主控系单机工作；如果故障发生在主控系，则由备系充任主控系接替工作，实现倒机。

EI32-JD 型计算机联锁采用了双系热备的工作方式，虽然倒机电路驱动硬件及倒机电路与 JD-ⅠA 不同，但其倒机原理与 JD-ⅠA 型计算机联锁系统是完全一样的。

输入/输出电路具有回读监测能力。当电路发生故障时，输入/输出处理部具有自诊断功能，EI32-JD 型系统的底层软件给出故障报告，应用软件予以判断，决定是否切除本系或倒机。例如，判断输出和回读是否一致(和 JD-ⅠA 型一样)；输入电路也同 JD-ⅠA 一样，在采集的间隙进行部分电路的自诊断。

EI32-JD 型系统有支持双系切换的硬件电路(VSYS 电路板)，该板上安装有数个小型的安全型继电器，用以判断各系的主 CPU 板及其软件运转的正确性，最终驱动一组倒机继电器，其状态决定主系和备系。

采用二重系时，两系的切换时间为 300～500 ms。实际上，EI32-JD 型系统的双系切换，本质上是输入/输出计算机对联锁机通过 LAN 传来的主用信息的校核，从而输入/输出部的输出缓冲区从“根据原主机设置内容”切换到“根据当前主机设置内容”。

联锁机、输入/输出机的每一系均提供一个倒机切换板(VSYS 板)，安装有复位开关，允许通过对本机系统复位实现人工倒机。VSYS 板上安装的各种继电器均在设备面板上有指示灯，便于维护人员监督设备运行，辅助判断故障。

5.3.4 知识拓展

1. EI32-JD 计算机联锁系统常见故障处理

根据铁路现场实际运用的情况，下面将 EI32-JD 系列二乘二取二计算机联锁系统常见故障的分析处理内容介绍如下。

(1)供电故障

①常见供电故障为 UPS 电池报警，此时 UPS 电源前面板上红灯亮，并有声音报警。应及时通知新技术车间，更换电池，防止瞬间停电造成联锁机死机。更换电池时，要停用一套联锁设备，一般应在天窗时间进行。

UPS 电源开关方法：当 UPS 供上 220 V 电源后，按下“开机键”并保持 1～2 s，然后松开，UPS 可立即向负载供电。

②单个 A 或 B UPS 故障灯亮，相应的联锁机及操作表示机处于关机(灭灯)状态，重新启动联锁机和操作表示机无反应，说明 UPS 电源损坏或电池放电完毕，首先检查 UPS 电源后部

的电源插头是否松动，若供电正常而UPS电源不能正常供电，应急处理方法是，EI32-JD计算机联锁使用的2 000 W的UPS电源，后部有一条备用电源插头，将备用电源插头与输出电源的联锁机柜电源插头（注意输出电源插头上每条电源线上的标签，都标明了电源的去向）拔下，然后将输入插头和输出插头对接。启动联锁机和操作表示机，这样就甩掉了UPS电源，直接使用电源屏提供的电源。

(2)控制台显示故障

①故障现象：运转室显示器黑屏。

a. 显示器故障更换显示器，如果无备用显示器，应将电务维修机显示器临时更换到该显示器位置。

b. 若显示器电源灯不亮，应检查显示器的220 V供电电源，控制台铁柜里万可端子电源线是否松脱、供电空开是否落下，供电电源线是否正常、电压是否稳定。

若电源无电，并有一台UPS发出"哔嘣"的报警声。联锁机、上位机工作正常，可能原因是，两路220 V电源断了一路。应到机械室的防雷柜后部，将切换开关位置进行转换，再观察运转室显示器状态。用万用表检查报警UPS一路供电电源，从UPS 220 V输入端开始一直到电源屏，查出断电点。

切换开关为双向开关，推上状态为B输入给前台显示器供电，落下状态为A输入给前台显示器供电。当电源屏给计算机联锁供电与双向开关位置一致，一路停电时候会造成前台显示器黑屏，但联锁设备有一套正常运行，这时应及时转换切换开关位置，保证车务人员办理行车作业。

c. 若显示器电源灯闪亮，首先检查操作表示机，利用操作表示机倒机单元进行人工倒机。

A机倒为B机：确认转换钥匙在"自动/A机主用位置"且B机运行灯显示绿灯，按下"人工倒机(A-B)"按钮，控制台屏幕会出现瞬间黑屏。

B机倒为A机：确认转换钥匙在"自动/A机主用位置"且A机运行灯显示绿灯，按下"人工倒机(B-A)"按钮，控制台屏幕会出现瞬间黑屏。

d. 若显示器电源灯闪亮，操作表示机切换完毕，故障仍未消除时，应检查视频电缆是否正常、倒机单元至运转室视频电缆是否正常。方法是将使用的去运转室的视频线甩下，将备用的视频线连接到甩下的位置，同时将运转室显示器下部的视频线也进行倒换，观察显示状态。

若上面的方法还没有使显示故障恢复，此时应为倒机单元故障（甩开倒机单元，将主用操作表示机输出线与倒机单元输出电缆对接）。

②故障现象：前台显示器无显示，电源灯闪亮，后台显示器正常（前后台各有一台显示器）。

可能原因：视频信号未送到显示器插座，显示器坏。

a. 前台显示器视频电缆插头没接上，视频电缆断线。

b. 显示分屏器驱动前台显示器的一路坏。

c. 显示器坏。

处理：

a. 检查显示器后的和显示分屏器上的视频电缆插头。

b. 在显示分屏器的输出端，交换前后台显示器视频电缆。

(a)若前台显示器工作正常，后台无显示，电源指示灯闪亮，则说明显示分屏器驱动前台一路坏。

(b)若前台显示器仍无显示，电源灯闪亮，则用后台的显示电缆接到前台显示器上，此时若显示正常，则说明原视频电缆坏；若显示仍没有，则说明显示器坏，更换显示器。

注意：在换视频电缆时，一定要先将显示器关闭，接好视频线后，再将电源打开，否则极易损坏设备。

③故障现象：前台显示器无显示，电源灯不亮，后台显示器正常(前后台各有一台显示器)。

可能原因：交流 220 V 电源未送到显示器电源插座，显示器坏。

a. 前台显示器电源插座松动没接上；电源断线；电源开关被碰关闭。

b. 显示器坏。

处理：查电源开关、电源插头、电源线；用表测量电压。

若无 220 V 电压，检查供电线路；若有 220 V 电压，仍无显示，则显示器坏。

(3)通信故障

网络通信主要分为电务维修网及操作表示机和联锁机之间的串口通信。

EI32-JD 系统中，上位机和联锁机间采用双机热备的冗余结构。上位机与联锁机由完全并联的两套串口进行通信，若有一网故障，另一网继续工作，保证系统正常通信。

网络部分常见故障介绍如下：

①维修网络故障：当网络交换机故障时，整个维修网络显示红色，同时备用的联锁机反复重新启动，此时虽不影响行车，但备用机反复重启，对设备影响很大，此时交换机电源灯和网络灯均不正常(正常时网络表示灯应一个常亮，一个闪亮；电源灯正常点亮)，因此当发生上述故障时，要及时更换网络交换机，可以用普通的交换机代替。单个网络显示红色时，应观察操作表示机后部的网卡状态，两个绿色表示灯正常时应该有一个亮稳定灯光，一个闪亮，若不正常首先检查网线，网线正常时重新启动该操作表示机，再不行要更换该机的网卡。

②串口网络故障：上位机主机 CAN 网络中断时，单个的网络全红，此时要对操作表示机进行切换，这时观察网络状态可以判断出是哪条网络中断。处理方法是，检查故障网络的两端设备插头是否牢固，导线是否良好，若非上述问题，应更换相应机器。

注意：在排除这种单网断故障时，先判定是 A 网断，还是 B 网断，要正确区分出 A 网和 B 网，否则在排除故障时，易拨错网线而人为地造成双网断故障，使系统不能正常工作。

(4)联锁机故障

联锁机故障可查看电务维修机系统运行中的故障信息，主要故障信息及其含义见表 5.1。通过故障信息，来更换相应的板件。

表 5.1　联锁机主要故障信息及其含义

序号	故障信息	含　义	可能的故障原因
1	采集(第××板第××路)前后接点混线	某个继电器的前后接点同时采集到为闭合状态	该继电器或配线有故障
2	道岔××室外混线(定反表都有)	某道岔 DBJ、FBJ 都采集到为前接点闭合状态	组合架配线或与联锁系统间配线有故障
3	调信××的 DXJ 室外混线	DXJ 吸起，但联锁系统没有驱动它	—

续上表

序号	故障信息	含　义	可能的故障原因
4	信号因故障关闭	—	—
5	采集(第××板第××路)前后接点均断开	某个继电器的前后接点同时采集到为断开状态	组合架继电器或配线有故障
6	采集(第××板第××路)驱采机B有采集,驱采机A无采集	—	驱采机A中对应的采集板有故障
7	采集(第××板第××路)驱采机A有采集,驱采机B无采集	—	驱采机B中对应的采集板有故障
8	驱采机A,第××块采集板故障	—	频繁出现该提示信息,表明该采集板有故障
9	联锁机A,系统控制板采集故障	—	频繁出现该提示信息,表明该系统控制板有故障
10	联锁机A,系统控制板输出检查错误	—	频繁出现该提示信息,表明该系统控制板有故障
11	操作表示机倒机单元故障	—	—
12	查询不到主控联锁机	—	两台联锁机同时故障
13	A联锁机与A驱采机LAN通信中断	—	在A驱采机重启时,该提示属于正常信息
14	A联锁机与B联锁机LAN通信中断	—	在B联锁机重启时,该提示属于正常信息
15	B联锁机与A联锁机LAN通信中断	—	在A联锁机重启时,该提示属于正常信息
16	操作表示机与A联锁机通信中断	—	在A联锁机重启时,该提示属于正常信息
17	操作表示机与B联锁机通信中断	—	在B联锁机重启时,该提示属于正常信息

在排除联锁机故障时,可使用电务维修机中的回放功能。该功能对查找、分析故障有很大帮助,特别对一些受干扰发生的瞬间故障,通过回放能查出原因。

(5)鼠标故障

故障现象:鼠标箭头在控制台显示屏上拖不动,命令发不下去,显示屏右下端计时正常。

可能原因:

①鼠标坏、鼠标长期使用太脏。

②上位机倒机组合到控制台鼠标线没接好或断线。

③上位机倒机组合主用侧继电器接触不良。

④主用机COM1接口坏。

⑤主用机COM1接口到上位机倒机组合连线未接好或断线。

处理方法:首先检查鼠标接线各插头插座,将其插紧,若正常了,说明线松头;若不正常,向下检查。

①首先人为干预,将原上位主用机切向备用机。

a.若上位机A为主用机,按下开关1,强制上位机B为主用机。

b.若上位机B为主用机,按下开关2,强制上位机A为主用机。

切换后若鼠标工作正常,说明原主用机COM1接口坏、主用机COM1接口到上位机倒机组合连线断线、上位机倒机组合后主用侧继电器故障。若不正常，再将上位主用机切回原来的主用机，交换主备机之间COM1到上位机倒机组合之间的连线。若变换后鼠标工作正常，说明原主用机连线断线；若还不正常，则说明原上位机主用机COM1接口坏或上位机倒机组合继电器故障。检查更换继电器，若正常，故障在继电器，更换后若还不正常，则主用机COM1接口坏。

②切换后鼠标工作还不正常，故障在上位机倒机组合后，即鼠标坏或上位机倒机组合到运转室之间鼠标连线断。

更换新鼠标，若正常说明鼠标坏(原鼠标太脏，清洗后再试)；若不正常，则是上位机倒机组合到运转室的鼠标连线断，用备用鼠标线替换断线。

在查找故障时必须注意拔插设备的连线，特别是视频线，一定要关闭设备电源。必要时联系要点登记进行检修。

2. EI32-JD计算机联锁系统与其他系统的结合

(1)EI32-JD计算机联锁系统与CTC系统的结合

目前开通的客运专线高速铁路均采用分散自律调度集中(CTC)控制方式，调度集中系统是综合了计算机技术，网络技术和现代控制技术，采用智能化分散自律设计原则，以列车运行调整计划控制为中心，兼顾列车预调车作业高度自动化的指挥系统。许多车站采用EI32-JD计算机联锁系统，各车站的计算机联锁系统必须与CTC系统紧密结合，才能有效实现调度指挥自动化和远程集中控制监督。

EI32-JD计算机联锁系统是通过操作表示机将调度集中系统所需的联锁信息传至调度集中自律机，将联锁系统需纳入的操作信息收集后传给联锁机，形成对操作的干预。

CTC系统车站设备配置如图5.39所示，主要包括车站自律机、车务终端、计算机联锁设备(包括控制台)，以及维护终端等。图5.40是EI32-JD联锁机与调度集中自律机的接口。

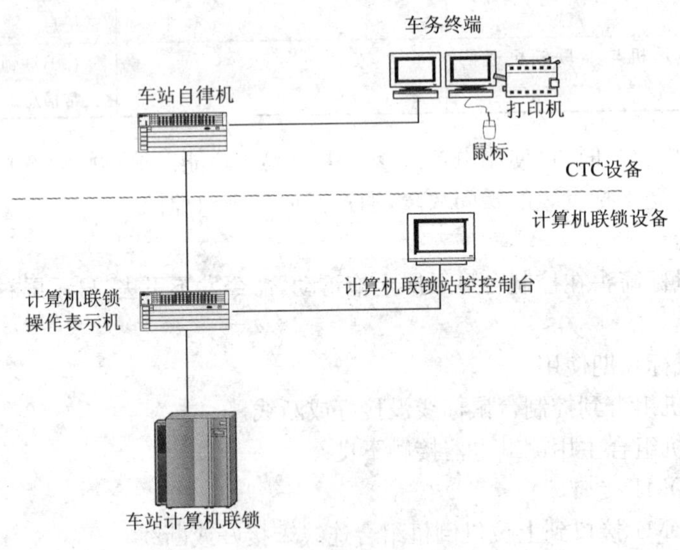

图5.39　CTC系统车站设备配置

EI32-JD型计算机联锁系统具备与各型国产CTC结合的能力，即可以以各种方式与CTC结合。物理结合方式包括光缆和电缆；数据格式包括以太网、RS-232、RS-422、RS-485、CAN等多种通信协议。

EI32-JD 型计算机联锁自身具备联锁仿真试验能力，可为 CTC 系统提供仿真试验环境，也可在 CTC 系统上搭建计算机联锁的仿真试验环境，供双方设备联调使用。不必到现场，在仿真试验环境上，即可事先对各站及全线进行 CTC 功能的调试。

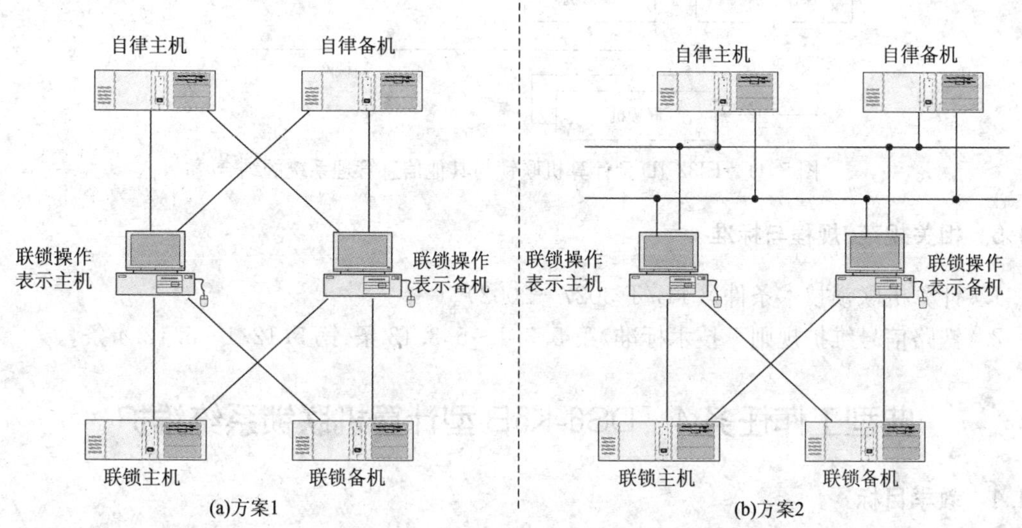

图 5.40　EI32-JD 联锁机与调度集中自律机的接口

在 CTC 操作模式下，站控控制台仍然可以显示当前站场画面、计算机联锁设备运行状态和操作过程，但不能在上面进行操作。

(2)EI32-JD 计算机联锁系统与微机监测系统的结合

按照确定的通信协议，EI32-JD 型计算机联锁系统可通过局域网直接与微机监测系统车站终端设备结合，也可通过计算机联锁的终端与微机监测系统终端设备进行串行通信的结合方式。

计算机联锁系统向微机监测系统车站终端传递的信息主要有：

①进路排列情况与相应时间的登记。

②有关继电器动作、铅封按钮动作与相应时间的登记。

③控制台表示信息记录。

④按钮操作信息记录。

⑤灯丝报警、熔丝报警。

(3)EI32-JD 计算机联锁系统与 TDCS 等其他信息管理系统的结合

EI32-JD 型计算机联锁系统具备与其他信息管理系统的网络接口能力。尽管相邻或某一路网区域内的各种信息管理系统或其他计算机联锁系统制式不尽相同，但它们之间可以通过广域网或其他媒介相互联系或与管理中心、调度中心连接，例如铁道部、铁路局等，实现与 TDCS 等系统的联网接口，实现资源共享。EI32-JD 型计算机联锁与其他信息管理系统的结合如图 5.41 所示。

EI32-JD 型计算机联锁系统内部分为两层总线(网络)结构。一层为局域网，采用技术上成熟的网络产品负责联锁机与操作表示机、维修机、远程通信机等各功能机之间的信息交换。计算机联锁系统上部通过维修机作为网络结点机，按照统一的接口规范设计，编制好码位表。由 EI32-JD 型计算机联锁系统向 TDCS 等系统传输信号机、轨道电路、道岔的状态信息及进路信息和各种报警信号信息，以满足各种远程监督和维护功能的需要。

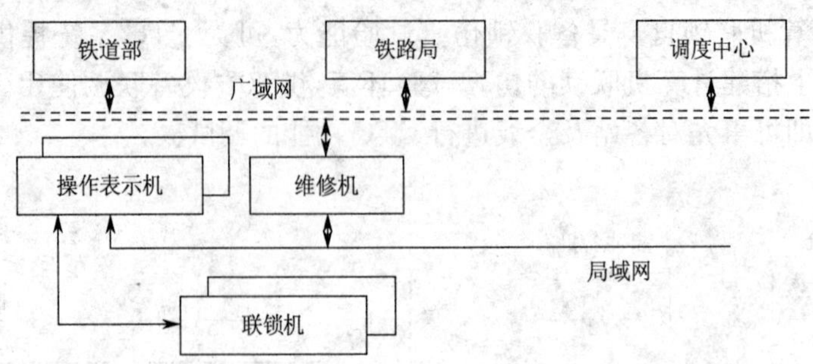

图 5.41　EI32-JD 型计算机联锁与其他信息管理系统的结合

5.3.5　相关规范、规程与标准

1.《计算机联锁技术条件》(TB/T 3027—2002)。

2.《铁路信号维护规则　技术标准》第 5.3.1～5.3.13 条、第 5.12.1～5.12.4 条。

典型工作任务 4　DS6-K5B 型计算机联锁系统维护

5.4.1　教学目标

1. 能力目标

(1)掌握 DS6-K5B 型计算机联锁系统的特点及设备组成与功能。

(2)掌握 DS6-K5B 型计算机联锁系统接口电路的控制原理、控制功能和常见故障的处理方法。

2. 知识目标

(1)掌握 DS6-K5B 型计算机联锁系统的体系结构及各组成部分的作用。

(2)掌握 DS6-K5B 型计算机联锁系统的联锁机冗余方式及工作原理。

(3)掌握 DS6-K5B 型计算机联锁系统接口电路的基本原理与功能。

(4)掌握 DS6-K5B 型计算机联锁系统的使用与维护及常见故障的分析处理方法。

3. 素质目标

(1)通过学习 DS6-K5B 型计算机联锁系统,进一步掌握二乘二取二计算机联锁系统实现联锁控制的原理及安全可靠运行的保障措施。

(2)通过学习并掌握 DS6-K5B 型计算机联锁系统,进一步提高理论联系实际和分析问题、解决问题的能力。

5.4.2　工作任务

1. 对照《计算机联锁技术条件》,掌握 DS6-K5B 型计算机联锁系统的基本组成和各组成部分的基本功能,做好 DS6-K5B 型计算机联锁系统的日常维护工作。

2. 根据《铁路技术管理规程》和《铁路信号维护规则　技术标准》的有关要求,掌握 DS6-K5B 型计算机联锁系统的各种功能。联锁试验时,对照联锁表,对各种联锁关系进行严格检查,反复试验。发现问题,与系统开发、设计和施工单位沟通,及时妥善处理,不留隐患。

3. 在日常运用过程中,要按照相关的技术要求,利用电务维修机及时检查系统工作状态,发现设备故障,正确分析、及时处理。暂时不能处理的故障,要按程序上报或与厂家联系,防止系统"带病工作",确保联锁设备工作安全可靠。

5.4.3　相关配套知识

1.DS6-K5B型计算机联锁系统的组成

(1)DS6-K5B型计算机联锁系统的主要特点

DS6-K5B型计算机联锁系统由北京全路通信信号研究设计院有限公司与日本京三公司联合开发的二乘二取二计算机联锁系统。

①DS6-K5B计算机联锁系统的联锁机和输入/输出电路均采用日本京三公司的K5B型产品，该产品所有涉及到安全信息处理和传输的部件均按照“故障—安全”原则，采取了二重系结构设计。

②联锁处理部件采取双CPU共用时钟，对数据母线信号执行同步比较，发生错误时使输出倒向安全，具备了“故障—安全”性能。

③联锁二重系为主从式热备冗余，通过高速通道进行数据交换，实现周期同步运行。当一系因故障停止输出时，另一系自动接替工作，保证现场信号设备控制不发生间断。

④输入/输出电路采用京三公司生产的电子终端，电路为二重系并行工作，即电子终端的每一系都接收联锁机二重系的输出，每一系的输入都发送给联锁机的二重系。这种冗余的连接方式保证任何一部分的单系发生故障，系统都能正常运行，这样系统不但具有高的“故障—安全”性能，而且又具有高的可靠性。

⑤输入输出均采取静态方式，省去了“静态—动态”变换电路，简化了继电器接口电路设计。

⑥DS6-K5B系统内各微机之间的通信全部通过光缆连接，做到相互之间的电气隔离，提高了系统抗干扰能力和防雷性能，保证系统具有高的运行稳定性。

⑦DS6-K5B系统的联锁软件，在DS6系统联锁软件基础上移植生成，保留了通过铁道部计算机联锁检验站测试的联锁软件的核心程序和数据结构，保证新系统的联锁功能满足我国车站计算机联锁技术条件的要求。控显机和监测机的应用软件，在Windows 2000操作平台上重新进行了开发，使得操作界面得到进一步改善，功能得到进一步提高。

DS6应用软件的开发成果与日本京三公司生产的具有高可靠性和安全性的专用计算机结合在一起，使系统的安全性、可靠性和适用性达到了新的水平。

(2)DS6-K5B型计算机联锁系统的体系结构

DS6-K5B型计算机联锁系统的体系结构如图5.42所示，该系统由人机界面层、联锁运算层和执行控制层3个层次构成。

①人机界面层:包括控制台和电务维护台，实现车站控制台操作、站场图形显示、系统设备故障监视等功能。

②联锁运算层:包括由二重系组成的联锁机，二重系联锁机以主从方式并行运行，实现联锁逻辑运算、输入/输出控制、诊断信息处理及二重系管理等。

③执行层:包括输入/输出接口和执行继电器，K5B系统开关量输入/输出接口采用日本京三公司生产的电子终端，即输入/输出接口称为电子终端(Electronic Terminal，ET)。电子终端电路具有二重系并用功能，二重系的输入电路从继电器的同一组接点取得输入信号，分别发给联锁机的二重系。联锁二重系的输出分别送给电子终端的二重系，实现驱动现场设备动作，采集现场设备状态的功能。

(3)DS6-K5B型计算机联锁系统的硬件组成与功能

DS6-K5B型计算机联锁系统一般设置4个机柜，分别为电源柜、联锁柜与电子终端柜和监控机柜，其设备安装示意图如图5.43所示。规模较大的车站增设一个电子终端柜，每一机柜内部安装的设备如下：

①电源柜：2～3 台逻辑 24 V 电源、2 台接口 24 V 电源。

②联锁柜：联锁逻辑部、光分路器、前置通信机笼(C3 模式下包含)、ET 机笼 1～2 个。

③电子终端柜：ET 机笼 3～7 个(站场规模不同，安装的 ET 机笼数量不同)。

④监控柜：控显 A 机、控显 B 机、联锁维护机、显示器、键盘、鼠标、通信监测机、KVM 切换器(C3 模式下包含)。

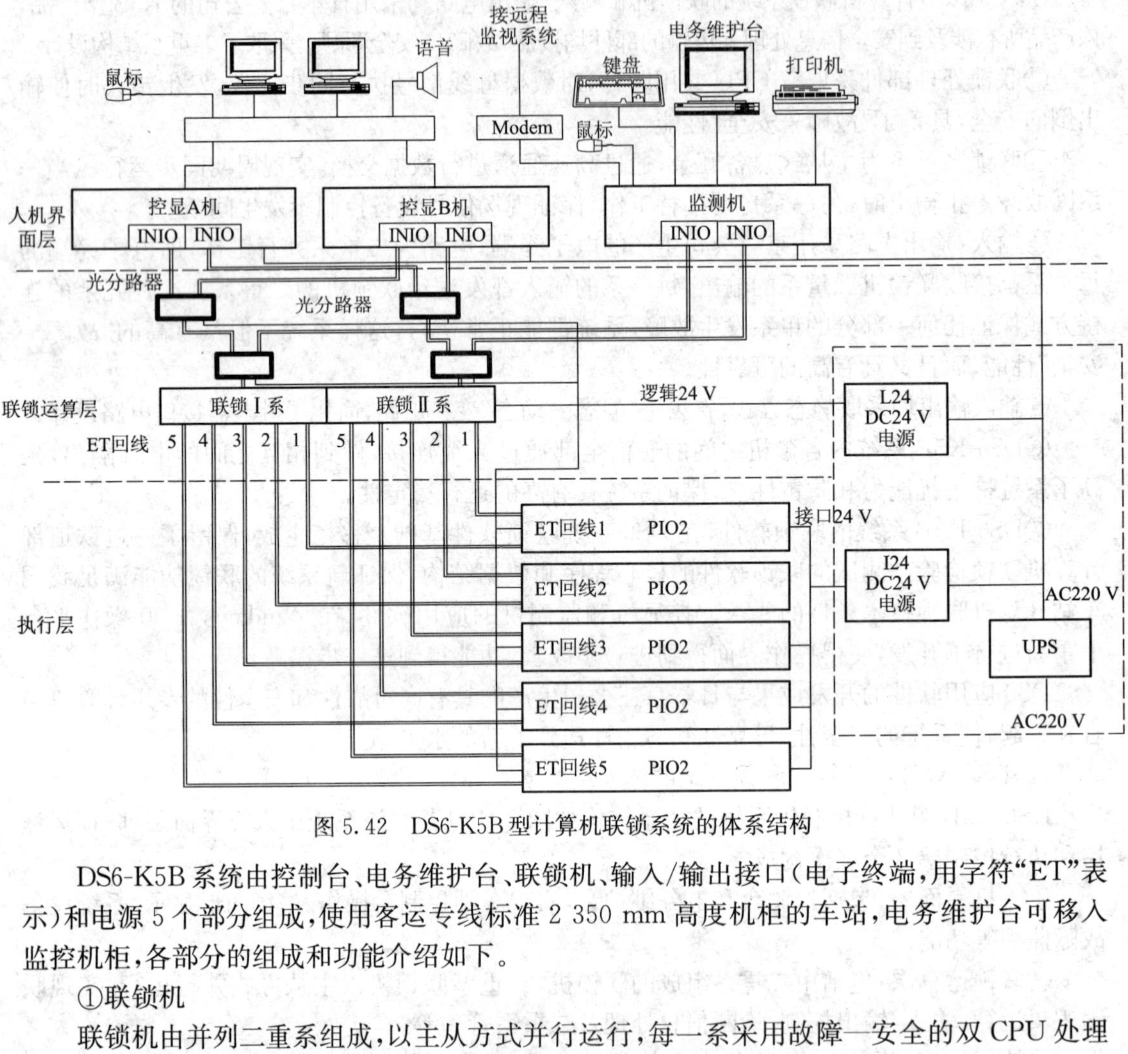

图 5.42 DS6-K5B 型计算机联锁系统的体系结构

DS6-K5B 系统由控制台、电务维护台、联锁机、输入/输出接口(电子终端，用字符“ET”表示)和电源 5 个部分组成，使用客运专线标准 2 350 mm 高度机柜的车站，电务维护台可移入监控机柜，各部分的组成和功能介绍如下。

①联锁机

联锁机由并列二重系组成，以主从方式并行运行，每一系采用故障—安全的双 CPU 处理器，即 F486-4I 板，称逻辑控制单元，用于完成联锁逻辑运算和联锁系统软件和硬件管理。为了减少通信环节，两系的双 CPU 处理器 F486-4I 板安装在同一机箱内，通过建立并行的高速通道接口，使两系之间相互交换信息，实现二重系的同步和切换。

联锁机每一系各用一对光缆经过光分路器与控显双机相连，使联锁的每一系都能够分别与两台控显机通信。每一系用一对光缆分别与监测机的两个光通信接口相连，使联锁机每一系的维护信息分别送到监测机。每一系有 5 个连接电子终端的通信接口，称 ET 回线 1～5，每个通信接口可连接一个电子终端机架(当系统采用一级或二级扩展时，每个通信接口可连接 2 或 3 个电子终端机架)。

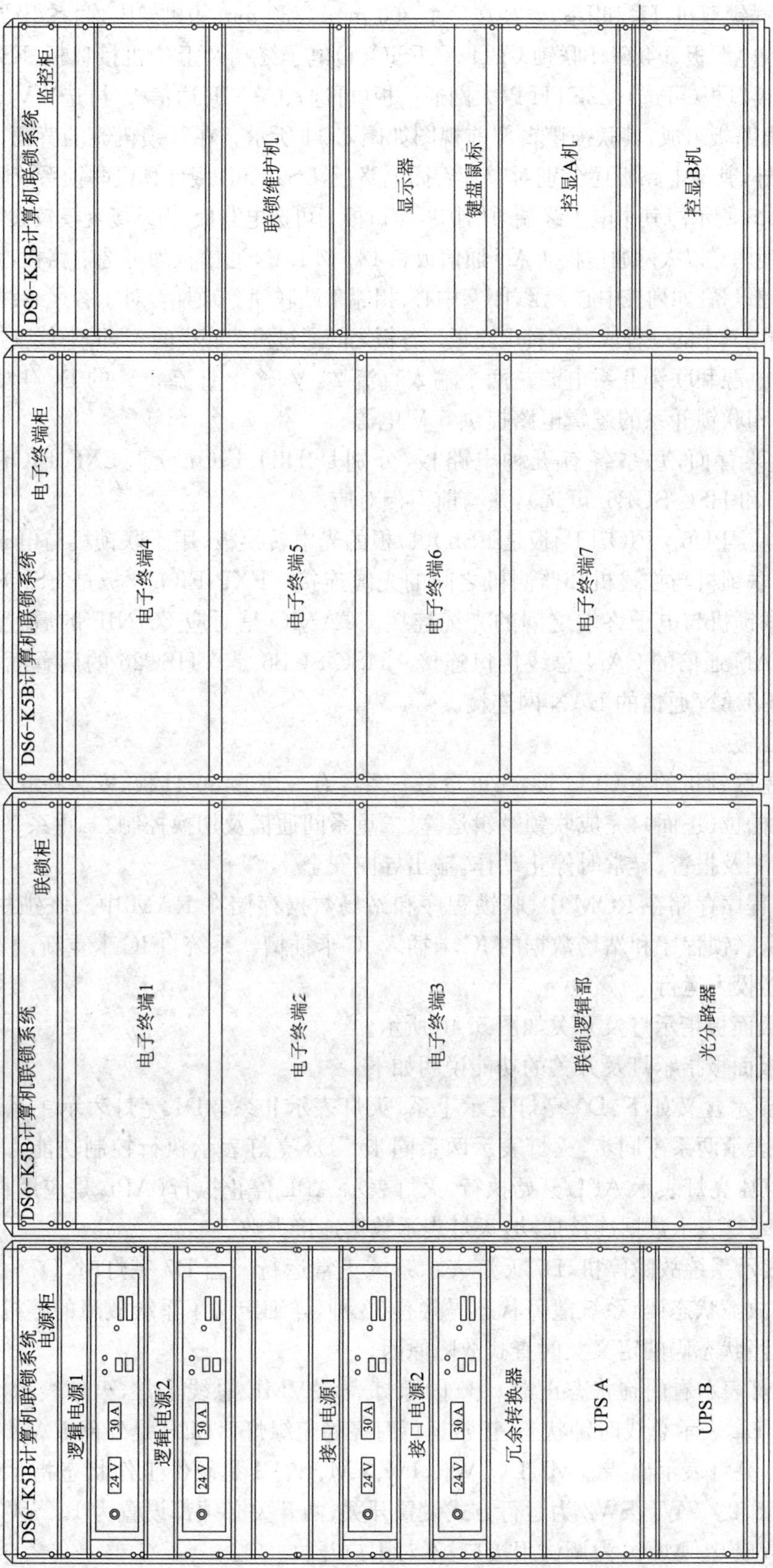

DS6-K5B计算机联锁系统 电源柜

逻辑电源1　24 V　30 A

逻辑电源2　24 V　30 A

接口电源1　24 V　30 A

接口电源2　24 V　30 A

冗余转换器

UPS A

UPS B

DS6-K5B计算机联锁系统 联锁柜

电子终端1

电子终端2

电子终端3

联锁逻辑部

光分路器

DS6-K5B计算机联锁系统 电子终端柜

电子终端4

电子终端5

电子终端6

电子终端7

DS6-K5B计算机联锁系统 监控柜

联锁维护机

显示器

键盘鼠标

控显A机

控显B机

图5.43　DS6-K5B型计算机联锁系统设备安装示意图

K5B系统联锁双机(Ⅰ系和Ⅱ系)安装在一个800 mm×330 mm的机架内,两系组成完全相同。每一系由IPU6电源板、F486-4I联锁CPU板、FSIO(1)电子终端及上位机接口板、FSIO(2)电子终端通信扩展接口板(可选)、Z2ETH以太网通信板(可选)、CANIF通信板(可选)、VHSC26通信板(可选)7种电路板组成,其联锁逻辑部前视图如图5.44所示。在联锁机笼的背面,除Z2ETH以太网通信板外,其他电路板还分别对应其后插电路板,DS6-K5B型计算机联锁系统联锁逻辑部后视图如图5.45所示。其中电子终端通信扩展接口板为可选电路板,当站场规模较大需要连接超过3个回线时使用。以太网通信板、CAN通信板和125 M LAN通信板为可选电路板,用于通过联锁逻辑部与外围设备(如列控中心、无线闭塞中心、相邻车站联锁等)通信,对于客运专线车站,可根据实际需要,选用其中的一种或者多种电路板。各板之间通过机架底板的VME总线互连。

联锁Ⅰ系电源和联锁Ⅱ系电源是两个输入直流24 V,输出直流5 V的DC/DC电源。分别向联锁Ⅰ系和联锁Ⅱ系的逻辑电路提供5 V电源。

在联锁机架背面,每系各有五种电路板,分别是DID、FIO7[P]、EXP FIO7P(可选)、CANIO(可选)和HSC-SUB6(可选),并与前面板对应。

DID板对应IPU6。FIO7[P]板是FSIO(1)板的光电转换板,用于联锁机与电子终端之间的光缆连接及联锁机与控显机和监测机之间的光缆连接。EXP FIO7P板是FSIO(2)的光电转换板,用于联锁机与电子终端之间的光缆连接。CANIO是对应CANIF的后置面板,用于与外围设备CAN通信的CAN总线接口连接。HSC-SUB6是VHSC26的后置面板,用于与外围K5B设备LAN通信的LAN网连接。

a. F486-4I板

F486-4I是联锁机的主CPU板,二重系每一系各有一块F486-4I板,安装在联锁机架每一系左边第一个槽位(正面),完成联锁逻辑运算、二重系间通信及切换控制、二重系一致性检查、系统的故障检测及报警、异常时停止动作,输出导向安全。

系统管理程序存储在ROM中,联锁程序和站场数据存储在RAM中。联锁机每次停电后,需将存储有联锁程序和站场数据的IC卡插入IC卡插槽。系统自IC卡重新读入联锁程序和数据后,才能投入运行。

F486-4I板面板指示灯及开关如图5.46所示。

F486-4I板面板指示灯及开关的功能说明如下:

D0~D6显示含义如下:D0亮灯表示Ⅰ系,灭灯表示Ⅱ系。D1亮灯表示主系,灭灯表示从系;D2亮灯表示两系不同步,灭灯表示两系同步。D3亮灯表示执行控制功能,灭灯表示控制功能停止。D4亮灯表示APL开始执行,灭灯表示APL停止执行(APL是应用程序逻辑)。D5预留。D6亮灯表示数据连接成功,灭灯表示数据连接失败。

D7亮灯表示系统故障停机,D7灭灯表示系统正常运行。当D7亮灯时,D7~D0的显示组合代表系统故障状态码,系统故障状态码共有33种,详细定义了系统故障的停机原因,维护人员可根据故障状态码的定义及时查找故障原因。

WT闪绿灯表示看门狗状态正常。B0闪绿灯表示VME总线正常,灭灯表示VME总线出错。FLH、FLL表示总线时钟状态,正常运行时亮稳定绿灯。BER是外部RAM访问状态,灭灯表示良好,亮灯表示出错。MI、DC、WR、IM、VM、II、VI是硬件工作状态指示灯,各指示灯的说明见表5.2。SW1、SW2为运行方式设置开关,两开关必须都设置为1。SW3为总输入开关,必须设置成0。MON为调试用接口,不对用户开放。

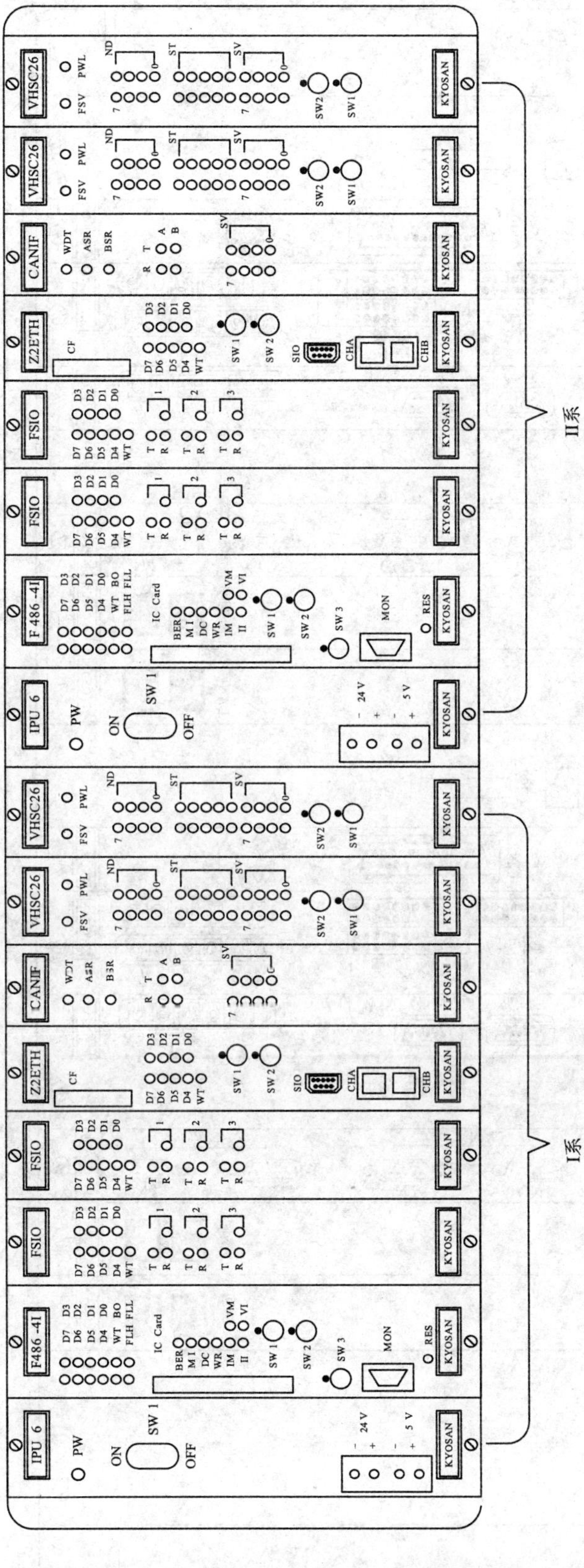

图5.44 DS6-K5B型计算机联锁系统联锁逻辑部前视图

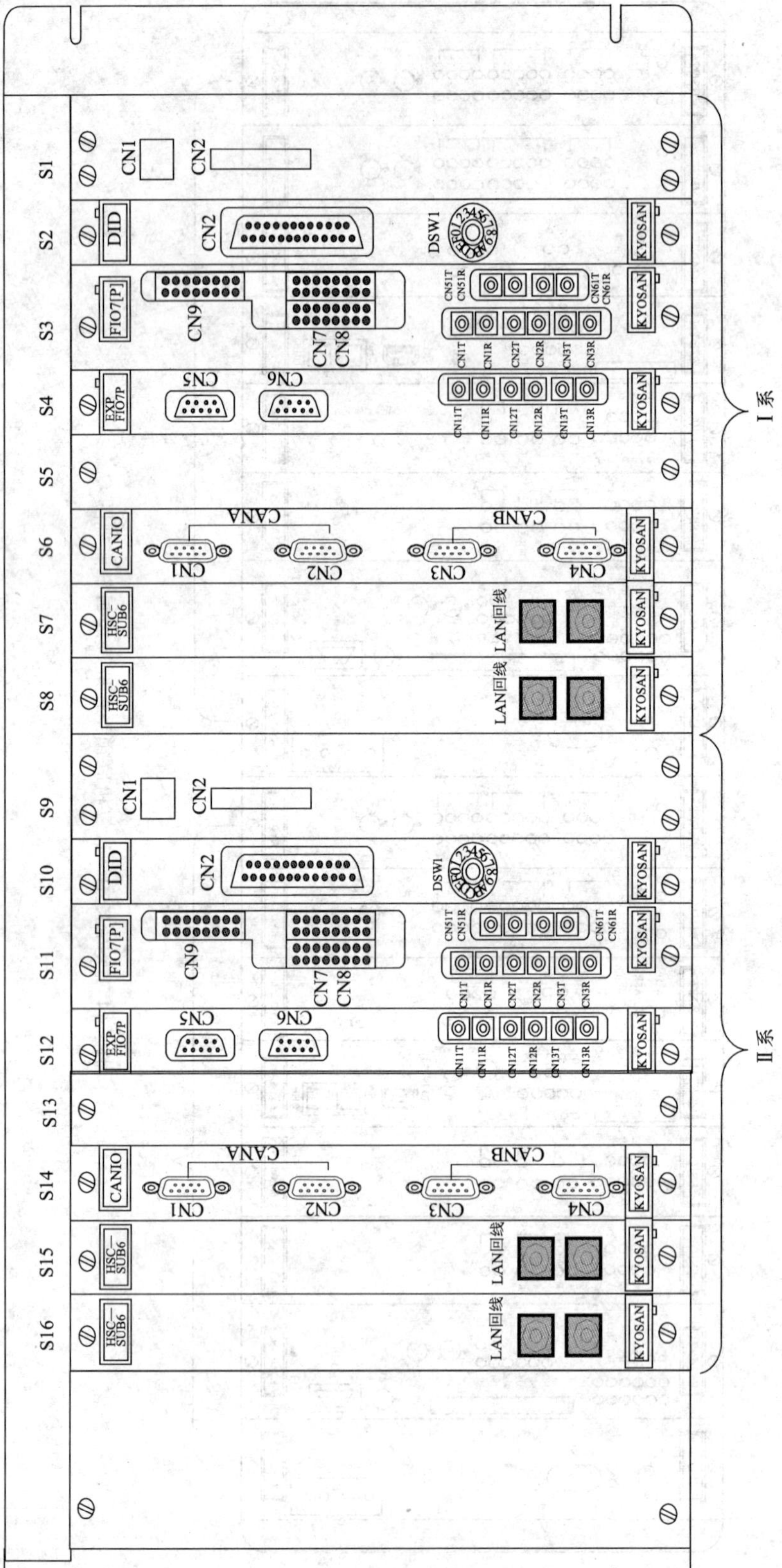

图5.45 DS6-K5B型计算机联锁系统联锁逻辑部后视图

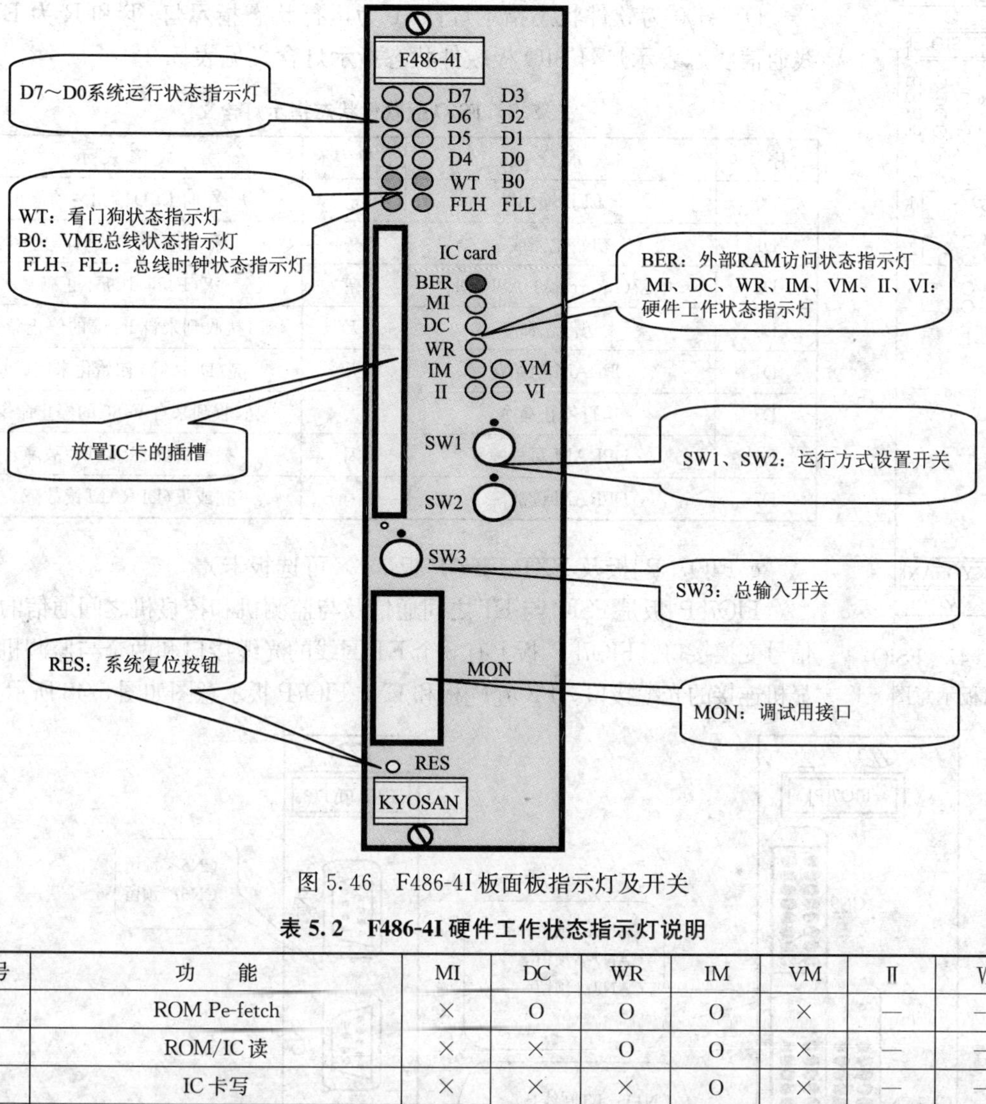

图 5.46　F486-4I 板面板指示灯及开关

表 5.2　F486-4I 硬件工作状态指示灯说明

序号	功　能	MI	DC	WR	IM	VM	Ⅱ	Ⅵ
1	ROM Pe-fetch	×	O	O	O	×	—	—
2	ROM/IC 读	×	×	O	O	×	—	—
3	IC 卡写	×	×	×	O	×	—	—
4	内部 IO 读	O	×	O	—	—	O	×
5	内部 IO 写	O	×	×	—	—	O	×
6	中断响应(ACK)	O	O	O	—	—	—	—
7	VME(A24)读	×	×	O	O	O	—	—
8	VME(A24)写	×	×	×	O	O	—	—
9	VME(A16)读	O	×	O	—	—	×	O
10	VME(A16)写	O	×	×	—	—	×	O

注：O：表示亮灯；×表示灭灯；—表示无关。

b. FSIO 板

FSIO 板用于联锁主机与输入/输出机笼(ET-PIO2)及上位机之间的数据通信，其面板示意图如图 5.47 所示，每块 FSIO 板有 3 路与 ET 机笼的通信接口。如果需要连接的输入/输出回线超过 3 个，则需插入 2 块 FSIO 板。FSIO 板同时实现联锁主机与控显机、监测机之间的数据通信，以及对 ET_NET、MM_NET 的动作监视。

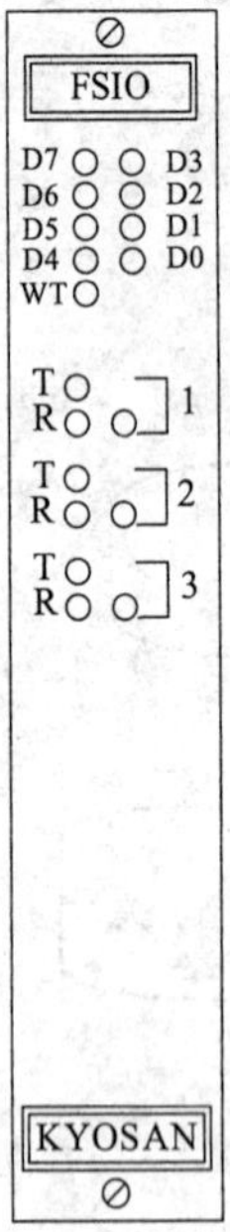

D7～D0 为软件状态指示灯；WT 为运行状态指示灯；T 和 R 为 ET 回线通信状态表示灯，FSIO 板软件状态指示灯含义见表 5.3。

表 5.3　FSIO 板软件状态指示灯含义

序号	表 示 含 义	正确表示	故 障 表 示
D0	LED 输出	亮	灭(在向 LED 输出之前停止)
D1	初始化完成	亮	灭(初始化完成前停止)
D2	中断(Interrupt) ASK OK	亮	灭(F486 中断不正确)
D3	发送停止命令	灭	亮(接收到来自 F486 的停止命令)
D4	DPRAM 初始化	灭	亮(DPRAM 初始化未完成)
D5	运行停止命令	灭	亮(收到来自 F486 的停止命令)
D6	DPRAM 写故障	闪	亮或灭(DPRAM 写故障)
D7	DPRAM 读故障	闪	亮或灭(DPRAM 读故障)

c. FIO7[P]板及 EXP FIO7P 板(××可选板卡)

FIO7[P]板是 FSIO 与 ET 之间通信及与监测机和控显机之间通信的光电信号变换接口。FIO7[P]板上有 3 个 ET 回线的光缆接口和两个与监测机和控显机连接的光缆接口。FIO7[P]板和 EXP FIO7P 板示意图如图 5.48 所示。

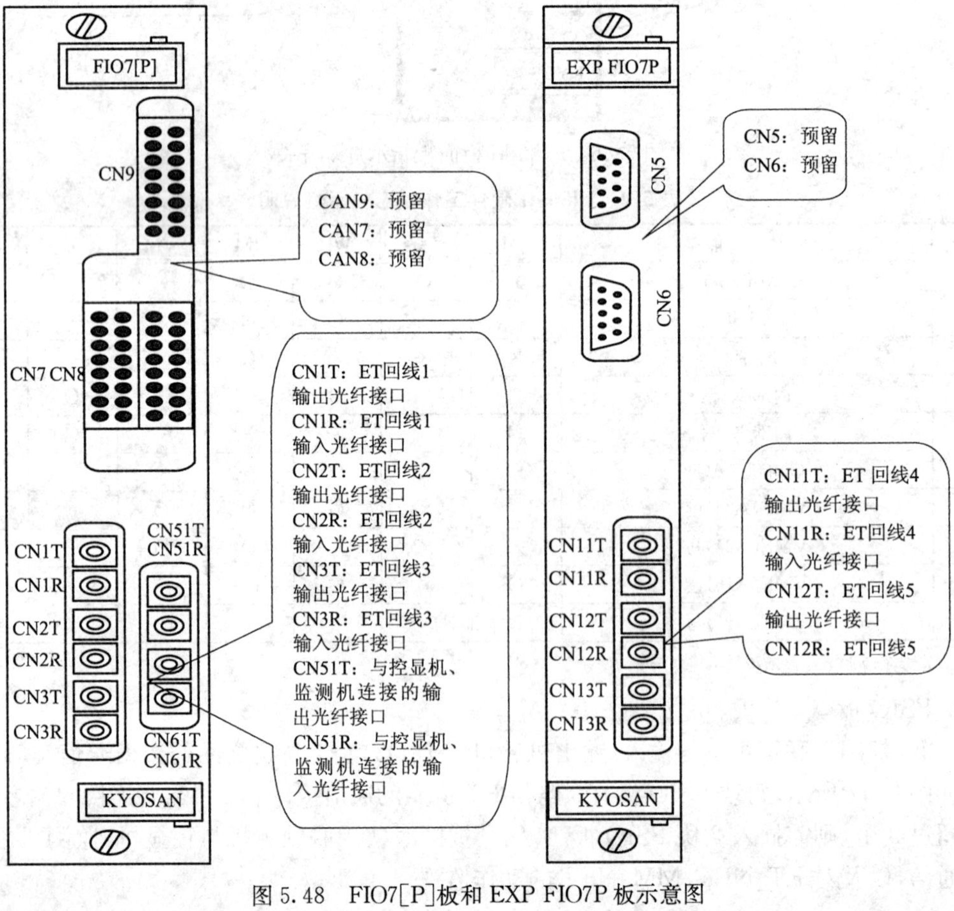

图 5.47　FSIO 面板示意图

图 5.48　FIO7[P]板和 EXP FIO7P 板示意图

d. 可选板卡

以下介绍的3种通信板均为可选板卡，如图5.49所示。

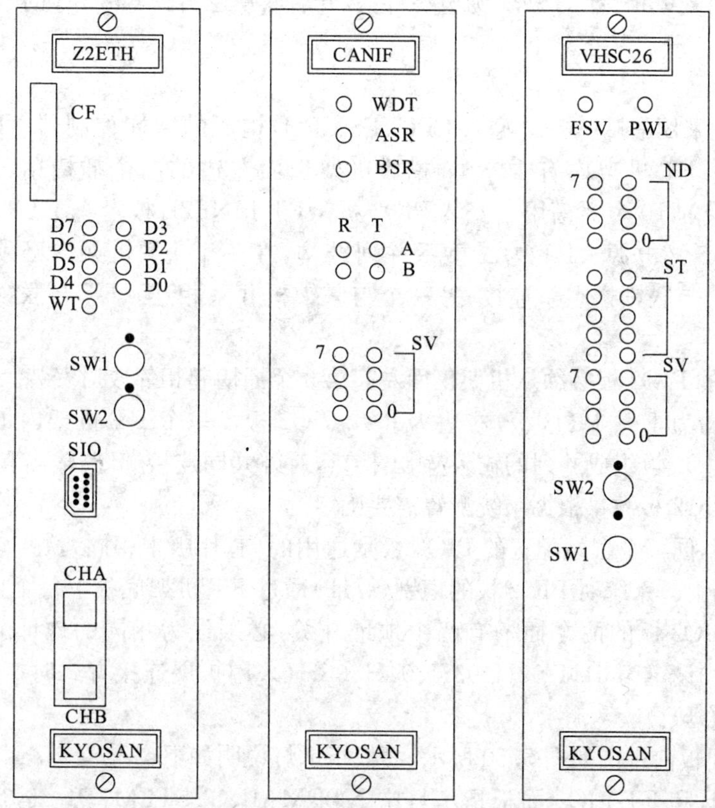

图5.49　3种可选板卡示意图

(a)Z2ETH(××可选板卡)以太网通信板

D7～D0是工作状态指示灯；SW1和SW2是开关，固定设置为0；SIO为测试端口，不对用户开放；CHA和CHB以太网通信端口A、B。以太网板的关与开之间要求间隔大于30 s，否则可能会因以太网卡不能正常初始化导致系统不能正常启动。

(b)CANIF(××可选板卡)通信板

WDT：闪光表示本板CPU处于周期循环工作状态，其工作周期与F486板CPU工作周期相同。

ASR：F486与CAN A总线连接状态，亮灯表示连接正常，灭灯表示连接断开。

BSR：F486与CAN B总线连接状态，亮灯表示连接正常，灭灯表示连接断开。

CAN A、CAN B通道通信状态：

T：闪光表示数据发送正常，常亮或常灭表示数据发送故障。

R：闪光表示数据接收正常，常亮或常灭表示数据接收故障。

D0～D7表示CANIF应用软件运行状态。

(c)VHSC26(××可选板卡)通信板

FSV正常时点灯；PWL是LAN电源开状态，正常时点灯；ND0～ND7为结点地址设定值指示灯，点亮的灯位表示本结点的地址；ST 是通信状态指示灯；SV 中 D0～D7 为软件运行状态；SW2 为基本地址设置开关。左环(即每个系的左面的 VHSC26 板)设置 4，右环(即每个系的右面的 VHSC26 板)设置 5；SW1 为电源开关，开启联锁逻辑部 F486-4I 的电源开关时，需首先确认本开关处于开启状态。

②电子终端

电子终端是采用故障—安全型双 CPU(FS CPU)构成的智能控制器。ET 电路安装在 ET 机架内，一个 ET 机架内有 12 个插槽。机架正面左边的两个插槽用于安装两个 ET-LINE2B 板，其余的 10 个插槽用于安装 PIO2 板。ET-LINE2B 板上有 ET 与联锁机的通信接口和 DC 24～5 V 电源。ET 为二重系并列结构，在一个 ET 机架内必须安装两个 ET-LINE2B 板，一个与联锁机Ⅰ系连接，另一个与联锁机Ⅱ系相连。ET 与联锁机的通信采用光纤连接。

ET 机架内的 PIO2 板必须从机架正面左起第 3 个插槽起相邻成对安装。在每对 PIO2 板中，位置在左边的为Ⅰ系 PIO2 板，右边为Ⅱ系 PIO2 板。一个 ET 机架内最多可安装 5 对 PIO2 板，每对 PIO2 板组成并列的输入/输出接口，对外共同连接 32 路输出和 32 路输入。各站实际安装的 PIO2 板数量根据系统配置需要确定。

一般情况下，同一个车站配置的 PIO2 板是通用的(芯片版本相同)，每个 PIO2 板可插在机架的任意插槽上。系统对 PIO2 板的识别(寻址)通过 ET 机架底板上每个插槽的地址设置实现。每一对 PIO2 板的两个插槽有两个地址开关，必须设为相同的地址。各机架内 5 对 PIO2 板的地址均设定为 01H、02H、03H、04H、05H(采用扩展连接方式时扩展机架 PIO2 板的地址应向后顺延)。

ET-PIO2 面板前视图如图 5.50 所示，面板指示灯说明如下：

ET-LINE2B 和 ET-PIO2 面板指示灯中 NORMAL、SYSTEM：亮＝运行，灭灯＝停止；RXD：闪＝接收，灭＝无接收；TXD：闪＝发送，灭＝无发送；DC5 V ON 为 5 V 电源开关：向上＝电源开，向下＝电源关。

ET-PIO2 机箱后视图如图 5.51 所示，ET-PIO2 联机插座说明如下。

LINE2B 中的 J1 为电源插座，A3/A4、B3/B4 为 ET 的光纤接口。

非扩展模式(PIO2 V1.1.0)下 A3/A4：分别用于连接联锁本回线的 R 和 T，其余接口不用，用遮光帽盖好。

一级扩展模式(PIO2 V1.1.1)下本回线第 1 个机笼 A3/A4：分别用于连接联锁回线的 R 和 T；第 1 个机笼 B3/B4：分别用于连接回线第 2 个机笼的 A4 和 A3；第 2 个机笼 A3/A4：分别用于连接回线第 1 个机笼的 B4 和 B3；第 2 个机笼 B3/B4：不用，用遮光帽盖好。

二级扩展模式(PIO2 V1.1.2)下本回线第 1 个机笼 A3/A4：分别用于连接联锁回线的 R 和 T；第 1 个机笼 B3/B4：分别用于连接回线第 2 个机笼的 A4 和 A3；第 2 个机笼 A3/A4：分别用于连接回线第 1 个机笼的 B4 和 B3；第 2 个机笼 B3/B4：分别用于连接回线第 3 个机笼的 A4 和 A3；第 3 个机笼 A3/A4：分别用于连接回线第 2 个机笼的 B4 和 B3；第 3 个机笼 B3/B4：不用，用遮光帽盖好。

PIO2 板 1～5 中 J_1 为输入信号插座；J_2 为输出信号插座；J_3 为 24 V 电源插座；J_4 和 J_5 用短电缆连接不对外引出。

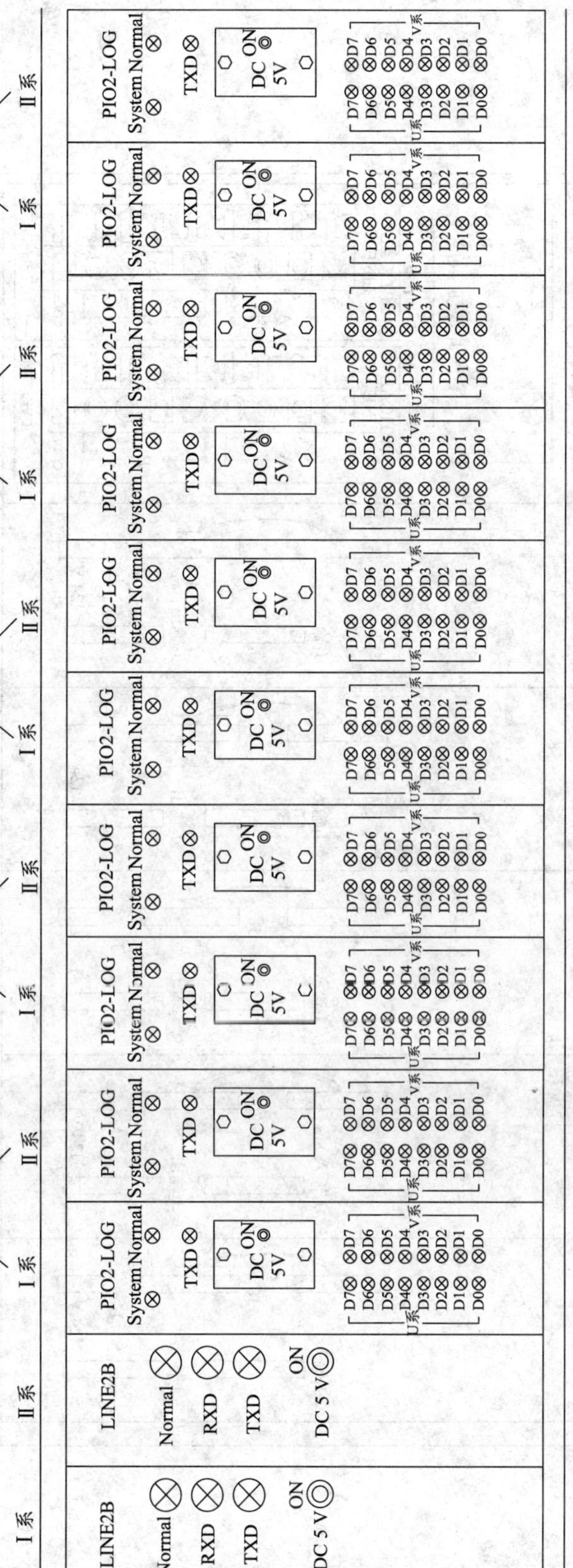

图 5.50　ET-PIO2面板前视图

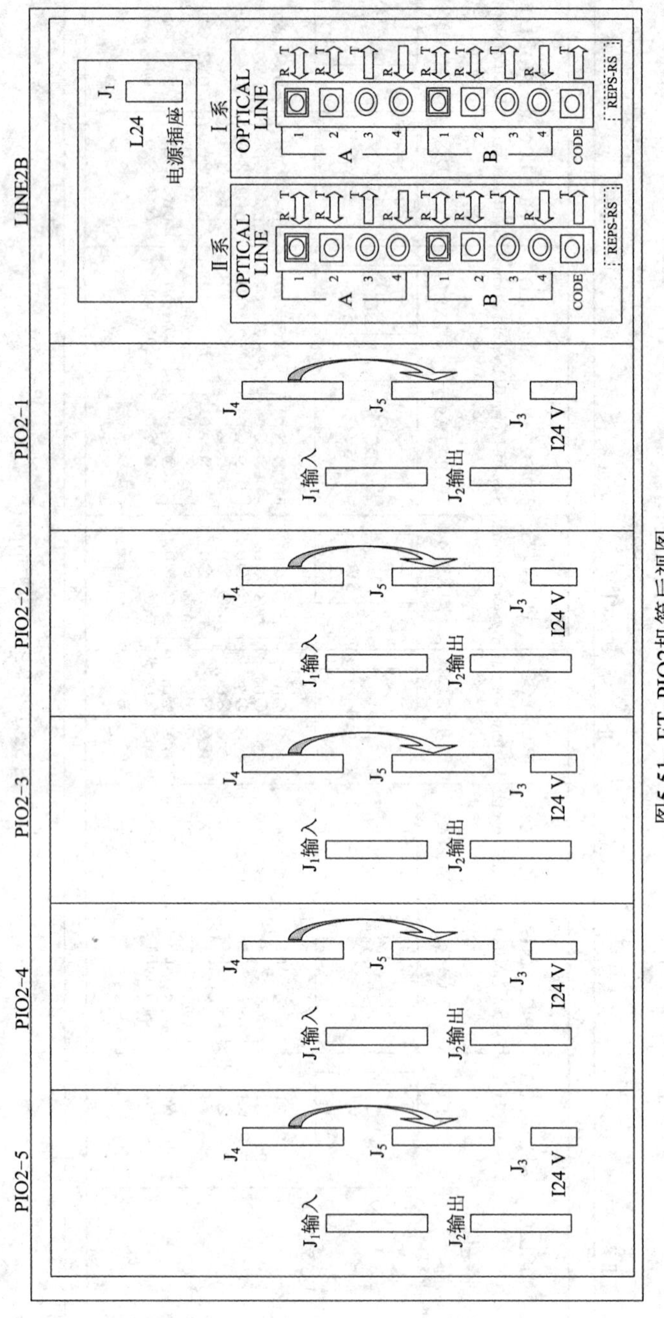

图5.51 ET-PIO2机箱后视图

K5B 系统联锁机和电子终端均采用了二重系设计。联锁每一系都要接收电子终端二重系的输入信息，经过"或"处理后，作为联锁运算的输入。联锁二重系的输出通过电子终端的二重系并联输出。

联锁机与电子终端之间的物理连接通过 ET-NET 光缆实现。联锁机的 FSIO 模块是联锁机与电子终端及监测机、控显机的通信接口，一个 FSIO 模块上有 3 个 ET_NET 通道，通过 FIO7[P]光电转换板引出 3 对光缆，可连接 3 个 ET 机架，再通过 EXP FIO7P 可以另外连接 2 个 ET 机架。图 5.52 为联锁机与电子终端光缆连接示意图。

③控制台显示和操作设备

K5B 系统的控制台采用 DS6 系列的传统结构，操作显示设备设在运转室，一般车站采用的显示设备为液晶显示器，操作设备为鼠标。

控显机采用 PC 总线工控机，机箱内除安装连接操作显示设备的接口板外，还安装 2 块带有光电转换的串行通信接口卡 INIO，用于同联锁机通信。控显机采用双机互为备用，每台控显机分别设有一套操作显示设备，均可独立进行操作。

控显双机与联锁机的二重系，通过光分路器构成交叉互连的冗余关系。控显机和联锁机的连接如图 5.53 所示。

控显双机每一台内安装 2 块 INIO 通信卡 INIO1 和 INIO2，分别用于同联锁机Ⅰ系和Ⅱ系通信。联锁机的每一系有两个与控显机通信的接口，为了实现联锁的每一系都能够与控显双机同时或与其中的任意一台单独通信，在联锁机与控显机之间的通信线路上增设了光分路器(Optical Branch Unit)。光分路器的作用是将一侧的输入信号分成两路输出，同时将另一侧两路输入的信号合并成一路输出。

光分路器端口位置图(顶视图)如图 5.54 所示。K5B 系统使用 4 个光分路器(型号为 SPHC)，用于联锁双系与监测机及控显双机的光缆连接。

④电务维护台

电务维护台由监测机、显示器、键盘、打印机等组成。监测机采用 PC 总线工控机，机箱内安装 2 块带有光电转换的串行通信接口卡 INIO，用于同联锁机二重系通信。

监测机接收来自联锁二重系的设备动作状态信息和监测报警信息，通过串行通信接口与集中监测设备的上位机通信，将开关量监测信息发送给集中监测设备。

⑤电源

K5B 电源系统图如图 5.55 所示。该系统要求信号电源屏经隔离变压器单独提供一路单相交流 220 V 电源。电源屏 220 V 电源送到 K5B 系统电源柜，经过 UPS 后向计算机设备供电。客运专线车站电源屏本身含有 UPS 装置时，K5B 联锁不再提供 UPS，由电源屏提供一路 UPS 电源直接给 K5B 设备供电。

控显机、监测机及控制台显示器等设备使用 UPS 输出的 220 V 电源。

K5B 系统的联锁机和 ET 采用两路直流 24 V 电源供电，第一路称为逻辑 24 V 电源(L24 V)，此电源经 K5B 内部的 DC—DC 变换，产生逻辑电路工作所需的 5 V 电源，第二路称为接口 24 V 电源(I24 V)，供输出接口驱动继电器和输入接口采集继电器状态。

在组合架上，所有受计算机控制的继电器 24 V 电源，均由计算机系统的 I24 V 电源供电，不受计算机控制的继电器的电源仍使用信号电源屏电源。

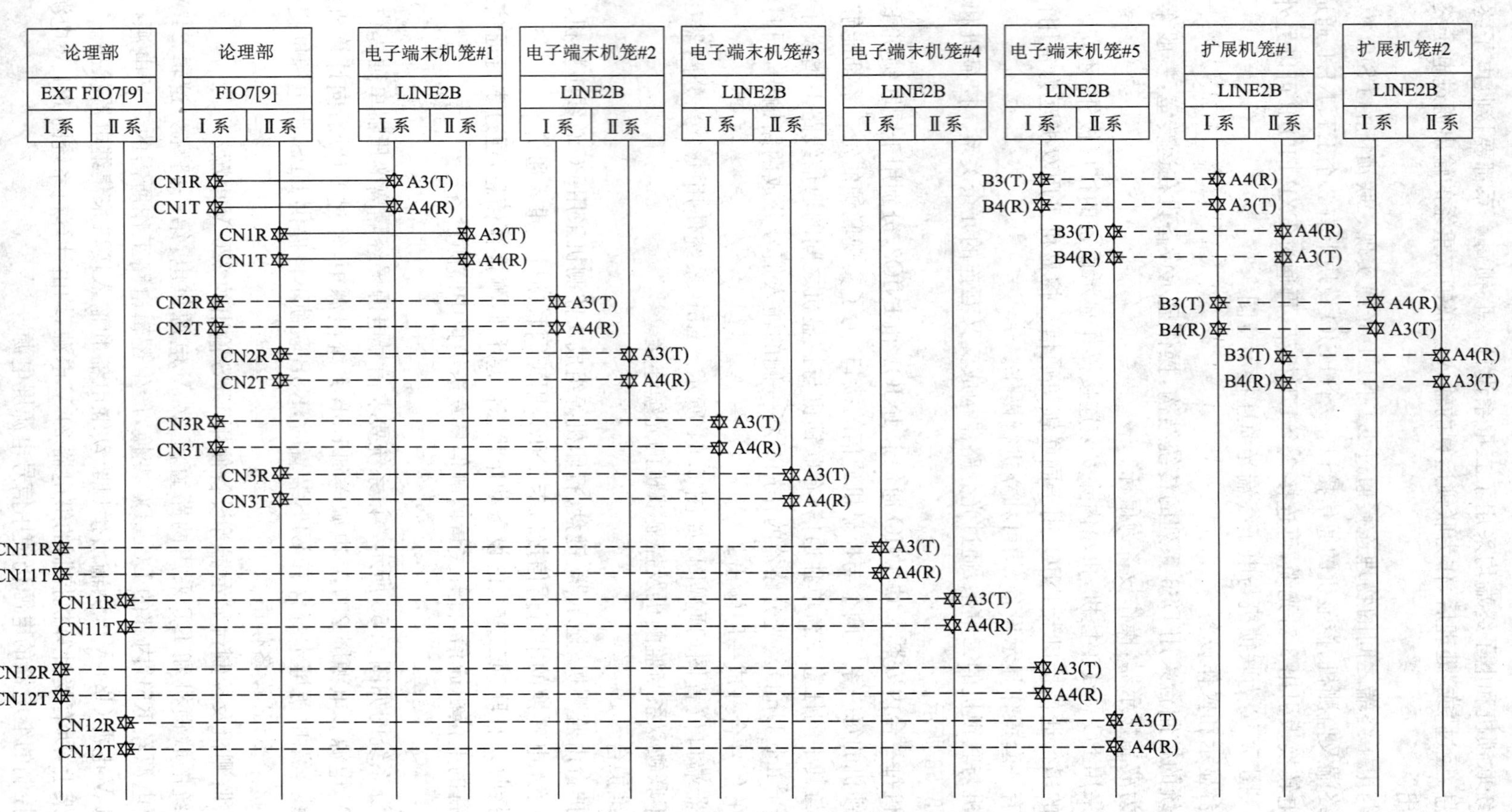

图5.52 联锁机与电子终端光缆连接示意图

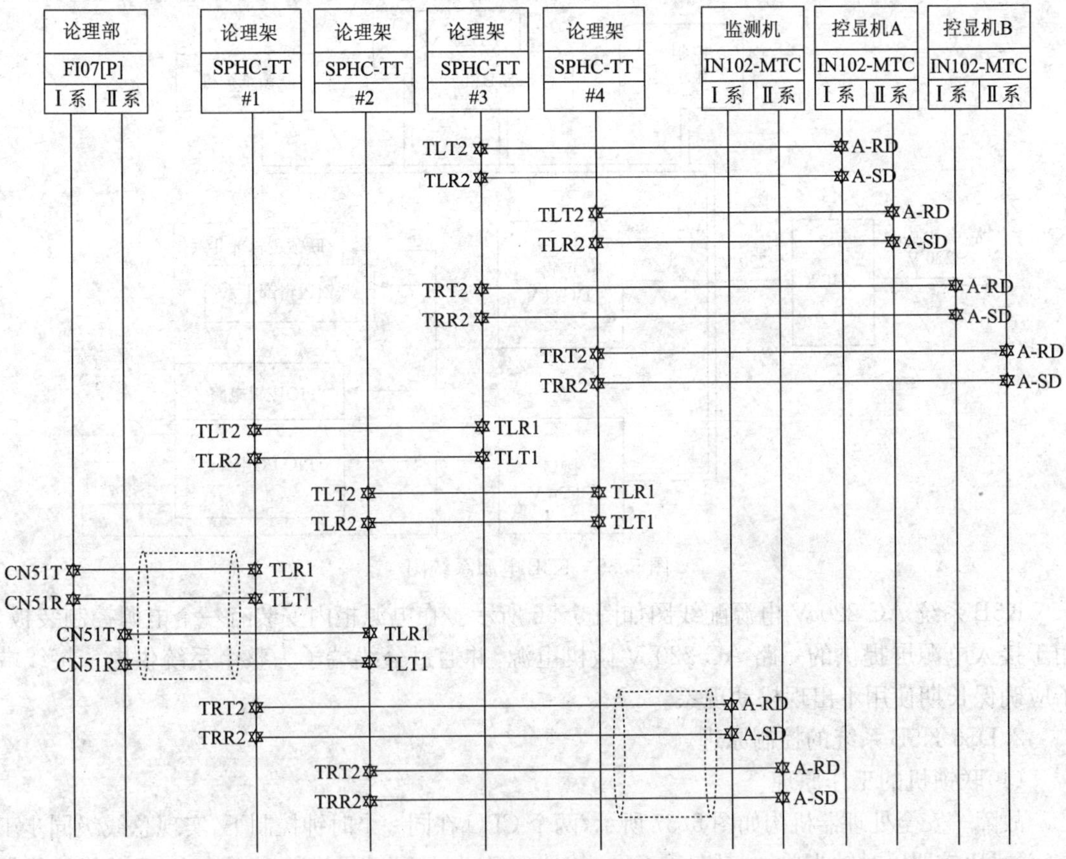

图 5.53　控显机和联锁机的连接

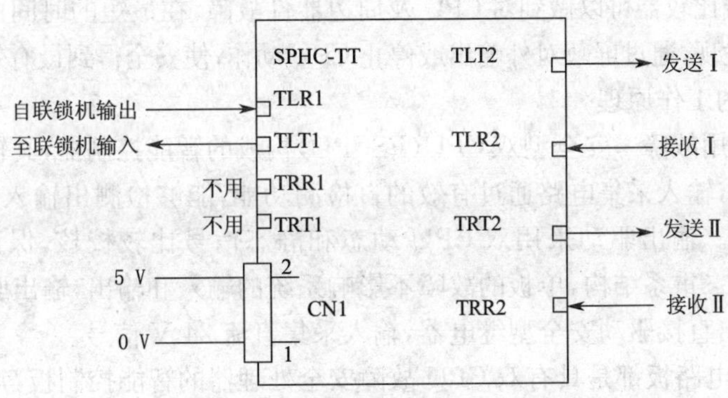

图 5.54　光分路器端口位置图(顶视图)

计算机输出电路送出 24 V(+),经过继电器线圈,环成公共回线,回到 I24 V(−)。

计算机采集的继电器接点组的中间接点连接到 I24 V(+)。经过采集接点组的前接点或后接点回到计算机输入电路(如图 5.58 和图 5.60 所示)。

K5B 系统的两路 24 V 电源,安装在计算机系统的电源柜内,每一路 24 V 电源均由 2 个 AC—DC 开关稳压电源模块组成,其中两个模块在线工作互为热备,可自动切换。

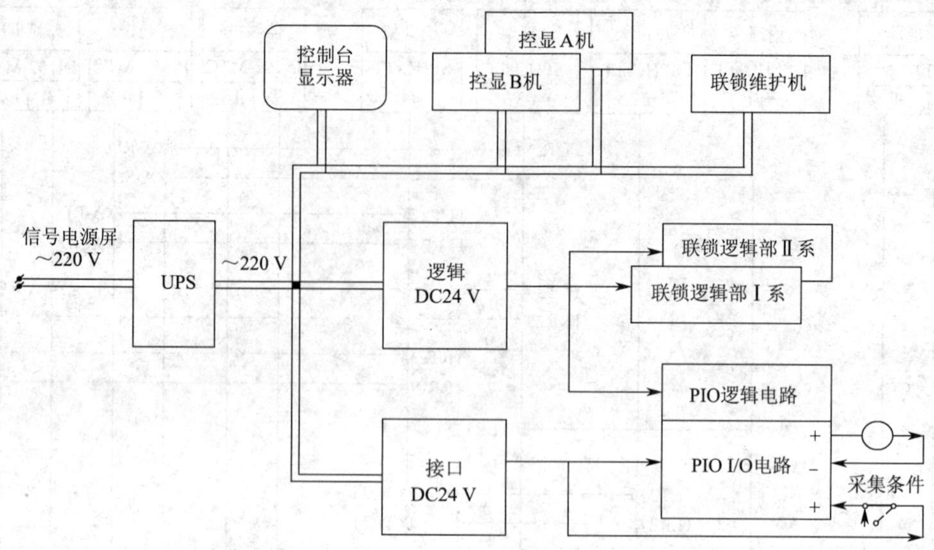

图 5.55　K5B 电源系统图

K5B 系统 AC 220 V 电源配线图如图 5.56 所示。在电源柜内安装有一个电源控制装板，用于接入电源屏提供的一路 AC 220 V 微机电源，并通过分线端子为整个系统供电。接线端子应确保长期使用不出现松动现象。

2. DS6-K5B 系统的控制原理

(1)联锁机的工作原理

故障—安全处理器机构如图 5.57 所示，两个 CPU 在同一个时钟控制下，实现总线级同步工作，总线比较器以时钟为单位，对双重 CPU 的处理经过、处理结果进行对照检查，经总线比较器比较，两个 CPU 运行完全一致时，正常继电器吸起，输出"电/光转换电路"接通电源，输出有效。当发生故障时，总线比较器可以做到对 CPU 及周边器件故障，在最短的时间内(即一个 CPU 时钟周期内)及时地发现，通过屏蔽对外输出或停止 CPU 动作，使安全得到最有效的保证。

(2)电子终端的工作原理

电子终端是采用故障—安全型双 CPU(FSCPU)构成的智能控制器，其输出电路按故障导向安全的原则设计，输入采集电路通过有效的自检测功能，能够检测出输入电路的故障，保证输入信息的安全性。输出驱动采用双 CPU 动态和静态信号比较校核，保证输出的安全性。电子终端采用并列二重系结构，单板的故障不影响系统的输入和输出，输出驱动和输入采集均采用静态方式，输出直接驱动安全型继电器，输入采集直流 24 V 信号。

每个 ET-PIO 电路板都是具有双 CPU 故障安全处理器的智能控制板，每块板通过串行通信接口与联锁机交换信息，并完成对本板的输入/输出数据的安全处理和对本板电路的故障检测，控制是分散独立的。

①电子终端的信号输入

电子终端输入电路原理图如图 5.58 所示。ET-PIO 的输入电路是典型的"静态—动态"变换的"故障—安全"输入电路。从继电器的采集接点输入直流 24 V 的电压，在 ET-PIO 板内 CPU 产生的脉冲信号的控制下，输入回路工作在接通和断开交替变换的状态，使输入的静态(直流)信号转换成动态(脉冲)信号，实现故障—安全要求。输入信号经过板内双 CPU 的同步处理后，通过光纤连接的串行通信将输入信息发送给联锁机。

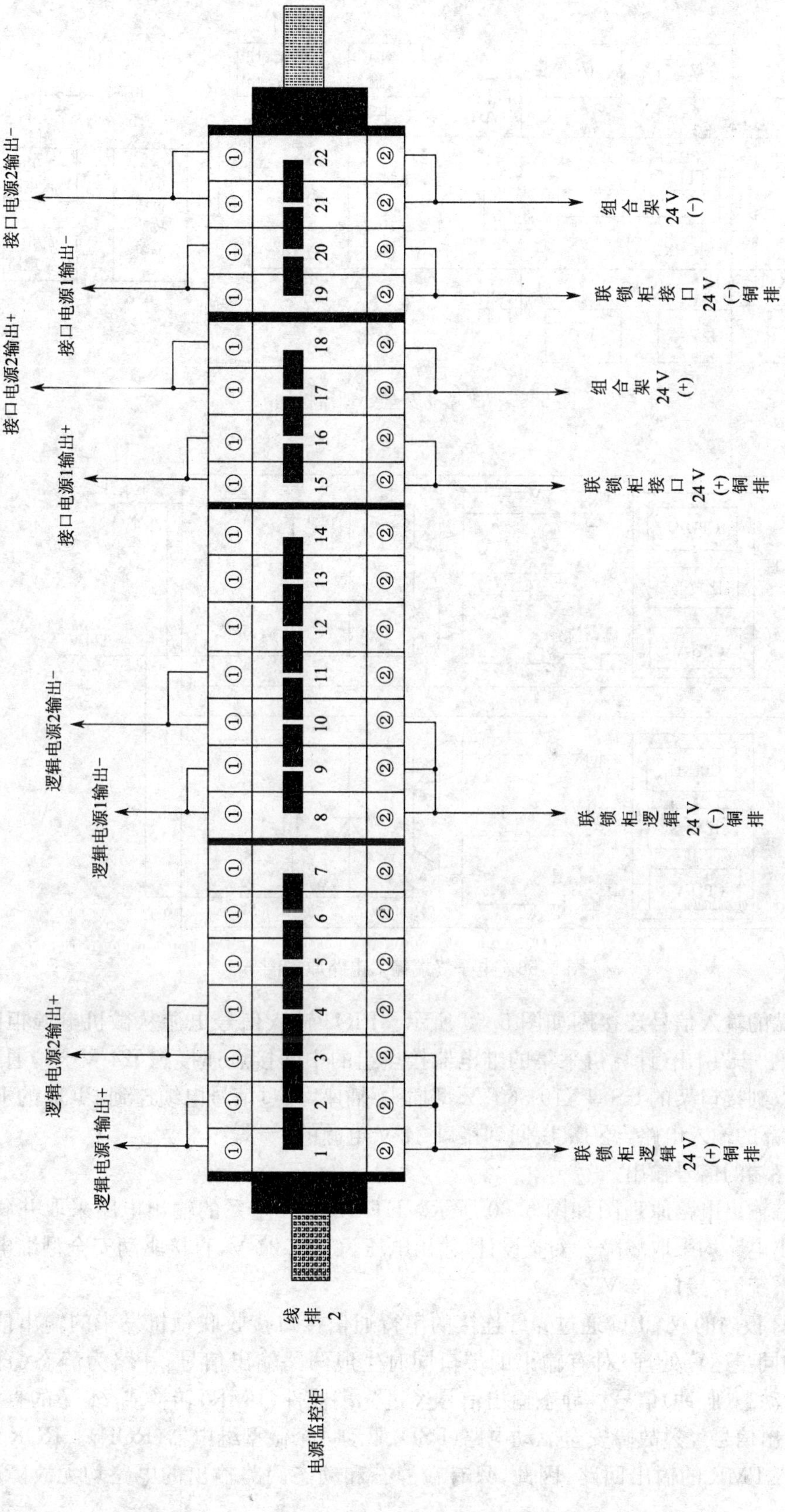

图5.56　K5B系统AC220 V电源配线图

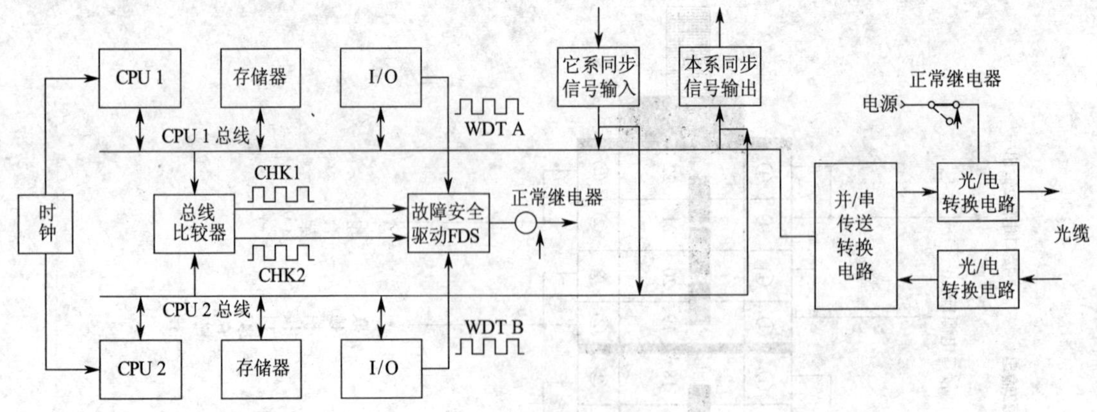

图 5.57　故障—安全处理器机构

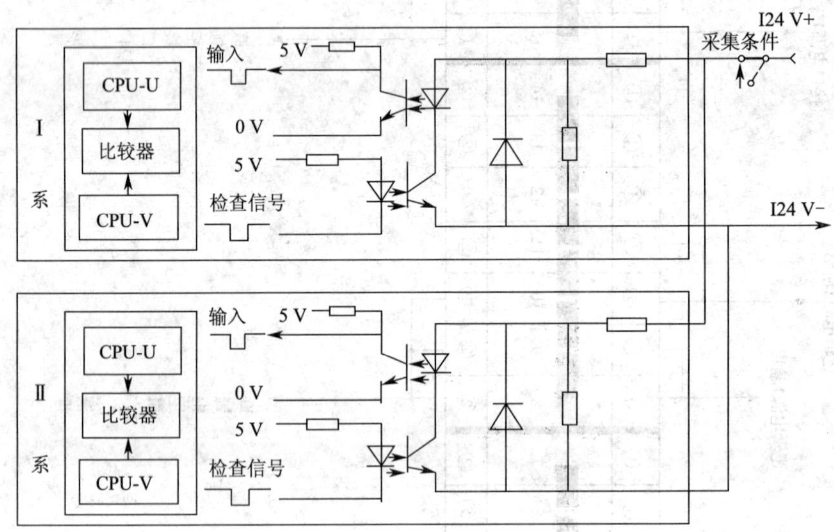

图 5.58　电子终端输入电路原理图

电子终端的输入信号连接图如图 5.59 所示。PIO2 输入信号电源从微机电源柜的接口 24 V(IB24)的“+”引出(计算机采集的继电器接点组的中间接点连接到 I24 V+),通过采集继电器的接点到接口架的 CS-TX19-36T/Z 型插头/插座,经过信号电缆连到 PIO2 的 J_1,进入 PIO2 模块内部的输入电路,经 J_4、J_5 回到接口 24 V 电源的“−”。

②电子终端的信号输出

电子终端输出电路原理图如图 5.60 所示。ET-PIO2 二重系的输出电路采取并联输出,每一系的输出电路均采取故障—安全设计,输出电压为直流 24 V,直接驱动安全型继电器,电源为计算机系统的“接口 24 V”。

ET-PIO2 板内的双 CPU 通过光纤连接的串行通信接口接收联锁机发来的输出信息,经过双 CPU 的同步运算处理,对有输出的端口同时生成两路输出信号,一路为静态(直流)信号,另一路为动态(脉冲)信号。静态输出信号经过光耦器件(PMR)转换成 24 V 的直流输出电压;动态输出信号经过故障安全驱动电路(FSD)驱动一个微型继电器(ROR)。ROR 的一组接点串联接入 PMR 的输出回路,因此,只有在静态和动态两路输出的电路均无故障的情况下，才能对外输出电压，使继电器动作。

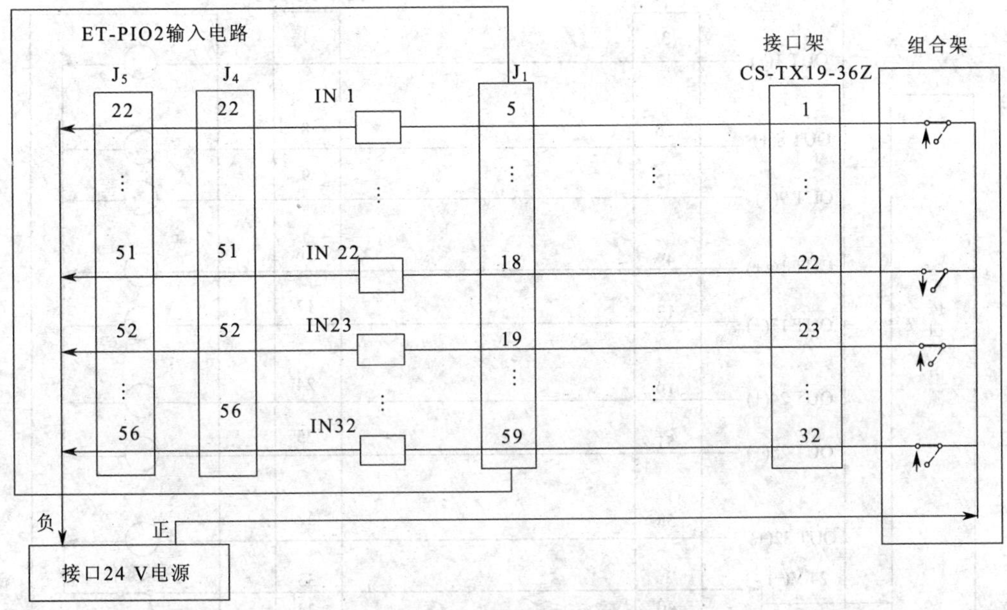

图 5.59　电子终端的输入信号连接图

ET-PIO2 板内的双 CPU 从 PMR 的输出回路取得 CHK1 回读信号，从 ROR 的另一组接点取得 CHK2 回读信号，对输出回路的状态实现实时在线监视，一旦发现错误，立即进行导向安全处理。

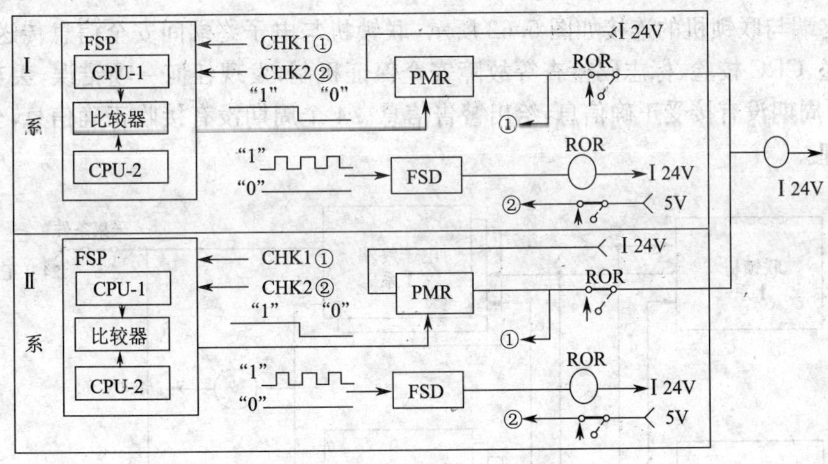

图 5.60　电子终端输出电路原理图

电子终端的输出信号连接图如图 5.61 所示。电子终端 PIO2 板的输出驱动信号电压为 24 V，输出信号极性为"＋"。电子终端输出驱动信号从 PIO2 板的 J_2 引出，经过信号电缆连到接口架的 CS-TX19-36T/Z 型插头/插座，通过组合架间配线连接到被控继电器，继电器线圈的负极通过公共回线返回到接口 24 V 电源的"－"(I24)。

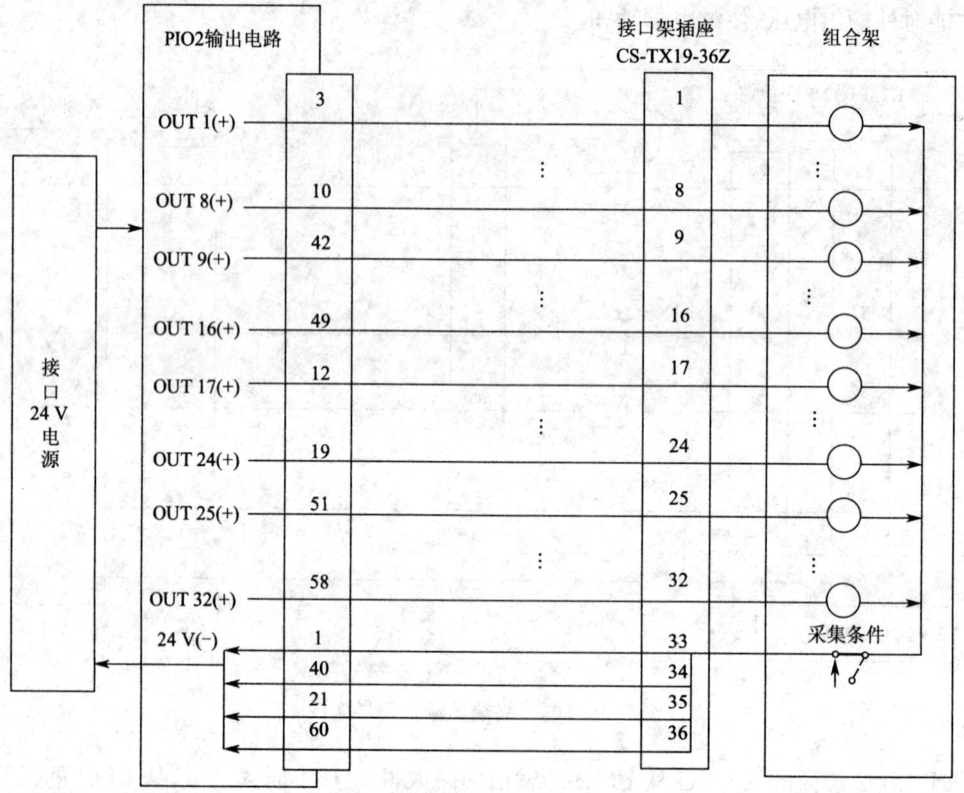

图 5.61　电子终端的输出信号连接图

③联锁机与电子终端之间的连接

电子终端与联锁机的连接如图 5.62 所示，联锁机与电子终端间安全信息传送具有正/反码两次传送、CRC 校验、标志码检查等故障安全保证机制，发现任何一项错误，丢弃本周期的信息。2 个周期没有接受正确信息，给出警告信息。4 个周期没有接收正确信息，全部信息按安全侧处理。

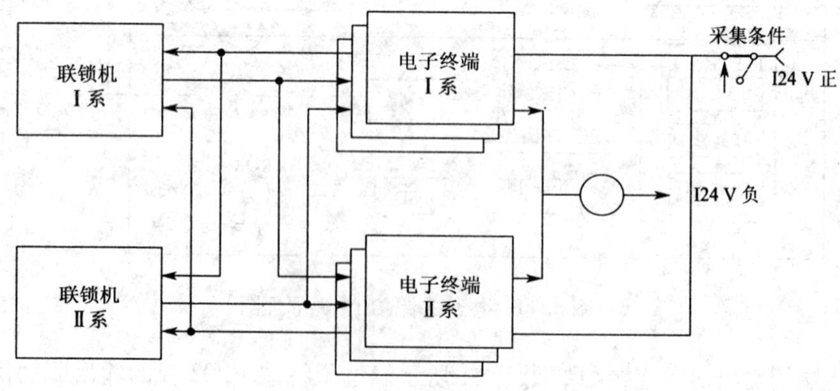

图 5.62　电子终端与联锁机的连接

DS6-K5B 系统联锁机和电子终端均采用了二重系设计，联锁每一系都要接收电子终端二重系的输入信息，经过“或”处理后，作为联锁运算的输入。联锁二重系的输出通过电子终端的二重系并联输出。

3. DS6-K5B 计算机联锁系统的接口电路

(1)有关继电器的设置

现在应用的 DS6-K5B 型计算机联锁系统执行部件仍采用安全型继电器，保证室外信号设备的控制电路(信号点灯电路、道岔控制电路、轨道电路)与 6502 电气集中基本相同，继电器的设置与其他的计算机联锁系统大多相同。轨道电路保留 GJ；信号控制电路保留 XJ(包括 LXJ、DXJ、YXJ、TXJ、ZXJ、LUXJ 等)和 DJ；道岔控制电路保留 DCJ、FCJ、1DQJ、2DQJ、DBJ、FBJ，此外每一组道岔(双动道岔按一组道岔处理)设置一个允许操纵继电器 YCJ。

上述继电器只有 XJ、DCJ、FCJ、YCJ 由计算机输出控制其动作。

(2)状态信息采集接口

DS6-K5B 系统状态信息的采集采用静态方式。采集电压为 24 V，该电源由微机系统供给。计算机通过输入采集电缆的电源线送出 24 V 正电压，接到被采集接点组的中间接点，经继电器的前接点或后接点返回到计算机的输入口，经过计算机接口电路内部回到电源负极。当采集电路有信息输入时，采集点与采集回线间应有 24 V 的直流电压。下面以道岔信息采集接口为例，说明表示信息采集接口的电路原理。

计算机对每组单动道岔或双动道岔共采集 3 个信息，即 DBJ、FBJ、YCJ 的状态。继电器的动接点接 KZ 电源，计算机输入接口采集继电器的前接点。当前接点闭合时，计算机的输入接口就有电流流入，据此判断该继电器处于励磁状态。如果计算机的输入接口无电流流入，表明该继电器处于落下状态，根据继电器的状态可判断道岔的位置及锁闭情况，道岔信息采集接口图如图 5.63 所示。

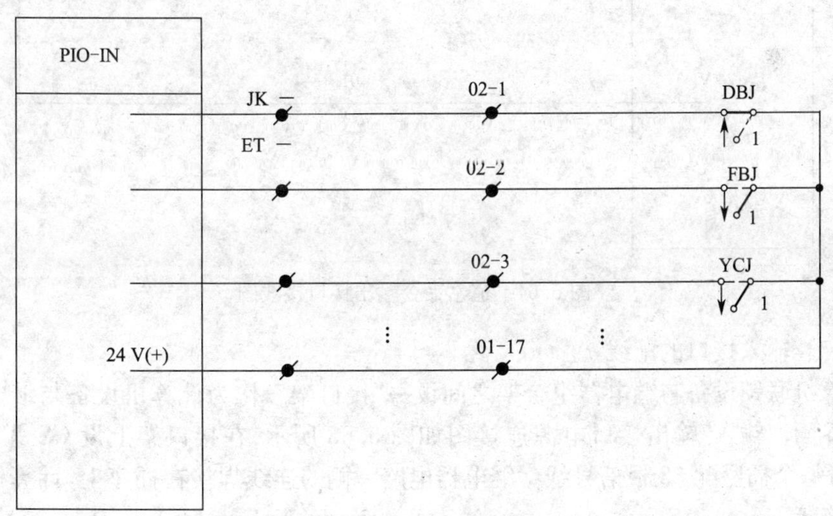

图 5.63　道岔信息采集接口图

其他信息的采集接口电路原理同道岔信息采集接口，这里不再讲述。

(3)控制命令输出接口

DS6-K5B 系统计算机的输出采用静态输出方式，所有受计算机驱动的继电器全部采用 JWXC-1700 型继电器。继电器工作所需的 24 V 电源由微机系统给出，不用信号电源屏的 KZ 24 V。微机输出口送出 24 V＋，继电器线圈的负端连到公共回线，回到电源的负极。不受微机控制的继电器仍然用信号电源屏的 KZ 24 V,当有驱动信息输出时,在继电器的线圈应能测量到 24 V 的直流电压。

以道岔命令输出接口为例。本系统每组道岔设一个道岔允许操纵继电器 YCJ(双动道岔按一组道岔设一个 YCJ),用 YCJ 的一组前接点接在 1DQJ 的 KZ 电源侧,作为控制道岔启动电路的控制条件,从这个角度讲,YCJ 相当于 6502 电路中的 SJ,只是 YCJ 平时处于落下状态而不是吸起状态。

转换道岔时,若该道岔区段在解锁状态,微机在输出道岔操纵命令的同时输出 YCJ 吸起命令。道岔转换到位后,微机停止输出,YCJ 落下。道岔因故在规定转换时间内不能转换到位时,微机在取消定位操纵或反位操纵命令输出的同时,取消 YCJ 的输出命令,YCJ 落下。

排列进路或单独操纵道岔时,如果道岔符合转换的条件,计算机从电子终端 PIO 的 J2 处输出驱动信号电压 24 V,输出信号极性为"+",送给 DCJ(或 FCJ)和 YCJ 的 1 线圈端子,由于 DCJ(或 FCJ)和 YCJ 的 4 线圈端子共用 24 V(−),所以 DCJ(或 FCJ)和 YCJ 就励磁,道岔就可以转换。道岔命令输出接口接线图如图 5.64 所示。

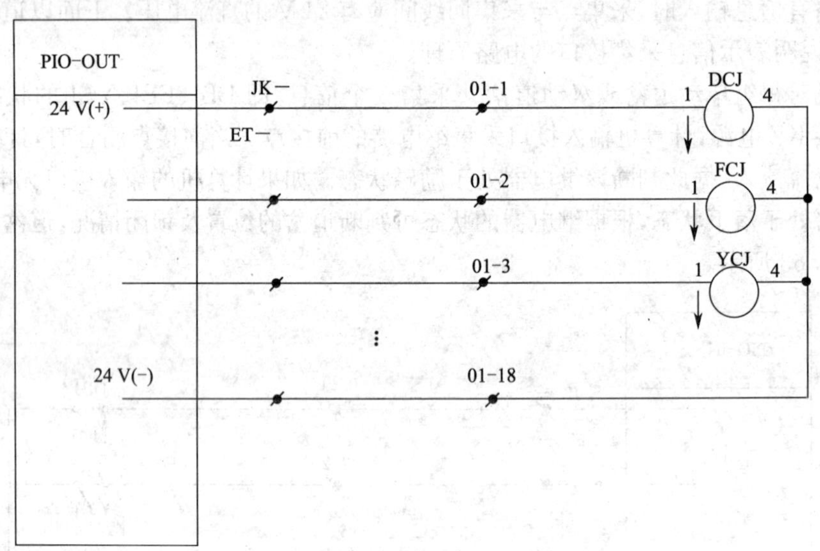

图 5.64　道岔命令输出接口接线图

(4)输出/输入接口的配线

在计算机联锁设备与继电器组合架之间设一"接口架",作为计算机设备与继电器电路之间的连接界面。输入/输出接口电源连接图如图 5.65 所示,在接口架上设 CS-TX19-36Z 型 36 线插座,每个插座配 32 根信号线。继电器电路一侧的连线焊接在插座上,计算机一侧的连线用插头连接。

在 ET 机架的背面,每一对 ET-PIO2 板有 2 个矩形插座,其中 J1 用于连接输入信号,其有 36 芯,用其中的 32 芯,引入 32 路输入信号,4 芯(33～36)备用。在接口架上,对应每一个 ET-PIO2板的 32 路输入,设一个 CS-TX19-36Z 型插座,采用 36 芯信号电缆,电缆的一端用压接方式连接与 J1 对应的插头;电缆的另一端焊接 CS-TX19-36T 型插头。

在 ET-PIO2 板背面的 J2 插座与 J1 型号相同,用于引入 32 路输出信号。连接电缆及两端的插头形式与输入电缆相同,输出电缆中有 4 根芯线用于连接输出信号的负极公共端。

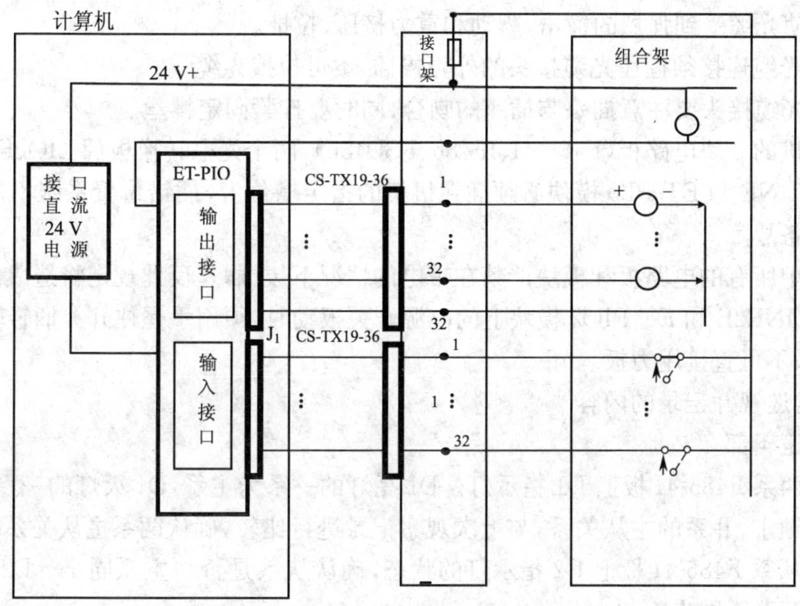

图 5.65 输入/输出接口电源连接图

4. DS6-K5B型计算机联锁系统的维护

(1)系统冷机启动的加电顺序

系统从冷机(未加电)状态启动,应首先确认所有设备连接正确,接插件连接牢靠,然后进行。给设备加电应按照先外围后联锁的顺序进行。

①接通 UPS 220 V 电源,确认 UPS 输出 220 V 电压正确。

②接通控制台设备电源。控制台设备包括:控显机、显示器、控显转换箱。

③接通监测机(含显示器)电源。

④接通微机电源柜电源,确认两路 24 V 电源输出正常。

⑤接通联锁Ⅰ系和联锁Ⅱ系的电源开关。在联锁机 F486 模块的 IC 卡插槽内插入 IC 卡。如有两个 IC 卡,可同时插在两系联锁机上;如只有一个 IC 卡,可先插入一系联锁机,待其进入运行状态后,取出 IC 卡再插入另一系联锁机。联锁机从 IC 卡读入程序和数据须 30 s 左右,首先加电并插有 IC 卡的联锁机将进入“主系”状态运行,另一机进入“从系”状态运行。

⑥接通各 ET 机架上每个 ET-LINE2B 和 ET-PIO2 模块的电源开关,确认每个模块进入正常工作状态,“Normal”指示灯亮;“TXD”指示灯闪光。

至此,DS6-K5B 系统从冷机状态加电启动完成。系统停机下电,原则上应按上述的逆向顺序,依次切断各设备的电源。

(2)维护注意事项

①联锁机从冷机启动需从 IC 卡上读入程序和数据才能进入正常运行,因此 IC 卡平时应插在 IC 卡插槽内,这样系统在停电恢复后可自动投入运行。应注意,IC 卡易受静电冲击损坏,须妥善保管。

②系统各设备间采用了光缆连接,光缆较为脆弱,应注意以下事项:

a. 不要用手触摸光缆接头的光端口,光缆接头不用时,一定要带上防尘帽。

b. 光缆的弯曲半径一定要在 5 cm 以上,否则将造成光缆断裂。

c. 不可使光缆受到强烈的撞击、震动和重力挤压、拉扯。

d. 拆卸光缆连接须握住光缆接头的外壳拔插，不可拉拽光缆线。

e. 连接光缆接头要注意插头与插座的吻合，同时要拧紧固定螺丝。

③联锁机的 3 块电路板(F486-4I、IF486、FSD486)，两个光电转换板(TLIO、RSIO)及电子终端的 ET-LINE 和 ET-PIO 模块必须插在机架的指定槽位上，插错位置系统不能运行，并有可能造成设备故障。

④系统中所有的电路板和模块严禁在带电的情况下拔插，违反此规定将造成设备损坏。

⑤ET-LINE2B 和 ET-PIO2 模块上的电源开关扳动时，须用手握住开关柄轻轻向外拉出，然后再扳动，不可直接用力扳。

(3)日常巡视并记录的内容

①联锁逻辑部

a. 观察两系 F486-4I 板上 D1 指示灯。D1 亮灯的一系为主系，D1 灭灯的一系为从系。确认并记录联锁Ⅰ、Ⅱ系的主从关系，与上次观察记录进行比较，确认两系主从关系的变化情况。

b. 观察从系 F486-4I 板上 D2 指示灯的状态，确认从系是否与主系同步。D2 灭灯两系同步，D2 亮灯两系不同步。

c. 观察 FSIO 板上指示各回线通信状态的指示灯 RXD、TXD 灯的状态，确认联锁和电子终端之间的通信状态正常(闪亮正常，灭灯或稳定亮灯为异常)，未使用的回线通信状态指示灯灭灯。

d. 检查机笼背面光缆连接是否牢固，未使用的光接口上是否扣好遮光罩。

②电子终端

a. 观察 ET-LINE2B 板的 Normal 灯是否稳定点亮，TXD、RXD 灯是否闪烁，如果是工作正常，如不是则工作异常。

b. 观察 ET-PIO2 板的 Normal 灯，System 灯是否稳定点亮，TXD 灯是否闪烁，如果是工作正常，如不是则工作异常。

c. 检查 ET-LINE2B 板背面的光缆连接是否牢固，未使用的光接口上是否扣好遮光罩。

③UPS、冗余转换器及电源控制箱(或电源控制装板)

a. 观察 UPS 及冗余转换器面板指示灯是否正常(无黄灯和红灯点亮为正常)，有无报警声音。

b. 观察系统是处于电源屏直接供电状态还是处于 UPS 供电状态，处于 UPS 供电状态为正常状态。

④逻辑 24 V 电源和接口 24 V 电源

a. 各直流稳压电源面板指示的电压值应为 24～26 V，电流值宜小于 14 A。

b. 观察各直流稳压电源是否有声光报警。

⑤电务维修终端

a. 检查电务维修机图形显示、实时信息、历史信息记录等功能是否可用。

b. 定期(一季度或半年)与北京一级维护中心连通远程，确认远程功能完好。

(4)天窗点内进行的试验及检验内容

①控显双机切换，确认备用机操作显示功能完好。

②UPS 切换，确认冗余转换器切换、输出功能完好。

③检查系统所有电源接线端子是否有松动、打火、焦糊等现象，一旦发现及时处理，确保系统安全可靠运行。

(5)DS6-K5B 型计算机联锁设备使用及操作要求

对联锁设备的操作要求操作人员必须经过厂家或各路局电务段技术科的培训,熟悉信号运营常识,对联锁设备原理和操作有足够的了解,并经考核合格后进行。对防护静电需注意如下事项:

①对联锁设备进行操作之前,必须首先确认机柜设置的防静电手环与机柜接触良好,且机柜的接地良好。

②对联锁设备进行操作时必须佩戴防静电手环,禁止不戴防静电手环对联锁设备进行操作。

③在对联锁设备进行操作时,应同时只能对单系的设备(包括逻辑部、ET-PIO2、ET-LINE2B等)进行操作,对于有单系板卡故障的操作,必须首先确认当前操作的影响范围的情况下才可进行。

④禁止非专业操作人员对联锁设备进行操作。

⑤在操作前需确认联锁设备的硬件和外观的损伤。

5.4.4　知识拓展

DS6-K5B 型计算机联锁系统常见故障处理介绍如下:

(1)联锁逻辑部故障

故障现象一:联锁Ⅰ系或Ⅱ系异常停机。

处理办法:

①记录停机状态下面板指示灯状态,并反馈给一级维护中心。

②在 F486 板插入 IC 卡的情况下,将故障机的电源开关扳下,再重新扳起加电,看能否恢复正常。

③如不能启动,则需要更换该系卡(通常是 F486 板或 FSIO 板)。

故障现象二:从系与主系不同步,从系 F486 板 D2 灯点亮。

处理办法:

①在站场上无任何作业的情况下,重新启动从系。

②若仍不同步,要将联锁双系重新启动。

故障现象二:系统自动倒系。

系统自动倒系的原因主要是主系故障,包括与主系接口电路故障、信号非法开放。

处理办法:

①从监测机记录中查找原因。

②查主系各板卡是否正常。

③查电源,是否有断线或混线。

(2)电子终端及继电器接口电路故障

①机笼内各板均不能开启,检查该机笼逻辑 24 V 电源接线端子或插头。

②ET-LINE2B 板 Normal 灯不亮,RXD 灯不闪烁,检查 ET-LINE2B 板板后面光缆接插是否牢固。

③ET-PIO2 板 Normal 指示灯灭灯,重新开启 PIO2 电源开关,看能否正常启动,如不能正常启动,则需用备用电源板更换该板。

④若某一对 PIO2 对应的所有采集信息无表示或对应的所有驱动位均不能驱动继电器,应检查该对 PIO2 背面的接口 24 V 电源的接线端子、插头或熔丝。

⑤信号无法开放或道岔无法转换。

原因分析：a. 判断室内还是室外故障，以外分线盘为界；b. 对于室内故障，判断是计算机故障还是继电器接口故障，以接口架为界；c. 对于计算机故障，判断是逻辑单元还是ET-PIO2，观察ET-PIO2的面板表示灯；d. 对于计算机故障，判断是软件还是硬件，判断方法是看联锁条件是否满足，操作命令是否得到执行。

处理办法：a. 查室外电缆或相关设备；b. 查继电器接口的配线及器材（包括继电器）；c. 观察逻辑单元是否正常运行，ET-PIO2指示灯是否正常，可更换对应板卡确认判断；d. 对于确认的软件故障，联系厂家解决。

⑥系统采集信息错误。

原因分析：a. 采集回路断线或混线；b. ET-PIO2故障。

处理办法：a. 查对应的采集回路配线；b. 更换ET-PIO2。

⑦有输出命令时，驱动的继电器不动作。

原因分析：a. 输出回路断线；b. 继电器故障。

处理办法：a. 查输出回路配线；b. 更换继电器。

(3)控显机故障

①无法开机，机器内置电源风扇不转，前面电源指示灯不亮，可能是该机电源故障，应更换电源。

②开机后，机器发出“嘀、嘀…”间断的报警声，可能是内存条或显卡接触不良，需打开机箱盖，重新拔插内存条或显卡即可恢复。

③电源正常的情况下无法开机，也无报警声，可能是主板或机箱底板接触不良或主板故障，重新拔插主板，如不能恢复则需要更换主板。

④机器能打开但鼠标不能操作、显示器不能正常显示、无语音。

原因可能是：a. 鼠标、显示器、音箱故障；b. 控显转换箱故障。

处理办法：a. 更换故障设备；b. 控显转换箱实现主备控显的切换功能，在其故障后，应急情况下，可采用跨过直连方式。

(4)监测机故障

监测机不能启动，原因可能是：机器掉电或电源故障；软驱中插有软盘；主板故障；电子盘或硬盘故障；操作系统故障；其他板卡故障。

对应处理办法：检查电源；取出软驱中插有的软盘；更换主板；更换电子盘或硬盘；重新安装操作系统；检查其他板卡。

5.4.5 相关规范、规程与标准

1.《计算机联锁技术条件》(TB/T 3027—2002)。

2.《铁路信号维护规则　技术标准》第5.3.1～5.3.13条、第5.10.1～5.10.11条。

典型工作任务5　TYJL-ADX型计算机联锁系统维护

5.5.1 教学目标

1. 能力目标

(1)掌握TYJL-ADX型计算机联锁系统的特点及设备组成与功能。

(2)掌握 TYJL-ADX 型计算机联锁系统接口电路的控制原理、控制功能和常见故障的处理方法。

2. 知识目标

(1)掌握 TYJL-ADX 型计算机联锁系统的体系结构及各组成部分的作用。

(2)掌握 TYJL-ADX 型计算机联锁系统联锁机冗余方式及工作原理。

(3)掌握 TYJL-ADX 型计算机联锁系统接口电路的基本原理与功能。

(4)掌握 TYJL-ADX 型计算机联锁系统的使用与维护及常见故障的分析处理方法。

3. 素质目标

(1)通过学习 TYJL-ADX 型计算机联锁系统,进一步掌握二乘二取二计算机联锁系统实现联锁控制的原理及安全可靠运行的保障措施。

(2)通过学习并掌握 TYJL-ADX 型计算机联锁系统,进一步提高理论联系实际和分析问题、解决问题的能力。

5.5.2 工作任务

1. 对照《计算机联锁技术条件》,掌握 TYJL-ADX 型计算机联锁系统的基本组成和各组成部分的基本功能,做好 TYJL-ADX 型计算机联锁系统的日常维护工作。

2. 根据《铁路技术管理规程》和《铁路信号维护规则 技术标准》的有关要求,掌握 TYJL-ADX 型计算机联锁系统的各种功能。联锁试验时,对照联锁表,对各种联锁关系进行严格检查,反复试验。发现问题,与系统开发、设计和施工单位沟通,及时妥善处理,不留隐患。

3. 在日常运用过程中,要按照相关的技术要求,利用电务维修机及时检查系统工作状态,发现设备故障,正确分析、及时处理。暂时不能处理的故障,要按程序上报或与厂家联系,防止系统"带病工作",确保联锁设备工作安全可靠。

5.5.3 相关配套知识

1. TYJL-ADX 型计算机联锁系统的组成

(1)TYJL-ADX 型计算机联锁系统的主要特点

TYJL-ADX 型计算机联锁系统是由中国铁道科学研究院通信信号研究所在引进了日本轨道综合技术研究所安全认证的 ADX1000 型专用计算机核心硬件及系统软件的基础上,移植了经现场多年实际运用验证的 TYJL 系列联锁软件,而形成的适合我国铁路运输要求的二乘二取二新型计算机联锁系统。

TYJL-ADX 型联锁系统主要具有以下几个显著特点:

①系统采用二乘二取二安全冗余结构,时钟级同步的技术。两系并行工作,互为备用,可实现无缝切换,并具有定时切换功能。

②系统两系联锁机笼独立设置,可实现单系脱机,支持现场脱机测试功能,脱机测试简单方便,便于系统的升级和改造。

③采用 CRT 显示器、鼠标,操作简便、舒适、显示清晰。双套控制台使值班员选择性更灵活,实现系统全部为双套组成。

④显示设备不仅能显示出 6502 电气集中设备所有能提供的表示,还增加了时间、音响和汉字提示,能方便地显示操作意图及操作错误等提示,此外,还给出设备错误号,供维修人员诊断故障用。

⑤系统各部分层次分明,减少了系统内部配线数量,提高了系统的安全性。

⑥由于联锁控制系统采用通用的高可靠的工业控制计算机进行联锁逻辑运算，不仅安全性和可靠性得到了提高，系统成本也将逐步降低。

⑦联锁机笼采用浮空地，与大地完全隔开，避免来自大地的耦合干扰。

⑧系统采用光纤环网连接方式，能实现区域联锁功能。

(2)TYJL-ADX 型计算机联锁系统的体系结构

TYJL-ADX 型计算机联锁系统体系结构如图 5.66 所示。

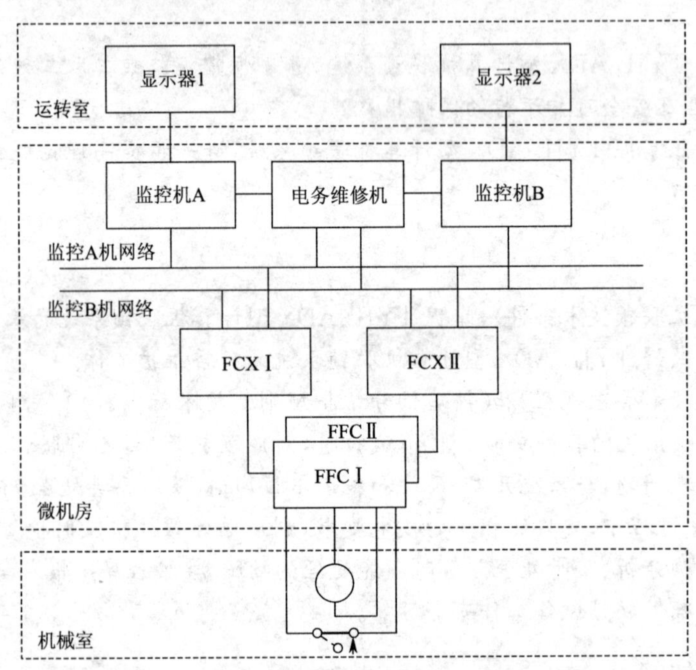

图 5.66　TYJL-ADX 型计算机联锁系统体系结构

TYJL-ADX 型计算机联锁系统为分布式多计算机系统，它主要由监控机(上位机)、电务维修机、联锁机(FCX)和输入(采集)/输出(驱动)接口(FFC)4 部分组成。

监控机与电务维修机硬件配置大致相同，采用双套高可靠性的工业控制计算机，操作系统采用先进的嵌入式 Windows XP 操作系统，使系统具有更高的稳定性。

两台监控机同时工作，也可以独立工作。每个监控机输出连接一个显示器，两个显示器组成值班员使用的控制台。如果站场规模较大，两个屏组合显示一个车站，每个显示器显示半个站场图像；如果站场规模较小，两个显示器重复显示站场图像。根据监控机监视器上的状态显示窗口的显示，判断系统的各种故障，若一台监控机有问题，则另一台可以维持系统正常工作。

联锁机安装在 FCX 机笼内，输入/输出接口板(I/O 板)安装在 FFC 机笼内。联锁机采用二乘二取二的计算机联锁系统，CPU 工作为时钟级同步方式。FFC 机笼连接执行继电器，实现信息采集和输出驱动。

联锁机、电务维修机均安装两块网卡，分别通过网络与监控机 A、监控机 B 连接。

联锁机与监控机之间采用以太网通信，槽位 3 上的以太网通信板 ETH 与监控机完成通信功能，两系之间通信由 FCX 完成。通信采用前走线方式，总线层的外部接口全部在面板上，左右连线都在面板上连接。

由综合配电设备为系统的各个部分提供稳定可靠的电源。

系统能够提供远程诊断中心在线支持，采用调制解调器以电话拨号的网络方式进行远程诊断，远程诊断中心可通过网络远程访问维修机，获取联锁系统内的记录。

(3)TYJL-ADX型计算机联锁系统的机柜结构

TYJL-ADX型计算机联锁系统机柜排列如图5.67所示，由左至右依次排列的顺序为联锁柜、扩展柜和综合柜。

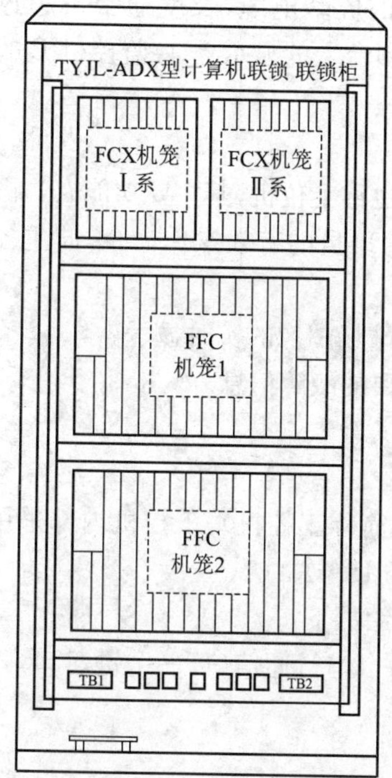

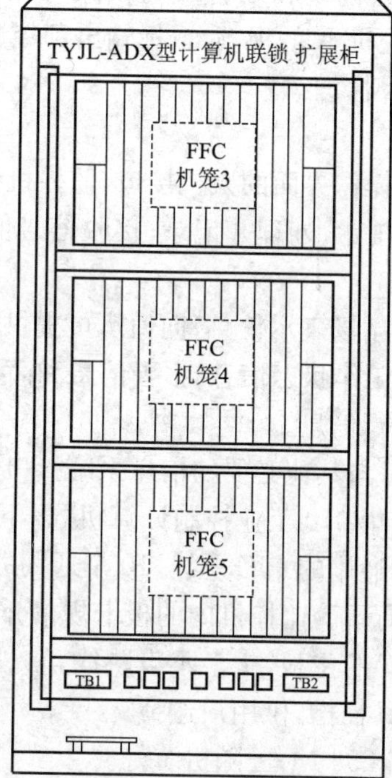

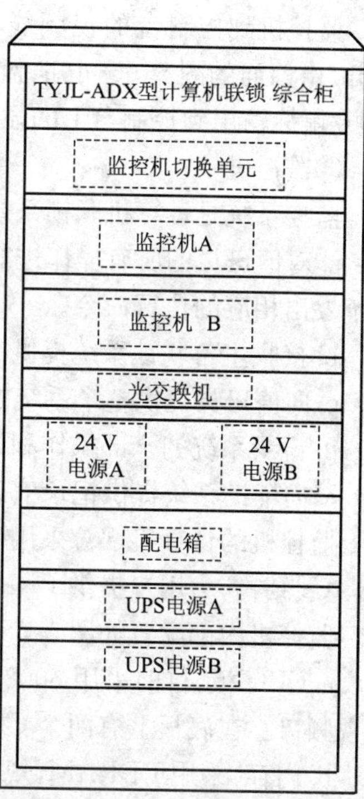

图5.67　TYJL-ADX型计算机联锁系统机柜排列

联锁柜能容纳3个机笼，机柜的上方第一层为联锁机的总线层，即FCX机笼，安装有两个联锁处理机，左侧Ⅰ系，右侧是Ⅱ系，两系不共用母板，相互独立。

联锁柜从第二层起，以下为FFC机笼扩展无总线层，安装FFC机笼(I/O板)。每个FFC机笼的容量是6对I/O板，分别为Ⅰ系和Ⅱ系各6块，间隔排列。当车站规模较大，I/O板数量较多(每系超过12块)时，FFC机笼超过2个时，需要扩展联锁柜，即增设扩展柜，扩展柜全部安装FFC机笼，扩展柜的数量依据车站规模确定。

综合柜由监视控制和电源系统两部分构成。机柜第一层为预留，第二层是监控机A，第三层是监控机B，第四层是光交换机，第五层是24 V电源和TB1线排，第六层是配电箱控制开关和TB2线排，第七层是不间断电源UPS A，第八层是不间断电源UPS B，第九层是隔离变压器和地线汇流排。

电务维修机不需安装在机柜内，由电务维修台放置电务维修机及附属的显示器、键盘、鼠标及打印设备。

(4)TYJL-ADX型计算机联锁系统的硬件组成与功能

①控制台(MMI)

控制台的主要功能是将站场表示、进路状态、操作结果用彩色监视器或单元表示盘的光带显示给操作人员；将操作人员的操作命令传输给监控机。可以这样说，控制台就是监控机的显示器和鼠标。

控制台的操作方式有鼠标操作和单元按钮控制台两种；表示方式有彩色监视器和单元表示盘两种。操作和显示设备配置在车务值班室。

控制台监视器的数量通常为 2 台，还可通过视频分配器向后台值班员提供复示显示器。此外，控制台上设置有道岔电流表。

监控机到控制台的视频线、鼠标线和语音线均使用专用的屏蔽电缆（长度通常不超过 50 m，由前面的图 5.66 可知，监控机 A 的视频/鼠标输出到控制台上的显示器 1，监控机 B 的视频/鼠标输出到控制台上的显示器 2）。

②监控机

监控系统是计算机联锁系统操作界面的人机接口，监控机也称上位机，其主要功能有：

a. 对值班员的所有操作进行提示、处理并记录；接收信号值班员的有效操作命令，向主控系统发出相应的执行命令。

b. 接收主备联锁系统提供的站场表示信息；向值班员提供站场图像的实时显示。

c. 向值班员提供整个系统的工作状态信息、报警信息和简要的故障信息。

d. 记录系统的全部操作和运行信息。

e. 向辅助系统提供记录信息；与其他必要的信息系统接口。

监控机的计算机部分采用研华 610 工业控制计算机（以下简称工控机），工控机内部采用 PC 总线结构，为用户提供了 4 个通用的 PIC 总线，10 个通用的 ISA 总线。

监控机内部配置如图 5.68 所示。监控机内的板卡规格介绍如下：

a. CPU 板，目前采用 6008 V 的主板，板上不设跳线，有一个串行通信口，一个键盘口，一个视频口。在底板上有两个 CPU 插槽，供用户选择。

b. 内存，采用 DDRAM，规格 256 M，已随机装好。

c. 声卡，采用 CREATIVE，固定槽位，插上即可使用。

d. 网卡，采用 INTER 公司的以太网卡。

e. 串口卡，MOXA 卡，用于与其他设备的接口。

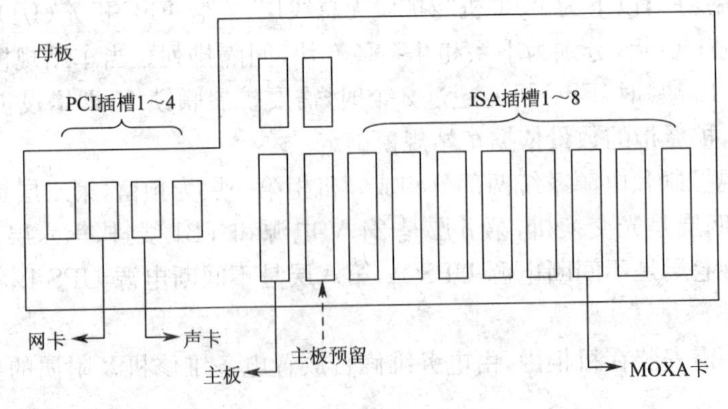

图 5.68　监控机内部配置

③联锁机

a. 联锁机的功能

联锁机是系统的核心，它的功能主要包括：

(a)实现与监控机的通信调度。

(b)实现信号设备的联锁逻辑处理功能;完成进路选路、确选、锁闭;发出开放信号和动作道岔的控制命令。

(c)采集现场信号设备状态,如轨道状态、道岔表示状态、信号机状态等。

(d)输出控制命令。驱动板输出－24 V电压至偏极继电器线圈,控制现场设备动作。

b. FCX机笼

联锁机采用日本日立公司成熟的二乘二取二计算机系统,FCX采用时钟级同步方式,FCX机笼插板配置如图5.69所示。每套联锁机由两系组成,每系的总线层包括电源模块、处理器FCX、通信板ETH和必要的I/O扩展板SIO-D。每块板卡都插在机笼的母板上,由母板提供板卡的工作电源,并且CPU板通过母板监控机笼中其余电路板的工作。

插槽1、2为FCX插槽,FCX为联锁机的CPU,完成联锁逻辑运算,型号为FCX000。插槽3为以太网卡插槽,以太网卡型号为ETH3-F,特征为TCP/IP协议,标准为600-M总线/Ethernet[IEEE 802.3],每块以太网卡双MAC地址、双通道,与监控器通信使用以太网口1。插槽4为Ethernet预留。插槽5～8为扩展板SIO-D插槽,SIO是智能的串行通信设备,插接在CPU层R600母板上,当需要扩展两个以上FFC机笼时需要用到SIO。

c. 联锁机的工作状态

每个FCX有双处理器,可以提高系统的可靠性,对Ⅰ、Ⅱ系联锁机而言,系统有单机工作、脱机、联机同步3种状态,其中由脱机到同步大约需要1 min时间。系统启动时,先上电的一系(Ⅰ系或Ⅱ系)定义为主机,先进入工作状态,其次上电的联锁机为备机,与主机通信自动联机,实现同步工作。在联机同步时Ⅰ、Ⅱ系联锁机处于完全相同的工作状态,实无主、备用之分。如主机出现故障,自动停止与FFC的通信,此时备用机自动升为主机工作,原主机则处于脱机状态,必须在修复故障,确认机器工作正常后重新开机,原主机作为备用机,转入热备状态,此时原备用机仍作为主机工作,不再切换到原主机,将一直保持至本机故障或人工切换倒机为止。Ⅰ、Ⅱ系联锁机的自动切换,均不影响系统的正常工作。

两台监控机与联锁机通信都不正常时,主控的联锁机停止运行,备用机升为主机。

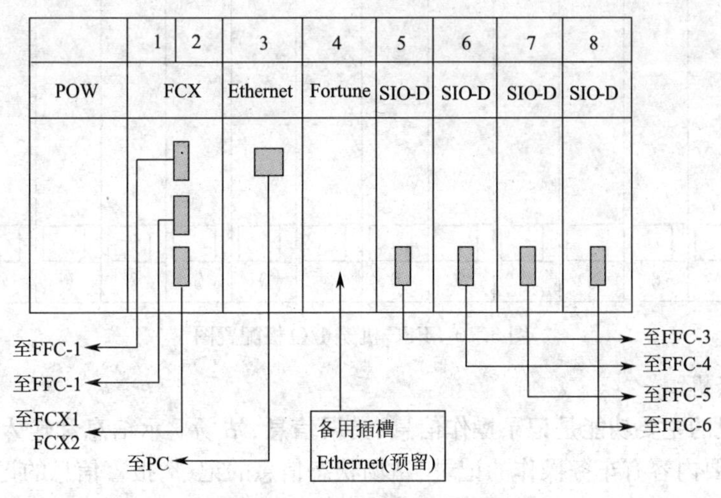

图5.69　FCX机笼插板配置

联锁机采用整机切换,每天定时切换一次,默认每日02:30自动倒机,无需手动切换。

d. FFC 机笼

本系统采集输入接口板代号为 FDI,输出驱动接口板代号为 FDO,I/O 总线控制器的代号为 FFC,安装输入/输出接口板的机笼代号也为 FFC,将 FFC 机笼作为联锁机的组成部分,每个 FFC 机笼的容量是 6 对 I/O 板,分别为Ⅰ系和Ⅱ系各 6 块,间隔排列。I/O 板的槽位在软件安装时固定位置,不需要跳线设置,位置和数量必须按照要求配置,否则将影响 FCX 运行。I/O 板的布置尽量采用每层固定采集或驱动的原则,尽量减少交叉使用。

以采集板 FDI 为例的 FFC 机笼 I/O 板配置图如图 5.70 所示,左侧为Ⅰ系的电源及其总线控制器 FFC,右侧为Ⅱ系的电源和 FFC,中间为间隔排列的采集接口板。

FFC 电源模块型号为 APW000,输入电压允许范围为 AC 80～132 V,允许最大输入电流为 3.6 A,输出电压为+5.0 V,电压变动率为 3%,最大输出电流为 20 A。该电源模块具备电压保护、过电流保护、不足电压切断输出的功能。

总线控制器 FFC 有双处理器,它的作用是控制 I/O 接口板,保证按照系统的设计将采集到的信号设备状态信息输入到计算机或将计算机的控制信息输出驱动执行设备。

FFC 各种电路板面板图如图 5.71 所示。

FCX 与 FFC 连接示意图如图 5.72 所示,利用 FCX 板底侧的地址开关可对联锁Ⅰ系和联锁Ⅱ系进行地址设置。

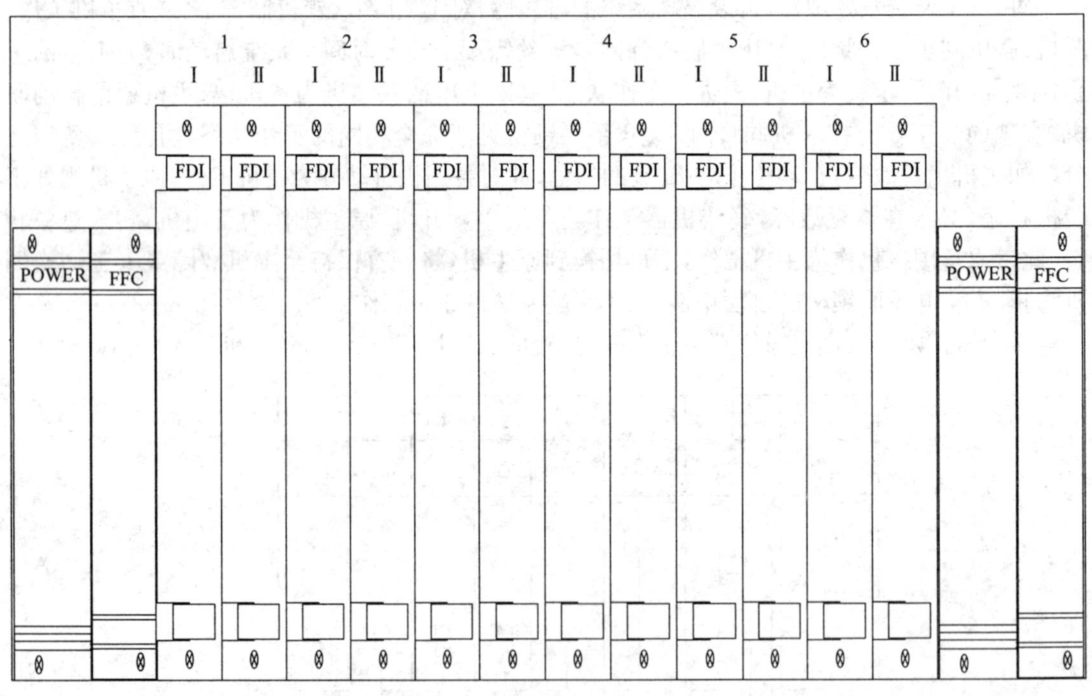

图 5.70 FFC 机笼 I/O 板配置图

④电务维修机

电务维修机的主要功能是记录操作信息、错误信息、站场显示信息和输入信息,以及铅封计数器清零,主要内容有车务操作的记录、站场状态信息的记录、报警信息的记录等,所有的记录以文件的形式储存 1 个月。它可提供分类查询的手段检索所有的记录,并可定向查找某些记录,打印各种记录,还可提供远程诊断功能(通过远程拨号将上述功能体现在远程计算机

上)。除此之外,还可同时修改维修机和监控机 A、B 的时钟及清除严重报警的密码。电务维修机必须与监控机通信才能完成上述功能。

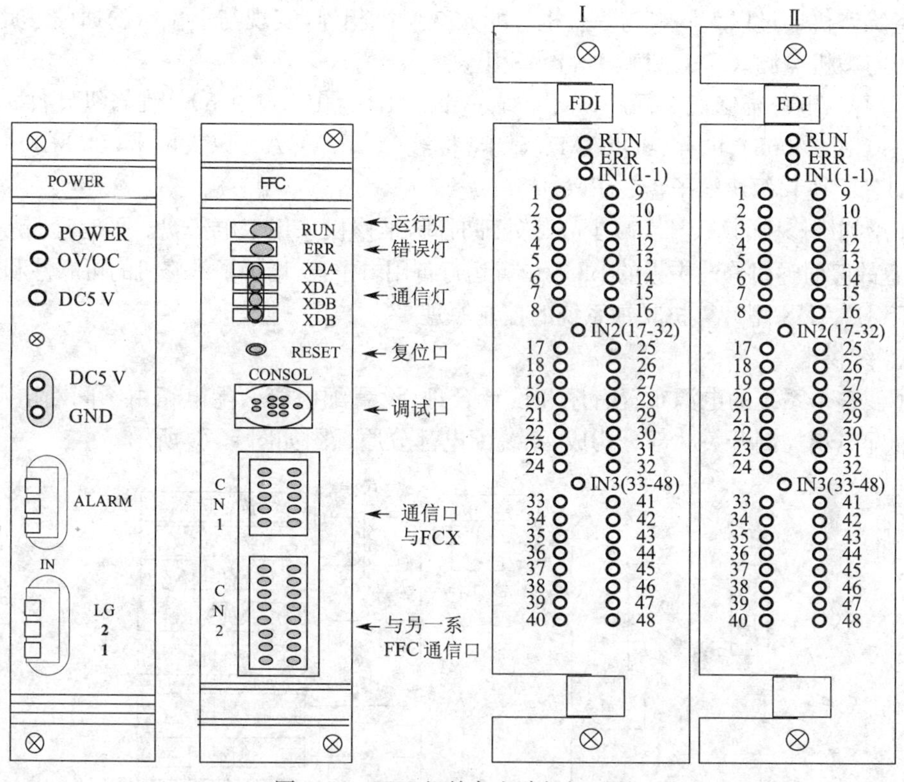

图 5.71　FFC 机笼各电路板板面图

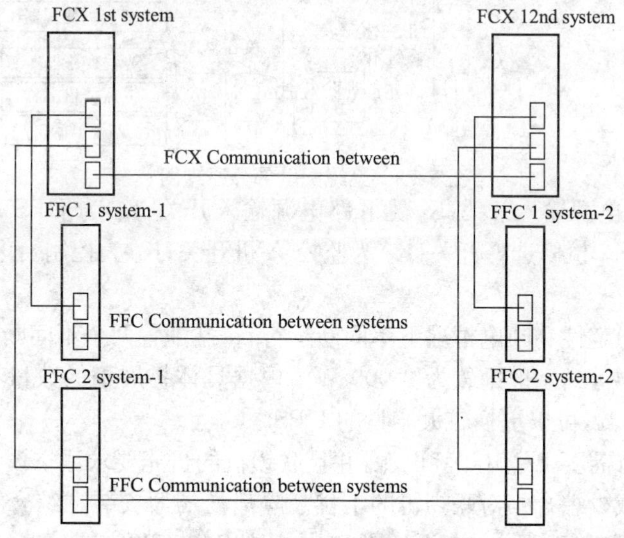

图 5.72　FCX 与 FFC 连接示意图

电务维修机的电源采用系统电源中的 UPS 提供的 220 V 电源,其配套设备有打印机、调制解调器,因此其电源又分为 4 个,分别是维修机 220 V,显示器 220 V,打印机 220 V,插座 220 V 与它连接。显示器用来显示站场平面图,通过视频电缆与视频口连接。鼠标和键盘作为电务维修机的操作设备,通过鼠标线和键盘线分别与对应插口连接。打印机通过打印电缆与并行口 1 相连。调制解调器用来连接远程诊断设备，通过 RS-232 串口相连。远程通过电话线与调制解调器连接，在需要时通过它可以实现远程诊断。

电务维修机通过以太网卡与综合柜上的光交换机相连，实现与上位机的通信。此外通过串口卡可与微机监测、CTC、TDCS 等设备相连。

为了规范，电务维修机在程序设计上统一设置 IP 为 192.0.0.50。维修机硬件标准配置为：主板(PCA－6008)、内存(SDRAM)、显卡(板载 AGP/VGA)、以太网卡(INTER)、扩展卡(MOXA)各一块和两块电子盘(APPO)。

为了增加维修机的稳定性，减少故障处理时间，维修机采用双电子盘。平时运行一个电子盘，电子盘故障时通过修改主板的 BIOS 设置运行备用电子盘，增加了维修机的可靠性和可用性。

2. TYJL-ADX 型计算机联锁系统的控制原理

(1)系统供电

为了使整个系统的电源布置有序和设计合理，设置配电箱。配电箱由不间断电源 UPS、变压器和配电箱控制开关 3 部分构成，系统配电部分原理图如图 5.73 所示。

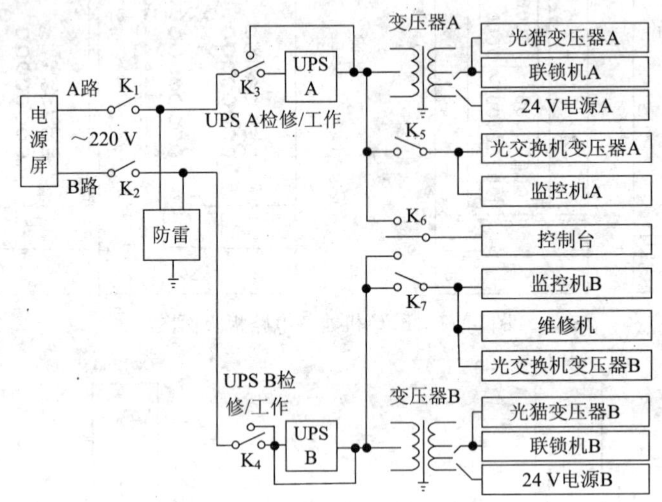

图 5.73　系统配电部分原理图

图中 K_1 为Ⅰ路电源输入开关；K_2 为Ⅱ路电源输入开关；K_3 为 UPS A 工作/检修选择开关；K_4 为 UPS B 工作/检修选择开关；K_5 为监控 A 机开关；K_6 为控制台电源选择开关；K_7 为监控 B 机开关。

为提高系统的稳定性和断电情况下不间断运行，每站配置两个不间断电源(UPS)，分别给Ⅰ系和Ⅱ系供电。中等站一般配置为 2 000 W。根据具体扩展柜的数量考虑，如果正常运行超过 UPS 负载的 50%，可以更换较大容量的 UPS。

由于联锁机运行需要 AC 100 V 电源，并且联锁机的机笼要求浮空设计，因此设置了隔离变压器，通过隔离，减少综合柜对联锁机的干扰。隔离变压器安装在综合柜的最底部，从机柜后面看，左侧的为隔离变压器 A，右侧的为隔离变压器 B。两隔离变压器的输入为 AC 220 V，输出为 AC 100 V，即将 AC 220 V 转换成联锁机需要的 AC 100 V。电源输入由对应的联锁机空气开关接入，输出通过两条线到联锁机，不需要接地线。

隔离变压器 A 的接线图如图 5.74 所示，隔离变压器 B 的接线图与之相似。

其中，TBX1 线排和 TBX2 线排在联锁机柜的底层。图中的 24 V 电源，安装在综合柜第五层，是为满足采集驱动部分需要而单独设置的DC 24 V电源。为便于更换，24 V电源采用插接式模块电源，模块电源上设测试孔。

两个24 V电源的输出TBX1线排处合并为I/O+、I/O−，同时给I/O板供电，所以一个24 V电源故障不影响系统工作。

每个24 V电源设有一个状态继电器，状态继电器在联锁机有固定的采集位置。当电源故障时，控制台上给出报警提示。

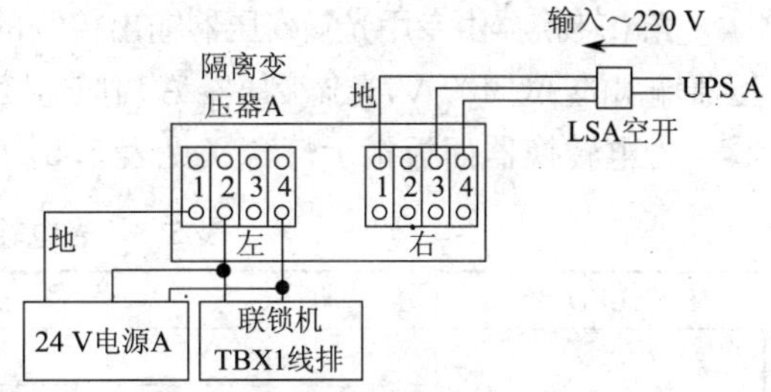

图5.74　隔离变压器A的接线图

系统上电时，要检查设备状态良好并满足使用要求，接通电源屏电源。确认联锁机每个机笼上的电源板上的“POWER ON”指示灯点亮。需要注意的是，所有卡板均不能带电拨插，需要更换卡板时必须断电操作。

(2)系统的信息传输

①光交换机

为了保证联锁机FCX机笼对大地悬空，监控机与联锁机通信时采用光纤通信方式。因此，每站设两个以太网光交换机，安装在综合柜监控机B下方。每个光交换机有3个电口，1个光口。

光交换机由专用变压器输出控制的电源模块提供直流24 V电源，每个光交换机有两个电源输入接口，所以每个光交换机可以由两个光交换机变压器中的任何一个供电。变压器的AC 220 V电源由相应的监控机空气开关输出。

光交换机的面板设有指示灯含义见表5.4，通过指示灯的显示可以了解网络的工作状态。

表5.4　光交换机面板指示灯含义

LED	状　态	描　述
LNK/ACT	绿灯	有网络连接
	绿闪	收发数据指示
	灭灯	无网络连接
FDX/COL	橙黄灯	全双工模式
	橙黄闪	数据包冲突
	灭灯	无网络连接或半双工模式
PWR	绿灯	有电源输入
	灭灯	无电源输入
PER1	绿灯	有电源1输入
	灭灯	无电源1输入
PER2	绿灯	有电源2输入
	灭灯	无电源2输入

②光电信号转换器

为了实现光电信息转换，每套联锁系统需要两个光电信号转换器(又称光猫)。本系统所用的光电转换器为工业级光电信号转换器，型号为JetCon1301，每个JetCon1301有1个10/100 Basa-TX口，转1个100 Base-FX Fast口。

光电转换器由专用光猫变压器输出控制的直流 24 V 电源供电。光猫变压器对应连接隔离变压器输出的 AC 100 V,光猫变压器 A 对应连接隔离变压器 A,光猫变压器 B 对应连接隔离变压器 B。

光电转换器面板指示灯含义见表 5.5,通过指示灯的显示可以判定系统的通信状态。

表 5.5　光电转换器面板指示灯含义

LED	状　态	描　述
FX	绿闪	光口通信正常
	绿灯	TX 通信不正常或 RX/TX 通信都不正常
	灭灯	RX 通信不正常或 RX/TX 通信都不正常
TP	绿闪	以太口通信正常
	灭灯	以太口通信不正常或无通信
PW	绿灯	供电正常

需要注意的是,更换光猫要设置拨码开关,即设置为 100 M/全双工模式。

③连接方式

监控机、维修机连接到综合柜光交换机以太网口,综合柜光交换机和联锁机光电信号转换器是通过两芯光缆连接,光缆连接时要交叉,即一个光交换机的 TX 对应另一个光交换机的 RX。

需要注意的是,交换机光口不能进入灰尘,光纤拔出时要用橡胶塞塞住,不用的光口也要用橡胶塞塞住,光纤通过地板下方时要做好防护措施,以免弯曲过度或损伤。

(3)系统的 I/O 接口

①机柜插座

FFC 机笼的每块采集板或驱动板对应 2 个 32 芯插座,分别是插座 A 和插座 B。采集板和驱动板插座的使用分别见表 5.6 和表 5.7。

表 5.6　采集板插座的使用

DI 00	DI 12	DI 24	DI 36
DI 01	DI 13	DI 25	DI 37
DI 02	DI 14	DI26	DI 38
DI 03	DI 15	DI27	DI 39
DI 04	DI 16	DI 28	DI 40
DI 05	DI 17	DI 29	DI 41
DI 06	DI 18	DI 30	DI 42
DI 07	DI 19	DI 31	DI 43
DI 08	DI 20	DI 32	DI 44
DI 09	DI 21	DI 33	DI 45
DI 10	DI 22	DI 34	DI 46
DI 11	DI 23	DI 35	DI 47
N0	—	N0	N2
—	—	—	—
—	—	—	—
—	—	—	—

32 芯插座 A　　32 芯插座 B

表 5.7　驱动板插座的使用

D000	D008	D016	D024
D001	D009	D017	D025
D002	D010	D018	D026
D003	D011	D019	D027
D004	D012	D020	D028
D005	D013	D021	D029
D006	D014	D022	D030
D007	D015	D023	D031
—	—	—	—
—	—	—	—
—	—	—	—
—	—	—	—
—	—	—	—
COM0(1)	COM0(2)	COM1(1)	COM1(2)
N0(1)	N0(2)	N1(1)	N1(2)
P0(1)	P0(2)	P1(1)	P1(2)

32 芯插座 A　　32 芯插座 B

表中的 DI 00～DⅠ47 为每块采集板的 48 个采集点，D000～D031 为每块驱动板的 32 个驱动点，空格为空闲端子，其他为电源配线。电源端子的含义如下：

a. N0/N1/N2：采集地，0 V。

b. P0(1)/P0(2)，P1(1)/P1(2)：驱动板的 I/O＋输入，＋24 V。

c. N0(0)/N0(1)，N1(0)/N1(1)：驱动板的 I/O－输入，0 V。

d. COM0(1)/COM0(2)/COM1(1)/COM1(2)：驱动回线，0 V。

②状态信息采集

本系统对室外信号设备状态的信息采集接口图如图 5.75 所示。

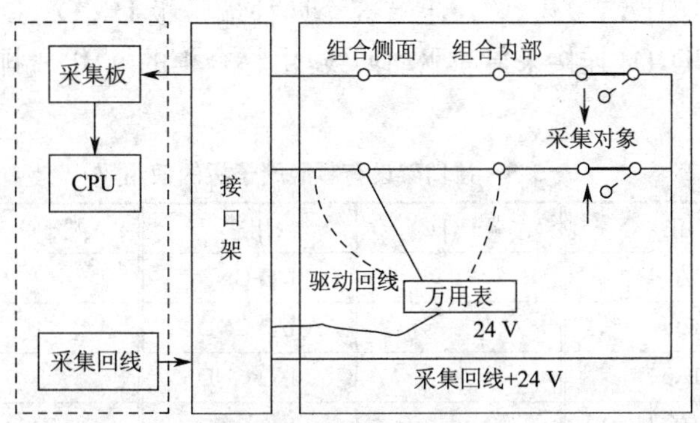

图 5.75　信息采集接口图

由机柜电源层送出的采集电源在机械室各继电器架之间环接，形成全站共用的采集回线。采集回线送出采集电源至各个被采集继电器的动接点，其前接点与接口架对应端子相连。当采集条件接通时，采集回线的信号(＋24 V)即送到相应采集板的输入端。一个采集信息，进入 FFC 机笼后要同时送给Ⅰ系和Ⅱ系两个采集板上的两个位置相同的采集单元，收到采集信息后，采集板上该信息对应的指示灯点亮黄灯。

当判断采集回路发生断线故障时，可用万用表黑表笔借用驱动回线(0 V)不动，红表笔从采集回线(＋24 V)开始沿该采集信息的路径逐点测试，查找断线点。

③控制输出驱动

控制信息的输出驱动接口图如图 5.76 所示。

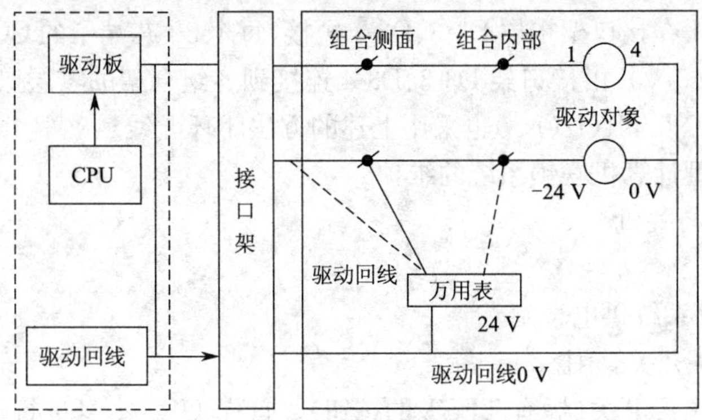

图 5.76　输出驱动接口图

由综合柜送出的驱动电源的地(0 V)在机械室各继电器架之间环接，形成全站共用的驱动回线。驱动回线连接各 JPXC-1000 型执行继电器的线圈端子 1，对现场设备的控制是由联锁系统通过驱动板输出直流－24 V 控制相关继电器的动作来完成的。当计算机输出对某一继电器的控制命令时，该继电器线圈端子 4 对应的输出驱动板端子输出－24 V 电位，使该继电器吸起，驱动板上该信息对应的指示灯点亮绿灯。由于在 FFC 机笼内Ⅰ系和Ⅱ系位置相同的输出单元的输出端并用，有一系的输出因故中断，靠另一系的输出可保证正在吸起的继电器不落。

当输出控制命令后，对应继电器未吸起，判断输出回路发生断线故障时，可用万用表红表笔借用驱动回线(0 V)不动，黑表笔沿该输出信息的路径逐点测试，查找断线点。

④接口架零层

ADX 系统的接口架设有零层，零层上有 3 个四柱端子板 D1、D2、D3，接口架零层 D1 为 I/O＋，D2 为 I/O-GND，D3 连接采集和驱动回线，由综合柜的 TB1 线排接出，各端子板的使用见表 5.8。

表 5.8　接口架设有零层端子板的使用

端子(D1)	用途	端子(D2)	用途	端子(D3)	用途
1	I/O＋	1	I/O-GND	1	I/O＋
2	I/O＋	2	I/O-GND	2	采集回线
3	I/O＋	3	I/O-GND	3	驱动回线
4	I/O＋	4	I/O-GND	4	驱动回线

D1、D2 由综合柜 I/O 电源输出，D3-1 连接到 D1，经过断路器(5 A)后至 D3-2 形成采集回线，驱动回线由驱动板 COM 位输出。

a. 采集板(FDI)的 N0、N1、N2 闭环配线

所有采集板上的 N0 在接口架侧环接，从第一个和最后一个插头双线至接口架零层 D2-1；左右采集板上的 N1 在接口架侧环接，从第一个和最后一个插头双线至接口架零层 D2-2；所有采集板上的 N3 在接口架侧环接，从第一个和最后一个插头双线至接口架零层 D2-3。D2-1、D2-2、D2-3 之间短接，形成了采集地。

由机柜电源层送出的采集电源在机械室各继电器架零层之间环接后形成的采集回线接到 D3-2。

b. 驱动板(FDO)的 COM 闭环配线

COM0 与 COM1 在接口架零层 D3-3、D3-4 短接，每个 32 芯端子的 COM 通过接口架软线环接，形成驱动回线(0 V)，由接口架 D3-3、D3-4 连接到各组合架的零层。

P0/P1(I/O＋)、N0/N1(I/O－)也采用上述的方法闭环配线。

3. TYJL-ADX 型计算机联锁系统的维护

(1)系统的开机与关机

①开机步骤

a. 电源屏向联锁系统供电合闸。

b. 配电柜 220 V 开关合闸。

c. 按下 UPS 的电源开关(标有 TEST 的按钮)。首先 UPS 本身进行自检，UPS 所有的指示灯稳定后，表明 UPS 已经准备就绪，可以对外供电。

d. 配电柜给联锁机、电务维修机、控制台等电源开关顺序合闸。

e. 将联锁机Ⅰ系、联锁机Ⅱ系底部的各个电源开关合上，联锁机开始运行，几分钟后系统同步，开始正常工作。

f. 将配电柜上的24 V电源打开。

g. 监控机A、B开机，电源灯点亮，硬盘灯闪烁，监控软件正常运行后，硬盘灯熄灭。

h. 电务维修机开机，电源灯点亮，硬盘灯闪烁，维修软件正常运行后，硬盘灯熄灭。

②关机步骤

a. 将联锁机Ⅰ系，联锁机Ⅱ系底部的各个电源开关拉下。

b. 如需保存电务维修机的记录，则需在电务维修机上选择“手动存盘”按钮，再选择退出程序按钮，待屏幕出现关闭计算机电源提示后，关闭电务维修机电源。

c. 关闭监控机A、B。

d. 将配电柜上的24 V电源关闭。

e. 关闭UPS。

f. 关闭电源屏至联锁系统的闸刀。

应该注意的是，在硬盘灯闪烁期间，严禁直接关闭监控机A、B和电务维修机的计算机电源。

③系统复位

联锁机如发生死机或其他特殊故障需要复位时，可将联锁机Ⅰ系底部对应的FCX电源关闭，然后再打开即可。

(2)系统的日常监测维护

每日应至少两次巡视主备机的工作状态，首先观察联锁机及以太网卡的面板指示灯。

联锁机FCX面板指示灯含义见表5.9，以太网卡指示灯含义见表5.10。检查联锁机各板工作指示灯正常，无故障显示。

表5.9 FCX指示灯含义

序号	状 态	RUN	ERR	STBY
1	开始启动	绿闪	灭灯	绿闪
2	初始化过程中	黄闪	灭灯	绿闪
3	启动时异常	绿闪或黄闪	红闪	灭灯
4	主系工作	绿灯	灭灯	灭灯
5	从系工作	黄灯	灭灯	灭灯
6	仿真模式	黄灯	灭灯	绿闪
7	控制待机	绿闪	灭灯	灭灯
8	停止处理中	灭灯	红闪	灭灯
9	停止	灭灯	红灯	灭灯

表5.10 以太网卡指示灯的含义

名称	分类	颜色	含 义
RUN		绿	指示为运行状态
ERR		红	指示为错误状态
TXD	A	绿	CN1口有发送的数据

续上表

名称	分类	颜色	含　义
RXD	A	绿	CN1 口有接收的数据
LNK	A	绿	CN1 口有建立连接
TXD	B	绿	CN1 口有发送的数据
RXD	B	绿	CN1 口有接收的数据
LNK	B	绿	CN1 口有建立连接

每天查看一次电务维修机的故障记录，包括机柜自检错误、灯丝转换、熔丝报警等，并做相应的记录。

定期检查备品备件的完好性，在雨季备用的 CRT 显示器，电源等应接通 220 V 保存一个星期左右。

在雷雨季节来临以前，要检查防雷器件、综合地线的完好性。

观察 UPS 电源面板指示灯，检查 UPS A、UPS B 工作正常；检查监控机 A、B 工作正常；检查 I/O 电源工作灯正常；检查车务监视器上有无与联锁系统有关的设备故障。

(3)电务维修机的功能使用

TYJL-ADX 计算机联锁系统的电务维修机是为了方便电务的日常维修，对系统运行进行全面的记录，以便当故障发生时为电务提供第一手的站场记录，为电务维修人员处理故障尽可能地提供大量的信息，电务维修机的功能前面已作介绍，在系统维护时，要充分利用电务维修机的功能。

在电务维修机主界面上单击鼠标右键会弹出显示信号名称、道岔名称、道岔位置、接通光带等对应的菜单，并提示操作功能。

在电务维修机界面上共有 8 个工具条，利用这些工具条，可完成各种查询功能。

①记录查询(F7)

用户可根据窗口提示，查询、打印一个月之内的系统的各种信息。

②图像再现(F8)

该命令用来再现存盘文件中做保存的站场记录，并以图像方式再现当时站场运营的情况。

③I/O 信息表

单击“I/O 信息表”按钮将进入系统采集/驱动的实时或重放模块，系统采集/驱动模块能够实时显示联锁机的采集/驱动信息，能够回放最近一个月内任一时刻的采集/驱动信息。

④手工存盘(F6)

系统会自动在凌晨 00:00 时自动将当日的记录存盘。

⑤时钟修改(F5)

电务维修机与上位机的通信刚建立或每天的凌晨 00:00 时，系统会自动将监控机 A、B 的时钟与维修机保持一致，当电务维修机的时钟不准时，可以通过时钟修改命令修改电务维修机的系统时钟，修改的同时，监控机 A、B 的时钟也会自动修改。

⑥TCC 信息

单击“TCC 信息”按钮后弹出 TCC 数据窗口，显示联锁机与列控中心的通信状态及联锁机与列控中间收发数据情况。系统会在凌晨 00:00 时自动将当日的 TCC 数据记录存盘，也可以单击 TCC 数据窗口内的“手动存盘”按钮完成对 TCC 数据记录的手动存盘。

⑦切换到 A/B 机

电务维修机分别记录了监控机 A 和监控机 B 的信息,单击此按钮会分别显示监控机 A 或监控机 B 的信息。

⑧FCX2 主控

此按钮显示了当前哪个联锁机在工作状态。单击此按钮将进入系统网络监控模块,显示了整个联锁系统的网络通信状态。

使用电务维修机时要注意,首先应单击“退出程序”按钮,系统会将数据保存到硬盘中,待程序退出后,再关闭计算机电源。

4. 系统常见故障的处理

(1)供电系统故障

供电系统的主要功能是从电源屏输入联锁系统所需全部电源,对输入电源进行电源防雷,对联锁系统提供不间断电源,并对联锁系统各部分提供电源。供电系统的常见故障主要有以下几种:

①全联锁系统无电。可能的原因是:电源屏没供电、电源屏至配电柜电线断线,配电柜没合闸、UPS 切换器故障等。

②联锁系统部分有电,部分无电。可能的原因是:配电柜相应开关没合闸、从配电柜至设备的相应电源连线断线、联锁机上的电源模块开关没开等。

③联锁系统 24 V 直流电源无电。可能的原因是:配电柜相应开关没合闸、配电柜内 24 V 电源故障、配电柜内电源切换板故障等。

(2)监控机故障

监控机环节主要包括监控机 A、监控机 B 和光交换机等设备,常见故障有以下几种:

①电源灯不亮。可能的原因是:配电柜没合闸、配电柜至监控机的电源电缆断线或接触不良、监控机本身的电源开关没开、监控机内部故障等。

②电源灯点亮,但系统不能正常启动。可能的原因是:操作系统损坏、主板或其他硬件损坏等。

③显示器黑屏。可能的原因是:显示器本身的电源开关没开、显示器故障、视频线断线或接触不好、主机没有视频信号输出、显示器处于节能模式(移动鼠标片刻后恢复正常)等。

④音响始终无声音。可能的原因是:音响的电源开关没开、主机没有声音信号输出、音响的音量调节开关没有打开、断线或接触不良等。

(3)联锁机故障

该部分主要包括 FCX、FFC,有时也涉及到监控机 A、监控机 B 及交换机、光转换器等设备。如果某个信号未经联锁机驱动,但是由于混线或接点粘连导致其相应的继电器错误吸起或前接点错误闭合,联锁机监测到后会报“某某信号无驱开放,联锁机停止全部输出”。清除故障 3 min 后联锁机自动恢复输出。

每个 FCX、FFC 都有各自独立的电源模块,它们分别给本组相应的设备供电。正常状态时,绿色“POWER”灯点亮,由本电源模块供电的各个模块的“RUN”灯亮。该部分常见故障有以下几种:

①绿色“POWER”灯灭。可能的原因是:100 V 电源无电、电源模块故障、该指示灯的

LED断线或击穿等。

②CPU板故障。CPU正常工作时，绿色或黄色“RUN”灯点亮，当该灯未能正常点亮，红色“ERR”灯点亮时，说明系统发生了故障，可能的原因是：由于某种原因(如初始化失败，驱动命令不一致等)，本CPU板所在的FCX或者FFC停止工作。

当“RUN”灯绿灯闪烁时，表示系统处于待机状态，如果FCX监测硬件配置未通过时，进入待机状态，原因可能是系统有板卡故障或通信线通信状态不好。

③通信板故障

每个总线层主机笼上都有一块以太网卡，用来监测监控机A、监控机B的通信。以太网卡在正常状态时，除了没有与任何设备连接的端口，其对应的收发灯都不亮外，与监控机连接的通信的端口收发灯应该闪烁，表示监控机在正常运行。通信板常见故障有以下几种：

a. 与监控机通信的端口的收发灯不闪，但是通信正常。可能的原因是：该绿灯坏了。

b. 与监控机通信的端口的收发灯不闪，通信中断。可能的原因是：监控机电源没开、通信线断线或接触不良等。

c. 有时也发生通信电缆断线。此时应及时更换通信电缆。

④采集/驱动板故障

采集/驱动板采用的是二取二安全智能I/O模块，主要负责联锁命令的执行和联锁运算所需的信息采集，包括安全智能采集模块和安全智能驱动模块。每块采集板为48路采集模块，每块驱动板为32路驱动模块。采集板和驱动板具有完善的自断功能，系统周期性监测采集/驱动回路正确与否，任意一路采集或驱动回路故障均可及时检出。

对每个采集/驱动板，通过面板指示灯可以判断其工作是否正常。正常运行时，对于采集板，其前面板上的4个灯(“RUN”灯、“IN1”灯、“IN2”灯、“IN3”灯)都应该点绿灯，同时有输入的采集点相应黄色指示灯点亮；对于驱动板，其前面板上的“RUN”灯点绿灯，主控板的“OUT”灯亮绿灯，备用板的“OUT”灯亮黄灯，有输出的驱动点相应绿色指示灯点亮。

当指示灯故障时，采集/驱动板的前面板上的“ERR”灯亮红灯，而正常工作状态，绿色的“RUN”灯点亮时，红色的“ERR”灯不亮。采集/驱动板常见故障有以下几种：

a. 红色的“ERR”灯点亮。发生此种情况，可首先对故障板所在的FFC进行复位，待FFC工作后该板故障仍不能消除，则需要更换此板。

b. 被采集的继电器吸起，相应采集点指示灯不亮。可能的原因是：从继电器至采集板之间采集连线断线、采集回线至继电器接点之间的连线断线、采集板对应位发光二极管损坏等。

c. 驱动板的驱动点绿灯点亮，但被驱动的继电器不吸起。可能的原因是：从继电器至驱动板之间连线断线、驱动回线至继电器之间的连线断线、被驱动的继电器本身故障等。

发现采集板或驱动板故障时，应该用同类型的备用板更换故障板。

需要注意的是，在本系统要求更换接口板时，为了安全起见，必须先将本联锁系所有电源关闭，然后才能更换，更换完毕确认无误后，开启电源即可。关闭电源前，必须先查看本机是否在工作状态。如果是在工作状态，必须在站场没有作业的前提下，并且与运输部门协调好的条件下进行，严禁带电插拔！

(4)电务维修设备故障

电务维修台是系统维护的窗口，维修部分发生故障虽然不影响联锁系统的正常工作，但却影响系统的检测功能和维护工作，维修部分常见故障有以下几种：

①电务维修机不能正常启动。电务维修机不能正常启动时，首先应检查电源是否供电。若维修台全部设备没电，应检查配电柜相应开关是否合闸、配电柜至维修台电源输入是否断线等；若只是电务维修机电源灯不亮，应检查相应维修台电源是否有输出、电源电缆是否断线等；若电务维修机电源灯点亮，可能是硬盘或操作系统损坏、主板或其他硬件损坏等，此时只能由厂家或专门维修部门开箱检查。

②打印机不能打印。若打印机电源灯不亮，应检查相应维修台电源是否有电、电源电缆是否断线等；若打印机电源灯点亮，但不能打印，可能的原因是：打印机电缆断线、电务维修机打印口故障、打印机故障等。

③电务维修机监视器无显示。发现电务维修机显示器无显示，应首先检查电源，若显示器信号指示灯不亮，应检查相应维修台电源是否有电、电源电缆是否断线、电源开关是否打开等；若电务维修机监视器信号指示灯黄灯点亮，但无视频信号，可能的原因是：视频电缆断线、电务维修机视频口故障、电务维修机监视器故障等。可用备用的视频线、显示器进行替换试验。

(5)控制台设备故障

控制台是最直接反应系统工作状态的环节，发现有异常现象时必须及时处理。控制台环节供电系统、显示设备、操纵设备、报警设备发生故障，与之前介绍的其他系统或上述电务维修部分的故障相似，在此，重点介绍本系统控制台显示器提示的各种报警信息的故障分析。

当设备发生故障时，在车务监视器上会有相应的报警提示，电务维修人员必须及时处理故障，防止故障积累，影响设备的正常运行与安全。

下面介绍显示窗口提示信息的含义：

①24 V电源A或24 V电源B：提示I/O电源供电的情况，两个I/O电源并行向系统提供I/O＋和I/O－电源。若单一电源发生故障，另一电源仍能提供电源，保证系统正常运行。

②联锁机中断：提示相应监控机与联锁机的通信中断。

③维修机中断：提示相应监控机与维修机的网络通信中断。

④监控A机、监控B机：提示另一台监控机与维修机的网络通信中断。

⑤联锁机报警：联锁机有模块发生故障或受到瞬间干扰时，会点亮故障灯并报警。

⑥SFJ失效：每组道岔的驱动由DCJ或FCJ和SFJ两点来驱动的，当操纵道岔时，DCJ或FCJ先吸起，500 m后SFJ吸起，道岔才能动作。当DCJ或SFJ吸起而SFJ还没吸起时，道岔若开始动作，则表明SFJ失去了应有的防护作用，必须立刻检查，否则有安全隐患。

其他提示信息，含义更明显，无需详述。

5.5.4　知识拓展

计算机联锁系统各个环节应用的计算机都是工业控制机，其安全和稳定性能都远远超过普通的兼容机，但由于系统常年昼夜不停地工作，有时工控机内部也发生一些故障。下面将工控机的运行及常见的故障处理简要介绍一下：

(1)自检及初始化。开机后BIOS最先被启动，然后它对电脑的硬件设备进行完全彻底的检验和测试，如果发现问题，分两种情况处理：严重故障停机，不给出任何提示或信号；非严重故障则给出屏幕提示或声音报警信号，等待用户处理。如果未发现问题，则将硬件设置为备用状态，然后启动操作系统，把对电脑的控制权交给用户。

(2)程序服务。BIOS直接与计算机的I/O设备打交道，通过特定的数据端口发出命令，传送或接收各种外部设备的数据，实现软件程序对硬件的直接操作。

(3)设定中断。开机时，BIOS 会自动通知 CPU 各硬件设备的中断号，当用户发出使用某个设备的指令后，CPU 就根据中断号使用相应的硬件完成工作，再根据中断号跳回原来的工作。

在实际运用中，可以根据开机时 BIOS 自检响铃来判断故障点，BIOS 自检响铃含义如下：

①1 短：系统正常启动。

②2 短：常规错误，请进入 CMOS Setup，重新设置不正确的选项。

③1 长 1 短：RAM 或主板出错。可以换一条内存进行试验，若仍不正常，只有更换主板。

④1 长 2 短：显示器或显示卡错误。

⑤1 长 3 短：键盘控制器错误，应检查主板。

⑥1 长 9 短：主板 Flash RAM 或 EPROM 错误，BIOS 损坏。可更换一块 Flash RAM 试试。

⑦不断地响(长声)：内存条未插紧或损坏。可将内存条重插一下，若仍不正常，只有更换一条内存。

⑧不停地响：电源、显示器未和显示卡连接好。应检查一下所有的插头。

⑨重复短响或无声音无显示：可能是电源有问题。

5.5.5 相关规范、规程与标准

1.《计算机联锁技术条件》(TB/T 3027—2002)。

2.《铁路信号维护规则　技术标准》第 5.3.1～5.3.13 条。

典型工作任务 6　LDJL-Ⅱ型全电子计算机联锁系统维护

5.6.1 教学目标

1. 能力目标

(1)掌握 LDJL-Ⅱ型计算机联锁系统的特点及设备组成与功能。

(2)掌握 LDJL-Ⅱ型计算机联锁系统接口电路的控制原理、控制功能和常见故障的处理方法。

2. 知识目标

(1)掌握 LDJL-Ⅱ型计算机联锁系统的体系结构及各组成部分的作用。

(2)掌握 LDJL-Ⅱ型计算机联锁系统联锁机冗余方式及工作原理。

(3)掌握 LDJL-Ⅱ型计算机联锁系统接口电路的基本原理与功能。

(4)掌握 LDJL-Ⅱ型计算机联锁系统的使用与维护及常见故障的分析处理方法。

3. 素质目标

(1)通过学习 LDJL-Ⅱ型计算机联锁系统，进一步掌握二乘二取二计算机联锁系统实现联锁控制的原理及安全可靠运行的保障措施。

(2)通过学习并掌握 LDJL-Ⅱ型计算机联锁系统，进一步提高理论联系实际和分析问题、解决问题的能力。

5.6.2　工作任务

1. 对照《计算机联锁技术条件》，掌握LDJL-Ⅱ型计算机联锁系统的基本组成和各组成部分的基本功能，特别要掌握全电子执行单元的控制原理和性能，做好LDJL-Ⅱ型计算机联锁系统的日常维护工作；掌握全电子执行单元与其他型号的计算机联锁系统的结合方法。

2. 根据《铁路技术管理规程》和《铁路信号维护规则　技术标准》的有关要求，掌握LDJL-Ⅱ型计算机联锁系统及全电子执行单元的各种功能。联锁试验时，对照联锁表，对各种联锁关系进行严格检查，反复试验。发现问题，与系统开发、设计和施工单位沟通，及时妥善处理，不留隐患。

3. 在日常运用过程中，要按照相关的技术要求，利用电务维修机及时检查系统工作状态，发现设备故障，正确分析、及时处理，掌握接口板的性能和替换方法。暂时不能处理的故障，要按程序上报或与厂家联系，防止系统"带病工作"，确保联锁设备工作安全可靠。

5.6.3　相关配套知识

1. LDJL-Ⅱ型全电子计算机联锁系统的基本组成

(1)LDJL-Ⅱ型全电子计算机联锁系统的主要特点

LDJL-Ⅱ型全电子计算机联锁系统是由兰州大成自动化工程有限公司与兰州交通大学联合开发的一种新型的铁路车站自动控制设备，在保证安全的前提下，以最经济、合理的技术措施确保设备工作可靠、维修方便，提高运输效率，改善劳动条件。本系统具有以下特点：

①实现无接点和全电子化

本系统取消了执行环节的安全型继电器，采用全电子执行单元直接控制室外的信号设备，实现了无接点、全电子化，提高了设备的集成化和信息化水平，简化了控制环节，节省了设备的投资。

②硬件冗余且安全性和可靠性高

联锁机采用双机热备，监控机可以同时使用，也可以单独使用，执行模块采用双CPU"二取二"工作模式，提高了系统的安全性。

③实现区域联锁和远程控制

执行单元各个模块间是通过独立的通信系统进行连接的，因此，只要增加或减少功能模块的数量，就可以满足不同规模站场的要求。全电子执行单元可以集中布置，也可将执行单元机柜放置在咽喉区，由中央信号楼集中控制，扩大控制范围，进行远程分布式控制，实现集中联锁、分布控制，直接控制邻近的小站或区间道岔，完全满足高速铁路和客运专线的运营条件。

④监测维修一体化

电务维修机与监测机合二为一，有利于资源整合、降低投资成本。

⑤网络功能强大且便于扩展

执行单元可与各种通信网络连接，监测系统采用目前广泛使用的局域网通信技术，可进行远程故障诊断，并可通过光纤尽享远程监控，将执行系统放置在无人值守车站，通过光纤网络在远端进行控制。可以接入上层的网络架构，形成车站综合信息局域网，连接CTC系统、TMIS系统，形成多种多样的网络架构。由于执行单元采用组件设计思想，可扩展性强，可根据车站的大小和需求随意组合，安装方便快捷。

⑥易于维修

执行单元采集驱动模块具有自诊断功能，能够定位故障点并在监测系统中显示出来。执行单元具有短路自动保护功能，全部取消了易于老化的熔断器且具有热插拔功能，便于维修人员的检修。

(2)LDJL-Ⅱ型计算机联锁系统的体系结构

LDJL-Ⅱ型计算机联锁系统的体系结构如图 5.77 所示，该系统由监控机(上位机)、联锁机、全电子执行单元和维修监测机组成。

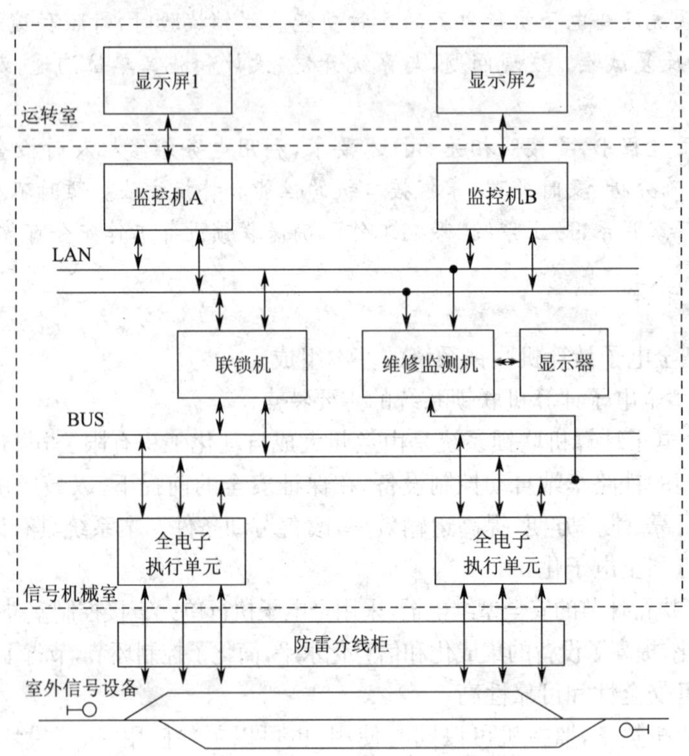

图 5.77 LDJL-Ⅱ型计算机联锁系统结构框图

监控机、联锁机及维修监测机通过双重冗余的 LAN 网连接，实现各子系统间的信息交换，联锁机通过 CAN 总线与全电子执行单元连接，一方面接收执行单元采集的室外信号设备状态信息，另一方面把联锁运算结果通过 CAN 总线下发给执行单元执行。各子系统的功能和工作方式介绍如下：

①监控机

监控机即上位机，其主要功能是显示站场图形并实时反映现场信号、道岔、轨道电路等设备的状态和联锁逻辑状态，完成人机接口功能，实现与联锁机的信息交换，采用双机并行工作模式。

②联锁机

实现联锁控制功能，完成联锁逻辑运算，进行信号设备状态的采集与控制并与监控机交换信息。系统采用双机热备型，在每个周期进行数据同步比较，能够实现故障自动切换，切换时不影响进路的办理。

③维修监测机

对监控机与联锁机间交换的数据实时记录，实时再现站场图形，系统故障实时报警提示，系统操作、运行、故障进行查询、图形再现和打印，为现场维护和故障分析提供可靠依据。接收全电子执行单元监测通道的状态，实现原电务维修机和微机监测系统的功能。

④执行机

采用控制监督检测一体化和双CPU“二取二”工作模式，严格执行联锁机指令，把现场信息上传给联锁机，并通过监测通道向维修监测机提供轨道电压、道岔电流、道岔动作时间等数据，保证监测系统能够实时监测室外信号设备有关参数。

2. LDJL-Ⅱ型全电子计算机联锁系统的设备组成与工作原理

(1)联锁机

①联锁机组成

联锁机由联锁主机、网络交换机、监控主机A、监控主机B、视频转换器、系统工作电源和其他设备组成。联锁机正视图如图5.78所示。

正常运行时，机柜下方的RD_1和RD_2断路器闭合，机柜上方对应的A路电源与B路电源指示灯亮绿灯，表示整个机柜的两路电源已经上电；若只接通一路，则相对应的一个指示灯亮绿灯；若表示灯熄灭，表示该路系统电源未供电或发生故障。

从联锁机的后面看，安装有风扇和与设备位置对应的4块接线端子板。

通信端子板上有联锁机去执行单元的通信线和监控机采集线；D1上有联锁主机、监控机、交换机的电源端子及熔丝报警的采集端子；D2上有连接从监测机提供的系统电源和风扇电源，系统电源经过断路器接至D1；D3连接本机涉及的地线。

②联锁主机

联锁主机由联锁机A、联锁机B、通信板和电源板组成。联锁主机正视图如图5.79所示。

联锁主机采用双机热备工作模式，同步状态下故障自动切换，切换时不影响进路的办理，亦可进行人工切换，监控机和维修监测机记录切换原因。每个联锁主机都对应2路电源，确保联锁机可靠工作。

在通信板上，从上到下排列着红灯、绿灯、红灯、绿灯4个指示灯，当4个指示灯同时闪烁，说明所对应的联锁机处于主用状态，当通信板上只有同色红灯闪烁，说明所对应工作联锁机是备用机。

在每路电源面板上都有“FAUIT”和“POWER”指示灯来说明当前的电源状态。“POWER”亮绿灯，表示电源正常工作；“FAULT”亮黄灯，表示电源故障。

在联锁主机主板上设有各种接口和指示灯，VGA、USB_1、USB_2、COM分别为调试用的视频接口、通用和串行接口。LAN为网络接口，在LAN接口旁边有指示灯，若通信正常，则指示灯闪。HDD为硬盘指示灯绿灯，PWR为电源指示灯。HOT SWAP为人工拔插指示灯。

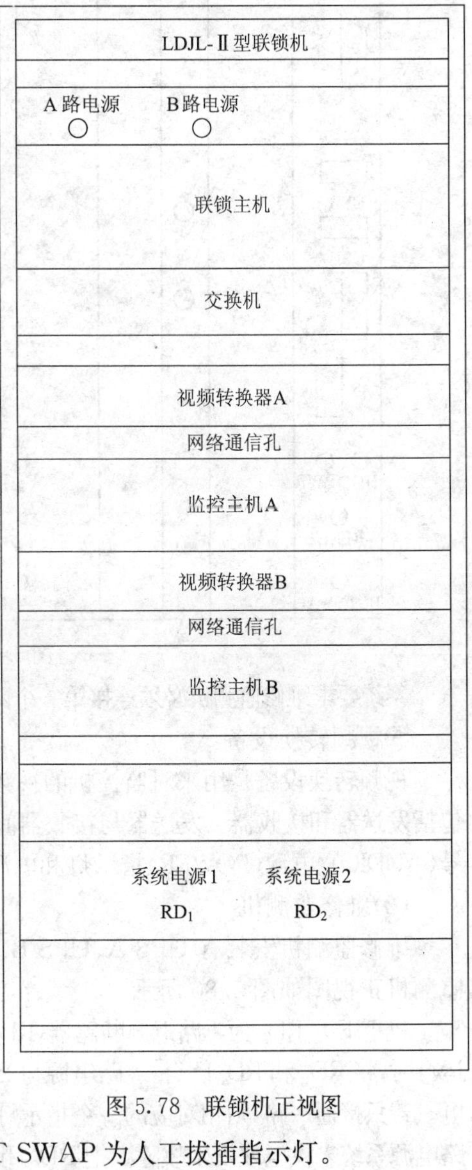

LDJL-Ⅱ型联锁机
A路电源　B路电源
联锁主机
交换机
视频转换器A
网络通信孔
监控主机A
视频转换器B
网络通信孔
监控主机B
系统电源1　系统电源2
RD_1　RD_2

图5.78　联锁机正视图

③监控主机

监控主机与其他系统的上位机基本相同，监控主机 A 和监控主机 B 平时都处于工作状态。由交换机进行数据信息交换，实现两机的同步校核。监控主机接收来自联锁机的站场设备状态，并通过大屏幕液晶显示器（简称 LCD）来直观、实时、形象地显示有关进路、道岔和信号的状态信息，同时也显示系统的各种操作信息、状态信息、报警信息等。

④网络交换机

网络交换机实现监控机，联锁机，维修监测机间的通信，将各子系统的网线连接到交换机，网口灯点亮表示对应的网线接通，当有数据时，对应灯闪烁。

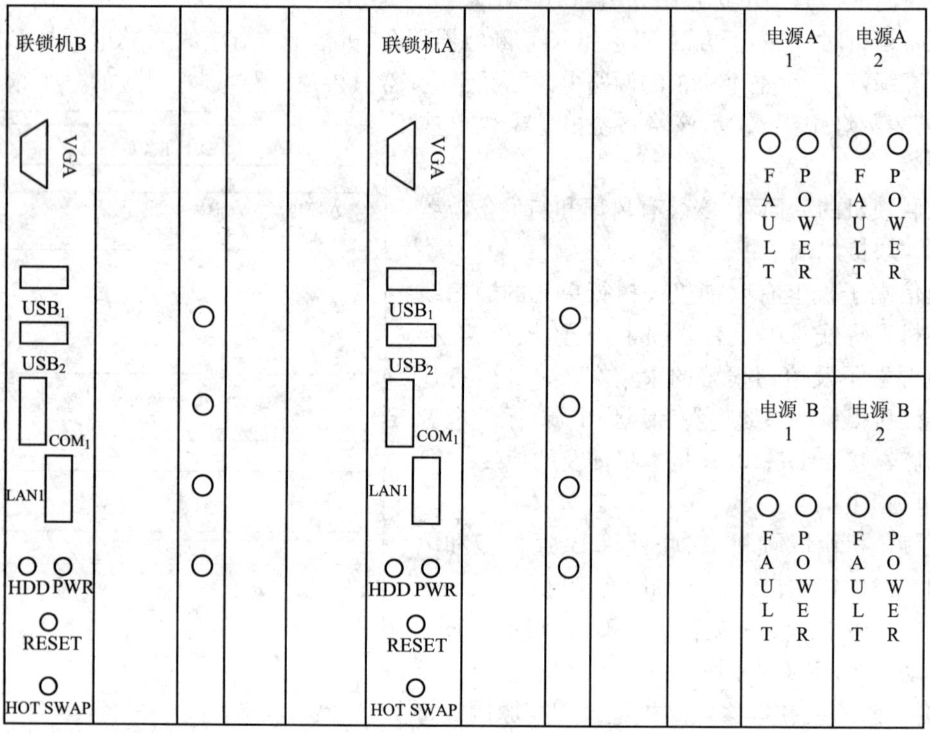

图 5.79　联锁主机正视图

系统要求维修监测机必须连接第一个网口，其他以太网通信线可任意与网络交换机的网口连接。

⑤视频转换设备

视频转换设备是用来对监控机的视频信号、音频信号和鼠标、键盘信号进行中继传输的，其包括发送器和接收器。发送器与接收器间通过网线进行连接，前面有视频信号（VIDEO）、音频信号（AUDIO）、电源（POWER）指示灯和电源开关，背面是视频、音频、鼠标及电源线的接口。

（2）维修监测机

维修监测机安装有 UPS A、UPS B、维修监测主机、系统工作电源、断路器等设备。维修监测机正视图如图 5.80 所示。

机柜下方 RD_1 为 1 路电源断路器，RD_2 为 2 路电源断路器，RD_3 为稳压备用电源断路器。正常运行时，将 RD_1 和 RD_2 闭合，A 路电源与 B 路电源指示灯亮绿灯，表示整个机柜的两路电源已经上电。若只接通一路，则相对应的一个指示灯亮绿灯，另一路对应的表示灯熄灭或 UPS 鸣叫，表示该路电源系统未供电或发生故障。把 RD_3 闭合，则联锁机、维修监测机、执行机的风扇电源接通。

维修监测机的背面安装有风扇和与设备位置对应的配线端子板。D_2 接的是供电设备提供的系统电源、风扇电源和稳压备用电源，D_2 各端子通过断路器端子至 D_1，经过端板子 1 的 1 路和 2 路电源分别接至 UPS A 和 UPS B，每一路的 UPS 分成 3 路输出，1 路、2 路输出至执行单元机。D_3 接的是本机柜涉及的地线。

本系统的维修监测机除了具有其他系统电务维修机的记录、储存、查询、作业再现、故障诊断报警等功能外，还能够完成微机监测系统的模拟量采集、开关量采集、实时数据显示、实时曲线显示及对电源电压、轨道电压进行跟踪测试的功能。在此，不详细介绍。

(3)执行机

LDJL-Ⅱ型系统的执行机用来安装取代执行继电器的全电子执行模块及其冗余开关电源，执行机正视图如图 5.81 所示。

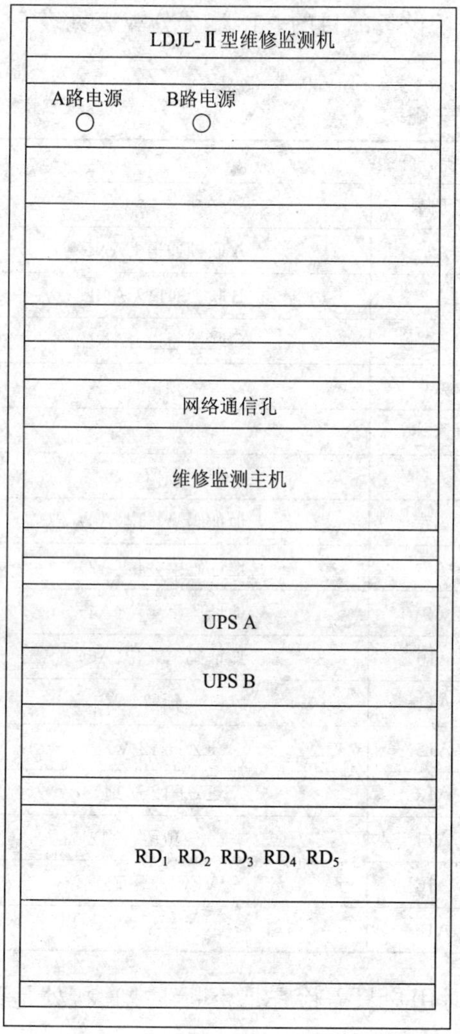

LDJL-Ⅱ型维修监测机

A路电源　B路电源

网络通信孔

维修监测主机

UPS A

UPS B

RD_1 RD_2 RD_3 RD_4 RD_5

图 5.80　维修监测机正视图

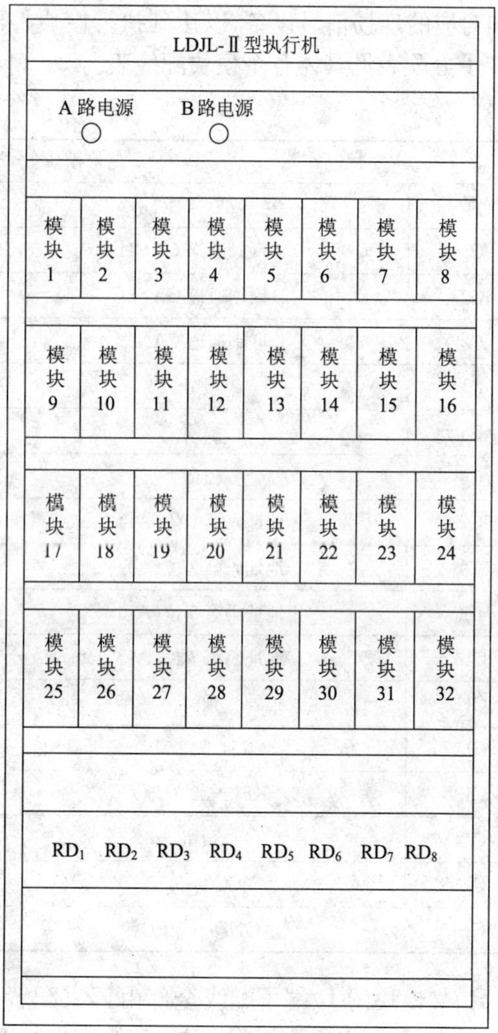

LDJL-Ⅱ型执行机

A 路电源　B 路电源

模块 1	模块 2	模块 3	模块 4	模块 5	模块 6	模块 7	模块 8
模块 9	模块 10	模块 11	模块 12	模块 13	模块 14	模块 15	模块 16
模块 17	模块 18	模块 19	模块 20	模块 21	模块 22	模块 23	模块 24
模块 25	模块 26	模块 27	模块 28	模块 29	模块 30	模块 31	模块 32

RD_1 RD_2 RD_3 RD_4 RD_5 RD_6 RD_7 RD_8

图 5.81　执行机正视图

执行机共 4 层，每层可排 8 个模块，每个执行柜最多可以安插 32 个模块。机柜下方的 RD_1 为 A 路系统电源断路器，RD_2 表示 B 路系统电源断路器。RD_3～RD_8 可以是道岔表示电源、道岔动作电源、信号点灯电源、轨道电路或其他的电源断路器，根据设备实际情况确定。当把断路器模板的 RD_1 和 RD_2 断路器闭合，则 A 路电源与 B 路电源指示灯亮绿灯，表示整个机柜的两路电源已经上电。若只接通一路，则相对应的一个指示灯亮绿灯，另一路表示灯熄灭或鸣叫，表示该路系统电源未供电或发生故障。

执行机的背面安装有风扇和与设备位置对应的配线端子板，执行机端子板中 D_3 和 D_4 连接地线，包括系统地线和屏蔽地线。通信端子板转接联锁机和监测机的通信线，D_2 一方面转接从监测机来的系统电源 A、B，另一方面转接从电源屏来的信号、道岔、轨道电路等电源，D_2 各端子通过断路器转接至 D_1，D_1 则把系统电源供给机柜系统指示灯和冗余电源，其他电源供给相应的执行模块。

除电源端子板之外，执行机还设有两种信号模块端子板，一种端子板 J_1，每个机柜设一块，用来连接系统所用通信信息的信号线，包括 CAN A、CAN B、CAN C 和模块电源；另一种端子板 J_2，根据执行机所控制的信号设备数量而定，用来连接信号、道岔、轨道等模块输出信号和对应的现场信号设备，以达到执行模块控制现场设备的目的。J_1 端子分配表见表 5.11，J_2 端子分配表见具体各个模块配线表。

表 5.11　J_1 端子分配表

信号模块 J_1 端子资源分配表			
管脚号	功　能	管脚号	功　能
C1	A 联锁通道 CANH	A1	A 联锁通道 CANL
C2	B 联锁通道 CANH	A2	B 联锁通道 CANL
C3	C 联锁通道 CANH	A3	C 联锁通道 CANL
C4	预留	A4	预留
C5	预留	A5	预留
C6	预留	A6	预留
C7	地址码第 1 位(A1)	A7	地址码第 0 位(A0)
C8	地址码第 3 位(A3)	A8	地址码第 2 位(A2)
C9	地址码第 5 位(A5)	A9	地址码第 4 位(A4)
C10	地址码第 7 位(A7)	A10	地址码第 6 位(A6)
C11	预留	A11	预留
C12	KZ(+12 V)	A12	KZ(+12 V)
C13	KF(+12 V 地)	A13	KF(+12 V 地)
C14	预留	A14	预留
C15	VCC(+5 V)	A15	VCC(+5 V)
C16	GND(+5 地)	A16	GND(+5 V 地)

信号模块的 J_1 端子配线全部由厂家配置，平时用户只需检查是否断线或连接处是否松动。J_2 端子配线需要施工时根据配线表进行现场配线。

3. 执行模块

LDJL-Ⅱ型全电子计算机联锁系统与其他计算机联锁系统相比较，最突出的优点在于完全取消了车站联锁控制系统所用的继电器，真正实现了无接点、全电子化。信号、道岔、轨道电

路等信号设备的控制执行继电器全部由全电子执行模块取代。执行模块作为建立在软、硬件双重防护基础上的全电子执行、监测系统，是计算机联锁系统的执行表示电路，具有命令执行、表示采集、动作监测、故障保护等功能。

电子执行模块不仅是LDJL-Ⅱ型全电子计算机联锁系统的专用设备，也可与其他计算机联锁系统结合，取代执行环节的继电控制电路。从这个角度讲，电子执行模块是一个相对独立的控制器件。

根据控制功能不同，全电子执行模块分为信号、道岔、轨道、零散等各种不同的类型。为了避免不同类型模块插错，与继电器类似，在每个模块的插槽上增加了鉴别销，可拔插的电子模块设有鉴别销孔，不同类型的模块由鉴别销区分。电子模块鉴别销位置见表5.12。

表5.12　电子模块鉴别销位置表

模块名称	鉴别销位置	模块名称	鉴别销位置
GD25-2	1、6	GD50-2	2、5
DX-2	3、6	LXA-2	2、3
LXB-2	3、4	DC4X-2	1、2
LSA-2	2、7	CL-2	4、7
DDM-2	6、7	64D-2	1、8
ICM-2	4、5	JQD-2	1、4
BSB-2	3、8	JCJ-2	1、7

表中的含义以GD25-2模块为例，该模块插槽在1、6号位置安装鉴别销，可拔插的模块在对应1、6号位置的圆孔存在，在其余处的圆孔不存在，其他模块依此类推。

在每个模块的面板上设有指示灯，其中部分指示灯、按钮、标签的功能是相同的。

POWER：电源指示灯（绿灯）。通电亮，断电灭。

STATE：主备模块指示灯（绿灯）（预留）。

ERROR：模块工作故障指示灯（红灯）。亮灯表示模块故障，不亮表示模块工作正常。

TX3：监测通道通信状态指示灯（绿灯）。闪烁表示通信正常，否则表示通信故障。

TX1：联锁A通道通信状态指示灯（绿灯）。闪烁表示通信正常，否则表示通信故障。

TX2：联锁B通道通信状态指示灯（绿灯）。闪烁表示通信正常，否则表示通信故障。

RESET：复位按钮。当模块的ERROR指示灯亮时，则用该按钮进行复位。

标签1：代表该模块所控制设备的名称。

标签2：代表该模块编号。

下面分别介绍各种类型的电子执行模块。

(1)道岔模块

①DC4/6X-2型道岔模块

a.模块功能

DC4/6X-2型道岔模块适用于采用四线制或六线制控制的ZD6型道岔转辙机牵引的道岔，其作用是控制和采集四线制或六线制道岔动作和状态。道岔模块具有以下功能：

(a)执行联锁机下发的控制命令，直接控制道岔的转动，并实时监测道岔的工作状态。

(b)具有过载和负载短路自动保护功能，省去了原电路熔丝，简化了电路。

(c)具有电路自检测功能，实现了控制、监测、监督一体化。

(d)具有动态监测和智能判断监督的功能，可有效判定出虚假表示，及时报警。

b. 主要技术指标

DC4/6X-2 型道岔模块主要技术指标见表 5.13。

表 5.13 DC4/6X-2 型道岔模块主要技术指标

<table>
<tr><th>序号</th><th>项　目</th><th colspan="3">指　标</th><th>备　注</th></tr>
<tr><td>1</td><td>计算机电源</td><td colspan="3">DC(5±0.1) V,电流≤260 mA</td><td></td></tr>
<tr><td>2</td><td>驱动电源</td><td colspan="3">DC(12±0.84) V,电流≤240 mA</td><td></td></tr>
<tr><td>3</td><td>道岔表示输入电源</td><td colspan="3">AC(220±10) V</td><td></td></tr>
<tr><td>4</td><td>道岔动作输入电源</td><td colspan="3">AC240 V,波动范围(−10 V～+20 V)</td><td></td></tr>
<tr><td>5</td><td>道岔动作输出电源</td><td colspan="3">DC220 V,波动范围(−10 V～+20 V)</td><td></td></tr>
<tr><td rowspan="4">6</td><td rowspan="4">道岔表示电压</td><td>位置</td><td>X_1—X_3</td><td>X_2—X_3</td><td rowspan="3">用数字万用表测量</td></tr>
<tr><td>定位</td><td>DC(37±4) V
AC(43±4) V</td><td>DC(19±3) V
AC(59±5) V</td></tr>
<tr><td>反位</td><td>DC(19±3) V
AC(59±5) V</td><td>DC(37±4) V
AC(43±4) V</td></tr>
<tr><td>表示电路开路</td><td>AC(81±6) V</td><td>AC(81±6) V</td><td>道岔四开状态,用数字万用表测量</td></tr>
</table>

注:在分线盘端子对应每组道岔表示电路定位、反位端子上测试交流、直流电压值和启动电路动作直流电压值。

c. 状态指示灯

(a)DB:道岔定位表示指示灯(绿灯)。

(b)FB:道岔反位表示指示灯(黄灯)。

(c)道岔转动状态:DB 灯和 FB 灯以 1 Hz 的频率同时闪动。

(d)道岔四开状态:DB 灯和 FB 灯以 2 Hz 的频率交替闪动。

d. 工作原理

DC4/6X-2 型道岔模块动作原理如图 5.82 所示,主要包括主电子开关(K_1、K_2、K_3、K_4)、定反位电流检测元件以及定反位监测电路组成,K_1 和 K_3 开关接通控制道岔由反位向定位转换,K_2 和 K_4 开关接通控制道岔由定位向反位转换。

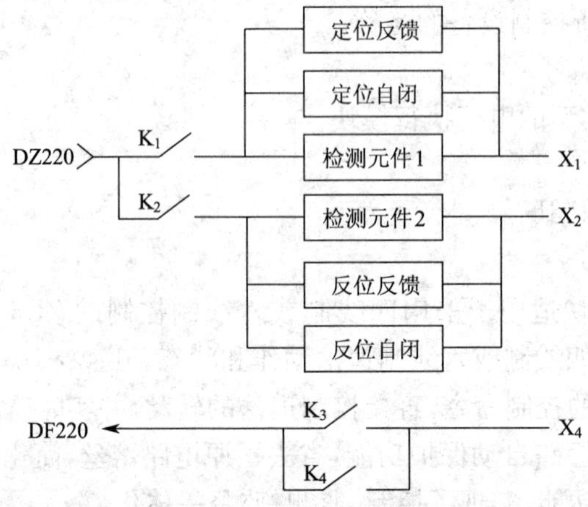

图 5.82 DC4/6X-2 型道岔模块动作原理

DC4/6X-2 型道岔模块表示原理如图 5.83 所示，其中包括控制的表示电源变压器 BB、定位表示组合检测电路、反位表示组合检测电路及限流电阻 $R_1 \sim R_5$，道岔表示组合检测电路的输出送到具有双微型控制单元(MCU)的控制器中，从而实现监督室外道岔位置、测试表示电路、故障报警等功能。

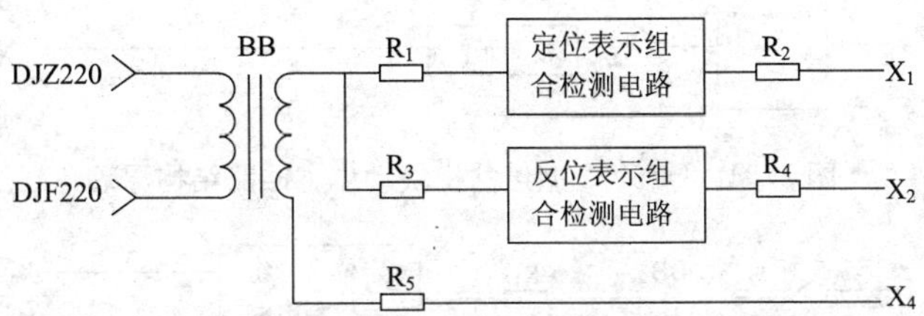

图 5.83 DC4/6X-2 型道岔模块表示原理

e. 模块端子分配表

DC4/6X-2 型模块 J_2 端子分配见表 5.14。

表 5.14 DC4/6X-2 型模块 J_2 端子分配

管脚号	功 能	管脚号	功 能
C1	QDSH(区段锁闭回线)	A1	QDSQ(区段锁闭)
C2	预留	A2	预留
C3	预留	A3	预留
C4	DJZ(AC 220 V)	A4	DJZ(AC 220 V)
C5	DJF(AC 220 V)	A5	DJF(AC 220 V)
C6	预留	A6	预留
C7	DZ(AC 220 V)	A7	DZ(AC 220 V)
C8	DF(AC 220 V)	A8	DF(AC 220 V)
C9	预留	A9	预留
C10	X_6	A10	X_6
C11	X_1	A11	X_1
C12	X_2	A12	X_2
C13	X_3	A13	X_3
C14	X_4	A14	X_4
C15	X_5	A15	X_5
C16	防雷地(FLD)	A16	防雷地(FLD)

②DC5X-2 型道岔模块

DC5X-2 型道岔模块适用于采用五线制控制的三相交流电动或电液转辙机牵引的道岔，其作用和功能及模块面板的状态指示灯与 DC4/6X-2 型道岔模块相同。

DC5X-2 型道岔模块动作主回路结构原理如图 5.84 所示，DC5X-2 型道岔模块表示电路结构原理如图 5.85 所示，其工作原理与前述 DC4/6X-2 型模块相似，不再详述。

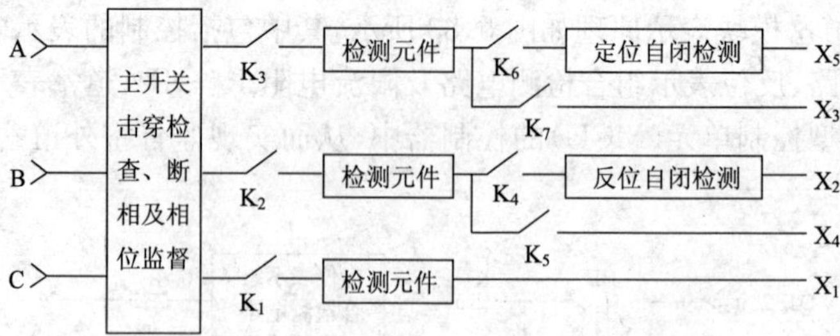

图 5.84　DC5X-2 型道岔模块动作主回路结构原理

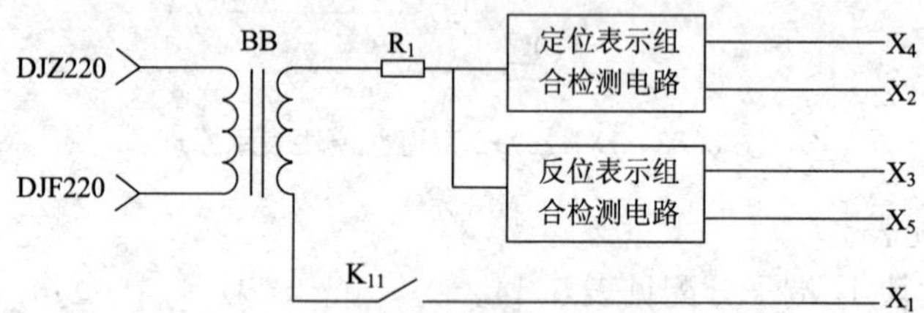

图 5.85　DC5X-2 型道岔模块表示电路结构原理

DC5X-2 型道岔模块主要技术指标见表 5.15。

表 5.15　DC5X-2 型道岔模块主要技术指标

<table>
<tr><th>序号</th><th>项　目</th><th colspan="3">指　标</th><th>备　注</th></tr>
<tr><td>1</td><td>计算机电源</td><td colspan="3">DC(5±0.1) V,电流≤260 mA</td><td></td></tr>
<tr><td>2</td><td>驱动电源</td><td colspan="3">DC(12±0.84) V,电流≤240 mA</td><td></td></tr>
<tr><td>3</td><td>道岔表示输入电源</td><td colspan="3">AC(220±10) V</td><td></td></tr>
<tr><td>4</td><td>道岔动作输入电源</td><td colspan="3">AC380 V,波动范围(−76～+57 V)</td><td></td></tr>
<tr><td>5</td><td>道岔动作输出电源</td><td colspan="3">AC375 V,波动范围(−76～+57 V)</td><td></td></tr>
<tr><td rowspan="4">6</td><td rowspan="4">道岔表示电压</td><td>位置</td><td>X_1—X_2</td><td>X_1—X_3</td><td rowspan="3">非连续波,用示波器测量</td></tr>
<tr><td>定位</td><td>非对称波形,负峰值(95±10) V,正峰值(24±5) V</td><td>对称波形</td></tr>
<tr><td>反位</td><td>对称波形</td><td>非对称波形,负峰值(95±10) V,正峰值(24±5) V</td></tr>
<tr><td>表示电路开路</td><td>对称波形</td><td>对称波形</td><td>道岔四开,非连续波,用示波器测量</td></tr>
</table>

DC5X-2 型道岔模块 J_2 端子分配见表 5.16。

表 5.16　DC5X-2 型道岔模块 J_2 端子分配

管脚号	功　能	管脚号	功　能
C1	QDSH	A1	QDSQ
C2	预留	A2	预留

续上表

管脚号	功　能	管脚号	功　能
C3	预留	A3	预留
C4	DJZ(AC 220 V)	A4	DJZ(AC 220 V)
C5	DJF(AC 220 V)	A5	DJF(AC 220 V)
C6	预留	A6	预留
C7	DJA(AC 380 V)	A7	DJA(AC 380 V)
C8	DJB(AC 380 V)	A8	DJB(AC 380 V)
C9	DJC(AC 380 V)	A9	DJC(AC 380 V)
C10	预留	A10	预留
C11	X_1	A11	X_1
C12	X_2	A12	X_2
C13	X_3	A13	X_3
C14	X_4	A14	X_4
C15	X_5	A15	X_5
C16	防雷地(FLD)	A16	防雷地(FLD)

(2)信号模块

①LXA-2 型信号模块

a. 模块功能

LXA-2 型信号模块适用于进站信号机、进路信号机、带调车信号的两方向的出站信号机和复示信号机，用电子执行单元取代原继电器接点，控制室外信号点灯电路，并取消灯丝继电器。

信号模块实时接收和执行由联锁机下发的控制命令，直接控制室外信号机的点灯，并实时监测信号显示的状态，及时反馈给联锁机。一个 LXA-2 型信号模块最多可以控制 8 个灯位，即可控制一架列车信号机，灯位少于 8 个的信号机，无用的端子空闲。

该模块满足集中联锁对信号点灯控制电路技术条件的要求，当模块接收的控制命令中断时间超过 2.5 s，则自动点禁止灯光，黄灯、绿灯、二黄灯转换到红灯时，延时 3 s。

b. 主要技术指标

LXA-2 型信号模块主要技术指标见表 5.17。

表 5.17　LXA-2 型信号模块主要技术指标

序号	项　目		指　标	备　注
1	计算机电源		DC(5±0.1) V，电流≤290 mA	
2	驱动电源		DC(12±0.84) V，电流≤80 mA	
3	信号点灯输入电压		AC(220±10) V	
4	信号点灯输出电压		AC(215±10) V	
5	灯丝检测	工作值	AC(100±10)mA	
6		返还系数	75%	

c. 状态灯指示灯

面板左侧 C1～C8 为控制命令指示灯(绿灯)，每一指示灯对应室外信号机的一个灯位，此灯亮表示模块已经输出对应灯光点亮的命令。例如与进站信号机灯位对应关系为：C1——黄灯；C2——绿灯；C3——红灯；C5——二黄灯；C7——月白灯；C4、C6 和 C8——空位。

面板右侧 L1～L8 为室外信号点灯状态指示灯(绿灯)，此灯亮表示室外对应灯光已经点亮。

d. 工作原理

模块内部工作原理如图 5.86 所示，图中仅画出了模块中的 2 个灯位的主回路，其他灯位的主回路与此相同。L1 和 L2 为检测元件，用来监督室外信号机灯光的点灯状态。

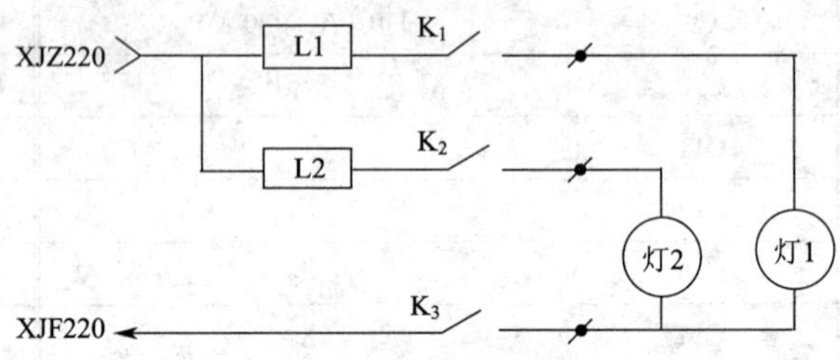

图 5.86 模块内部工作原理

②DX-2 型信号模块

DX-2 型信号模块是替代调车信号机控制电路的电子模块，其控制功能和原理与 LXA-2 型相同。一个 DX-2 型信号模块可以控制 8 个灯位，即可控制 4 架调车信号机。

白灯转换到蓝灯时延时 0.5 s，其他技术要求和技术指标与 LXA-2 型信号模块相同。

面板上的状态指示灯中，C1 为第一架信号机蓝灯，C2 为第一架信号白灯 1 控制命令指示灯，其他信号机按顺序排列使用。L1～L8 是与 C1～C8 对应的信号灯位状态指示灯(绿灯)。

DX-2 型信号模块 J_2 端子分配见表 5.18。

表 5.18 DX-2 型信号模块 J_2 端子分配

管脚号	功　能	管脚号	功　能
C1	XJZ(AC 220 V)	A1	XJZ(AC 220 V)
C2	XJF(AC 220 V)	A2	XJF(AC 220 V)
C3	预留	A3	预留
C4	X_1/X_2H	A4	X_1/X_2H
C5	X_3/X_4H	A5	X_3/X_4H
C6	X_5/X_6H	A6	X_5/X_6H
C7	X_7/X_8H	A7	X_7/X_8H
C8	X_1	A8	X_1
C9	X_2	A9	X_2
C10	X_3	A10	X_3
C11	X_4	A11	X_4
C12	X_5	A12	X_5
C13	X_6	A13	X_6
C14	X_7	A14	X_7
C15	X_8	A15	X_8
C16	防雷地(FLD)	A16	防雷地(FLD)

(3)轨道模块

①GD50-2 型轨道模块

a. 模块功能

GD50-2 型轨道模块是替代原 JZXC-480 型轨道继电器作为轨道电路的接收设备，用于接收轨道电路的信号电流。它实时检测现场轨道电路的状态，通过总线传给联锁机，同时控制相应的电子开关，为同一区段的道岔模块提供区段锁闭的条件。一个 GD50-2 型轨道模块最多可以接有 4 路轨道信号电源的输入，即可替代 4 个 JZXC-480 型轨道继电器，连接 4 个受电端。

b. 主要技术指标

GD50-2 型轨道模块主要技术指标见表 5.19。

表 5.19　GD50-2 型轨道模块主要技术指标

序号	项　目	指　标	备　注
1	计算机电源	DC(5±0.1) V，电流=380 mA	
2	驱动电源	DC(12±0.84) V，电流=190 mA	
3	输入阻抗	(480±20) Ω	50 Hz
4	工作值	AC(9.0±0.3) V	
5	返还系数	80%	

c. 状态指示灯

模块面板由 4 个状态指示灯(1～4)，分别表示对应的受电端的状态。例如，对应“1”的绿灯点亮，相当于原来的轨道继电器吸起，表示该模块控制的第一个区段空闲；该指示灯熄灭，相当于轨道继电器落下，表示该区段占用。

若轨道模块所在的轨道电路区段为一送一受，则同一模块中的 4 个轨道的指示灯状态互不影响；若该模块所在的轨道电路区段为一送多受区段，当同一轨道区段中的所有轨道分支电压均满足要求时(未被占用时)，相应的指示灯才会被点亮，否则，只要有一个轨道分支电压小于阈值(被占用)，同一个轨道区段的指示灯就全为灭灯状态。

d. 工作原理

GD50-2 型轨道模块原理图如图 5.87 所示。该模块通过 GD 和 GDH 线连接室外轨道电路的受电端，采集各个轨道的信号电流，通过双 MCU 控制器的运算处理后，与事先写入轨道电压的阈值(即可靠落下值为 4.9 V，可靠吸起值是 7.0 V)相比较，确定轨道区段的状态(空闲或占用)，通过 A、B 通道上传给联锁机，控制相应的两组电子开关 K_1(GJ-1+～GJ-1−)和 K_2(GJ-2+～GJ-2−)动作，其中一组供联锁机采集，另一组作为区段锁闭条件提供给道岔模块，以保证该区段有车占用时，切断道岔启动电路。同时将模拟量(包括轨道信号的电压数据和相位数据)传送给维修监测机，以实现对轨道电路的实时监测。

e. 端子分配表

GD50-2 型轨道模块的端子分配见表 5.20。

②GD25-2 型 25 Hz 相敏轨道模块

GD25-2 型轨道模块是替代原二元二位继电器来作为轨道电路的接收设备，适用于 25 Hz 轨道电路，其控制功能和原理与 GD50-2 型轨道模块基本相同。一个 GD25-2 型轨道模块最多可以接入 4 路轨道信号的输入，即可替代原来的 4 个二元二位轨道继电器。

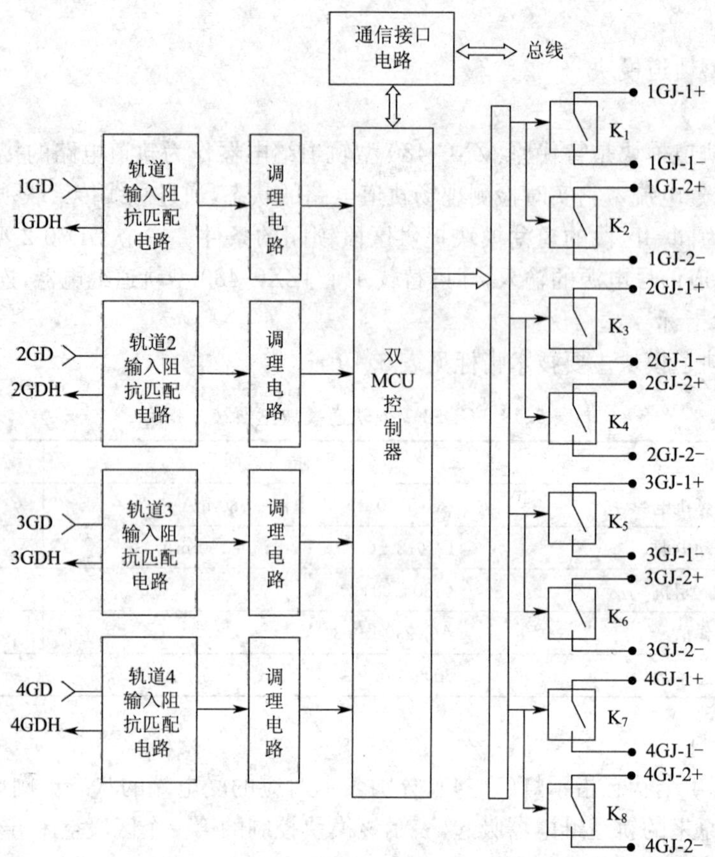

图 5.87　GD50-2 型轨道模块原理图

表 5.20　GD50-2 型轨道模块端子分配表

管脚号	功　能	管脚号	功　能
C1	预留	A1	预留
C2	预留	A2	预留
C3	预留	A3	预留
C4	GD2	A4	GD1
C5	GD2-H	A5	GD1-H
C6	2GJ-1＋	A6	1GJ-1＋
C7	2GJ-1－	A7	1GJ-1－
C8	2GJ-2＋	A8	1GJ-2＋
C9	2GJ-2－	A9	1GJ-2－
C10	GD4	A10	GD3
C11	GD4-H	A11	GD3-H
C12	4GJ-1＋	A12	3GJ-1＋
C13	4GJ-1－	A13	3GJ-1－
C14	4GJ-2＋	A14	3GJ-2＋
C15	4GJ-2－	A15	3GJ-2－
C16	防雷地(FLD)	A16	防雷地(FLD)

GD25-2 型轨道模块主要技术指标见表 5.21，该模块状态指示灯和工作原理与 GD50-2 型轨道模块完全相同。

除上述基本信号设备对应的轨道模块外，本系统根据车站联锁设备与其他设备结合的需要，还设计了其他一些功能模块，用来取代原来的继电电路。例如，取代发码电路的电码化接口模块(DDM-2)，取代场间联系电路的场联模块(CL-2)等，这些模块功能和原理大同小异，状态指示、技术指标和端子分配根据设计要求确定，在此不一一解释。

表 5.21 GD25-2 型轨道模块主要技术指标

序号	项　目	指　标	备　注
1	计算机电源	DC (5±0.1) V,电流=380 mA	
2	驱动电源	DC(12±0.84) V,电流=190 mA	
3	局部电源	AC(110±11) V,(25±0.3) Hz	
4	轨道接收阻抗	(400±20) Ω	25 Hz,理想相位角
5	理想相位角	72±100	
6	工作值	AC(12.5±0.5) V	25 Hz,理想相位角
7	返还系数	90%	25 Hz,理想相位角

GD25-2 型轨道模块 J_2 端子分配见表 5.22。

表 5.22 GD25-2 模块 J_2 端子分配

管脚号	功　能	管脚号	功　能
C1	预留	A1	预留
C2	预留	A2	预留
C3	预留	A3	预留
C4	GD2	A4	CD1
C5	GD2-H	A5	GD1-H
C6	2GJ-1＋	A6	1GJ-1＋
C7	2GJ-1－	A7	1GJ-1－
C8	2GJ-2＋	A8	1GJ-2＋
C9	2GJ-2－	A9	1GJ-2－
C10	GD4	A10	GD3
C11	GD4-H	A11	GD3-H
C12	4GJ-1＋	A12	3GJ-1＋
C13	4GJ-1－	A13	3GJ-1－
C14	4GJ-2＋	A14	3GJ-2＋
C15	4GJ-2－	A15	3GJ-2－
C16	防雷地(FLD)	A16	防雷地(FLD)

4. LDJL-Ⅱ型全电子计算机联锁系统的设备维护

(1)系统开机

LDJL-Ⅱ型全电子计算机联锁系统开机加电步骤如下：

①检查电源电压符合规定要求，把监测机的 RD_1 和 RD_2 断路器闭合，监测机系统电源 A 路、B 路指示灯亮绿灯，说明监测机加电正常，打开 UPS 开关，待 UPS 自检完成后，打开监测机主机电源和显示器电源。

②将联锁机的 RD_1 和 RD_2 断路器闭合。

③打开联锁机主机电源，打开上位机 A、B 电源。

④将执行机的 RD_1 和 RD_2 断路器闭合。

⑤按照执行机加电步骤完成执行机加电。

维修监测机、联锁机、执行机加电完毕后，各设备相应程序在开机后将自动运行。

(2)系统关机

LDJL-Ⅱ型全电子计算机联锁系统关机断电步骤如下：

①顺序把执行机的风扇电源和冗余电源的开关断开。

②顺序把执行机 RD_3、RD_4、RD_5、RD_6、RD_7、RD_8 断路器断开。

③顺序把执行机 RD_1 和 RD_2 断路器断开。

④断开联锁机中的开关。

⑤在 Windows 下安全关闭监控主机和断开监控主机开关。

⑥断开联锁机风扇开关。

⑦断开联锁机 RD_1 和 RD_2 断路器。

⑧在维修监测机的显示器上正常关机。

⑨断开 UPS 和 UPS 切换器的电源开关。

⑩断开维修监测机的开关。

⑪断开维修监测机 RD_1 和 RD_2 断路器。

(3)执行机启动

LDJL-Ⅱ型全电子计算机联锁系统执行机的启动加电步骤如下：

①首先确认各执行机的电源电缆、通信电缆、外部设备电缆是否已正确接入，模块已正确插入到相应模块插槽中且接触良好。

②打开机柜后门顶部风扇和冗余电源开关。

③确认监测系统是否已正常运行。如果监测系统已运行，则直接进入第四步操作；如果监测系统还没有运行则启动维修监测机系统。启动维修监测机，待监测系统启动以后，直至监测上位机站场界面出现，监测系统正常运行，启动联锁机。

④确认执行机是否已正常运行，如果执行机已经上电运行，则直接进入第五步操作；如果机柜还未上电运行，顺序扳动执行单元正面下方的 RD_1（系统电源 1）和 RD_2（系统电源 2）闭合，等候 5 s，如果执行机的正面上方的 A 路电源灯和 B 路电源灯都亮，而且没有电源报警声，则表明执行单元系统两路电源均已上电完毕，可以进行第五步操作，如果 RD_1 和 RD_2 都闭合，而该机柜发出电源报警声，表明此次系统上电失败，可能的原因之一是 A 路外部供电不正常，应将 RD_1 和 RD_2 断开，检查外部电源后，再次重复第四步操作过程。

⑤分别扳动执行机正面下方的 RD_3、RD_4、RD_5、RD_6、RD_7 和 RD_8，使其闭合，此时机柜应能正常上电运行。

⑥在确认上述步骤都正确操作后，执行柜已经上电正常运行。

(4)执行机关机

LDJL-Ⅱ型全电子计算机联锁系统执行机的关机步骤如下：

①顺序扳动执行机正面下方的RD_3、RD_4、RD_5、RD_6、RD_7和RD_8断路器，使其断开。

②顺序扳动执行机正面下方的RD_1、RD_2开关到“OFF”状态。在确认上述开关已全部断开后，此时执行机前面板上方的A路电源灯、B路电源灯灭，表明执行单元已经断电，停止运行。

(5)执行机启动、关机注意事项

①在执行单元启动前，必须首先确认监测系统是否已运行。如果监测系统还没有运行，则应首先启动监测系统，待监测系统正常运行后才可以启动执行机。

②在执行机上电启动过程中，必须注意只有在每个执行单元机下方的RD_1、RD_2断路器闭合，执行机上方的A路电源灯、B路电源灯全都点亮，而且没有电源报警声后，才允许将其他电源断路器闭合。

③在执行机断电关机过程中，一定要注意只有将每个执行机下方的RD_3、RD_4、RD_5、RD_6、RD_7和RD_8断路器全都断开后，才允许将其RD_1、RD_2断路器断开。

④在执行机正在运行期间，严禁随意扳动执行机下方的电源断路器开关。

⑤在执行机运行过程中，必须打开执行机顶部的风扇、电源开关。

⑥在上电前，必须确认已按设计图纸正确接入电源电缆、通信电缆、外部设备电缆，模块已正确插入到相应模块插槽中，接触良好。

⑦在上电前，必须确认电源屏已正常供电。

(6)执行机运行注意事项

①执行机在运行期间，关系到现场的实际设备的动作和监测，对于行车安全有重大的影响，因此，正常情况下，严禁非操作人员对执行单元进行操作。

②由于监测系统实时监测执行系统的运行状态并记录外部设备的报警信息，因此在监测系统正常工作情况下，严禁随意关闭监测系统。

③在执行机运行期间，当执行机中的驱动采集模块出现报警或模块面板上的ERROR灯亮时，应立即对该模块进行复位操作，避免因模块故障影响正常行车，操作后若ERROR灯仍然亮，则用该种类型的模块备板替换掉该故障模板，并对故障模块登记记录，避免故障模块未修复就再次使用。

④在将模块插入到执行模块插槽中时，应注意避免将模块插入到错误的插槽中。

⑤在执行单元运行期间，严禁将正在运行的无故障模块从插槽中拔出。

⑥在执行单元运行期间，严禁将执行单元后门打开带电操作。

⑦在执行单元运行期间，电务人员可随时通过检测系统检测执行模块的运行情况。

⑧如果系统采用的是区域联锁，并且执行机用了2个或2个以上的通信网，需要断电维修系统的某个执行机，则需要在断电之前把联锁系统切换到手动状态。

5. 常见故障现象及处理

全电子计算机联锁系统发生故障可分为联锁系统设备发生故障和电子执行单元故障。联锁系统设备发生故障时，应根据故障现象迅速判断故障范围，如电源故障、网络故障、联锁机故障、维修监测机(上位机)故障、鼠标故障、显示器故障等，这些故障的现象及分析处理方法与其他计算机联锁系统的故障处理相似，在此不作详细介绍。下面重点介绍一下执行机及执行单元模块的故障分析与处理方法。

在执行机上电操作过程中，执行单元前面板的 A 路电源灯、B 路电源灯不亮和冗余电源有鸣叫声，故障的原因和处理方法如下：

①由于执行机上方的断路器 RD_1 和 RD_2 没有全部闭合，将 RD_1、RD_2 断路器全部断开后，再次闭合 RD_1、RD_2 断路器。

②电源开关未打开，打开执行机后门查看两个冗余电源开关是否闭合。将模块插入到执行模块插槽中后，模块不能正常驱动外部设备或监测外部设备的当前状态，应做如下检查：

a. 确认模块端子上的线缆是否接入。

b. 确认模块前面板故障(ERROR)报警灯是否亮。

c. 确认电缆已接到实际外部设备，电缆没有断路、短路。

③模块无法插入到执行模块插槽中或接触不良，应做如下检查：

a. 该模块类型与插槽类型是否一致。

b. 确认模块是否完全插入到接线端子上并使端子接触良好。

c. 检查模块 J_1 电源输入端子插头是否有弯曲。

④当模块故障指示灯(ERROR)点亮，应按顺序做如下处理：

a. 热启动：按下模块复位按钮(RESET)。

b. 冷启动：模块拔下重新插入。

c. 更换：用同型号备用模块替换。

⑤拔插执行单元模块应注意以下几点：

a. 在插拔模块时，要注意保持模块 J_1、J_2 的各个端子竖直，水平插入，防止由于不正确的插入方式或用力过猛对模块及端子造成的损坏。

b. 必须保证模块与机柜接触良好，否则可导致 POWER(电源灯)不亮，并且模块不能工作。

c. 相同类型的模块具有通用性，当模块故障或其他原因造成更换模块时，可用备用的相同类型的模块更换，不能用不同的类型模块替代。

d. 对于已损坏的模块，应做标记，在没有修复之前，不能再次使用，以免威胁到行车安全。

e. 摇兆欧表测试电缆绝缘时，必须先将相应的模块拔出。

f. 模块无法正常插入到模块插槽中时，可能是由于该插槽不是应插放该模块的插槽，应将该模块插入到正确的插槽中。

5.6.4 知识拓展

信号设备电子执行单元是基于 CAN 总线的智能执行单元，包括道岔执行单元、信号灯执行单元、轨道执行单元等，下面以道岔执行单元为例，介绍一下电子执行单元的内部结构和工作原理，其他执行单元设计类似。

(1)道岔执行单元硬件组成

执行单元由通信接口、高性能 MCU、逻辑与控制驱动电路、主回路开关电路、反馈检测等组成，双 MCU 控制器结构框图如图 5.88 所示。MCU 通过通信接口接收联锁机的命令，经过运算后通过逻辑与控制驱动电路控制主回路的开关，启动道岔动作，并通过反馈检测电路得到

道岔的状态信息，然后将状态信息上传给联锁机。

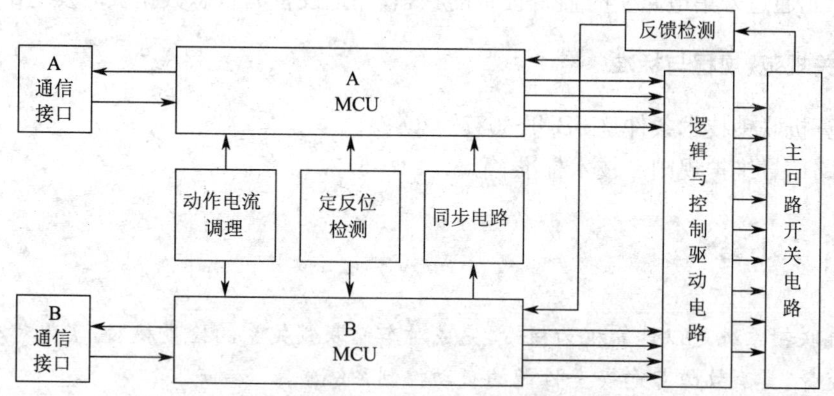

图 5.88 双 MCU 控制器结构框图

(2)道岔执行单元软件设计

道岔执行单元软件采用模块化结构，主要有：自检模块、初始化模块(包括端口初始化、CAN 初始化、时钟等)，道岔命令处理模块、A/D 采样模块等。整个程序分主程序和中断处理程序两部分，中断处理程序有两个：一个是 CAN 通信中断处理程序、一个是转动电流采集中断采集程序。道岔执行单元主程序流程图如图 5.89 所示。

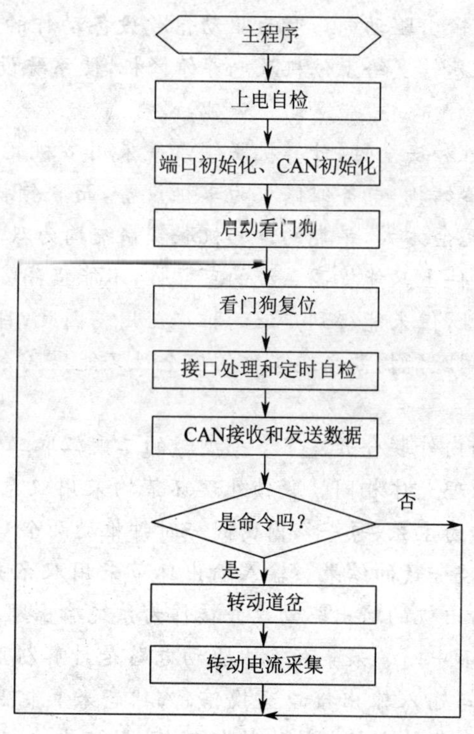

图 5.89 道岔执行单元主程序流程图

电子执行单元实际上是两个单片机控制的开关电路，一方面当需要该单元控制的设备动作时，联锁机的命令发送到执行单元，经检查核对后控制电子开关接通设备动作电路，驱动设备动作,在设备动作的过程中检测设备的动作电流,发现异常及时报警并停止输出;另一方面电子执行单元通过采集电路实时监督设备的状态,并把设备的状态数据及时发送给联锁机。

5.6.5 相关规范、规程与标准

1.《计算机联锁技术条件》(TB/T 3027—2002)。

2.《铁路信号维护规则 技术标准》第 5.3.1～5.3.13 条。

项目小结

计算机联锁系统是以计算机为核心,完成对车站联锁关系的检查核对,实现对车站信号设备的控制监督,具有故障导向安全性能的自动控制系统。

计算机联锁系统大致分为人机对话、联锁处理和控制执行 3 个逻辑层次。人机对话层主要由上位机(北京交大微联科技有限公司称之为操作表示机,北京全路通信信号研究设计院有限公司称之为控显机,铁道科学研究院及兰州大成科技股份有限公司称之为监控机)、电务维修机(北京全路通信信号研究设计院有限公司称之为监测机)及操作和显示等外部设备组成。

监督铁路车站信号设备(信号、道岔、轨道电路)的状态条件,经采集电路的变换、隔离处理后经输入接口作为状态信息送给联锁机,对系统的操作信息通过电路串行口送给上位机后转发到联锁机,联锁机对输入信息按照联锁程序的要求进行分析处理和逻辑判断,形成对信号设备的控制信息,控制信息经输出驱动电路变为驱动信号设备动作的电平,驱动信号设备动作。同时,联锁机将有关表示信息转发给上位机及电务维修机,使系统设备的工作状态随时能在显示设备上显示。

为了提高系统的可靠性和安全性,计算机联锁系统采用多机冗余结构。一般的计算机联锁系统上位机采用双机热备结构,电务维修机为单机设备,而联锁机则有双机储备、三机表决和二乘二取二 3 种不同的冗余方式,早期的计算机联锁系统均为双机结构,但它只能靠双套程序软件提高系统安全性,硬件上只能提高系统的可靠性,不能提高安全性。三机表决系统虽能提高系统的安全性和可靠性,但未能得到广泛的推广应用。因此,目前在客运专线车站和既有干线较大规模的车站均采用既能提高系统工作的安全性又能提高系统可靠性的安全稳定的二乘二取二计算机联锁系统。

通过引进硬件设备,国内外联合开发了多个型号的二乘二取二计算机联锁系统,各个系统虽然各有其特点,但基本原理大体相同。联锁处理环节均采用双系热备,主系输出时,备系假输出,主系故障备系自动转为主系,每一系内由同一时钟推动两个 CPU,保证任一系主用时输出的结果都是双机运算比较一致的结果。输入输出环节采用双系并用,联锁主系的输出同时送给两个输出处理机,两输出机的输出驱动端并接作为系统输出驱动控制执行部件,保证有一路输出驱动故障系统输出不中断。采集和输出驱动电路是计算机联锁系统专用的接口电路,双机热备系统联锁机直接与输入输出接口交换信息,状态采集信息分两路分别送给主备机。控制主备机双机切换的电路条件也控制输出执行环节,保证由主机输出控制执行部件。二乘二取二系统中同一个状态信息分两路分别送给联锁Ⅰ系和Ⅱ系,而两联锁系的输出只有主系有效。

为了实现故障导向安全,状态信息采集大多采用动态输入方式,这种安全性输入/输出电

路的核心是闭环的工作原理，即要求各硬件模块及依赖各硬件模块的控制命令和状态信息采集传递均实现闭环，通过软件使整个闭环系统运转起来。输入电路由计算机提供一个脉冲源，经现场继电器接点读回该脉冲信号，即认为继电器吸起；输出电路在总线I/O环节和动态驱动环节设两级回读，避免地址寻址出错并检出故障。只要闭环环节中的任何一处发生故障，系统可立即诊断出来，并采取措施予以防护、记录、报警，直至停机，以保证安全。

系统安全性输入/输出电路大多数都是动态工作原理，即所采用的安全性控制命令输出电路均采用动态的输出电路，保证电路中的任何一个器件发生故障，均可导致信息脉冲的中断，停止危险侧输出，从而使设备导向安全。

复习思考题

1. 画图并简述计算机联锁系统的基本原理。

2. 画图并简述动态信息采集电路的基本原理，分析其如何实现故障导向安全？

3. 画图并简述动态输出驱动电路的基本原理，分析其如何实现故障导向安全？

4. 画图并解释双机热备系统的工作原理、状态转换和同步过程。

5. 画图并解释二乘二取二计算机联锁系统的联锁主机工作原理。

6. JD-ⅠA型计算机联锁系统由哪些设备组成？各设备的功能如何？

7. 简述JD-ⅠA型计算机联锁系统采集机箱和输出驱动检测机箱各接口板的功能。

8. 画图并解释JD-ⅠA型计算机联锁系统状态信息采集和输出驱动电路的工作原理。

9. 比较JD-ⅠA型计算机联锁系统和EI32-JD型计算机联锁系统的硬件组成有何不同？

10. 画图并解释EI32-JD型计算机联锁系统状态信息采集和输出驱动电路的工作原理。

11. DS6-K5B型计算机联锁系统由哪些设备组成？各设备的功能如何？

12. 简述DS6-K5B型计算机联锁系统联锁机架3块电路板(F486-4I、IF486和FSD486)的功能。

13. DS6-K5B型计算机联锁系统电子终端(ET)机架的结构及状态信息采集和输出驱动电路的工作原理。

14. 简述TYJL-ADX型计算机联锁系统的结构体系和设备组成及各部设备的功能。

15. 简述TYJL-ADX型计算机联锁系统FCX、FFC有哪些电路板？功能如何？

16. 画图并解释TYJL-ADX型计算机联锁系统状态信息采集和输出驱动电路的工作原理。

17. 简述LDJL-Ⅱ型计算机联锁系统的结构体系和设备组成及各部设备的功能。

18. 对于LDJL-Ⅱ型计算机联锁系统，以电子执行单元道岔模块为例简述其工作原理。

19. 各种电子执行模块的功能和面板指示灯的含义如何？

20. 计算机联锁系统的电务维修机有哪些功能？如何利用电务维修机分析查找系统故障？

参 考 文 献

[1] 何文卿.6502电气集中电路.北京:中国铁道出版社,1997.
[2] 王永信.车站信号自动控制.北京:中国铁道出版社,2007.
[3] 翟红兵.铁路信号实训教学指导.北京:中国铁道出版社,2008.
[4] 翟红兵.铁路信号培训教程.成都:西南交通大学出版社,2010.
[5] 中华人民共和国铁道部.铁路技术管理规程.北京:中国铁道出版社,2006.
[6] 中华人民共和国铁道部.铁路信号维护规则 技术标准.北京:中国铁道出版社,2008.
[7] JD-ⅠA型计算机联锁系统电务维修手册.北京:北京交大微联科技有限公司,2007.
[8] EI32-JD型计算机联锁系统电务维修手册.北京:北京交大微联科技有限公司,2007.
[9] DS6-K5B型计算机联锁系统维护说明书.北京:北京全路通信信号研究设计院有限公司,2010.
[10] TYJL-ADX型计算机联锁系统电务维修手册.北京:中国铁道科学研究院通信信号研究所,2010.
[11] LDJL-Ⅱ型全电子计算机联锁系统维护使用说明书(电务分册).兰州:兰州大成科技股份有限公司,2011.